Democracia y violencia entre lo global y lo local /
Demokratie und Gewalt zwischen dem Globalen und Lokalen

d|u|p

# Democracia y violencia entre lo global y lo local /
# Demokratie und Gewalt zwischen dem Globalen und Lokalen

Editado por /
Herausgegeben von

Vittoria Borsò
Gustavo Leyva
Yasmin Temelli

d|u|p

Bibliografische Information der Deutschen Nationalbibliothek
Die Deutsche Nationalbibliothek verzeichnet diese Publikation in der
Deutschen Nationalbibliografie; detaillierte bibliografische Daten sind
im Internet über http://dnb.dnb.de abrufbar.

© düsseldorf university press, Düsseldorf 2014
http://www.dupress.de
Umschlaggrafik: Ana Michel Palacios Cortés
Umschlaggestaltung, Layout und Satz: STÜTTGEN | Lektorat · Satz · Druck, Jüchen
Herstellung: docupoint, Barleben

ISBN 978-3-943460-82-7

# Contenido / Inhalt

Vittoria Borsò / Yasmin Temelli
Introducción. Democracia y violencia entre lo global y lo local     7

### Violencia y Filosofía / Gewalt und Philosophie

Carlos Pereda
Argumentación y violencia     25

Gustavo Leyva
Filosofía, política y violencia     37

Miriam M. S. Madureira
Reconocimiento y violencia: ¿Existe una violencia ética?     55

### Violencia y Literatura / Gewalt und Literatur

Vittoria Borsò
La puesta en juego de la violencia por la poética de la vida     79

Yasmin Temelli
Sonidos de violencia: narcocorridos mexicanos y *Aggro Berlin*.
Escenificaciones de la violencia entre lo global y lo local     99

Ursula Hennigfeld
Zur Signatur des Ekels in Roberto Bolaños *2666*     119

### Violencia y Derecho / Gewalt und Recht

Luis Alberto Razo García
Sistema judicial alemán y mexicano: un análisis global y local
de la justicia penal     139

Francisco Javier Castillejos Rodríguez
Violencia y ontología del orden social. De la *analytical jurisprudence*
a la política radical     149

Alejandro Nava Tovar
Hacia una crítica del derecho penal del enemigo y de la criminología
mediática: consecuencias locales de la actual política criminal global     167

## Conflictos y Perspectivas de la Globalización / Konflikte und Perspektiven der Globalisierung

*Javier Torres Nafarrate*
Reubicando el fenómeno del conflicto en el concepto de sociedad mundial    185

*Christoph Wulf*
Zukunftsfähige Bildung. Frieden, kulturelle Diversität, Nachhaltigkeit    197

*Marion Röwekamp*
Exil, Demokratie und Gewalt: Die Erinnerung an den Spanischen Bürgerkrieg in Mexiko    223

## Dimensiones Biocientíficas de la Violencia / Biowissenschaftliche Dimensionen von Gewalt

*Hildegard Graß / Stefanie Ritz-Timme*
Interpersonelle Gewalt im sozialen Nahraum ('Häusliche Gewalt'):
Eine gesundheits- und gesellschaftspolitische Herausforderung    251

*Alicia Ortega Aguilar*
El supuesto biológico de la violencia en el México global    267

## Reflexiones Marginales / Randbemerkungen

*Fernando Leal*
Mythologische Betrachtungen eines Unpolitischen    293

Autores / Autoren    315

Vittoria Borsò / Yasmin Temelli

# Introducción.
# Democracia y violencia entre lo global y lo local

> Come la comunità originaria, la globalizzazione non è tanto uno spazio, quanto un non-spazio, nel senso che, coincidendo con l'interno globo, non prevede un esterno e dunque neanche un interno. [...] Se la comunità originaria appariva a Hobbes, a Locke e a Vico senza freni – soggetta alla spinta di impulsi irresistibili – nulla appare oggi più sfrenato del processo di globalizzazione.
>
> Roberto Esposito[1]

Más que nunca se encuentran las regiones estrechamente unidas, se desafían las fronteras mediante los flujos globales migratorios y los de las redes tecnológicas de información y comunicación. Al igual que las culturas no se dejan entender y no pueden aislarse en el sentido tradicional de Johann Gottfried Herders y su sistema de bolas[2] que se basa en el principio del separatismo, también resulta imposible localizar regionalmente la violencia. En los sistemas de redes de las sociedades globales la distancia no supone una protección contra la violencia que se desarrolla en otro lugar a nivel local. Semejantes fenómenos han sido estudiados con frecuencia por un lado en el ámbito de la sociología – siguiendo a Niklas Luhman – y por el otro, desde hace años, son la filosofía y los estudios culturales los que de manera creciente reflexionan sobre los modos en los que la violencia pasó a ser uno de los requisitos del orden, o sobre si incluso es inmanente a él. De esta manera, un análisis fenomenológico de las fronteras muestra que, para su formación, los órdenes necesitan de diferenciaciones y del establecimiento de divisiones y separaciones,[3] pero también que éstas resultan ser simultáneamente fuentes potenciales de violencia. Este principio, el cual Michel Foucault relacionó con el análisis de poder, es considerado desde sus ponencias en el Collège de France (1977/78) como la matriz de todas las formas de gobierno (*sécurité, territoire, sujet*) que administra tanto al individuo como al cuerpo social. En numerosas publicaciones sobre la biopolítica se ha manifestado pues,

---

[1] Esposito (2011 [1993]: 262 s.).
[2] „Jede Nation hat ihren Mittelpunkt der Glückseligkeit wie jede Kugel ihren Schwerpunkt." (Herder 1967 [1774]).
[3] Véase Waldenfels (2006: 15–33).

que una posible violencia es inherente a toda democracia, precisamente aquella forma de poder que se dirige contra las vidas y cuerpos concretos,[4]

El aumento de las tecnologías para la seguridad implica también un aumento de la violencia, lo que ha podido observarse a ambos lados del océano Atlántico mediante estudios sociológicos y científico-culturales, por ejemplo, en el intento de las culturas occidentales de cerrar sus fronteras para impedir los flujos migratorios. La violencia es un correlato del orden de las sociedades tardomodernas, ya sea – como en Giorgio Agamben – en lo referente a un estado de excepción que se ha convertido en el *nomós* de la Modernidad,[5] o si bien, mediante el paradigma médico de la inmunización, la violencia ha sido diagnosticada finalmente como un estado aporético de las comunidades modernas, pues la técnica del sistema inmunitario contra la violencia produce precisamente formas de violencia.[6] Porque mientras que la comunidad rompe las barreras protectoras de la identidad individual, la inmunidad las recontruye como defensa o ataque contra cualquier posible elemento externo y amenazante.

Cuando, a pesar de sus diferentes formas históricas, la violencia es un problema inmanente de los órdenes separatistas, entonces es necesario desarrollar conceptos de comunidad que no se basen en separaciones y diferenciaciones. Por consiguiente, se han incrementado en los últimos años – modificando la ontología de Heidegger –, sobre todo en el comunitarismo de hablas francesa e italiana, consejos hacia una ontología del *Mit-Seienden* (Lévinas, Blanchot, Nancy, Glissant, Agamben), los cuales Roberto Esposito consideró como insuficientes y completó en el sentido de alteración mutua de la inmunidad y de la comunidad mediante el *munus*, la obligación del favor, que une a ambos.[7] Pero también la fenomenología alemana, por medio de la 'filosofía responsiva del otro' de Bernhard Waldenfels, ha elaborado planteamientos para la comprensión de la convivencia de culturas en espacios del 'entre', entre las fronteras locales y globales, entre las culturales y nacionales, más allá de separatismos generadores de violencia; planteamientos que obtuvieron una enorme consideración a nivel internacional, sobre todo también en Latinoamérica y aquí en México. Además, Wolfgang Welsch afirmó que en

---

[4] Véanse Borsò/Cometa (2013) y Borsò (2014).
[5] Véase Agamben (2004).
[6] Véase Esposito (2004; sobre todo 43–53).
[7] Nos referimos a la trilogía de Esposito *Communitas* (2004a), *Immunitas* (2004b), *Bíos* (2004c). Véase Borsò (2014).

*Introducción. Democracia y violencia entre lo global y lo local*

el lugar de las culturas de categoría antigua – las cuales siempre han sido imaginadas como una especie de *culturas nacionales o regionales* hoy han entrado diversas *formas de vida*. Estas formas de vida [...] no se paran en las fronteras de las culturas, sino que pasan a través de ellas.[8]

Por ello es de especial interés, comprobar la practicabilidad de semejantes configuraciones filosóficas en un diálogo transdisciplinario. Resulta un desafío concebir, en conceptos de convivencia, los conflictos como aquella fuerza productora que ha sido descartada por la filosofía moderna desde Hobbes por medio de la inmunidad (Esposito). También lo es ofrecer un espacio a las diferencias en el sentido del discurso hacia el otro (Waldenfels).

Junto a enfoques sociológicos y filosóficos, las reflexiones sobre el fenómeno de la violencia también han de incluir el análisis de las formas concretas de manifestación, de sus mecanismos y de sus técnicas de racionalización. Además, desde las reflexiones de Walter Benjamin en „Zur Kritik der Gewalt" (1921) y el estudio de Hannah Arendt *On Violence* (1970) la relación entre violencia y derecho respecto a su interdependencia resulta un problema. Recuérdese la tesis de Benjamin: „[t]oda violencia es, como medio, un poder que establece o bien mantiene el derecho"[9], a la cual actualmente también le corresponde una relevancia urgente en relación con las medidas de la jurisprudencia internacional y nacional. Uno de los problemas eminentes para el análisis empírico de la violencia en el microámbito social es finalmente la afasia o incapacidad de hablar de las víctimas. Presentárese como afectiva o racional,[10] la violencia destruye la subjetividad de las víctimas, les niega y arrebata su dignidad como personas, de manera que ante la producción de vida precaria como correlación hacia el fortalecimiento del culto a las personas en las redes de la violencia global se requiere una crítica del término de persona, como ha llevado a cabo Roberto Esposito.[11] Al contrario que el poder, el cual se articula entre dos sujetos y no puede evitar

---

[8] „An die Stelle der Kulturen alten Zuschnitts – die man sich immer als eine Art *National- oder Regionalkulturen* vorgestellt hat – sind heute diverse *Lebensformen* getreten. Die Lebensformen [...] machen nicht an den Grenzen der alten Kulturen halt, sondern gehen quer durch diese hindurch." (Welsch 1994: 147 s.). Todas las traducciones del alemán al español son de las autoras.
[9] „Alle Gewalt ist als Mittel entweder rechtsetzend oder rechtserhaltend." (Benjamin 1966: 55). Véase aquí también el análisis de Borsò (2012).
[10] Véase Sofsky (1996: 23).
[11] Véase Esposito (2007 y 2013).

resistencias potenciales,[12] las víctimas son existencias desubjetivadas y precarias que han perdido el derecho al luto.[13]

La investigación de la violencia y de su nexo en relación con órdenes democráticos debe también ser tematizada en cuanto a sus escenificaciones, pues la violencia requiere de un espacio medial para manifestarse. Se trata de un fenómeno de interacción asimétrica, en cuya articulación son transcendentales la corporalidad, las miradas y los espejismos. En este punto les corresponde un cometido importante a la literatura y a las artes visuales, pues el conocimiento de la vida implícito en su estética puede dar información sobre técnicas de escenificación y racionalización de la violencia. Sin embargo, ambas manifestaciones culturales han logrado también abrir espacios en los cuales las víctimas de violencia encuentran indirectamente un lugar en el lenguaje: por medio de espacios en blanco, metáforas, interrupciones, excesos, es decir formas de traducciones del trauma, que comprometen la lógica del orden. Allí donde la violencia extingue la vida, encuentra ésta en el material del lenguaje un lugar para dejar huella en su faceta de fuerza y resistencia del ser vivo.[14] Por eso, en las escenificaciones de violencia, la estética tiene una función política que modifica el régimen de lo sensorial en el sentido de Jacques Rancière.[15]

Si bien la violencia está globalmente extendida, se manifiesta especialmente en determinadas regiones o contextos sociales. La Frontera Norte de México, por ejemplo, se ha convertido en escenario de la violencia extrema de los cárteles de droga. En este punto no basta sólo con el análisis neoliberal existente de la violencia como despojo del derecho personal a la libertad. Más bien sobrepasan las formas extremas de violencia toda racionalización de la libertad interpersonal, si se tiene en cuenta que precisamente en nombre de la propiedad privada los individuos y los grupos extinguen la vida de otros. Actos de violencia autotélicos[16] han alcanzado en la región un alto grado de normalización; Ciudad Juárez está considerada – particularmente también a causa de los feminicidios que ponen asimismo bajo sospecha a los poderes ejecutivo y judicial – como la capital mundial del delito. De esta manera, a la entrada en vigor del Tratado de Libre Comercio de Norteamérica en 1994 y al desarrollo de la industria de la

---

[12] Véase Foucault (1994).
[13] Véase Butler (2006; 2010).
[14] Véase Borsò (2010).
[15] Véase Rancière (2006).
[16] Véase Reemtsma (2008: particularmente 116–124).

*Introducción. Democracia y violencia entre lo global y lo local*

maquila en la Frontera Norte, se suceden un aumento de los delitos en general, así como y cada vez con más frecuencia un trato violento, especialmente hacia las mujeres.[17] Los campos heterogéneos de acción de la violencia, que van desde un cotidiano faltar al respeto hasta los experimentos con humanos del Dr. Mengele – como lo señala Waldenfels en su obra *Hyperphänomene* (2012) –,[18] presentan pruebas de que „la violencia »fluye« permanentemente en el entorno vital y se convierte por partes en el mundo de los muertos."[19]

La presente publicación pretende acercarse desde una perspectiva transdisciplinaria a dicha afluencia de la violencia en sus dimensiones complejas. México sirve a este respecto como laboratorio, mediante el cual se pueden elaborar enfoques para el fenómeno a escala mundial. Este volumen se apoya en el *Humboldt-Kolleg*, que tuvo lugar en Guadalajara – reuniendo a representantes de los ámbitos de la antropología, la biociencia, la filosofía política, la historia, la jurisprudencia, la medicina forense y la sociología, así como a romanistas de procedencia mexicana y alemana[20] – y toma en consideración dicho evento publicándose de forma bilingüe.[21]

El comienzo del tomo lo marcan las discusiones sobre el nexo entre *Violencia y Filosofía (Gewalt und Philosophie)* en el cual ahondan Carlos Pereda, Gustavo Leyva y Miriam M. S. Madureira. El ensayo de **Carlos Pereda** titulado „Argumentación y violencia" abre la sección. El autor se centra en el entrelazamiento, así como en la heterogeneidad de la argumentación y de la violencia. De este modo el filósofo señala el hecho de que surte efecto una violencia interna, la cual se manifiesta en forma de argumentos falsificados y engañosos. No obstante, las argumentaciones no están exentas ni siquiera de violencia externa,

---

[17] Véase aquí el dosier „Violencia(s) en México", en: Temelli (2011/12).
[18] Véase Waldenfels (2012: 325–331).
[19] „[Wir] können […] feststellen, daß Gewalt ständig in die Lebenswelt »einströmt« und sie streckenweise in eine Todeswelt verwandelt." (Waldenfels 2012: 331).
[20] El simposio de la Fundación Alexander von Humboldt tuvo lugar del 1 al 3 de diciembre de 2011 en el marco de la Feria Internacional del Libro de Guadalajara; Alemania era país invitado de honor.
[21] Atendiendo a razones de coherencia y a pesar de las diferencias estilísticas en cuanto a modelos de citación y puntuación, se ha optado por unificarlos con el fin de fomentar una mejor lectura de la edición bilingüe. Por motivos de comodidad y para facilitar la lectura se utilizará además el género masculino genérico, aunque también se esté haciendo referencia al femenino.

cuando se pretende justificar la violencia interna mediante la externa. Además, el autor identifica igualmente una violencia oculta actuante desde el exterior, para la cual no se permiten las argumentaciones ya que su formación se ha visto frustrada por una vida en la pobreza (violencia estructural). Pereda concibe una tipología simptomática, ante todo para el contexto mexicano, la cual relaciona las dimensiones de inviduo/colectivo y privado/público con las diversas formas de violencia. Constata un continuum de interacciones entre la violencia interna y la externa, pero advierte de que por ello no debe caerse en el otro extremo simplificador de tratar indistintamente a cualquier tipo de violencia, porque eso implicaría perder de vista la existencia de una argumentación sin violencia.

**Gustavo Leyva** ofrece por su parte en el ensayo „Filosofía, política y violencia" una reflexión sobre el problema de la violencia en una vertiente en la que se entrecruzan la filosofía social con la filosofía moral y la política. Su trabajo se centra, en un primer momento, sobre las relaciones que mantiene la violencia con el poder y, sobre todo, con la política. Para ello Leyva recurre a análisis desarrollados por pensadores como Max Weber, Walter Benjamin, Norbert Elias y Hannah Arendt, buscando mostrar especialmente el modo en que la violencia se entreteje con la coacción, el poder, el derecho y el Estado. En segundo lugar, Leyva se detiene a analizar las determinaciones que asume la relación entre violencia y poder en México para destacar que la política gubernamental ante las inusitadas formas que la violencia vinculada al narcotráfico asume hoy en día en México ha sido la de una militarización del territorio y de la propia comprensión de la política que terminan por reducir ésta al mantenimiento y preservación de la seguridad y, con ella, a una restricción de los derechos humanos que ha conducido más bien a su violación por parte de las propias autoridades y a una intensificación de las redes de corrupción ya existentes previamente en este país. Para finalizar, y buscando delinear con ello una alternativa política posible ante la intensificación de la violencia, Leyva se refiere a las luchas y procesos que, desde la sociedad civil, parecen apuntar hacia la reconfiguración de un espacio político en el que puedan dirimirse en forma pacífica los conflictos que caracterizan al México contemporáneo.

**Miriam M. S. Madureira** se pregunta en su artículo „Reconocimiento y violencia: ¿Existe una violencia ética?" si la ética basada en el concepto de reconocimiento propuesto por Axel Honneth de origen hegeliano puede ejercer violencia. La autora ventila este planteamiento partiendo de Judith Butler y su *Kritik der ethischen Gewalt* (2003) y lo contrapone a „Un alegato por la violencia

*Introducción. Democracia y violencia entre lo global y lo local*

ética" (2004) escrito por Slavoj Žižek. Mientras que Butler discute el reconocimiento como violencia, el filósofo esloveno sondea la posiblidad de la violencia como reconocimiento. Madureira subraya que Butler defiende una forma de ética no-violenta la cual reconoce el fracaso de las pretensiones universalistas que buscan ver en el sujeto una transparencia, coherencia y responsabilidad absolutas. El concepto de reconocimiento propuesto es capaz de considerar sus propios límites y debido a la indisponibilidad de la subjetividad individual se ubica más allá de la violencia. Si bien según Madureira Žižek considera la necesidad de la violencia como algo implícitamente legitimable desde la ética, en lo que se refiere a su capacidad de reconocer la otredad radical del prójimo, la autora concluye que partiendo de su alegato por la violencia ética tampoco se puede hacer un vínculo con el concepto de reconocimiento en el sentido de Hegel.

La segunda sección se dedica a la relación entre *Violencia y Literatura* (*Gewalt und Literatur*) y reúne los artículos de Vittoria Borsò, Yasmin Temelli y Ursula Hennigfeld. **Vittoria Borsò** abre este apartado: si frente al poder absoluto de sistemas globales de violencia, como la *camorra* lúcidamente analizada por Roberto Saviano en *Ghomorra*, se hace evidente que la crítica de la violencia debe occurrir desde el interior del sistema, es decir, desde un análisis crítico de la matriz que la produce. En su artículo titulado „La puesta en juego de la violencia por la poética de la vida" Vittoria Borsò explora la potencialidad del arte, especialmente de la literatura, con respecto a una crítica de la violencia desde el interior del sistema. La poética de la vida entiende el concepto de bio-poética en este sentido, esto es, acentuando la 'puesta en juego' de la violencia desde otra óptica hacia la vida, la óptica extrañante del arte (Walter Benjamin), y desde la unión entre arte y vida. La función del arte y de la literatura es pues provocar, poner en juego las reglas del orden jurídico-político de la realidad. Desde los límites o los márgenes, y por medio del extrañamiento de la sintaxis – dispositivo que homologa y naturaliza la imagen, el lenguaje y el mundo – el arte y la literatura ponen en juego la matriz que produce violencia, rompiendo el principio subyacente al orden, es decir la invisibilidad de la violencia inherente a las reglas mismas del sistema. Borsò discute las dimensiones que, en la materialidad de los medios, llevan a cabo semejante labor: representación y visualidad. Con respecto a la primera, suplementos autoreflexivos, excesos y rupturas demuestran que las formas – sociales o epistemológicas –, al capturar la vida, son desbordadas por la vitalidad de ésta, por la δύναμις, (*dínamis*) del fluir, la fuerza del vivir y su indeterminación. La autora reconstruye el paradigma 'materialista' que problematiza la relación entre representación (científica o artística) y vida – un paradigma que va desde Denis Diderot hasta la problematización de la ciencia situada 'en la vida' por Georges Canguilhem y Donna Haraway. El arte y la literatura ponen en juego la violencia contra la vida porque en la representación entra, junto con el sistema totalizante de la violencia, también la inquietud de lo extraño, lo que hace que con la matanza de la vida ingresen en la imagen también las resistencias de la vitalidad de la vida. La demostración de estas tesis ocurre con la llamada literatura de los extremos, cuyo evento internacional fue, además de Roberto Saviano, también la literatura de Roberto Bolaño, especialmente su novela póstuma *2666*. Borsò encuentra en ella signos de una 'poética de la vida'. Además de la representación, es la visualidad la dimensión que, por medio de imágenes violentas, puede rescatar la vida. Los alcances de dicha poética son explorados más detalladamente en la literatura de Nellie Campobello (*Cartucho*) y de Margo Glantz (*Saña*), su congenial lectora y una de las autoras más destacadas de la actualidad. Las imágenes deben lastimar, propone Borsò. La materialización de la abyección en imágenes agrede las reglas de la visibilidad y afecta al lector o al espectador, para que responda resistiendo al poder que amenaza las vidas (Judith Butler). Semejantes imágenes nos conciernen, dice Borsò, nos sitúan en medio de la comunicación mediática y requieren lecturas políticas.

Sigue el artículo de **Yasmin Temelli** „Sonidos de violencia: narcocorridos mexicanos y *Aggro Berlin*. Escenificaciones de la violencia entre lo global y lo local" que expone dos fenómenos de la cultura popular mexicana y alemana, entendiéndolos, mediante el estudio de narcocorridos mexicanos relativamente recientes y canciones *gangsta rap* producidas por el sello discográfico alemán *Aggro Berlin* (2001–2008), como un espacio medial en el cual se manifiesta la violencia en sus diversas facetas. La autora identifica estrategias textuales que están relacionadas con contextos globales o bien con diferencias específicas que señalan un trato distinto del respectivo biopoder frente a las fuerzas culturales. Además, destaca que la escenificación de la violencia puede ser comprendida en los dos ámbitos como una posibilidad de desafiar el orden hegemónico, tanto en el caso de estrategias de textos transversales y técnicas que dan testimonio del potencial subversivo que reside en la comunicación artística y cultural mexicana como en el hecho de que esta última forma parte de la economía del sistema en Alemania. Temelli concluye que los diferentes modos de legitimación y normalización de la violencia sí señalan fondos específicos y un trato parcialmente distinto, pero que a la vez se inscriben en un mundo globalizado por sus fuertes nexos universales.

El artículo „Zur Signatur des Ekels in Roberto Bolaños 2666" de **Ursula Hennigfeld** está dedicado al fenómeno del asco al cual se ha otorgado hasta el momento poca atención en cuanto a la obra asiduamente estudiada del escritor chileno. La autora lo destaca como categoría clave de la novela que sirve para hacer posible el experimentar (corporalmente) la sensación del terror y a la vez para indicar la erosión de la dicotomía clásica entre lo bueno y lo malo. Después de aguzar el concepto teórico de lo asqueroso, Hennigfeld analiza como en 2666 está sacado a colación lo que la moral y la razón han marginado: una topología del terror en medio del proyecto de democratización. La filóloga entiende el asco como estimulante pues hace visible lo que está ubicado a los límites de nuestra cultura o lo que ha sido rechazado. Por la presencia de animales asquerosos (serpientes, ranas), de fluidos corporales (sangre, excrementos, orina, vómito) y cadáveres como lo abyecto por excelencia, se crea una atmósfera que genera tanto repugnancia como fascinación. A pesar de las pocas recurrencias explícitas, comprobadas por un análisis semántico, el asco resulta ser omnipresente, lo que manifiesta que el terror se encuentra en el núcleo de lo que entendemos como nuestra cultura, civilización, razón y libertad.

En el foco de la tercera parte del tomo se encuentra el vínculo entre *Violencia y Derecho* (*Gewalt und Recht*) en el cual indagan Luiz Alberto Razo García, Francisco Javier Castillejos Rodríguez y Alejandro Nava Tovar. En su artículo „Sistema judicial alemán y mexicano: un análisis global y local de la justicia penal" el juez e investigador **Luis Alberto Razo García** nos ofrece una vista de conjunto de los dos Poderes Judiciales en cuanto al trato con actos violentos. Aunque les une la figura clave del juez, reconoce una serie de distinciones decisivas. El autor expone la organización de los tribunales penales bajo el fondo de los contextos sociales propios de los distintos países subrayando que en el caso mexicano hay que atender a una criminalidad más violenta así que ni siquiera se denuncian los robos de bicicleta los cuales pueblan la estadística alemana. Razo García destaca la complejidad del sistema judicial alemán ya que consta de órganos de decisión específicos según el tipo de delito en cuestión o la magnitud de los bienes jurídicos involucrados e incluye la intervención de ciudadanos, mientras que en México se ha implementado a nivel federal un sistema de decisión vertical. Con respecto al último caso denuncia la ausencia de una Sala de Audiencias al estilo alemán que cumple con los principios de imparcialidad, inmediación y publicidad. En el tribunal penal mexicano, el juez federal no presencia el desahogo de pruebas y se llega al extremo de llevar procesos penales escritos a puerta cerrada.

**Francisco Javier Castillejos Rodríguez** pregunta en su artículo „Violencia y ontología del orden social. De la *analytical jurisprudence* a la política radical" cómo se puede plantear el problema de la violencia jurídica en las actuales condiciones del pensamiento postmetafísico. El filósofo distingue tres modelos teóricos aptos para afrontar el problema de la violencia y parte con la perspectiva de la filosofía analítica del derecho, basada en una hermenéutica específicamente jurídica que proporciona un concepto de *violentia iuris*. Castillejos Rodríguez destaca que aunque la violencia en el derecho sea determinada mediante una referencia al interior de cada sistema contemplado, el primer modelo no basta para entender el papel de la violencia en la constitución de la realidad social. En una ontología postmetafísica como la del orden social actual cabe considerar otro modelo de violencia, esto es, de una violencia sistémica pero que también se determina dentro de su propio contexto o marco de referencia y, por tanto, no es suficiente. Por último, en la violencia del orden social postmetafísico cabe analizar el modelo de la política radical y determinar los posibles criterios que llevan a una transformación de la *violentia iuris* en un tipo de violencia legítimo-sistémica.

La discusión sobre el nexo entre violencia y justicia se abarca finalmente en la contribución de **Alejandro Nava Tovar** titulada „Hacia una crítica del derecho penal del enemigo y de la criminología mediática: consecuencias locales de la actual política criminal global". Bajo el fondo de la crisis de legitimidad institucional y de descomposición social que la sociedad mexicana tiene que afrontar actualmente, el autor se basa en diversas posiciones de la filosofía del derecho, el derecho penal y la criminología crítica para juzgar la política criminal global y la criminología mediática. Destacando las consecuencias negativas en cuanto a su aplicación al ámbito local mexicano que llevan a una comprensión del delincuente como enemigo, el autor reprueba la relación entre un derecho penal más autoritario de lo común y una criminología irreflexiva; ésta percepción del delincuente legitima una violencia punitiva que va más allá de los límites del Estado constitucional de derecho. Se manifiesta aquí la lógica del 'derecho penal del enemigo' que toma por modelo a la denominada 'guerra contra el terrorismo' de origen estadounidense. Para contrarrestar este desarrollo, Nava Tovar plantea un modelo de garantismo penal y una criminología cautelar con el intento de

*Introducción. Democracia y violencia entre lo global y lo local*

criticar y controlar a la violencia estatal que en nombre de la seguridad viola derechos fundamentales y da paso a un populismo penal.

La sección *Conflictos y Perspectivas de la Globalización* (*Konflikte und Perspektiven der Globalisierung*) reúne las contribuciones de Javier Torres Nafarrate, Christoph Wulf y Marion Röwekamp. En „Reubicando el fenómeno del conflicto en el concepto de sociedad mundial" **Javier Torres Nafarrate** reflexiona – después de un recorrido por la teoría del conflicto en la sociología – sobre los nuevos tipos de conflicto en la sociedad que se manifiestan bajo las condiciones de la globalización. El autor esboza las consecuencias de la interconexión abarcadora que vivimos hoy en día presuponiendo un riesgo elevado de fallos por depender los sistemas de la complejidad global y también de las cadenas de suministro global de los recursos. Ante este trasfondo, Torres Nafarrate recuerda el modelo de la sociedad mundial propuesto por Niklas Luhmann y John W. Burton. Más allá de una comprensión errónea que vincula este concepto a ideas de unidad social, homogeneidad e integración, es más bien la diferencia a escala global la que lo constituye. Según Torres Nafarrate, el desafío para la sociedad mundial ya no consiste en la pregunta sobre su existencia, sino que se trata de preguntar cómo mundos sociales variados se entrelazan mutuamente. Destaca la pluralidad de observadores que – a diferencia de la unidad de observación que el autor relaciona con el sujeto – se perciben en las diferentes posiciones a lo largo del mundo.

**Christoph Wulf** trata el tema de „Zukunftsfähige Bildung. Frieden, kulturelle Diversität, Nachhaltigkeit" exponiendo tres dimensiones de una educación válida para el futuro, así como las medidas en beneficio de un trato dinámico con la diversidad cultural y a favor de la sosteniblidad, necesarias para asegurar o realizar la paz. De entre los ocho 'Objetivos de Desarrollo del Milenio' de las Naciones Unidas, el autor subraya la importancia de lograr la educación primaria universal como base de una cultura de paz, destacando además el potencial de la religión (sobre todo del cristianismo y del islam) y de las artes al respecto. Una meta principal de la educación por la paz y de la cultura de paz consiste en la discusión reforzada de problemas de violencia y justicia social, tomando en cuenta la trascendencia de rituales y sus facetas varias concernientes al carácter performativo de estas prácticas, así como los procesos miméticos por los cuales sobre todo los niños y jóvenes adquieren un saber práctico como parte importante de una actuación por el bien de la paz. En resumidas cuentas, necesitamos una correspondiente instrucción en 'otra antropología' para un mundo globalizado.

En su contribución „Exil, Demokratie und Gewalt: Die Erinnerung an den Spanischen Bürgerkrieg in Mexiko", **Marion Röwekamp** explora los procesos de la formación del recuerdo por parte de los republicanos que emigraron hacia México en el marco de la Guerra Civil Española. La historiadora y jurista se pregunta cómo recuerdan ellos desde el exilio la experiencia de la violencia así como la de la democracia durante la Segunda República. Destaca el hecho de que la dialéctica entre la formación del recuerdo y el olvido colectivo de otros aspectos contribuyeron a crear una nueva identidad de los republicanos en México. Aunque existan una variedad de recuerdos individuales y se hagan notar diferencias de género en cuanto a lo que se ha recordado, se engendra una narración clave que se opone a la historiografía de la España franquista y la cual no solamente unió a los republicanos sino que también influyó en la formación de la identidad de las siguientes generaciones. Por ello, Röwekamp constata una mitificación del exilio compartida a la vez por los republicanos así como por el estado mexicano. La glorificación del exilio republicano ha sido incorporada al fin y al cabo por la historiografía posfranquista. Es necesario, por tanto, como exige la autora, llevar a cabo una reconstrucción basada sobre las experiencias concretas de la historia.

La última sección abarca las *Dimensiones Biocientíficas de la Violencia (Biowissenschaftliche Dimensionen von Gewalt)* y consta de las contribuciones de Hildegard Graß y Stefanie Ritz-Timme y de Alicia Ortega Aguilar. „Interpersonelle Gewalt im sozialen Nahraum ('Häusliche Gewalt'): Eine gesundheits- und gesellschaftspolitische Herausforderung" es el título del estudio de **Hildegard Graß** y **Stefanie Ritz-Timme** que investigan en su función de médicas forenses la violencia interpersonal en el entorno social inmediato, es decir la violencia entre parejas y en la familia. Ya desde su cotidianeidad laboral saben que la violencia doméstica es un fenómeno muy común que va acompañado de cifras no oficiales muy elevadas, pues este tipo de delito a menudo no se denuncia. Las autoras aclaran que se trata de un desafío sociopolítico y socioeconómico debido a las consecuencias notables que sufren las víctimas traumatizadas, a nivel de salud y en lo psicosocial. Graß y Ritz-Timme ponen énfasis en la importancia de la sanidad civil, que tendría que impulsar una serie de actividades médicas (cuidado médico intensivo, reconocimiento e interpretación de las consecuencias de la violencia, 'pruebas' y evidencias documentadas de dichas consecuencias, respuesta apropiada y asesoría a los afectados) que en la práctica dejan en Alemania y en otros países mucho que desear. Los resultados presentados del proyecto modelo 'Intervenciones médicas contra la violencia' dirigido a médicos con consultorio muestran que un programa de formación adicional puede contribuir sustancialmente al mejoramiento de la atención médica y al objetivo de reconstituir la sujetividad de las víctimas.

**Alicia Ortega Aguilar** indaga en su artículo en „El supuesto biológico de la violencia en el México global" haciendo hincapié en el hecho de que la intencionalidad en la violencia presupone un estado mental que involucra el uso de la corteza cerebral. La autora presenta varios grupos de moléculas que funcionan como neurotransmisores para después investigar sobre las consecuencias de la sobreestimulación del sistema nervioso central causada por un incremento de las concentraciones de adrenalina, dopamina, serotonina y glutamato. El cerebro adicto y las conductas antisociales que interfieren con el desarrollo del individuo se discuten en base a la función biológica de los fármacos psicotrópicos lícitos e ilícitos. Ortega Aguilar remarca que la industria de la neurofarmacología incide intencionalmente sobre los estados emocionales y de conciencia de individuos y poblaciones. La autora pone de relieve que la sobreestimulación crónica resulta invariablemente en una disfunción cerebral, principal síntoma de la enfermedad social llamada violencia, es decir: quien comercia con drogas psicotrópicas financia la violencia.

El tomo concluye con algunas reflexiones marginales que llevan el título „Mythologische Betrachtungen eines Unpolitischen". Aquí **Fernando Leal** discute de modo ensayista y combativo una serie de conceptos unilaterales ligados a la política, la democracia, el poder y la violencia. Estas „reflexiones mitológicas de un apolítico" se dirigen en primer lugar contra la idea de que la democracia representa la antítesis de la violencia. El autor aspira a desenmascarar las concepciones respectivas como mitos sin querer desautorizar a estos últimos en cuanto a sus encantos de índole práctica o estética. A continuación, Leal propone el concepto de la 'violencia económica' entendida como violencia física ejercida por parte de, por lo menos, un estado en contra de la propiedad privada o del libre cambio entre individuos o grupos. A parte de tratar la violencia basada en el narcotráfico en México, a la que se presta mucha atención, el autor se pronuncia más bien a favor de una mayor sensibilización concerniente a las variadas apariciones del Estado Mexicano, el cual usa su monopolio de violencia, según Leal, para sacrificar a amplios sectores de la población en beneficio de pequeños grupos financieros.

Antes de ceder el espacio a la discusión del amplio panorama de democracia y violencia entre lo global y lo local, quisiéramos dar las gracias a las instituciones y personas que posibilitaron con su apoyo financiero y empeño constante la realización del simposio y la publicación de las actas: agradacemos a la Fundación Alexander von Humboldt como patrocinadora del congreso en el que participaron, además de los coordinadores, numerosos ex-Humboldtianos tanto mexicanos como alemanes. Además, agradecemos al Servicio Alemán de Intercambio Académico (DAAD), a la Sociedad de Amigos y Patrocinadores de la Universidad Heinrich Heine de Düsseldorf que contribuyeron con generosas subvenciones, a la Universidad Autónoma Metropolitana y a la Universidad de Guadalajara que nos acogió concediendo un marco memorable para el encuentro transatlántico. Queremos destacar en particular la amabilidad del coordinador Dr. Cuauthémoc Mayorga Madrigal. En cuanto a la redacción del tomo, un gran agradecimiento merece Julia Fürwitt por su esfuerzo incansable que le distinguió durante todo el proceso de publicación. También estamos muy agradecidas por la colaboración de Salvador Godínez Pagaza, Javier Montalvo Melguizo, Karolin Viseneber y Wendy Taranowski que nos apoyaron en cuanto a la corrección y la revisión nativa del manuscrito y a las traducciones. Por fin y sobre todo agradecemos a los autores que aceptaron la invitación a enfrentarse con planteamientos explosivos que requieren el abandono de la zona de confort.

## Bibliografía

AGAMBEN, Giorgio (2004). *Ausnahmezustand*. Frankfurt am Main: Suhrkamp.
BENJAMIN, Walter ([1921] 1966). „Zur Kritik der Gewalt", en: Walter BENJAMIN (ed.). *Angelus Novus. Ausgewählte Schriften*, 2, 42–66.
BORSÒ, Vittoria (ed.) (2014, en prensa). *Wissen und Leben – Wissen für das Leben: Herausforderungen einer affirmativen Biopolitik*. Bielefeld: transcript.
BORSÒ, Vittoria/COMETA, Michele (eds.) (2013). *Die Kunst, das Leben zu „bewirtschaften": Biós zwischen Politik, Ökonomie und Ästhetik*. Bielefeld: transcript.
BORSÒ, Vittoria (2012). „Jenseits der Vernunft des Dritten oder ZusammenLeben als affirmative Lebenspolitik. Überlegungen zu einer Theorie des Zu-

sammenlebens aus Sicht von Literatur und Kunst", en: Ottmar ETTE (Ed.): *Wissensformen und Wissensnormen des Zusammenlebens.* Göttingen: De Gruyter, 14–34.

BORSÒ, Vittoria (2010). „'Bio-Poetik'. Das 'Wissen für das Leben' in der Literatur und den Künsten", en: Wolfgang ASHOLT/Ottmar ETTE (eds.). *Literaturwissenschaft als Lebenswissenschaft. Programm – Projekte – Perspektiven.* Tübingen: Narr (= Edition lendemains; 20), 223–246.

BUTLER, Judith (2010). *Frames of War: When Is Life Grievable?* London: Verso.

BUTLER, Judith (2006). *Precarious Life: The Powers of Mourning and Violence.* London: Verso.

ESPOSITO, Roberto (2013). *Due. La macchina della teologia politica e il posto del pensiero.* Torino: Einaudi.

ESPOSITO, Roberto (2011 [1993]). *Dieci pensieri sulla politica.* Bologna: il Mulino.

ESPOSITO, Roberto (2007). *Terza persona. Politica della vita e filosofia dell'impersonale.* Torino: Einaudi.

ESPOSITO, Roberto (2004a [1998]). *Communitas. Ursprung und Wege der Gemeinschaft.* Zürich/Berlin: diaphanes.

ESPOSITO, Roberto (2004b [2002]). *Immunitas: Schutz und Negation des Lebens. Immunitas.* Berlin: diaphanes.

ESPOSITO, Roberto (2004c). *Bíos. Biopolitica e filosofia.* Torino: Einaudi.

FOUCAULT, Michel (1994). „Subjekt und Macht", en: Daniel DEFERT (ed.). *Schriften,* tomo 4. Frankfurt am Main: Suhrkamp, 269–293.

HERDER, Johann Gottfried (1967 [1774]). *Auch eine Philosophie der Geschichte zur Bildung der Menschheit.* Frankfurt am Main.

RANCIÈRE, Jacques (2006). *Die Aufteilung des Sinnlichen. Die Politik der Kunst und ihre Paradoxien.* Editado por Maria Muhle. Berlin: b_books.

REEMTSMA, Jan Philipp (2008). *Vertrauen und Gewalt: Versuch über eine besondere Konstellation der Moderne.* Hamburg: Hamburger Ed.

SOFSKY, Wolfgang (1996). *Traktat über die Gewalt.* Frankfurt am Main: Fischer.

TEMELLI, Yasmin (ed.) (2011/2012). „Violencia(s) en México", *iMex. México Interdisciplinario/Interdisciplinary Mexico,* 1, 1. http://www.imex-revista.com/archivo/primera.html [30.03.2014].

WALDENFELS, Bernhard (2012). *Hyperphänomene. Modi hyperbolischer Erfahrung.* Frankfurt am Main: Suhrkamp.

WALDENFELS, Bernhard (2006). *Grundmotive einer Phänomenologie des Fremden.* Frankfurt am Main: Suhrkamp.

WELSCH, Wolfgang (1994). „Transkulturalität. Lebensformen nach der Auflösung der Kulturen", en: Kurt LUGER/Rudi RENGER (eds.). *Dialog der Kulturen. Die multikulturelle Gesellschaft und die Medien.* Wien/St. Johann im Pongau: Österreichischer Kunst- und Kulturverlag.

Violencia y Filosofía /
Gewalt und Philosophie

Carlos Pereda
(Universidad Nacional Autónoma de México)

# Argumentación y violencia

Las relaciones entre la argumentación y la violencia parecen simples. Cuando nos enfrentamos a un conflicto, responder con argumentos o responder con actos de violencia son las dos actitudes característicamente opuestas. Sin embargo, apenas analizamos con más rigor, la oposición se complica. Cuando comenzamos a argumentar rompemos con la violencia externa a la argumentación (con los golpes, el tiroteo, las bombas). No obstante, hay también una violencia interna a la argumentación: toda esa maquinaria de persuasión (argumentación falaz, trucos, propaganda) con la cual se violentan los convencimientos.

Das Verhältnis zwischen Argumentation und Gewalt scheint einfach zu sein. Wenn wir einem Konflikt begegnen, können wir zwischen zwei grundverschiedenen Herangehensweisen wählen und je nachdem entweder mit Argumenten oder mit Gewalttaten antworten. Dennoch verkompliziert sich dieser Gegensatz bei näherer Analyse. Sobald wir beginnen zu argumentieren, unterbrechen wir zwar die rohe Gewalt (Schläge, Schießereien, Bomben), nichtsdestotrotz ist jedoch auch der Argumentation eine gewisse Gewalt inhärent: Gemeint ist der gesamte Überredungsapparat (betrügerische Argumentation, Tricks, Propaganda), durch den die jeweiligen Überzeugungen verletzt werden.

Argumentar consiste en ofrecer una serie de creencias para apoyar a otra creencia que plantea ciertas perplejidades, conflictos o en general, problemas. Por eso para llevar a cabo esta labor, una persona que argumenta no expresa simplemente lo que cree; expresa lo que cree y lo respalda con otras creencias: quien argumenta busca producir convencimiento, en el sentido más amplio de esta palabra, convencimiento acerca de la verdad de una creencia o de su falsedad, o tal vez de ciertas dudas sobre ella. La otra opción básica para responder a los problemas de creencias teóricas o prácticas y que se pueden tratar con argumentos, es la violencia.

Argumentación y violencia, argumentación en tanto capacidad de escuchar al otro y responderle y defenderse, intercambiar creencias, modificar las propias creencias y respetar desacuerdos y negociar, y violencia en tanto meramente imponerse, conforman, pues, dos modos básicos de comportarse: los dos modos básicos de tratar diferencias, sentir y actuar ante la diferencia.

¿Es verdad todo ello?, ¿es cierto que frente a la argumentación y la violencia nos encontramos ante dos modos genuinamente distintos de sentir y de actuar? Sin embargo, ¿cuán básicamente distintos son estos dos modos de sentir y actuar? y además ¿qué vínculos los pueden entrelazar, contaminar?

El mero expresar de la conjunción 'argumentación y violencia', suele provocar: o se protesta ante cualquier posibilidad de relación entre la argumentación y la violencia, temiendo que se enturbie el honor de la razón, la dignidad de la argumentación, o en el otro extremo, se les hunde a ambas en la misma noche negra de la indiferenciada violencia. Quiero decir, o se defiende que la argumentación no tiene nada que ver, con la violencia, lo que podría llamarse la posición aislacionista o simplemente se reduce la argumentación a una forma más, a una forma entre otras de la violencia, declarando: la violencia es inevitable y nuestra vida no es más que un simple transcurrir entre varias formas de violencia y nada más, esto significa en realidad que no hay un fuera de la violencia, todo, es violencia, todo no es más que violencia y cualquier intento de salida de la violencia se reduce al proyecto de una utopía o posición reduccionista. Me propongo a evitar ambos modos de argumentar sistemáticamente parciales que llamaré vértigos simplificadores. Comienzo rescatando algunas diferencias entre argumentación y violencia.

## Relaciones de exlcusión

Respecto a la argumentación, la palabra 'violencia' se dice de muchas maneras. La decisiva violencia con la cual se rompe cuando para enfrentar a ciertas perplejidades, conflictos y problemas, se comienza a argumentar acerca de lo que podemos llamar la violencia externa, o por decirlo de otra manera, la violencia abiertamente violencia, la violencia bruta. Por ejemplo, una persona se encuentra en una situación de violencia externa si frente a una discrepancia con sus creencias, en lugar de atender los argumentos del otro, lo calla a golpes o lo denuncia a la policía para que ésta lo encierre en un calabozo, o en un hospital psiquiátrico o, de manera colectiva, se inicia una guerra con el fin de eliminarlo, o al menos de eliminar su libertad y así, de eliminar sus posibilidades de mantener y defender su discrepancia: ese disenso que tanto incomoda y acaso confunde y hasta nos hace tambalear en 'nuestros' principios.

Hay pues al menos aparentemente una primera relación entre argumentación y violencia, una relación puramente externa, una relación de exclusión. Teniendo en cuenta esta primera relación y sólo ella, a partir de la posición aislacionista se defenderá: allí donde se introduce la argumentación, se expulsa del todo a la violencia, y allí donde se hace presente la violencia, se expulsa del todo a la argumentación.

*Argumentación y violencia*

No obstante, incluso para quienes – como yo – están dispuestos a defender una primera relación de exclusión entre argumentación y violencia, las relaciones entre ambas no se agotan en esta nítida y hasta elegante exclusión, y quien así lo afirmara no hace más que sucumbir en un primer vértigo simplificador. Pues lamentablemente quien argumenta, por el sólo hecho de argumentar, no le está dando la espalda a la violencia. ¿Cómo es esto?

## Relaciones de inclusión

Junto a la violencia externa a la argumentación, hay también una violencia interna a ella: no pocas veces se desarrollan argumentaciones violentas. La expresión argumentaciones violentas no se usa aquí para referirnos a la manera en que se despliega una discusión en el sentido en que se habla de argumentaciones acaloradas o de argumentaciones apasionadas y hasta de argumentaciones salvajes, pues si se considera que tiene importancia el estilo de argumentar, la presencia de, por ejemplo, argumentaciones acaloradas, lejos de conformar un hecho a criticar, suele ser un signo positivo de que estamos ante las condiciones para una buena argumentación, ante las condiciones de una argumentación que importa mucho a quienes participan en ella. Por el contrario con la expresión argumentaciones violentas aludo a aquellas argumentaciones en las que mediante la falsificación de argumentos, se violentan, se producen de manera violenta los convencimientos. En general, falsificar un documento, una moneda, una firma, un cuadro o un mueble es fabricarlo de manera falsa e ilegal con el propósito de mediante que el engaño se obtenga algún provecho. Así también quien falsifica argumentos, los fabrica de manera falsa para, con engaño, obtener 'convencimientos' que no serían obtenidos de otra forma (en estos casos el verbo 'convencer' se suele sustituir por el verbo 'seducir' en el sentido de: persuadir con maña, conquistando, cautivando el ánimo). Por eso al comenzar a argumentar se despide la violencia no argumental, la violencia abiertamente violencia, pero no se despide la violencia encubierta, la violencia interna a la argumentación, aquella violencia que no se encuentra rodeando a los debates, sino en su interior conformándolos, dirigiéndolos o mejor dicho, manipulándolos: se despide la violencia fuera de las palabras pero no la violencia de las palabras.

Esta violencia interna admite estudiarse en varios niveles. Puede haber una falsificación de la dirección del argumentar mismo y así una falsificación general del debate, o también ya en el argumentar, puede haber falsificaciones particulares, focales.

*Carlos Pereda*

Atendamos el primer caso. Obsérvese que se introdujo el concepto de argumentar en relación con situaciones de perplejidad, de conflicto o de problema, situaciones a las que llamaré en su conjunto situaciones de conflicto, conflicto teórico o práctico. Sin embargo, ¿se arman todas las argumentaciones como respuesta a este tipo de situaciones? Tal vez no sea inútil distinguir entre situaciones de conflicto real y situaciones de conflicto potencial. Las situaciones de conflicto real son aquellas en las que, efectivamente, nos topamos con una perplejidad, un conflicto o un problema. No obstante, hay situaciones en las que todavía no nos hemos enfrentado con ninguna perplejidad, conflicto o problema, pero respecto a las cuales, una inducción (o meta-inducción) a partir de experiencias pasadas, nos hace pensar que es posible que allí donde no vemos ninguna perplejidad, conflicto o problema, en realidad los hay, sólo que somos incapaces de percibirlos debido a diversas condiciones psicológicas y sociales. En general, debido a que nuestra condición, la condición humana, la condición de las personas, se caracteriza porque éstas se encuentren inevitablemente en una situación de parcialidad. De esta manera, toda situación de parcialidad puede también reconstruirse en alguna medida como una situación de conflicto potencial. ¿Por qué?

Por lo pronto, hay varios tipos de parcialidad pertinentes a la argumentación. Daré algunos ejemplos. Hay una parcialidad en la información: cualquier persona carece de muchos saberes que sería pertinente que los tuviera y muchos de los que cree que son sus saberes no lo son, son creencias falsas; argumentar puede resultar una manera de descubrir lo uno o lo otro en tanto que en cualquier argumentación con otras personas sus saberes podrán tanto ser completados como corregidos por los saberes de las otras personas. Hay también una parcialidad en lo que respecta a la transparencia personal, a la sinceridad, o para usar una palabra prestigiosa, hay parcialidad en lo que respecta a la autenticidad. Con frecuencia las personas estamos tentadas a engañarnos o a autoengañarnos o ambas cosas a la vez, a contarnos cuentos que nos eviten la incomodidad, a veces muy grande, de enfrentarnos con el desamparo y los riesgos que necesariamente acarrea cualquier perplejidad, conflicto o problema; en estos casos, atreverse a argumentar comporta el riesgo de atreverse a ser desenmascarado. Además a consecuencia de las parcialidades anteriores, inevitablemente hay una parcialidad de la atención: atender algo es desatender muchas otras cosas y, no pocas veces, aquello que desatendemos sería muy pertinente para comprender mejor aquello que procuramos atender y a menudo el curso de una argumentación nos invita y hasta nos obliga a atender aquello que no hemos atendido o incluso no queremos atender.

La dificultad radica en que argumentamos para combatir la parcialidad, pero la argumentación misma puede volverse sistemáticamente parcial. Llamaré a estos modos de argumentar sistemáticamente parciales vértigos argumentales. Se sucumbe en un vértigo argumental cuando quien argumenta constantemente prolonga, confirma e inmuniza el punto de vista ya adoptado en la discusión, sin preocuparse de las posibles opciones a ese punto de vista y hasta prohibiéndolas, y todo ello de manera: no intencional, por ejemplo el ya aludido vértigo simplificador.

En cambio, buenos ejemplos de violencias internas particulares los encontramos en lo que desde Aristóteles se conoce como 'Once falacias': argumentos malos pero que parecen buenos.

Hay, pues, una segunda relación entre argumentación y violencia, una relación interna, una relación de inclusión. Según esta segunda relación entre argumentación y violencia, la argumentación no sólo no se opone y expulsa a la violencia, sino que la argumentación misma puede a veces constituirse como una de las formas de la violencia.

Pero afirmar tal relación de inclusión ¿nos condena a defender una posición reduccionista? Y si éste no es el caso, ¿cuáles son las diferencias y los vínculos entre estas dos formas de violencia?

## Sobre el *continuum* de la violencia

Comencemos con las diferencias entre las violencias internas y las externas. Diría que son claras, incluso clarísimas: nadie confunde un golpe en la cabeza con un vértigo argumental o una falacia, o el bombardeo de una ciudad con un debate que por ser radicalmente parcial, su valor principal consiste en hacer valer ciertos intereses y en silenciar sistemáticamente otros. Falacias y debates engañosos son enredos de palabras. En cambio un golpe en la cabeza o un bombardeo no se hacen simplemente con palabras. Cuidado, sin embargo: la dificultad con las diferencias muy claras, o al menos en apariencia muy claras, radica en que su excesiva claridad tiende a encandilarnos y así embobados, sabemos retener sólo las diferencias y sucumbir en un segundo vértigo simplificador. Lo diferente es tan diferente que basta la constatación de su diferencia y punto. Pero pensar es distinguir y relacionar. Exploremos si existen también algunas relaciones importantes entre las violencias internas y las externas.

En primer lugar ambas violencias poseen el mismo propósito; en ambos casos se procura la imposición a toda costa, y cueste lo que cueste, de ciertas creencias, de ciertos intereses. La palabra 'imposición' significa: exigencia desmedida con que se nos obliga por distintos medios a creer o hacer lo que, sin la presencia de esos medios, no querríamos creer o hacer, y los efectos de la violencia pueden en efecto resumirse con ese creer o hacer lo que, sin la presencia de la violencia interna o externa, no querríamos creer o hacer. En otras palabras: con ambos tipos de violencia se busca imponer una parcialidad, ciertas creencias y sólo esas creencias y a la vez, el silencio, o más bien, la ansiedad de quienes no participan de esas creencias, de esa parcialidad.

En segundo lugar, un tipo de violencia se apoya y complementa y reafirma en el otro. Por un lado, la violencia externa se apoya y complementa y reafirma en la violencia interna, como se dice, en argumentaciones racionalizadoras, en argumentaciones que peligrosamente encubren con un manto racional, pasiones o intereses. O para apelar a una abusada palabra que felizmente ya no circula como talismán bueno para cualquier oprobio, pero que en este contexto podría recobrar su sentido preciso y restringido y, por eso también, útil: la violencia externa se apoya en ideologías. La gente no da golpes en la cabeza y nada más; suele justificar esos golpes con argumentos. Por ejemplo, indica que el golpeado resulta de algún modo un peligro horroroso para el nosotros que representa el golpeador. Es un enemigo real o potencial, según las circunstancias, es un moro, un judío, un gitano, un negro, un turco, un sudaca que viene a quitarnos el trabajo, a seducir a 'nuestras' mujeres, a atacar 'nuestros' dioses, a corromper 'nuestra' juventud, o simplemente, que viene a aprovecharse de 'nuestra' riqueza, una riqueza que 'nosotros' – un nosotros agrandado que incluye nuestros antepasados – hemos logrado con tanto esfuerzo mientras que él o ella, o ellos y ellas – un ellos y ellas de nuevo agrandado que también incluye a sus antepasados – sólo digamos, cantaban al sol. La lista de candidatos a enemigos y a argumentos por los cuales esos hombres o mujeres son o han sido, o podrían ser nuestros enemigos, no admite ningún límite, ni siquiera los del propio interés: ¿acaso la xenofobia y el racismo no han sido muchas veces suicidas? Un buen respaldo a la respuesta positiva a esa pregunta ha sido desde el siglo XIII la historia de eso que hoy se llama España. Y esos pseudo argumentos de la violencia pueden incluso ser elaboradísimos y hasta doctos. Por ejemplo, es raro que se inicie una guerra de conquista o se masacre una población sin apelar a lo que se podrían llamar las minuciosas retóricas de la violencia: complicadas retóricas de la sangre, de nuestra hipotética raza, de la patria, de nuestra religión, de nuestros ideales, incluyendo la justicia y la libertad, retóricas capaces de justificar cualquier golpe o masacre como justo, legítimo, razonable, retóricas que en su parcialidad, y que al anular las otras razones, que necesariamente son las razones del otro, conforman el primer paso y a la vez la invitación para anular al otro.

Por otro lado, la violencia interna se apoya, complementa y reafirma en la violencia externa en el sentido de que sin el respaldo de lo que se podría llamar el marco de efectividad de la violencia externa, su escenario natural, toda violencia interna con el tiempo tiende a perder gran parte de su poder de fascinación. De ahí la necesidad de cualquier opinión sectaria de encerrarse en una comunidad más o menos enmurallada, comunidad hasta la cual no puedan llegar otras razones que las del entusiasmo de la secta.

## La violencia externa encubierta o la argumentación secuestrada

En la política conceptual adoptada se ha colado una falta grave en tanto se identificó violencia externa a la argumentación con violencia abiertamente violencia y violencia interna a la argumentación con violencia encubierta, pero tales identidades son falsas, pues hay también una forma de violencia externa a la argumentación que es, inequívocamente, violencia encubierta. Me refiero a esas condiciones estructurales de imposibilidad de argumentar dadas por los modos de vida de la pobreza o si recogemos el concepto de pobreza radical con la palabra 'miseria', en este contexto tal vez se pueda hablar con más propiedad de los modos de vida de la miseria. Los modos de vida de la pobreza, o de la miseria, son modos de vida en relación con los cuales se ha secuestrado la argumentación. Se habla aquí de argumentaciones secuestradas en el sentido de argumentaciones que ni siquiera pueden comenzar, pues ni hay oportunidad ni hay motivación para ello. Esto es cualquier argumentación exige de sus participantes ciertos saberes, saberes proposicionales y saberes en el sentido de habilidades. Si esos saberes no se han adquirido o se han perdido por falta de uso, la argumentación se vuelve un espejismo proyectado por quienes poseen esos saberes y operan a cada paso con ellos.

Recogiendo ciertas tradiciones, denominaré a esta violencia externa encubierta que secuestra la argumentación violencia estructural.

La introducción del concepto de violencias externas encubiertas que secuestran las argumentaciones o violencia estructural complica las relaciones propuestas entre la argumentación y la violencia. Sin embargo no afecta al hecho de que se pueda hablar con justificación de un *continuum* de interacciones entre la violencia interna y las violencias externas, sean violencia abiertamente violencia o violencias estructurales. Más que todavía, en cierta medida, este concepto fortalece el pensar en un *continuum* de la violencia. No obstante, ¿justifica tal *continuum* las alarmas y desprecios que suelen apoyarse en él?

## El segundo vértigo simplificador

¿De qué hablo? Me refiero a quienes, por unos de esos bamboleos comunes en el pensamiento, de dejarse encandilar por las diferencias entre la argumentación y la violencia, pasan a dejarse no menos encandilar por las relaciones entre la argumentación y la violencia, y hasta tal grado que pronto se reduce toda argumentación a alguna forma de la violencia. Pero no hay por qué corregir un vértigo simplificador con otro.

Hay relaciones internas entre la argumentación y la violencia puesto que hay violencia interna a la argumentación y por ello argumentaciones violentas, argumentaciones racionalizadoras que violentan los convencimientos, argumentaciones sistemáticamente parciales, retóricas de la violencia. No obstante, aún en estos casos no se eliminan las relaciones externas entre argumentación y violencia. Puesto que sus diferencias en medio de la más perversa argumentación racionalizadora, se pueden seguir argumentando, no en cambio, enfrente del cuchillo más primitivo y más inepto. De ahí la necesidad de subrayar esas pequeñas diferencias que terminan trazando la gran diferencia.

Pero cuando no se puede argumentar porque nos encontrarnos, sea frente a violencias externas abiertamente violencias sea frente a violencias estructurales, ¿qué hacer? Respecto a tales dificultades me limitaré a formular dos o tres apresuradas observaciones.

Cualquier respuesta a las preguntas anteriores será una propuesta reflexiva. Pues no creo que en relación con tales preguntas haya respuestas precisas, fijas y generales, entre otras razones porque con el concepto de argumentación por un lado, y con los conceptos de violencia externa abiertamente violencia y de violencia estructural, por otro nos referirnos a ejemplos de argumentación y de violencia muy diferentes.

Frente a algunas presencias particularmente fuertes de la violencia externa abiertamente violencia no hay nada que conversar, lo urgente sería: o situarse

*Argumentación y violencia*

en alguna distancia – espacial, temporal – respecto a ella y, desde esa distancia, comenzar a tratar esa violencia, o si se tienen fuerzas para ello, responder a esa violencia agresiva con violencia defensiva, y ello vale tanto, creo, para algunas situaciones individuales como para algunas situaciones colectivas de violencia externa abiertamente violencia. Habrá, en cambio, otras situaciones de violencia abiertamente violencia menos enmuralladas en las que la argumentación podrá jugar algún papel, sea como estrategia, sea como negociación.

Las dificultades conceptuales en relación con la violencia estructural son aún más enredadas. Tal vez soprenda la declaración de que los modos de vida de la pobreza sean condiciones de imposibilidad de la argumentación, pues si se afirma tal cosa, en ese afirmar se entiende como argumentación alguna operación más ambiciosa que el simple dar argumentos, pues ¿todos los seres humanos, por el hecho de ser tales, acaso no argumentan en el sentido de que deducen, inducen, hacen analogía? En efecto, en este contexto la palabra 'argumentación' se usa como equivalente de la expresión argumentación pública política y hasta de argumentación pública política institucionalizada; esto es a lo que nos referimos como lo que se secuestra cuando se usa la expresión argumentación secuestrada es a la argumentación pública sobre asuntos políticos y sobre todo a la argumentación pública política institucionalizada. Por supuesto que si todo argumentar depende de habilidades que en parte piden aprendizaje y ejercicio, también en alguna medida cualquier argumentar se verá afectado, será secuestrado por los modos de vida de la pobreza.

Estas precisiones comienzan a plantear un problema general: se ha procurado reflexionar sobre la argumentación y la violencia, pero ¿usar la expresión argumentación y violencia no implica sucumbir ya en un vértigo simplificador previo a cualquier discusión? ¿Acaso no hay muchos tipos de argumentación y muchos tipos de violencia, presumiblemente, muchos tipos de relaciones entre esos diferentes tipos tanto de argumentación como de violencia?

## Argumentación y violencia se dicen de muchas maneras

Respecto a las varias argumentaciones y a las diferentes violencias, introduzcamos las distinciones entre lo individual y lo colectivo por un lado, y entre lo privado y lo público por otro. Combinadas obtenernos cuatro posibilidades tanto para la argumentación como para algunos de los tipos ya distinguidos de violencia.

*Carlos Pereda*

Respecto a la argumentación se pueden interpretar estas posibilidades de la siguiente manera:
1. Argumentación individual privada o argumentación de una persona consigo misma (autorreflexiones, meditaciones);
2. Argumentación colectiva privada o argumentación de varias personas entre sí en lo que se podría llamar un ámbito cara a cara (discusiones en la familia, pláticas entre amigos, charlas con conocidos casuales);
3. Argumentación individual pública o argumentación de una persona ante un grupo de personas en condiciones en alguna medida impersonales (lectura de una investigación científica en un congreso, prédica de un religioso ante su comunidad, discurso de un político por televisión), y
4. Argumentación colectiva pública o argumentación de varias personas entre sí en condiciones en alguna medida impersonales (discusión de varios científicos entre sí en un congreso, seminario entre varios teólogos, debates parlamentarios).

Si no me equivoco, en cualquiera de estos tipos de argumentación se pueden encontrar los tipos ya reconocidos de violencia en relación con la argumentación: violencia externa, violencia interna y previolencia.

Una argumentación individual privada posee alguna inmunidad respecto a la violencia externa, pero sólo alguna. Si bien una persona puede seguir autorreflexionando incluso mientras la torturan, la calidad de esa autorreflexión será muy diferente en la presencia o en la ausencia de violencia externa. En cambio la violencia estructural condiciona directamente cualquier autorreflexión, no sólo porque se aprende a autorreflexionar y este aprendizaje será diferente según el grado de violencia estructural a que está sometido, sino porque el entorno, además de ofrecer los contenidos de toda autorreflexión, también la ubica en las demás actividades de la vida, le da poco o mucho valor. En cuanto a la violencia interna, se sabe que no hay argumentación que tienda más al peligro de convertirse en argumentación racionalizadora que la autorreflexión puesto que nada es más fácil – y más frecuente – que engañarse a sí mismo.

Ninguna argumentación colectiva privada de una familia, ninguna discusión cara a cara entre los esposos o entre padres e hijos o entre hermanos o hermanas escapa a los laberintos de la violencia: ni de la violencia externa, ni de la violencia estructural ni de la violencia interna. Para respaldar tal afirmación ni siquiera hay que recurrir a esos espejos agigantadores de los conflictos y los

*Argumentación y violencia*

debates de cualquier familia que son las tragedias griegas, basta con la discusión cotidiana de cualquier padre o madre con sus hijos o hijas; basta cualquier pelea entre hermanos o hermanas. También en los intercambios argumentales entre amigos están presentes, estas violencias aunque en menor medida.

Sin duda, la argumentación individual pública no escapa a alguna violencia, pero la incidencia de ésta y hasta su intensidad, variará según el género de argumentación en cuestión. Así el género científico será habitualmente menos proclive a las violencias que el religioso o el político. En el caso de la violencia externa y de la violencia estructural ello se explica por la distancia que cualquier investigación científica construye respecto a su entorno, distancia que ni la religión ni la política podrían siquiera desear proponerse sin perder el objeto al que se refieren. En cuanto a la violencia interna, en el primer caso hay controles incluso institucionalizados y un público restringido a los colegas que suele ser relativamente competente para distinguir, por ejemplo, un buen argumento de una falacia.

Algo de lo que ya se ha anotado en relación con las argumentaciones individuales públicas se podría en general repetir respecto a las argumentaciones colectivas públicas, insistiendo de nuevo en que el tipo de violencia y su incidencia variará según el género de argumentación considerado.

Este mapa de posibilidades se complica aún más si se aplican estas distinciones en relación con los tipos de violencia ya recogidos. Por lo pronto, creo que sobre la violencia estructural no tiene sentido distinguir entre lo individual y lo colectivo: toda violencia estructural es, por definición, y en alguna medida colectiva, pero eso sí, puede haber una violencia estructural privada y una violencia estructural pública.

En cuanto a la violencia externa e interna no es demasiado difícil encontrar ejemplos para cada uno de los conceptos resultantes. Sin duda hay violencia externa individual privada (la de un asaltante), violencia externa colectiva privada (la de una mafia), violencia externa individual pública (la de un terrorista) y violencia externa colectiva pública (la de una guerra). Y así sucede también con la violencia interna.

Por supuesto todas estas distinciones enriquecen, o al menos complican enormemente nuestro mapa de posibles relaciones de exclusión y de inclusión entre la argumentación y la violencia. No obstante, sospecho que tales complicaciones no afectan para nada a nuestra propuesta general: a cada paso la argumentación tiene que ver con la violencia, pero no por ello toda argumentación es una forma de violencia y además hay formas decisivamente diferentes de violencia.

*Carlos Pereda*

Sucumbe, entonces, en un primer vértigo simplificador quien a partir de una posición aislacionista declara que comenzando a argumentar se despide limpia y definitivamente de la violencia, pero sucumbe en un vértigo simplificador, y peor quien teniendo en cuenta los fenómenos de la violencia estructural y de la violencia interna abraza una posición reduccionista y apresuradamente declara que todo da igual, que da lo mismo una pésima escuela primaria, una propaganda engañosa o un tiroteo, no tener trabajo, encontrarse en las garras de un *reality show* o ser literalmente encarcelado y torturado, vivir en condiciones miserables de vida, leer el manipulador y mentiroso artículo editorial de un periódico o ir a la guerra. Porque eso no es verdad, porque todo no da igual, porque aunque hay argumentaciones que son formas de la violencia, esa violencia interna es diferente de la violencia externa y estas, a su vez, son diferentes de la violencia estructural, y, además, también hay argumentaciones que no son forma de ninguna violencia; en fin, porque cualquier diferencia es una diferencia, por eso en medio de tanto ruido, mientras se pueda, vale la pena seguir argumentando.

Gustavo Leyva
(Universidad Autónoma Metropolitana – Iztapalapa)

# Filosofía, política y violencia

En el trabajo „Filosofía, política y violencia" se ofrece una reflexión sobre el problema de la violencia en una vertiente en la que se entrecruzan la filosofía social con la filosofía moral y la política. El trabajo se centra, en un primer momento, sobre las relaciones que mantiene la violencia con el poder y, sobre todo, con la política. Para ello se recurre a análisis desarrollados por los pensadores Weber, Benjamin, Elias y Arendt, para mostrar especialmente el modo en que la violencia se entreteje con la coacción, el poder, el Derecho y el Estado. En un segundo momento, este ensayo se detiene a analizar las determinaciones que asume la relación entre violencia y poder en México. Se insiste especialmente en que la alternativa estatal ante las inusitadas formas que la violencia vinculada al narcotráfico asume hoy en día ha sido la de una militarización del territorio y de la comprensión misma de la política que reduce ésta al tema de la seguridad y, con ella, a una restricción de los derechos humanos que ha terminado por conducir más bien a su violación por parte de las propias autoridades y a una intensificación de las redes de corrupción ya existentes previamente. Finalmente, se señalan las luchas y procesos que, desde la sociedad civil, parecen apuntar hacia la reconfiguración de un espacio político en el que puedan dirimirse en forma pacífica los conflictos que caracterizan al México contemporáneo.

Der Artikel „Filosofía, política y violencia" formuliert Gedanken zur Problematik der Gewalt aus einer Perspektive, in der sich Sozial- sowie Moralphilosophie und Politische Philosophie kreuzen. Im Mittelpunkt des Beitrags stehen zunächst die Beziehungen zwischen Gewalt und Macht sowie vor allem zwischen Gewalt und Politik. Hierzu wird auf Analysen von Weber, Benjamin, Elias und Arendt rekurriert, um insbesondere die Art und Weise aufzuzeigen, in der sich Gewalt mit Zwang, Macht, Recht und dem Staat verbindet. Daran anschließend werden die Konsequenzen der Beziehung zwischen Gewalt und Macht in Mexiko analysiert. Betont wird insbesondere die Tatsache, dass die staatliche Handlungsalternative angesichts der ungewöhnlichen Gewaltformen, die mit dem heutigen Drogenhandel verknüpft sind, aus einer Militarisierung des Territoriums besteht und mit einem Verständnis von Politik einhergeht, das auf den Sicherheitsaspekt reduziert wird. Dies hat zu einer Einschränkung der Menschenrechte geführt und zur Verletzung derselben von Seiten des Staates, sowie zu einer Ausweitung der bereits vorhandenen Korruptionsnetze. Schließlich wird auf die Kämpfe und Prozesse seitens der Zivilgesellschaft hingewiesen, die eine Umgestaltung des politischen Raums andeuten, in dem sich die charakteristischen Konflikte des gegenwärtigen Mexikos friedlich auflösen könnten.

En su uso en el lenguaje ordinario el término 'violencia' se refiere a la aplicación de una coacción física o psíquica con el propósito de infringir algún daño a personas o cosas que puede eventualmente limitar la libertad de las primeras. En un ensayo publicado en 1977 Joseph Betz definió a la violencia como la aplicación de una coacción sobre otro u otros hombres para minar sus derechos, impedir la realización de sus intenciones o fines y restringir su libertad.¹ Así comprendida, la violencia plantea un desafío para la filosofía que comienza ya con su clarificación conceptual con relación a otros conceptos que suelen asociarse a ella como fuerza, poder, agresión, coacción, dominación, amenaza o represión. Acaso sería necesario trazar por ello una suerte de mapa conceptual a la manera de Wittgenstein en el que pudieran comprenderse las similitudes, las „semejanzas de familia"², y a la vez las diferencias entre las nociones anteriormente mencionadas así como los diversos modos y configuraciones en que aparece la violencia – sea en la tortura, el asesinato, el terrorismo o la guerra. Después de haber trazado ese mapa conceptual podría plantearse un segundo conjunto de interrogantes en torno a si podría hablarse de algo así como una 'esencia' o núcleo de la violencia y, en caso dado, dónde estaría ella localizada. Además habría que plantear la pregunta de si la violencia se atribuye a acciones, a acontecimientos, a procesos, o incluso a palabras y a discursos (por ejemplo, los insultos, las injurias, las difamaciones o las calumnias), o bien la relativa a si es posible cuantificar la violencia – y a si se podría hablar en este sentido, por ejemplo, de actos 'más' o 'menos' violentos que otros – sin dejar de mencionar por supuesto la cuestión relativa a si tanto los ejecutores como las víctimas de la violencia pueden ser no sólo individuos sino también grupos. En este caso habría que elucidar el modo en que se debe establecer la atribución de responsabilidad – individual o colectiva – a quienes han hecho uso de la violencia en contra de otro(s). En lo que a continuación sigue me ocuparé en reflexionar sobre el problema de la violencia en una vertiente en la que se entrecruzan la filosofía social con la filosofía moral y la política. Me detendré especialmente en las relaciones que mantiene la violencia con el poder y, sobre todo, con la política.

1. Max Weber se refirió al fenómeno del poder (*Macht*)³ en el marco de su análisis de conceptos sociológicos fundamentales, en particular del concepto de acción y, más específicamente, del concepto de acción social.⁴ Así entendido, el

---

¹ Véase Betz (1977: 339–351).
² Wittgenstein (1953: 66).
³ Todas las traducciones al español tanto de estos términos como en general de las citas que aparecen referidas a lo largo de este ensayo han sido realizadas por el autor.
⁴ Véase Weber (1922: 28). A este respecto véase el Capítulo I de la Primera Parte de *Wirtschaft und Gesellschaft: Grundriß der verstehenden Soziologie*. Weber define ahí al

*Filosofía, política y violencia*

poder se refiere a la capacidad de un sujeto individual, de un grupo o de una asociación política para imponer su voluntad sobre los otros y provocar en ellos un comportamiento determinado que éstos por sí mismos no habrían realizado. No obstante, así considerado, se apresura a decir Weber, el concepto de poder es sociológicamente „amorph"[5] (*amorfo*). Pues, agrega a continuación, todas las cualidades pensables de un ser humano y todas las constelaciones posibles pueden colocar a alguien en la situación de imponer su voluntad en una situación dada. Es por ello que Weber propone emplear un concepto sociológicamente más preciso para referirse a la capacidad de encontrar obediencia a una orden. Y es aquí justamente que localizó el concepto de „Herrschaft"[6] (*dominación*). Éste se comprende como la oportunidad de encontrar obediencia para una orden de un contenido determinado.[7] En el concepto de dominación se integran así, por un lado, el momento de la imposición de la voluntad de un individuo o un grupo sobre otro individuo(s) o grupo(s) y, por el otro, el momento de la obediencia o consentimiento que encuentra esta imposición por parte de aquél o aquéllos sobre quienes se ejerce. Así entendida, la dominación aparece en diversos ámbitos de las relaciones sociales, sea en la familia, en la escuela, en diversas formas de relaciones interpersonales, etc.[8] Sin embargo fue ante todo la dominación política y, de manera más precisa, la dominación política ejercida por 'el Estado' la que le preocupó ante todo a Weber. En ella la dominación tiene lugar en un ámbito geográfico-espacial bien determinado a través de la aplicación y bajo la amenaza de „Zwang"[9] (*coacción*) por parte de un „Verwaltungsstab"[10] (*aparato administrativo*) que se asegura el monopolio legítimo de la coacción física para la implementación y el mantenimiento del orden en el marco de un ordenamiento jurídico específico.[11] Con ello Weber delimitó el sentido y la función

---

*Macht* como „toda oportunidad de imponer la propia voluntad en el interior de una relación social, aún en contra de oposición, y sin importar sobre qué pueda basarse esta oportunidad".

[5] Ibíd.: 28 s.
[6] Ibíd.: 29.
[7] Véase ibíd.
[8] Max Weber habla así, por ejemplo, de la dominación patriarcal en el interior de las relaciones familiares – una relación de dominación que se realiza por lo demás sin el recurso a un aparato administrativo (véase ibíd.: 29).
[9] Ibíd.
[10] Ibíd.
[11] Véase ibíd.

del Estado y su estrecha relación con el poder y la violencia. En efecto, *Macht* se encuentra entrelazado en forma estrecha con *Gewalt*[12] comprendida como aplicación de *Zwang*.[13]

Las relaciones entre Estado, poder y violencia analizadas por Weber pueden ser proseguidas, me parece, en tres direcciones distintas: la primera de ellas fue la seguida por Norbert Elias (a); la segunda por Walter Benjamin (b) y, finalmente, la tercera, por Hannah Arendt (c). Me dirigiré ahora brevemente a cada una de ellas.

(a) Pocos años después de las reflexiones de Weber anteriormente referidas Norbert Elias ofreció en *Über den Prozeß der Zivilisation* un sugerente análisis sobre los modos en que se transformó la violencia en las relaciones entre los hombres tanto modificando con ello su comportamiento, su experiencia y la regulación de sus afectos así como transformando las coacciones externas en coacciones internas impuestas por los individuos sobre sí mismos.[14]

En esta idea Elias se enlaza con un planteamiento que Freud había delineado ya en el marco de sus discusiones con Marx y el marxismo en el año de 1933 en *Neue Folge der Vorlesungen zur Einführung in die Psychoanalyse*. En efecto, el proceso de despliegue de la cultura – Freud utiliza este concepto pero se refiere a lo que Elias entiende como civilización[15] – se comprende paralelamente al desarrollo de la necesidad y actividad económica.[16] En este proceso se desplazan las metas de las pulsiones y se transforma la sensibilidad y el comportamiento de los individuos.[17] A este respecto ya el propio Freud señala en esta obra lo siguiente:

> Si alguien estuviera en posibilidad de probar en detalle cómo se producen, se inhiben y fomentan entre sí los diversos momentos, la entera disposición pulsional de los hombres, sus variaciones étnicas (*rassenhafte Variationen*) y sus transformaciones culturales bajo las condiciones de la ordenación social, de la actividad profesional y de las posibilidades adquisitivas, si alguien pudiera lograr esto, entonces habría dado el complemento del marxismo para una verdadera ciencia de la sociedad (*wirkliche Gesellschaftskunde*).[18]

---

[12] Véase ibíd.
[13] Véase ibíd.
[14] Véase Elias (1939: 338).
[15] Véase Freud (1933); Elias (1939).
[16] Véase Freud (1933: 170–197).
[17] Véase ibíd.
[18] Ibíd.: 194. Como Hermann Korte lo ha señalado con razón, Elias debe a Freud en primer lugar la idea de que toda coacción interna, toda coacción de sí mismo en la historia de la humanidad es inicialmente una coacción externa, impuesta desde el exterior

*Filosofía, política y violencia*

Es así que Elias se propone analizar las transformaciones de larga duración tanto en las estructuras sociales y políticas como en las de la personalidad, especialmente en las regulaciones de los afectos de los individuos. Es en este marco que Elias procede a analizar el proceso de la formación del Estado con la ayuda de los conceptos de competencia e interdependencia.[19] El proceso social de la formación del Estado en Europa aparece así en el marco de un proceso de larga duración que condujo inicialmente a una disminución del número de las partes en competencia, posteriormente hacia la posición monopólica de príncipes individuales y, finalmente, a la conformación del Estado absolutista basada en la monopolización de la violencia a través de las instituciones del Reinado.[20] Este proceso de formación del Estado se encuentra así íntimamente entrelazado con los procesos de la división de funciones socioeconómicas – es decir con el tránsito de la economía natural a la economía monetaria, con el del crecimiento de la división del trabajo, de las relaciones comerciales, de los procesos de organización y del despliegue y del ascenso de la burguesía. Particularmente el monopolio de la violencia física y de los ingresos tributarios condujeron a una transformación estructural de las luchas por la distribución del excedente generado por la actividad económica. Gracias a la creciente diferenciación socioeconómica de la sociedad, el organismo central adquiere, por una parte, el carácter de un „organismo coordinador y regulador supremo de la totalidad de los procesos de división de funciones"[21]. En especial el monopolio de la violencia ejercido por el Estado permitió ampliar el horizonte de perspectivas posibilitando así la emergencia y consolidación de cadenas de acción e interacción social espacial y temporalmente más extendidas. Así, a través de la interdependencia que mantienen entre sí grupos más grandes de hombres, a través de la eliminación de la violencia física en el interior de estos grupos, se creó un aparato social en el que las coacciones que ejercían los hombres entre sí podían transformarse en coacciones autoimpuestas por los propios individuos. Fue en el interior

---

y, en segundo lugar, la idea de que el desarrollo psicogenético de cada individuo es en cierto sentido una suerte de repetición de la historia de la humanidad en el interior del individuo. Las diferencias radicarían, por un lado, en que Elias se interesa ante todo por los procesos de larga duración del desarrollo de las coaciones bajo una perspectiva sociológica y, por el otro, en la diversa clase de material empírico utilizado por Elias (véase Korte 1997: 142 ss.).

[19] Véase Elias (1939: 18 ss.).
[20] Véase ibíd.: 32 ss.
[21] Ibíd.: 225.

de este entramado que se delineó el proceso civilizatorio sobre la base de una contención, regulación y transformación de la violencia tanto en el plano social como en el plano psicológico.[22]

(b) Remitiendo a elementos provenientes tanto del anarcosindicalismo de Georges Sorel, de la interpretación del marxismo delineada por Ernst Bloch y de la tradición judía y sobre el trasfondo de la experiencia de las revoluciones en Rusia y Alemania de 1917 y 1928, respectivamente, Walter Benjamin prolongó la reflexión sobre la violencia y el poder en una lectura de carácter filosófico y político no exenta de connotaciones religiosas. En efecto, en *Zur Kritik der Gewalt*[23] Benjamin planteó los problemas relacionados con la legitimidad que podría tener una violencia que irrumpe en el continuo de la historia y de la política, más allá de toda fundamentación en el marco del Derecho[24] existente, pregunta central para la teoría del Derecho y, en general, para la reflexión política al inicio de la República de Weimar. En ese ensayo aparecen en un lugar prominente los problemas relacionados con el lugar y la función que asume la violencia en el marco del Estado y del Derecho modernos, con el modo en que legitiman la violencia a la que necesariamente debe recurrir el Estado en tanto monopolio de la violencia legítima en el sentido anteriormente expuesto. En fin, con la fuente, sentido y legitimación que podría aspirar a tener una violencia revolucionaria orientada a derribar las instituciones jurídicas y políticas basadas en la violencia.[25] Especialmente interesa en el marco de nuestra reflexión el modo en que Benjamin analiza las relaciones entre el Derecho y la violencia. En efecto, el monopolio de la violencia por parte del Estado y sancionado por el Derecho tiene la función de mantener a uno y a otro – esto es tanto al Estado como al Derecho;[26] no obstante apunta Benjamin que uno y otro remiten su origen a actos de una suerte de violencia fundadora. Uno y otro permiten a la vez, dentro de ciertos límites, formas de violencia que interrumpen la reproducción social – por ejemplo, la del trabajo y con ella la de la economía – cuestionando eventualmente al orden jurídico y político imperante.[27] Tampoco puede dejarse de lado el derecho al empleo de la fuerza, sea para reprimir la protesta social y política

---

[22] Véase ibíd.
[23] Véase Benjamin (1991).
[24] Véase ibíd.: 179.
[25] Véase ibíd.: 193 ss.
[26] Véase ibíd.: 187 ss.
[27] Benjamin piensa aquí especialmente en el derecho a la protesta y el derecho a la huelga (véase ibíd.: 183 ss.).

*Filosofía, política y violencia*

o sea para iniciar una guerra en contra de otro Estado. Consideradas en este amplio y diferenciado espectro, las relaciones que mantienen la violencia, por un lado, con el Derecho y el Estado, por el otro, son para Benjamin en efecto muy complejas: „puede hablarse así de una violencia que funda e instaura al derecho (*rechtssetzende Gewalt*) y de otra que lo mantiene (*rechtserhaltende Gewalt*) ambas formas de violencia que en ciertos momentos se encuentran estrechamente relacionadas"[28]. Benjamin considera aquí, por ejemplo, tanto la pena de muerte (en aquellos casos en que ésta aparece como una figura jurídica) como el Derecho que norma el sentido y uso de la fuerza policíaca.[29] Son una u otra formas de violencia las que para Benjamin aparecen tanto en diversas figuras jurídicas (como la del contrato) al igual que en diversas instituciones que conforman al propio Estado (y, en este caso, Benjamin piensa en la del parlamento).[30] Habría, sin embargo, para Benjamin una forma de violencia que no fundaría ni tampoco mantendría al derecho, sino que más bien lo aniquilaría una „rechtsvernichtende Gewalt"[31] que, al modo de una violencia divina (*göttliche Gewalt*) en el marco de una suerte de teología revolucionaria, suprimiría a la violencia que mantiene al Derecho y en general a un orden basado en la explotación para instaurar un reino de justicia.[32]

(c) La tercera vertiente en que puede ser prolongada la reflexión sobre las relaciones entre violencia y poder la podemos encontrar en el ensayo de Hannah Arendt *On Violence* (1970) donde se analiza especialmente las diferencias entre *power* y *violence*. Las reflexiones que Arendt presenta aquí se inscriben también en el marco de debates y luchas sociales y políticas desarrolladas durante los años sesenta, particularmente en Europa y los Estados Unidos de Norteamérica.[33] Muchas de esas luchas[34] se han caracterizado por un común denominador:

---

[28] Ibíd.: 186 s.
[29] Véase ibíd.: 189.
[30] Véase ibíd.: 190 s.
[31] Ibíd.: 199 ss.
[32] Véase ibíd.: 197 ss.
[33] Véase Arendt (1970: 3 y 18 ss.).
[34] Arendt piensa en este punto en un amplio espectro que abarca lo mismo a las grandes revoluciones que tuvieron lugar a lo largo del siglo XX que a los movimientos en contra de la segregación racial en Estados Unidos de Norteamérica en los años cincuenta y sesenta al igual que a las rebeliones estudiantiles de los años sesenta en Europa y en Norteamérica y a las insurrecciones anticolonialistas y antiimperialistas en Asia, África y Latinoamérica (véase ibíd.: 18 ss.).

*Gustavo Leyva*

el recurso a la violencia cuyo desarrollo técnico parece haber convertido a ésta en un componente indispensable para la consecución de cualquier objetivo político. Aun más, la definición del Estado ofrecida por Max Weber – a quien en este contexto Arendt se refiere recordando su referencia al señalamiento realizado por Leon Trotzky en Brest-Litovsk en el sentido de que „[j]eder Staat wird auf Gewalt gegründet"[35] (*Todo Estado se basa sobre la violencia*) – como dominio de unos seres humanos sobre otros por medio de la violencia legítima. Además los señalamientos provenientes del liberalismo de la izquierda de Charles Wright Mills en el sentido de que toda política es una lucha por el poder. Coincidían, según Arendt, en identificar a la violencia con el poder sin aclarar en realidad en qué consisten una y otro[36] y dejando así en la penumbra un análisis de la violencia como ya lo había señalado Georges Sorel en sus *Reflections on Violence*.[37] Es precisamente para clarificar estos términos y para comprender mejor el modo en que puede revitalizarse esta otra tradición en el presente que Arendt propone realizar una distinción terminológica y conceptual entre poder (*power*) y violencia (*violence*).[38] Es importante destacar por principio que esta distinción no tiene que ver con cuestiones estrictamente gramaticales sino, más bien, con una perspectiva histórica y con una comprensión filosófico-política determinada.

En efecto, para Arendt el poder tiene una función constitutiva en el mantenimiento del espacio público: el poder es lo que mantiene la existencia del espacio público, el espacio potencial de aparición entre los hombres que hablan y actúan.[39] Es en este sentido que Arendt enlaza, *power* etimológicamente con la voz griega *dýnamiz* (δύναμις), con la expresión latina *potentia* y, por supuesto, con el término alemán *Macht* – que deriva, recuerda Arendt, no de hacer (*machen*), sino de posible (*mögen* y *möglich*)[40]– para destacar precisamente su carácter 'potencial', imposible por ello de ser reducido a una entidad inalterable y

---

[35] Trotzky en Weber (1922: 822).
[36] Véase Arendt (1970: 35).
[37] Una excepción en esta ausencia de una reflexión sobre el poder y la violencia que distinga a ambos y proceda a analizarlos en forma adecuada la encuentra Arendt tanto en *Du Pouvoir* (1945) de Bertrand de Jouvenel como en *La dottrina dello Stato* (1962) de Alexander Passerin d'Entrèves (véase Arendt 1970: 36 s.).
[38] Véase ibíd.: 43.
[39] Véase ibíd.: 44.
[40] Véase Arendt (1958: 194).

## Filosofía, política y violencia

mesurable como la fuerza (*force*) o la fortaleza (*strength*).[41] El poder se encuentra así originariamente vinculado con la potencia que surge de la capacidad humana no solamente de actuar o de hacer algo, sino de unirse con otros y de actuar y deliberar en acuerdo con ellos.[42]

El fenómeno del poder no se considera por tanto remitido a la imposición y eventual instrumentalización de una voluntad por otra, sino más bien a la formación de una voluntad común que se instituye y reproduce a través de la acción y del lenguaje desplegados en común. Este poder, no obstante, señala Arendt, se condensa como poder político en instituciones que aseguran y mantienen formas de vida que se desarrollan desde y en el marco de la acción común: „Todas las instituciones políticas son manifestaciones y materializaciones del poder", señala así Arendt, „se petrifican y decaen tan pronto el poder viviente del pueblo no se encuentra detrás de ellas y las sostiene."[43] Es en este sentido que pueden ser comprendidas, por así decirlo retrospectivamente, las investigaciones histórico-filosóficas que Arendt había desarrollado años atrás en *Origins of Totalitarianism* (1951). En efecto, ahí Arendt había analizado la destrucción de la libertad política y de las estructuras de la acción y lenguaje comunes bajo la dominación totalitaria que habían conducido al desplazamiento del poder por la violencia. De acuerdo a ello, la violencia (*violence*) se distinguía ante todo por su carácter instrumental (*instrumental character*)[44] y podía ser considerada así como racional (*rational*) justamente sólo en la medida en que ella es efectiva (*effective*) para alcanzar el fin que tiene que justificarla.[45] Así, a diferencia de poder (*power*), apunta Arendt, violencia (*violence*) requiere siempre de herramientas (*implements*) y sustancia (*substance*) de la acción violenta (*violent action*) está dada por la categoría de medios/fines[46] que termina por diluir el horizonte de la acción y el lenguaje común que caracteriza al poder y, en general, a la política.

2. En el caso de países como México la relación entre violencia y poder plantea a reflexiones como las anteriores una serie de determinaciones que deben ser destacadas. En efecto, la incontenible ola de violencia que azota a este país desde hace ya varios años y que ha sido objeto de un tratamiento inicialmente artís-

---

[41] Véase ibíd.: 200.
[42] Véase Arendt (1970: 45).
[43] Ibíd.: 42.
[44] Véase ibíd.: 46.
[45] Véase ibíd.: 79.
[46] Véase ibíd.: 46 ss.

tico,[47] parece demostrar que en México los procesos de constitución del Estado y el aseguramiento del monopolio legítimo de la violencia no trascurrieron en forma homogénea ni lineal sobre el territorio nacional a lo largo de su historia. En efecto, en un país como México, el Estado no parece haber sido capaz, ni siquiera después de la Revolución de 1910, de remover sistemas y redes tradicionales de poder sin los cuales, no obstante, la economía no podía funcionar ni la sociedad reproducirse. Como consecuencia de ello, el Estado no fue capaz de concentrar totalmente el monopolio de la violencia dando lugar a una serie de fracturas y vacíos en el orden social y político que fueron llenadas por estructuras de poder tradicionales vinculadas a lazos familiares y de amistad que recurrían al empleo de diversas formas de violencia para poder mantenerse y reproducirse.[48] Ello permitió el surgimiento de monopolios de violencia regionales que podían garantizar una relativa estabilidad del orden social, económico y político que el Estado centralizado no podía asegurar. Así, las estructuras y formas de la violencia estatal parecen más bien haberse entrelazado con las estructuras de poder regional y de violencia tradicional para mantener el orden social y político imperante y las formas económicas sobre las que éste se basaba. El resquebrajamiento de esa suerte de arreglo político que permitió a lo largo de setenta años una coexistencia más o menos pacífica del poder del Estado con esa red de sistemas de poder y dominación tradicionales dio lugar al surgimiento de enconadas disputas entre los diversos poderes regionales entre sí y contra el Estado central. Ello contribuyó al debilitamiento del Estado central dando así lugar a una serie de vacíos institucionales que poco a poco fueron llenados por los poderes fácticos y las relaciones de fuerza: los grandes monopolios económicos, financieros y mediáticos, los cacicazgos y poderes regionales, las estructuras

---

[47] Pienso aquí especialmente en la literatura y en el cine. En el caso de la primera, es preciso mencionar tanto a autores norteamericanos que han tratado el problema de la violencia en la zona fronteriza – tanto geográfica como económica, política y jurídica – entre los Estados Unidos de Norteamérica y México como Don Winslow (*The Power of the Dog*, 2005) y Cormac McCarthy (*No Country for Old Men*, 2005), al igual que a mexicanos como Élmer Mendoza (*Balas de Plata*, 2007). En el caso del cine, podría mencionarse a Alejandro González Iñárritu (*Amores Perros*, 2000) o, más recientemente, a Everardo Gout (*Días de Gracia*, 2011). No deben dejar de mencionarse tampoco las brillantes adaptaciones cinematográficas como la ofrecida por los hermanos Joel y Ethan Cohen de la ya mencionada obra de Cormac McCarthy (*No Country for Old Men*, 2007).
[48] Para ver los paralelos con las estructuras tradicionales de poder en el sur de Italia véase Blok (1974).

*Filosofía, política y violencia*

sindicales corporativas y, desde luego, el narcotráfico y la criminalidad organizada.[49] Todo ello hizo posible la emergencia de formas de la violencia – hasta hace unos años inéditas – en el país: la violencia militar y la paramilitar, la violencia criminal y la violencia política aparecen ahora entrelazadas y vinculadas a formas refinadas y de extrema crueldad en su empleo,[50] su escenificación pública y su demostración cuasi-ritual[51] en el marco de conflictos y encarnizadas luchas entre diversos grupos sociales, políticos y económicos que se disputan – dentro y fuera de la ley – en el interior y fuera del territorio geográficamente delimitado del Estado nación. Se trata de mercados, territorios y zonas de influencia en los que la economía formal se entrelaza en formas inéditas con la economía informal y la criminal confluyendo en ellas el tráfico de drogas, de personas, de armas y de mercancías destinadas al consumo dentro de un complejo engranaje transnacional.[52] Las graves omisiones, los vacíos y una difusa y a la vez densa red de complicidades tejidas desde dentro del aparato de Estado intentan ahora ser

---

[49] Véase a este respecto, por ejemplo, la obra de la periodista británica Jo Tuckman (2012).

[50] Pienso, por ejemplo, en el estremecedor caso de Santiago Meza López, llamado 'El Pozolero', quien trabajaba para el narcotraficante Teodoro García Simental, líder del cártel de Tijuana. Acusado de desaparecer a más de 300 personas, Meza López señaló en su declaración ante las autoridades que su procedimiento para desaparecer sus cuerpos consistía en llenar a la mitad un recipiente de doscientos litros con agua a los que agregaba sosa cáustica. Posteriormente ponía el recipiente al fuego e introducía en él los cuerpos de sus victimas, dejándolos diluirse a lo largo de varias horas en la sustancia hirviente (véase *El Universal* 2009).

[51] El espectro a este respecto es, por desgracia, bastante amplio y abarca desde la exposición pública de cuerpos desmembrados y de cabezas cercenadas colocadas en lugares simbólicamente relevantes (una plaza pública, una delegación de policía, un centro comercial, etc.) hasta noticias como la referida por el periódico *Reforma* en su edición del martes 14 de junio del 2011 y según la cual, tras ser colgado con cadenas en el Puente Revolución localizado al sur de la ciudad de Monterrey, un hombre fue incendiado y baleado. En ese mismo lugar, apenas la semana anterior, una banda de sicarios al servicio de narcotraficantes había colgado vivos a dos hombres para posteriormente dispararles y ejecutar, colgado, a uno de ellos.

[52] Dejo aquí de lado el problema – sin duda central – del modo en que los recursos financieros vinculados al narcotráfico han servido, especialmente en los últimos años, para dar una cierta liquidez e impulso al modesto crecimiento de una economía con altos índices de pobreza, desempleo y trabajo en condiciones de precariedad extrema que de otro modo se encontraría sumida en una profunda recesión (véase *La Jornada* 2012: 20). Ello se enlaza sin duda con la ausencia de un proyecto económico a largo plazo para el país entero.

*Gustavo Leyva*

compensados por medio de un combate militar al crimen sin un marco legal que permita acotar la actuación del aparato policíaco y militar y, sobre todo, sin un proyecto de recomposición del tejido social, económico y político para el país entero. El resultado se encuentra ahora ante nuestros ojos: violencia incontenible en diversas zonas del país, surgimiento de cuerpos militares y paramilitares que se desplazan en diversas zonas del territorio intentando imponer su ley, formas de ejercicio de la violencia – tanto de la estatal como de la no-estatal – en las que se enlazan el combate al crimen y, a la vez, la complicidad con él, actividades de limpieza social de los grupos socialmente más vulnerables – sean los jóvenes, los indígenas y, en general, quienes se encuentran ubicados en la zona de la pobreza – y una militarización del territorio y de la comprensión misma de la política que reduce ésta al tema de la seguridad y con ella a una restricción de los derechos humanos que ha terminado por conducir más bien a su violación por parte de las autoridades que deberían ser las primeras empeñadas en observarlos y protegerlos.[53]

Los efectos de las diversas formas y usos de la violencia anteriormente señalados han sido devastadores en el entramado moral, social y político de nuestro país. Podría decirse así, siguiendo a Elias, que se han desplegado en nuestro país procesos de una *Entzivilisierung* (decivilización)[54] análogos acaso a los anali-

---

[53] Vale la pena señalar a este respecto lo que *Human Rights Watch* apunta en el apartado dedicado a México de su *Informe Anual 2012*. En los últimos años, se ha producido en México un incremento alarmante de la cantidad de homicidios, que en gran parte ha sido consecuencia de violentas pugnas entre poderosas organizaciones delictivas que compiten por el control del narcotráfico y otras actividades ilícitas lucrativas, como la trata de personas, así como de enfrenamientos entre sus propios miembros. El gobierno del Presidente Felipe Calderón ha adoptado medidas para combatir la delincuencia organizada que han provocado un fuerte incremento del número de asesinatos, torturas y otros abusos por parte de miembros de las fuerzas de seguridad, y que sólo contribuyen a agravar el clima de caos y temor que predomina en muchas regiones del país. Periodistas, defensores de derechos humanos y migrantes son atacados deliberadamente por organizaciones delictivas y miembros de las fuerzas de seguridad. Sin embargo, México no ha ofrecido protección a estos grupos vulnerables ni ha investigado adecuadamente los delitos de los cuales han sido víctimas. Las iniciativas para implementar una reforma integral del sistema de justicia, que abordaría problemas endémicos como la aplicación de torturas para obtener confesiones por la fuerza, continuaron avanzando lentamente durante 2011, por lo cual aún subsiste un sistema en el cual los abusos siguen siendo generalizados.
[54] Véase Elias (1992: 7 ss.).

*Filosofía, política y violencia*

zados por el propio Elias.[55] Quizá se trate ahora por ello, en forma análoga a como lo hizo Elias en esta obra, de ofrecer un análisis del 'habitus nacional' que ha posibilitado el „Entzivilisierungsschub"[56] (*impulso descivilizatorio*) en un país como el nuestro conectándolo con el proceso de larga duración de la formación del Estado y la sociedad mexicana para así explicar el colapso en las formas del comportamiento, del trato entre los hombres y de la interacción civilizada.[57]

Ello tiene que ver ciertamente con el modo en que se ha modificado la estructura y el sentido de – por lo menos – un sentimiento al que Elias atribuye un papel central en el proceso civilizatorio, a saber: el de los escrúpulos morales, al igual que de otro que es central para la vida en común: el de la solidaridad.[58] Podría hablarse aquí de un proceso gradual de descomposición social en las formas mismas en que se realiza la interacción social y que permiten la reproducción de una sociedad en su conjunto y también, por supuesto, de una lenta degradación de la conciencia moral que erosiona los sentimientos básicos de respeto por la persona y la libertad de nuestros congéneres, transformando las actitudes, las escalas valorativas, los modos de comunicación, las formas de acción, las imágenes del mundo y de aquello que debe ser considerado como una vida logra-

---

[55] Véase ibíd.
[56] Ibíd.
[57] En esta obra Elias deseaba ofrecer un análisis del desarrollo de ese 'habitus nacional' de los alemanes que hizo posible la emergencia del 'impulso descivilizatorio (*Entzivilisierungsschub*)' del Nacionalsocialismo. Es ahí que Elias señala, en una consideración retrospectiva sobre su propia obra, que el problema de la civilización se le planteó inicialmente como un problema completamente personal vinculado al colapso del comportamiento civilizado, al 'impulso de barbarie' que tenía lugar en Alemania al inicio de los años treinta del siglo anterior. Para él era claro en aquel momento que la comprensión del colapso del comportamiento y de la sensibilidad civilizados no podían ser comprendidos sin antes explicar cómo había tenido lugar el desarrollo de un comportamiento civilizado en las sociedades europeas. Es ahí que señala que la formación de la conciencia de las sociedades europeas y, en general, en amplias partes de la humanidad sobre la tierra había colocado un parámetro para el comportamiento humano con respecto al cual el proceder de los nacionalsocialistas aparecía como repugnante y se cargaba con el sentimiento espontáneo del horror: „El problema que se me planteaba era entonces el de explicar y hacer comprensible el desarrollo de estructura de personalidad y especialmente de estructuras de conciencia o de autocontrol que representan un estándar de humanidad (*Humanitätsstandard*) que va más allá del de la Antigüedad y que, en forma correspondiente, reaccionan con aversión a un comportamiento como el de los nacionalsocialistas o a modos de comportamiento comparables en otros pueblos" (ibíd.: 46).
[58] Véase ibíd.

*Gustavo Leyva*

da,[59] minando a la vez la confianza en las autoridades e instituciones políticas[60] y transformando de manera impredecible y preocupante la comprensión que la sociedad y los ciudadanos tienen de sí mismos. Las consecuencias que ello tiene en el ámbito de las interacciones humanas son estremecedoras: el recurso en forma prácticamente incuestionada a diversas formas de violencia para dirimir los conflictos que se presentan en diversos planos de la vida social – sea en la familia, en el trabajo y en general en la interacción cotidiana con los otros – y especialmente en lo político: criminalización de la protesta social y de la oposición política, persecución e incluso liquidación física tanto de personas expuestas a situaciones de penuria como de activistas sociales, periodistas y opositores. Se trata de formas veladas o abiertas de violencia que, como ya lo había visto Hannah Arendt, expresan en último análisis un modo prepolítico de resolución de los conflictos que va erosionando gradualmente el espacio público y diluyendo el sentido de lo que significa ser un ciudadano y de esta manera la posibilidad de vivir, pensar y hablar en común, es decir la posibilidad misma de la política.[61]

---

[59] Un estremecedor reportaje publicado por el diario mexicano *La Jornada* (2009) señalaba, a propósito de la situación en el Estado fronterizo de Tamaulipas, que de Matamoros a Nuevo Laredo, siete de cada diez hogares registraban violencia intrafamiliar, ocho de cada diez familias poseían al menos un arma de fuego, 90 por ciento de los niños de entre nueve y catorce años percibían las ejecuciones como una situación común de la vida diaria, estimando además que dos de cada diez niños inscritos en el nivel escolar básico en ese Estado deseaba ser contratado como sicario cuando creciera, que uno de cada siete sabía manejar un arma de fuego o blanca y que dos de cada diez veían en el narcotráfico una opción de vida y desarrollo.

[60] Héctor Domínguez Ruvalcaba y Patricia Ravelo Blancas, quienes han investigado la violencia en la frontera norte de México, especialmente en Ciudad Juárez, anotan a este respecto: „Entre todos los juarenses que hemos entrevistado, y en gran parte de la literatura y obras artísticas que hemos revisado, se tiende a identificar a los criminales con las fuerzas oficiales: ambos constituyen una amenaza a la paz ciudadana y, por lo tanto, ambos, en su obcecación, se están encargando de desmantelar la base del Estado" (Domínguez Ruvalcaba/Ravelo Blancas 2011: 134 s.).

[61] Es en este sentido que podría comprenderse mejor el alcance del señalamiento de Domínguez Ruvalcaba y Ravelo Blancas a propósito de Ciudad Juárez: „En Ciudad Juárez la violencia se ejerce en general contra la población civil, transite o no por *zonas de peligro*, pero principalmente es perpetrada contra los ciudadanos más desprotegidos [...]. En estas condiciones es común la presencia de la violencia generalizada en la calle, las casas, los lugares de trabajo, los ámbitos escolares, las fiestas, los sepelios y otros espacios de reunión familiar y comunitaria. Ningún espacio queda a salvo de la violencia y la muerte. Casi todos se han convertido en *zonas de peligro*" (Domínguez Ruvalcaba/Ravelo Blancas

*Filosofía, política y violencia*

No obstante, paralelamente a esta suerte de militarización de la política que apunta a una aparente resolución de los conflictos que surgen en el espacio de la convivencia humana mediante el recurso en forma casi exclusiva a la violencia y a la comprensión y respuesta a ella desde una lógica militar, existen aun espacios en los que la posibilidad misma de la política y de la recomposicioón del tejido social e institucional de este país no ha sido aun cancelada del todo. Se trata de espacios en los que prevalece aun, en medio de la descomposición social y política, lo que Benjamin denominó la „Kultur des Herzens", en los que existen todavía aquella cultura de la „Herzenshöflichkeit"[62] destacada por este pensador alemán, es decir, de una cultura del respeto al prójimo, de la solidaridad y confianza entre los hombres tanto hacia sus congéneres como hacia las instituciones, de formas de acción común, de diálogo y argumentación razonada en el marco del lenguaje.[63] Nuestra esperanza es que sea desde ellos que se pueda recomponer lentamente la erosión social, moral y política que ha venido sufriendo este país durante los últimos años y que, enmarcados en una respuesta de alcance más amplio – ante todo económica y política – permitan delinear de nuevo un proyecto de vida en común en el que puedan dirimirse en forma pacífica los conflictos que generan las diversas formas de convivencia social en el mundo contemporáneo, es decir que permita de nuevo la rehabilitación y reintroducción de la política en la sociedad.[64] Quizá haya sido en ello en lo que pensaba Norbert Elias cuando, al referirse a la promesa – acaso siempre quebrada – de felicidad que ha acompañado al proceso civilizatorio, escribió:

> Solamente entonces no necesita más ser la excepción, solamente entonces puede ser la regla que el hombre singular encuentre aquel equilibrio óptimo de su alma (*Seele*) que evocamos con grandes palabras como „Felicidad (*Glück*)" y „Libertad": *un equilibrio duradero o incluso la armonía (Einklang) entre sus tareas*

2011: 13). Lo que queda es así un sentimiento de inseguridad y un profundo miedo que conduce a los individuos a una retracción del espacio público que termina en último análisis por paralizar la posibilidad de una acción común.
[62] Benjamin (1991: 191).
[63] Véase ibíd.: 192.
[64] Es aquí que podrían inscribirse las tentativas, las propuestas, la organización y la lucha de personas, grupos y asociaciones en primer lugar de aquellas formadas por quienes han sido (sea en forma directa o indirecta) víctimas de la violencia – por devolver el espacio público a los ciudadanos abriendo así un horizonte para el despliegue de la acción en común que permita en un primer momento contener y, posteriormente, erradicar la violencia desenfrenada que aqueja a este país.

*sociales, ante las exigencias completas de su existencia social, por un lado, y sus inclinaciones personales, por el otro.* Solamente si el andamiaje de las relaciones interhumanas está creado de tal manera, si la colaboración de los hombres que constituye el fundamento para la existencia de todo individuo funciona de tal manera que sea por lo menos posible para todos los que trabajan mano a mano en la bien diferenciada cadena de las tareas comunes encontrar este equilibrio, solamente entonces los hombres podrán decir de sí mismos con razón que *son* civilizados. Hasta entonces se tendrán que decir siempre de nuevo: „La civilización no está aún concluida. Está apenas en devenir."[65]

## Bibliografía

ARENDT, Hannah (2002). *Denktagebuch 1950 bis 1973*. Editado por Ursula LUDZ/Ingeborg NORDMANN in Zusammenarbeit mit dem Hannah-Arendt-Institut, tomo 2. München/Zürich: Piper.

ARENDT, Hannah (1970). *On Violence*. New York: Harcourt/Brace & World.

ARENDT, Hannah (1963). *Über die Revolution*. London: Faber and Faber.

ARENDT, Hannah (1958). *The Human Condition*. Chicago: University of Chicago Press.

ARENDT, Hannah (1955). *Elemente und Ursprünge totalitärer Herrschaft*. Frankfurt am Main: Suhrkamp.

BENJAMIN, Walter (1991). „Zur Kritik der Gewalt", en: Rolf TIEDEMANN/Hermann SCHWEPPENHÄUSER (Eds). *Walter Benjamin: Gesammelte Schriften*, tomo 2-1. Frankfurt am Main: Suhrkamp, 179-203.

BETZ, Joseph (1977). „Violence: Garver's Definition and a Deweyan Correction", *Ethics*, 87 (4), 339-351.

BLOK, Anton (1974). *The Mafia of a Sicilian Village. 1860-1960. A Study of Violent Peasant Entrepreneurs*. New York: Harper.

BLOMERT, Reinhard (1989). *Psyche und Zivilisation. Zur theoretischen Konstruktion bei Norbert Elias*. Münster: Lit.

BOGNER, Artur (1989). *Zivilisation und Rationalisierung. Die Zivilisationstheorien Max Webers, Norbert Elias' und der Frankfurter Schule im Vergleich*. Opladen: Westdeutscher Verlag.

BRUNNER, Otto/CONZE, Werner/KOSELLECK, Reinhart (1982). *Geschichtliche Grundbegriffe. Historisches Lexikon zur politisch-sozialen Sprache in Deutschland*, tomo 3. Stuttgart: Klett-Cotta.

---

[65] Elias (1939: 464 s.).

*Filosofía, política y violencia*

DERRIDA, Jacques (1994). *Force de loi. Le fondement mystique de l'autorité*. Paris: Galilée.
DOMÍNGUEZ RUVALCABA, Héctor/RAVELO BLANCAS, Patricia (2011). *Desmantelamiento de la ciudadanía. Políticas de Terror en la frontera norte*. México: UAM-CIESAS-CONACYT.
ELIAS, Norbert (1992). *Studien über die Deutschen. Machtkämpfe und Habitusentwicklung im 19. und 20. Jahrhundert*. Frankfurt am Main: Suhrkamp.
ELIAS, Norbert (1939). *Über den Prozeß der Zivilisation. Soziogenetische und Psychogenetische Untersuchungen*. Basel: Haus zum Falken.
FREUD, Sigmund (1999). „Neue Folge der Vorlesungen zur Einführung in die Psychoanalyse", en: Anna FREUD et al. (eds.). *Sigmund Freud: Gesammelte Werke*, tomo 15. Frankfurt am Main: Fischer Taschenbuch-Verlag.
GLEICHMANN, Peter/GOUDSBLOM, Johan/KORTE, Hermann (eds.) (1979, 1984). *Materialien zu Nobert Elias' Zivilisationstheorie*. Frankfurt am Main: Suhrkamp, 1979 (Tomo 1), 1984 (Tomo 2).
HAVERKAMP, Anselm (ed.) (1993). *Gewalt und Gerechtigkeit. Derrida – Benjamin*. Frankfurt am Main: Suhrkamp.
HEITMEYER, Wilhelm/SOEFFNER, Hans-Georg (eds.) (2004). *Gewalt: Entwicklungen, Strukturen, Analyseprobleme*. Frankfurt am Main: Suhrkamp.
HEITMEYER, Wilhelm/HAGAN, John (eds.) (2002). *Internationales Handbuch der Gewaltforschung*. Opladen: Westdeutscher Verlag.
KORTE, Hermann (1997). *Über Norbert Elias. Das Werden eines Menschenwissenschaftlers*. Opladen: Leske+Buch.
JOUVENEL, Bertrand de (1972). *Du Pouvoir. Histoire naturelle de sa croissance*. Genève: Le Cheval ailé.
PASSERIN D'ENTRÈVES, Alexander (1962). *La dottrina dello Stato*. Torino: Giappichelli.
SOREL, Georges (1990). *Réflexions sur la violence*. Paris: Seuil.
TUCKMAN, Jo (2012). *Mexico. Democracy Interrupted*. New Haven: Yale University Press.
WEBER, Max (1922). *Wirtschaft und Gesellschaft. Grundriß der verstehenden Soziologie*. Tübingen: J. C. B. Mohr.
WITTGENSTEIN, Ludwig/SCHULTE, Joachim (eds.) (2001). *Philosophische Untersuchungen. Kritisch-genetische Edition*. Frankfurt am Main: Suhrkamp.
HUMAN RIGHTS WATCH (2012). „Informe Annual 2012". www.hrw.org/es/world-report-2012/m-xico [27.08.2012].

*El Universal (2009)* 25.01.
*La Jornada* (2009) 01.03.
*La Jornada (2012)* 16.04.
*Reforma (2011)* 14.06.

Miriam M. S. Madureira
(Universidad Autónoma Metropolitana – Cuajimalpa)

# Reconocimiento y violencia: ¿Existe una violencia ética?

En el marco de este trabajo discuto el problema de la violencia ética en tanto que asociada al concepto de reconocimiento proveniente de Hegel, a partir de dos autores: Judith Butler y Slavoj Žižek. Después de aclarar brevemente la relación de oposición que se podría suponer entre una ética del reconocimiento y la violencia en Hegel mismo (1.), discutiré, a partir de Butler, la posibilidad de ver el 'reconocimiento como violencia' (2.), y a partir de Žižek, la posibilidad opuesta de la 'violencia como reconocimiento' (3.), para concluir con una exposición de las razones por las cuales la violencia se tendría que considerar, desde una perspectiva hegeliana, pero también independientemente de lo que Hegel mismo presupone, como aquello que necesariamente rompe el reconocimiento, y así, la manutención o establecimiento de una forma de vida ética (4.).

Im Rahmen dieser Arbeit analysiere ich das Problem der ethischen Gewalt im Zusammenhang mit Hegels Konzept der Anerkennung. Dies geschieht ausgehend von zwei Autoren: Judith Butler und Slavoj Žižek. Nach einer kurzen Einführung zur vermeintlichen Oppositionsbeziehung zwischen einer Ethik der Anerkennung und der Gewalt in Hegels Werk selbst (1.), werde ich ausgehend von Butler die Möglichkeit erörtern, die 'Anerkennung als Gewalt' zu verstehen (2.), und von Žižek ausgehend, die entgegengesetzte Möglichkeit von 'Gewalt als Anerkennung' erörtern (3.), um schließlich die Gründe darzustellen, weshalb Gewalt, aus einer hegelianischen Perspektive betrachtet, jedoch auch unabhängig von dem, was Hegel selbst annimmt, als etwas zu denken ist, das zwangsläufig mit der Anerkennung bricht und so auch mit dem Erhalt oder der Gründung einer Form des ethischen Lebens (4.).

El problema de la existencia de una violencia ética se puede entender de dos maneras: por un lado, como el problema de la violencia de la ética, o de lo ético – es decir, el problema de si la ética por sí misma, puede ejercer violencia; éste se refiere al riesgo de que la imposición de principios y/o contextos éticos sobre sujetos concretos, y su conformación más o menos implícita a aquéllos, se pudiera percibir como violencia. Por otro lado, se puede entender la cuestión de la violencia ética como el problema de la posibilidad de justificar o legitimar éticamente el uso de la violencia – por ejemplo, en contextos sociales o políticos como revoluciones.[1]

---

[1] También se podría incluir aquí – como lo hace Judith Butler de manera por lo menos implícita (véase Butler 2003: 15) – a la violencia ejercida por intervenciones políticas y militares, 'humanitarias' o no. Las conclusiones que presentaremos sobre la posibilidad de la violencia revolucionaria se aplican también a esa otra forma de violencia.

*Miriam M. S. Madureira*

En el marco de este trabajo quiero discutir el problema de la violencia ética en tanto que asociada al concepto de reconocimiento proveniente de Hegel. También partiendo del concepto de reconocimiento, el problema de la existencia de la violencia ética aparecerá en aquel doble sentido: por un lado, como el potencial de violencia que el reconocimiento implicaría; por otro, como la posibilidad de una violencia que generara o permitiera relaciones éticas, las que a su vez se entenderían en el marco del reconocimiento. La pregunta que plantearé aquí es la de si una concepción de la ética basada sobre ese concepto podría ejercer violencia en alguno de los sentidos mencionados, y la discutiré a partir del trabajo de dos autores que hacen esa asociación: Judith Butler y Slavoj Žižek.

Mientras el primer aspecto del problema está presente en la *Crítica de la violencia ética* formulada por Judith Butler en sus *Adorno-Vorlesungen* del 2002,[2] su segundo aspecto aparece, aunque de manera más implícita, en el „alegato por la violencia ética"[3] que hace Slavoj Žižek en una de sus conferencias de Buenos Aires. Mi intención es poner en discusión la presuposición presente en los dos autores de que una concepción de la ética basada – de manera más o menos clara – en una noción de reconocimiento proveniente de Hegel podría (o para Žižek, incluso debería) ejercer violencia, y verificar si sus interpretaciones del problema representan un desafío, o una nueva perspectiva frente a una ética así. Después de aclarar brevemente la relación de oposición que se podría suponer entre una ética del reconocimiento y la violencia en Hegel mismo (1.), discutiré, a partir de Butler, la posibilidad de ver el reconocimiento como violencia (2.), y a partir de Žižek, la posibilidad opuesta de la violencia como reconocimiento (3.), para concluir con una exposición de las razones por las cuales la violencia se tendría que considerar, desde una perspectiva hegeliana, pero también independientemente de lo que Hegel mismo presupone, como aquello que necesariamente rompe el reconocimiento, y así el mantenimiento o establecimiento de una forma de vida ética (4.).

---

[2] Véase Butler (2003). Las traducciones de este y de otros textos citados a partir de ediciones en idioma diferente al español han sido realizadas por la autora de este trabajo.
[3] Véase Žižek (2004). El tema de la violencia reaparece en Žižek en su obra posterior, véase Žižek (2010). He centrado mi interpretación en el primer artículo, mencionado arriba, en el que el autor discute el tema de la violencia ética contraponiéndose explícitamente a Butler.

*Reconocimiento y violencia: ¿Existe una violencia ética?*

## Reconocimiento contra violencia

Empezamos con la relación más evidente que se puede establecer entre la violencia y el reconocimiento, si se entiende esa noción en el sentido de la filosofía práctica de Hegel.[4] Para Hegel, una violencia ética 'por definición' no existe: si todavía es posible hablar para Hegel de una violencia del 'derecho abstracto' o de la 'moralidad' ello no lo será en el caso de la 'vida ética' propiamente dicha: Hegel presupone una identificación entre el individuo, quien sería susceptible de sufrir una eventual violencia de ese tipo, y el todo de la vida ética, que excluye de antemano la posibilidad de la violencia.[5]

No es éste el lugar de retomar toda la filosofía práctica de Hegel, pero podemos hacer algunas aclaraciones. Por 'ética' se entiende en Hegel no lo mismo que la moral, sino lo que él llama la 'vida ética' (o la eticidad): el contexto ético concreto en el que las relaciones – para él abstractas del derecho y de la moralidad individual – se cristalizarán, según lo que expondrá en la *Filosofía del Derecho*,[6] en relaciones intersubjetivas más o menos institucionalizadas, las que se podrán ver (aunque de maneras diferentes, respectivamente, en los textos de juventud y de madurez del autor) como relaciones de reconocimiento.[7]

Las relaciones intersubjetivas de reconocimiento tienen en la filosofía práctica de Hegel en primer lugar un carácter descriptivo, en tanto relaciones que describen la estructura intersubjetiva propia del contexto ético en la modernidad. En efecto, ya en sus escritos de Jena, Hegel presenta su concepción de la vida

---

[4] Se ha utilizado aquí la edición Hegel (1969) de sus obras. En el caso de Hegel indico para las citas de esa edición W, el tomo, y la página respectiva. Las traducciones son mías, excepto en los casos en que se afirma lo contrario.

[5] Esta concepción de la vida ética (*Sittlichkeit*) y la crítica anterior al 'derecho abstracto' y a la 'moralidad' se puede encontrar a lo largo de toda la filosofía práctica de Hegel, pero es evidente en la *Filosofía del Derecho* (W 7) como un todo. 'Derecho abstracto', 'moralidad' y 'vida ética' (o 'eticidad') (*Sittlichkeit*) constituyen los tres grandes apartados de la *Filosofía del Derecho* de Hegel (W 7). Me abstengo de indicar aquí párrafos aislados.

[6] Véase Hegel W 7. Para las citas de la *Filosofía del derecho* he incluido, como se acostumbra en la literatura secundaria, además de la página, el párrafo del texto y eventualmente la indicación Z (si se trata de un *Zusatz*, complemento al párrafo).

[7] Me refiero aquí en lo que respecta a sus obras de juventud sobre todo a los siguientes escritos: Hegel (1986, 1987 y 2002). La principal obra de madurez de Hegel en lo que respecta a la filosofía práctica es W 7. A respecto del concepto de reconocimiento de Hegel y de su relación con la eticidad, véanse por ejemplo Siep (1979); Wildt (1982) y Honneth (1994 y 2001).

*Miriam M. S. Madureira*

ética moderna a través de ese concepto, el cual se podría ver como el 'principio' de su filosofía práctica[8] en esa época. Su carácter normativo, sin embargo, ya está presente en Hegel desde muy temprano: en la noción temprana de 'amor' aparece ya el núcleo de la relación normativa con la que Hegel en la *Filosofía del Derecho* describirá el concepto concreto de libertad. Si el 'amor' se describe en sus escritos de juventud como el hecho de que: „El amado no está opuesto a nosotros, es uno con nuestra esencia; nos vemos en él, y ya no es otra vez nosotros – un milagro que no logramos comprender",[9] el concepto concreto de libertad estará en la determinación e indeterminación recíproca presente en la relación con el otro:

> Este es el concepto concreto de la libertad, mientras que los dos momentos precedentes se han manifestado enteramente abstractos y unilaterales. Esta libertad la tenemos ya en la forma del sentimiento, por ejemplo en la amistad y en el amor. En estos casos el hombre no está unilateralmente dentro de sí, sino que se limita gustoso en relación con otro, pero en esta limitación se sabe como si mismo. La libertad no radica, por lo tanto, en la indeterminación ni en la determinación, ella es ambos.[10]

Reconocimiento es no sólo la relación recíproca 'vertical' entre un 'yo' y un 'nosotros' de que Hegel habla en la *Fenomenología del Espíritu*,[11] sino también la relación intersubjetiva estructurante del 'nosotros' mismo, presente, aunque de diferentes formas, en el *Espíritu objetivo* desde sus escritos de Jena: las relaciones

---

[8] Véase Siep (1979).
[9] „Der Geliebte ist uns nicht entgegengesetzt, er ist eins mit unserem Wesen; wir sehen nur uns in ihm, und dann ist er doch wieder nicht wir – ein Wunder, das wir nicht zu fassen vermögen" (W 1: 244).
[10] „[D]ieses ist dann der konkrete Begriff der Freiheit, während die beiden vorigen Momente durchaus abstrakt und einseitig befunden worden sind. Diese Freiheit haben wir aber schon in der Form der Empfindung, z. B. in der Freundschaft und Liebe. Hier ist man nicht einseitig in sich, sondern man beschränkt sich gern in Beziehung auf ein Anderes, weiß sich aber in dieser Beschränkung als sich selbst. In der Freiheit soll sich der Mensch nicht bestimmt fühlen, sondern indem man das Andere als Anderes betrachtet, hat man darin erst sein Selbstgefühl. Die Freiheit liegt also weder in der Unbestimmtheit, noch in der Bestimmtheit, sondern sie ist beides." (W 7: 57 §7Z). En este caso he utilizado la traducción en: Hegel (1975).
[11] Véase Hegel (W 3: 145). No me refiero aquí a la 'lucha por el reconocimiento', que en la *Fenomenología del Espíritu* aparece en la llamada „Dialéctica del Señor y del Siervo" (W 3: 145 s.), sino al concepto normativo de reconocimiento.

*Reconocimiento y violencia: ¿Existe una violencia ética?*

también recíprocas horizontales 'yo-tú', a través de las cuales los 'yos' se constituyen recíprocamente en el marco de la vida ética concreta del 'nosotros'.

Ahora bien, independientemente de cómo se defina la violencia, ya aquí es fácil notar el carácter necesario de una oposición entre ésta y una noción de reconocimiento proveniente de Hegel. Ya el amor excluía cualquier forma de dominación y violencia: el joven Hegel afirma explícitamente que „sólo en el *amor* se es uno con el objeto, éste no domina ni es dominado."[12] Y ese será también un presupuesto del 'concepto concreto de libertad' del Hegel maduro: en la medida en que las diferentes esferas de la eticidad en la *Filosofía del Derecho* – la familia, la sociedad civil y el Estado – expresan para Hegel diferentes formas de la concretización del 'concepto concreto de la libertad', la vida ética presupone la identificación de sí mismo y del otro a través de la determinación/indeterminación recíproca que tiene su origen en el 'amor', y que excluye la violencia. Incluso la identificación reflexiva 'vertical' de la 'voluntad libre' individual – punto de partida de la *Filosofía del Derecho*[13] – con el todo de la vida ética expresará un reconocimiento del todo como expresión de su propia 'voluntad libre', que impide ver ahí una forma de violencia. La violencia representará para Hegel necesariamente una ruptura, la irrupción de un poder abstracto, exterior al 'concepto concreto de libertad', justamente lo que anula cualquier posibilidad de reconocimiento; una 'violencia ética' es para Hegel una contradicción en términos y no puede existir.

## ¿Reconocimiento como violencia?

Sin embargo, podría ser que hubiera aspectos de la relación de reconocimiento desatendidos por Hegel que revelarían una violencia implícita en algo que se suele interpretar como lo normativo por definición. Judith Butler en su *Crítica de la violencia ética* parte de la idea de que una ética basada en el reconocimiento puede ser violenta.[14] Aunque la reflexión de Butler proviene también otras

---

[12] „[N]ur in der *Liebe* allein ist man eins mit dem Objekt, es beherrscht nicht und wird nicht beherrscht." (W 1 242).
[13] El punto de partida de la *Filosofía del Derecho* en la 'voluntad libre' se nota en la Introducción de la *Filosofía del Derecho*, en la que se explicita el 'Derecho' como un todo (en el sentido que Hegel da a ese término) como la „existencia de la *voluntad libre*" (*Dasein des freien Willens*), es decir la 'voluntad libre' concretizada, la 'Idea' del Derecho, su (simple) 'concepto' y su 'realización'. (Véase W 7: 80 § 29 y W 7: 29 § 1).
[14] Véase Butler (2003: 13).

perspectivas teóricas – como por ejemplo, Foucault[15] –, al hablar de una noción de reconocimiento „post-hegeliana"[16] ella deja claro que Hegel es su referencia central en este trabajo, lo que nos permite hacer la pregunta: ¿Existiría, entonces, una violencia ética asociada al reconocimiento?

Tanto la noción de una violencia ética como la de reconocimiento aparecen en su *Crítica de la violencia ética* en sentidos no siempre fáciles de integrarse en un único concepto coherente. La autora parte, con Adorno, de una definición de la violencia ética que incluye tanto a la posible coerción que podrían ejercer contextos éticos, o costumbres (*Sitten*) en el sentido de Hegel,[17] como a la violencia de las pretensiones de universalidad de cierta ética que, podríamos suponer, la autora ve como predominante en las sociedades occidentales contemporáneas.[18] En este segundo caso, Butler ve el problema de la violencia de esa ética no tanto en su carácter universalista mismo, sino en su aplicación.[19] Según Butler,

> [s]istemas éticos o códigos morales que parten de la auto-transparencia del sujeto o le atribuyen la responsabilidad por un autoconocimiento ilimitado tienden a ejercer sobre creaturas falibles una especie de violencia ética.[20]

Así, al problema de la posible violencia presente en el reconocimiento de algo que habría que entender como una identidad concreta en y por un contexto ético determinado, se aúna el problema de la pretensión de auto-transparencia y responsabilidad moral del sujeto abstracto por detrás de la identidad concreta así constituida. Podríamos partir de ese doble problema para discutir en qué medida esa discusión afecta a la concepción de una ética del reconocimiento que parta de Hegel.

El problema del carácter eventualmente violento del reconocimiento de la identidad concreta es el menos problemático de los dos. Su punto de partida está en el carácter formador, o conformador, del contexto ético sobre el sujeto – en este caso, en particular de las relaciones de reconocimiento. Si el sujeto sólo se puede reconocer a sí mismo en el marco de normas éticas existentes las que definen como qué se le puede reconocer[21] – o de relaciones intersubjetivas más o

---

[15] Véase ibíd.: 9.
[16] Ibíd.: 38.
[17] Véase Butler (2003: 13).
[18] Véase ibíd.: 15.
[19] Véase ibíd.: 17.
[20] Ibíd.: 10.
[21] Véase ibíd.: 26.

*Reconocimiento y violencia: ¿Existe una violencia ética?*

menos institucionalizadas, cuya normatividad depende del contexto ético a que él mismo pertenece –, podría ser posible entender su conformación en tanto que sujeto (o identidad concreta) como violencia, en el sentido de su necesaria definición por normas que le son previas y ajenas.

En lo que respecta al segundo problema tratado por Butler, por otro lado, la violencia ética tiene un carácter más complejo; ella estaría para Butler, en primer lugar, de un lado, en la expectativa de coherencia y responsabilidad que tal ética universalista atribuiría a los sujetos al momento de su aplicación;[22] y de otro, en el intento de determinación absoluto, o de atribución de tal coherencia y responsabilidad que estaría del otro lado de esa expectativa.[23]

Aunque Butler no presenta toda la discusión desde el punto de vista de la noción de reconocimiento, sería posible en el contexto de este segundo problema distinguir tres dimensiones en las que la ética criticada por Butler se podría ver como ejerciendo violencia sobre los sujetos a través del reconocimiento. Es decir una dimensión constitutiva, al suponer un sujeto aislado, fundado en sí mismo; una dimensión epistémica, al suponer un sujeto auto-transparente, que se auto-reconocería reflexivamente; y una dimensión práctica-moral, al suponer un sujeto absolutamente autónomo y plenamente responsable por sus acciones. Aquí la ética no ejercería violencia sobre el sujeto al conformarlo o atribuirle una identidad concreta, sino al atribuirle una subjetividad abstracta, auto-referente, autónoma.

En los dos casos hay que notar que Butler parte de una noción del reconocimiento que se localiza más en el eje vertical del reconocimiento del sujeto aislado por un 'nosotros', que en el eje horizontal de las relaciones intersubjetivas propiamente dichas; además, en el mismo eje vertical la autora enfatiza el auto-reconocimiento reflexivo del sujeto que derivaría de su reconocimiento por el todo, y tiende a olvidarse de su auto-reconocimiento en ese mismo todo, aspectos que, si se parte de Hegel, estarán siempre correlacionados.[24] Pero además no es difícil percibir que, al tratar el segundo aspecto del problema, Butler utiliza de manera más bien implícita, una noción de reconocimiento distinta de

---

[22] Véase ibíd.: 17.
[23] Véase ibíd.: 55.
[24] Aunque Butler no lo menciona en este texto, es de suponerse que esta interpretación derive de la noción de reconocimiento asociada a las nociones de 'assujettissement' e 'interpellation' en Althusser, las que Butler utiliza en el contexto de su referencia a Foucault (véase Butler 2003: 32). Sobre esas nociones en Althusser véase Althusser: 1995.

la del aspecto anterior. El reconocimiento del sujeto aislado se limita aquí casi al aspecto epistémico del problema: la postura ética que ve al sujeto (y pretende que él también se vea a sí mismo) como abstracto, auto-referente, en realidad no lo constituye en tanto tal, ya que justamente presupone un sujeto que se funda a sí mismo y se auto-justifica. La violencia ética en este caso sería, así, la violencia ejercida en nombre de la ética en el momento de imponer al sujeto, o esperar de él, acciones compatibles con esas pretendidas auto-transparencia y responsabilidad; tal postura de la ética frente al sujeto es la que, según Butler, aparecería por ejemplo, al momento de emitir juicios éticos a su respeto, es decir, de juzgarlo. El reconocimiento de ese sujeto auto-recognoscente y plenamente responsable por parte de la ética no pasaría de una presuposición, y ésta constituiría justamente su violencia.

Es interesante notar que lo que hace Butler en su texto es contraponer a esa postura justamente el aspecto constitutivo del reconocimiento del sujeto como identidad concreta por el contexto ético, sobre la cual recaía la sospecha de violencia ética en el otro sentido. Otra vez recuperando a Adorno, Butler resalta el carácter social[25] y fundado en relaciones[26] de la autoconstitución del sujeto, pero intenta escapar de la violencia ética potencialmente presente en el carácter coercitivo de una mera conformación a normas existentes al presentar esas normas, a partir de las reflexiones sobre todo del último Foucault acerca de la subjetividad,[27] como aquéllo que constituiría el núcleo de intransparencia e indisponibilidad del sujeto. Si justamente su carácter social lo hace no plenamente transparente a sí mismo, esas normas tampoco lo determinan completamente: al sujeto le queda la posibilidad de contraponerse a las normas que lo conforman. Butler habla aquí, a partir de Foucault, de una „apropiación viva"[28] de las condiciones sociales, de „una praxis de la crítica"[29] e incluso de la posibilidad de someter las normas morales sociales a un „debate democrático"[30]. De todos modos, se revela, por ese núcleo de indisponibilidad, la imposibilidad de definir al sujeto a través de la auto-transparencia y responsabilidad plena, lo que la autora

---

[25] Véase Butler (2003: 9).
[26] Véase ibíd.: 102.
[27] Butler menciona aquí sobre todo Foucault (1989). En alemán véase Butler (2003: 32).
[28] Butler (2003: 18).
[29] Ibíd.: 53.
[30] Ibíd.: 18.

*Reconocimiento y violencia: ¿Existe una violencia ética?*

ve como un 'fracaso' del reconocimiento pleno[31] y de la pretensión más general de reconocerlo como sujeto a través de la atribución a él de esa posibilidad de un auto-reconocimiento meramente reflexivo – pero un fracaso que justamente permite la asunción de determinada „disposición ética"[32].

El resultado de ello sería un sujeto que tendría, en lugar de la transparencia, un carácter „extático",[33] lo que Butler entiende como un „descentramiento"[34] en su identidad – y ve, con Adriana Cavarero, como ya presente implícitamente en Hegel mismo.[35] Si retomamos las tres dimensiones de reconocimiento implícitas en la crítica de Butler, tendremos entonces, desde el punto de vista de su constitución como sujeto, su conformación por el contexto ético como aquello que explicitará su indisponibilidad; desde el punto de vista epistémico, ello se revelará en la imposibilidad de auto-transparencia, y de coherencia absoluta en la narración de su identidad[36] la que Butler discute en parte a partir del psicoanálisis. Desde el punto de vista práctico-moral, ello se mostrará en los límites de la autonomía y responsabilidad prácticas. Es importante notar que incluso al hablar de la dimensión epistémica y al hacer referencia al psicoanálisis, Butler enfatiza esa indisponibilidad como originada por el carácter social de la constitución del sujeto, quien no podría (auto-) reconocerse, narrar su identidad o actuar de manera plenamente transparente y autónoma justamente por su dependencia de lo social.[37]

La crítica a la violencia ética realizada por Butler es así la defensa de una forma de ética que estaría más acá de la violencia justamente por reconocer el fracaso de las pretensiones universalistas que buscan ver en el sujeto una imposible transparencia, coherencia y responsabilidad absolutas, y enfatizaría, de una u otra manera, su carácter contextual, es decir histórico-social. El fracaso de las pretensiones universalistas permitiría según Butler desarrollar una disposición ética que exigiría „paciencia"[38] frente a las incoherencias del otro: la autora sugiere ver a nuestra intransparencia, incoherencia, extrañeza frente a nosotros

---

[31] Véase ibíd.: 53.
[32] Ibíd.
[33] Ibíd.: 43.
[34] Ibíd.: 55.
[35] Véase ibíd.: 43.
[36] Véase ibíd.: 87.
[37] Véase ibíd.: 52.
[38] Ibíd.: 54.

mismos, a nuestra vulnerabilidad, justamente como fuente de nuestro vínculo con el otro y como posibilidad de aguzar la vista hacia nuestra responsabilidad también por él.[39] A una necesidad de renunciar a la propia soberanía y tomar en cuenta esa indisponibilidad de la subjetividad individual para volvernos humanos,[40] Butler asocia también una oposición al uso de la violencia incluso frente a la violencia ajena, en la que se puede ver una crítica de la autora a cierta mentalidad basada en una noción de defensa cercana a la venganza, que habría estado presente en acciones político-militares contemporáneas.[41] El concepto de reconocimiento sobre el que se basa la ética que Butler propone es uno que sea capaz de reconocer los límites del reconocimiento que estarían localizados en esa indisponibilidad. El reconocimiento según Butler sería entonces un proyecto ético imposible de ser plenamente satisfecho,[42] y sólo en cuanto tal ajeno a cualquier forma de violencia.

La discusión de Butler toca indubitablemente algunas cuestiones interesantes que se podrían asociar al tema del reconocimiento, y su rechazo de la violencia ética y búsqueda de una disposición ética frente al otro que hiciera justicia a nuestra vulnerabilidad común tiene un innegable apelo. Ahora bien, ¿en qué medida las críticas y propuestas de Butler dejan entrever un potencial de violencia de una ética del reconocimiento que partiera de Hegel? Aquí tendremos que introducir algunas distinciones. Me parece que tanto el aspecto de la discusión de Butler en que se podría ver ese potencial de violencia, como la solución que ella ve en Hegel al potencial de violencia del reconocimiento ya estaban presentes en el mismo Hegel, y no constituyen un desafío a una ética del reconocimiento que partiera de este autor.

En primer lugar, como ya anunciábamos antes, no toda la concepción de reconocimiento de la que Butler parte para después proponer su „reconocimiento de los límites del reconocimiento"[43] se podría atribuir a Hegel. El segundo aspecto de la crítica a la violencia ética de Butler – el del reconocimiento del sujeto abstracto por la ética universalista – no puede tener como blanco el concepto de reconocimiento de Hegel, para quien, como vimos brevemente, la idea de reconocimiento designaba cierto tipo de relaciones intersubjetivas normativas

---

[39] Véase ibíd.: 100.
[40] Véase ibíd.: 11.
[41] Véase ibíd.: 100 y más explícitamente asociado a la historia reciente véase ibíd.: 15.
[42] Véase ibíd.: 58.
[43] Ibíd.: 53.

*Reconocimiento y violencia: ¿Existe una violencia ética?*

en el marco de la vida ética concreta; desde el punto de vista de Hegel, Butler está hablando aquí más bien de una violencia de la moral universalista, y no de la ética. La afirmación de un sujeto aislado auto-fundante era también para Hegel algo que no describía adecuadamente las identidades concretas de esos sujetos en la vida ética (para Hegel indisociable de su subjetividad abstracta), y como vimos podría ejercer sobre ellos violencia justamente por su carácter abstracto. En ese sentido, ese aspecto del problema ya ha sido resuelto en el momento en que Hegel contrapone a la moralidad moderna (y al derecho abstracto) la vida ética cristalizada en relaciones concretas.

Por otro lado, en la medida en que Butler reintroduce en la concepción de reconocimiento asociada a la ética universalista de la transparencia la dimensión de lo social, vuelve a una noción de reconocimiento que se podría encontrar en Hegel. Aquí el potencial violento de la ética estaría en su conformación a normas que le podrían ser extrañas. Este sentido de una violencia ética es el único acerca del cuál cabría preguntarse si se justificaría hablar de una violencia ética del reconocimiento presente en Hegel.

Sin embargo, me parece que tampoco aquí es posible atribuir a una ética basada en el reconocimiento un potencial violento sin más. Es verdad que aquí se podría recordar el tipo de críticas a las que Hegel ha estado expuesto por el carácter vertical y teleológico de la *Filosofía del Derecho*, el que sería justamente una posible base para esa sospecha. Sin embargo, en lo que respecta por lo menos a las intenciones de Hegel, el reconocimiento del sujeto como identidad concreta en la vida ética sería necesariamente un reconocimiento de sí mismo en el otro – como lo expresaba el concepto concreto de la libertad. La idea de que la identidad concreta del sujeto no es simplemente una subsunción absoluta de lo individual bajo lo universal de la vida ética, sino una identificación que parte de ese sujeto mismo como 'voluntad libre' y de que, en términos de Hegel, habría que hablar como de una 'superación-conservación' presente, por lo menos como intención, incluso en la *Filosofía del Derecho*.[44]

La limitación de la identificación con el todo (y de su posible conformación por él) no sería el fracaso del reconocimiento, sino, también para Hegel, justamente su condición de posibilidad: la identificación absoluta con el todo anularía cualquier necesidad y posibilidad de reconocimiento, aún en el marco

---

[44] Ello se deja ver en la idea de la *Filosofía del Derecho* de que el Derecho es la „existencia de la voluntad libre" (*Dasein des freien Willens*), es decir, la voluntad libre concretizada en las instituciones de la eticidad. Véase Hegel (W 7: 80 § 29).

de la asimetría que marca la estructura teleológica de la *Filosofía del Derecho*. A pesar de afirmar ella misma, como vimos, la posibilidad de encontrar algo así como un sujeto extático en el mismo Hegel,[45] Butler parece presuponer en Hegel una identificación del individuo concreto con el todo ético que va más allá de la intención de lo que el propio Hegel afirma.

De nuevo habría que preguntarse aquí si las intenciones de Hegel se cumplen a pesar de la estructura teleológica de la *Filosofía del Derecho* – y hay razones para suponer que no completamente.[46] Pero, aun considerando que – más allá de sus intenciones – el resultado final de la identificación con el todo en el Hegel maduro pudiera realmente llevar a cierta violencia del todo ético, podríamos notar – como de hecho Butler misma lo hace[47] – que hay elementos en el mismo Hegel para encontrar la solución que la misma Butler busca, aunque no en la *Filosofía del Derecho*. Mucho más cercana a lo que Butler busca es la filosofía práctica del reconocimiento del Hegel de Jena en la que ese concepto tiene un papel central[48]: al partir de las relaciones intersubjetivas horizontales del reconocimiento 'yo-tú', y no del reconocimiento vertical autorreflexivo 'yo-nosotros', en esos escritos permanece implícitamente abierta justamente la posibilidad de una crítica de las normas sociales que Butler ha intentado encontrar en Foucault.[49]

Así, no habría sido necesario proponer la limitación de la posibilidad de una identificación completa de un individuo con las normas que lo constituyen como una novedad. Aunque Hegel no hable de un 'sujeto extático', una ética basada en el reconocimiento se puede ver también en Hegel (por lo menos en un cierto Hegel) como un proyecto inconcluso, expresión del carácter inestable, mutable de la vida ética moderna. Si se tiene ello en cuenta, también las nociones de responsabilidad y autonomía tendrán que entenderse en ese Hegel en el marco del 'descentramiento' de un sujeto que no se puede ver como absolutamente autónomo justamente por su carácter social e histórico; aquí no es nece-

---

[45] Véase Butler (2003: 43).
[46] Por ejemplo, el carácter teleológico de la *Filosofía del Derecho*, o el hecho de que la dimensión intersubjetiva haya sido 'reprimida' en esa obra. Sobre lo último, véase Theunissen (1982).
[47] Véase Butler (2003: 43).
[48] Sobre ese papel, véanse otra vez a Siep (1979); Wildt (1982) y Honneth (1992). Me refiero aquí, como también esos autores, sobre todo a los siguientes escritos: Hegel (1986, 1987 y 2002).
[49] Véase Siep (1992: 223 s.).

sario hablar de una renuncia a una pretendida soberanía absoluta que tampoco para Hegel existe. Y no será posible hablar en ese contexto de una violencia del reconocimiento.

## ¿Violencia como reconocimiento?

Si la crítica de Butler a la violencia presente en cierta concepción de la ética tiene como intención la propuesta de una ética no-violenta, en el centro de las reflexiones de Slavoj Žižek se encuentra, por el contrario, la cuestión de la 'deseabilidad' de la violencia ética en sí misma – la que evidentemente presupone su posibilidad. Así, Butler y Žižek estarán, como lo nota él mismo a partir de una comparación de la autora con las concepciones de Alain Badiou,[50] en polos opuestos frente a la cuestión de la violencia ética. Žižek no sólo no pretende hacer crítica alguna contra los aspectos potencialmente violentos de lo ético, sino que afirma la necesidad de la violencia como algo implícitamente legitimable desde la ética: su 'alegato' es una defensa de la violencia en la ética, cuya forma ese autor resume provocativamente en la idea de „romperle la faz al Otro"[51]. En la medida en que también para la discusión de Žižek será relevante la noción de reconocimiento de Hegel, habrá que ver en qué sentido y hasta dónde esa violencia podría verse como ética en algún sentido compatible con Hegel y su concepción del reconocimiento.

Žižek presenta lo que él llama „Un alegato por la violencia ética" en sus conferencias de Buenos Aires publicadas en el 2004 y en algunas reflexiones sobre la violencia publicadas posteriormente.[52] Su intención es „afirmar brutalmente el núcleo platónico de la violencia ética"[53], en contra de cierta „falsa concepción humanista de la „solidaridad", a la que caracteriza, al igual que a la actitud „tolerante" liberal contemporánea, como „repulsiva"[54]. La tolerancia revela – como afirma Žižek utilizando una cita de Badiou – el poder contemporáneo no como censura, sino como permisividad;[55] y es justamente contra ésta última que Žižek propone rescatar algo como aquellos „mandatos éticos que nos 'aterran' con la

---

[50] Véase Žižek (2004: 69).
[51] Ibíd.: 80.
[52] Véase Žižek (2004 y 2010).
[53] Žižek (2004: 63).
[54] Ibíd.: 63.
[55] Véase ibíd.: 64.

brutal imposición de su universalidad"⁵⁶ que la propuesta de una ética sin violencia condenaría. Žižek ve la „violencia ética en su forma más pura"⁵⁷ en los Diez Mandamientos y la considera opuesta a la „problemática gnóstica New Age de la autorrealización"⁵⁸.

En su alegato, Žižek dialoga tanto con la crítica de la violencia ética de Butler como también con otras versiones de la ética en las que se podría ver un carácter normativo en una relación dialógica, como en la filosofía de Levinas.⁵⁹ Žižek parte de Lacan para interpretar la relación con 'el Otro', base del reconocimiento intersubjetivo y presente también en Levinas, a partir de la relación con el 'Tercero', el „orden simbólico impersonal"⁶⁰ más allá de esa relación; éste sería el 'gran Otro' de Lacan, „sustancia de nuestro existencia social, el conjunto impersonal de reglas que regula nuestra coexistencia"⁶¹ y permitiría la relación intersubjetiva con 'el Otro' justamente al transformar 'el Otro-Cosa', que tendría el carácter de 'Otro absoluto' frente a nosotros, en el „otro imaginario, personas 'como yo'"⁶² con que se podría establecer una relación. Sin embargo, 'la Otredad radical' no desaparecerá:

> El prójimo (Nebenmensch) como la Cosa significa que, bajo el prójimo como mi semejante, mi imagen especular, siempre se oculta el insondable abismo de la Otredad radical, de una cosa monstruosa que no puede ser domesticada.⁶³

Frente a esta Otredad radical, el reconocimiento de la faz del Otro se revela como un fetiche, un encubrimiento de aquél abismo. Y aquí entra la violencia: la violencia ética que Žižek defiende es aquélla capaz de reconocer el Prójimo no como mi imagen, sino como „presencia inerte, impenetrable, enigmática, que me histeriza"⁶⁴. „Romperle la faz al Otro"⁶⁵ significará romper el 'fetiche último', el objeto que „llena (oscurece) la 'castración' del 'gran Otro' (incoherencia, falta),

---

[56] Ibíd.
[57] Ibíd.: 66.
[58] Ibíd.
[59] Véase ibíd.: 67.
[60] Žižek (2004: 83).
[61] Ibíd.: 81.
[62] Ibíd.
[63] Ibíd.: 82.
[64] Ibíd.: 66s.
[65] Ibíd.: 80.

el abismo de su circularidad"[66]. 'Romperle la faz al Otro' es para Žižek „el verdadero paso ético"[67], el que se da „más allá de la faz del otro, el que suspende el mantenimiento de la faz: la brutal elección del Tercero contra la faz"[68], que revela su Otredad radical, y que corresponde al hecho de que yo mismo sólo existo como „un agujero en el orden del ser"[69].

Y aquí entra también la idea de reconocimiento para Žižek. Frente al 'sujeto extático', cuya intransparencia habría que reconocer para Butler, Žižek propone dar un paso más: para él, no es que el sujeto sea extático, sino que el sujeto es 'el éxtasis' mismo[70]: Žižek interpreta el sujeto en Hegel como „desustancializado"[71], no siendo „OTRA COSA SINO ese proceso de liberación-de"[72], „actividad incesante"[73]. Hegel propondría con la idea del reconocimiento según Žižek no una „apropiación plena del Otro"[74], sino la posibilidad de reconocer „en el Otro impenetrable, que parece ser un obstáculo a mi libertad, su fundamento y condición de posibilidad"[75]. Solamente en ese sentido el Otro podría „ser superado"[76]. El sentido de la violencia ética es, entonces, el rompimiento de la faz-fetiche y la revelación del Tercero contra la faz, es decir, de la „castración del gran Otro", de la „incoherencia, falta", que sería así, la condición de posibilidad de mi libertad para Žižek: del ser agujerado o el „proceso de liberación-de" que soy yo como éxtasis.

A la violencia ética, Žižek asocia la „justicia revolucionaria"[77] en la que se unirían la justicia y el amor. Mientras el amor „es un gesto violento de ruptura de esa multitud y el privilegio de Uno como prójimo"[78], la justicia corresponde a la indiferente „masa de los sin rostro que quedan en la sombra en este privilegio de Uno"[79]. Žižek ve en la justicia revolucionaria – expresada, según él, por Che

---

[66] Ibíd.: 84.
[67] Ibíd.: 99.
[68] Ibíd.
[69] Ibíd.: 98.
[70] Véase ibíd.: 73.
[71] Ibíd.: 74.
[72] Ibíd. (En mayúsculas en el original).
[73] Ibíd.: 75.
[74] Ibíd.: 81.
[75] Ibíd.
[76] Ibíd.
[77] Ibíd.: 100.
[78] Ibíd.: 98.
[79] Ibíd.: 99.

Guevara[80] – una asociación del rigor de la justicia con el amor, el acto violento, al que el autor asocia la noción de libertad, que justamente perturba el estado neutro de armonía y equilibrio asociado a la idea de tolerancia. Sin embargo, parece ser que la violencia ética propiamente dicha estaría más cerca de la justicia que del amor, en la medida en que su objetivo es el rompimiento de la faz a favor de la masa. „[E]l verdadero paso ético"[81] es para Žižek „el que se da MÁS ALLÁ de la faz del otro, el que SUSPENDE el mantenimiento de la faz: la brutal elección del tercero contra la faz"[82]. De ese rompimiento de la faz a través de la violencia resultaría „una concepción de sociedad radicalmente nueva, una sociedad ya no basada en raíces comunes compartidas"[83], armonía y tolerancia, sino en algo así como una „universalidad agonística"[84], basada en la „masa", que en el fondo es justamente la „incoherencia, [la] falta"[85] con la que Žižek describía el Tercero.

¿Qué tenemos aquí en tanto que noción de reconocimiento, y qué consecuencias tiene ello para una ética del reconocimiento basada en Hegel? Es fácil ver que Žižek se opone terminantemente a las concepciones que verían en el reconocimiento la relación estructurante de un contexto ético basado en algo como el amor del Hegel temprano: tanto la versión del reconocimiento que vimos en Hegel como incluso la de Judith Butler, a quien él discute, serían para Žižek ejemplos de la 'repulsiva' lógica de la no-violencia que él critica. En su exposición, como él mismo aclara, la noción de reconocimiento sólo se mantiene como el reconocimiento del Otro „impenetrable"[86], el que en el fondo es también el reconocimiento de la falta que caracteriza el Tercero[87], la „sustancia de nuestra existencia social, el conjunto impersonal de reglas que regula nuestra coexistencia"[88]. Ese reconocimiento del 'Otro impenetrable' es para Žižek „fundamento y condición de posibilidad"[89] de mi libertad en la medida que me libera del último fetiche, la faz del Otro. La faz es un fetiche que oculta el carácter de agujero del Otro; pero si el otro, como yo mismo, es un agujero, lo único que se

---

[80] Véase ibíd.: 100.
[81] Ibíd.: 99.
[82] Ibíd. (En mayúsculas en el original).
[83] Ibíd.: 90.
[84] Ibíd.: 92.
[85] Ibíd.: 74.
[86] Ibíd.: 66.
[87] Véase ibíd.: 84.
[88] Ibíd.: 81.
[89] Ibíd.

*Reconocimiento y violencia: ¿Existe una violencia ética?*

revelará entonces será, no su carácter extático (como todavía para Butler), sino el hecho de que „el éxtasis es el sujeto"[90]: un vacío. La condición de posibilidad de mi libertad no es el reconocerle la faz al prójimo (y reconocerme en ella, y verme reconocido por ella), sino el reconocimiento de que no lo conozco, ni lo reconoceré.

Aquí se podrían hacer algunas observaciones. En primer lugar, es preciso notar que Žižek se revela, paradójicamente, más subjetivista que Hegel. A pesar de su afirmación del carácter 'de éxtasis' del sujeto, su definición de la libertad equivale aquí a la más abstracta de las nociones negativas de la libertad. Se trata de un liberarse de cualquier concreción que pudiera determinar el sujeto-agujero y conferirle una faz; el sujeto que Žižek ve en Hegel – en quien aquí se basa – como rescatable es el espíritu que gira en el vacío con el que Žižek describe la „sustancia de nuestro existencia social, el conjunto impersonal de reglas que regula nuestra coexistencia"[91].

Es importante percibir que tampoco aquí, como en la discusión de Butler del reconocimiento de la subjetividad abstracta, el reconocimiento tiene un carácter constitutivo, sino sólo epistémico. Se trata de revelar lo que el sujeto ya era: éxtasis, agujero, vacío. No se trata aquí, como en el caso de la ética del reconocimiento presente en Hegel, de una relación de carácter constitutivo a partir de la determinación/indeterminación de sí mismo y del otro a partir del reconocimiento, sino de que el reconocimiento es para Žižek algo que sólo viene *a posteriori*.

Y quedaría la pregunta de en qué medida esa 'sustancia' – que Žižek ora afirma como sustancia, ora niega – se podría entender como vacío. ¿La forma de vida agonística sería ya el vacío? También se podría preguntar en qué medida, y de qué forma, la 'violencia revolucionaria' – la que se suele entender, en el mejor de los casos, como la partera de una nueva forma de vida – se podría asociar a una violencia cuyo objetivo fuera revelar el vacío. Y, evidentemente, se podría preguntar qué tendría de 'repulsiva' – más allá de la actitud provocadora y *blasée* que demuestra Žižek – una forma de vida basada, si no en la tolerancia, sí en el amor y la solidaridad.

---

[90] Ibíd.: 73.
[91] Ibíd.: 81. Cabe preguntarse si esta concepción del sujeto, que Žižek cree encontrar en Hegel, correspondería de alguna manera a Hegel mismo. Es posible que al basar su interpretación en un párrafo aislado correspondiente al Espíritu subjetivo (véase ibíd.: 73), Žižek se haya olvidado del carácter unilateral e indeterminado que el Espíritu subjetivo tiene en Hegel.

Así, a la pregunta de si la violencia de 'romper la faz del Otro' sería ética, o si, en términos de una ética del reconocimiento, el reconocimiento del Otro como agujero tendría un carácter ético, habrá que contestar con una negativa – por lo menos en el sentido de Hegel. Lo ético de Žižek parece ser una paradójica defensa de la moralidad universalista abstracta que él mismo asocia a los Diez Mandamientos. Pero el resultado de su violencia se disuelve en la descripción de la „masa de los sin-rostro"[92] como agujeros que seguirán sin rostro, en libertad absoluta pero vacía, aún después de que se le haya roto la faz al prójimo.

## Violencia contra reconocimiento

¿A qué podemos llegar a partir de nuestra interpretación de esos dos autores? Hemos visto como ni la crítica de la violencia ética de Butler, ni el alegato por la violencia ética de Žižek permiten concluir por la posibilidad de una violencia ética asociada al reconocimiento en el sentido de Hegel. Para Hegel violencia y ética – al igual que violencia y reconocimiento – se excluyen. Pero nos podríamos preguntar todavía, a modo de conclusión, si más allá de la letra de la filosofía práctica de Hegel – quien, como afirmamos, presupone una armonía en la que reconocimiento excluye violencia – pero dentro de su espíritu, es decir, haciendo todavía la diferencia entre la ética y la moral, y manteniendo lo fundamental de su concepto de reconocimiento como aparecía en el concepto concreto de libertad,[93] se podría hablar de una violencia ética del reconocimiento en algún sentido. Aquí me limitaré a hacer algunas observaciones acerca de ese problema.

Por un lado, habría que conceder que puede existir innegablemente una dimensión de violencia en la conformación de los sujetos en identidades concretas que describe Butler; y parece existir también por lo menos la posibilidad de lo que Žižek llama la violencia revolucionaria como creadora de una forma de vida (más allá de la que él describe). Sin embargo, me parece que la conclusión de lo anterior se tendría que formular de manera – para recordar al autor que daba su nombre a las conferencias de Butler de las que partimos – un poco adorniana. Parecería que algo así como una violencia ética podría existir, pero aquello que existe o no sería violencia, o no sería ética. Pero aquí ya no en el sentido algo trivial y circular de que no hay un lugar para ella en la concepción de Hegel de

---

[92] Ibíd.: 99.
[93] Véase Hegel (W 7: 57 §7Z).

*Reconocimiento y violencia: ¿Existe una violencia ética?*

la vida ética, porque Hegel presupone una ética sin violencia, sino en el de que, si partimos de una concepción de una ética basada en la noción normativa de reconocimiento intersubjetivo originaria de Hegel, la violencia pierde, aún fuera de las presuposiciones de ese autor, su legitimidad ética justamente porque es incapaz de crear o mantener una 'forma de vida'.

Aquello que existe, en el caso de ser ético en el sentido de expresar una 'forma de vida', no será violencia, porque el carácter constitutivo de las relaciones de reconocimiento a las que se podría atribuir la violencia no significa en sí mismo violencia. Ya de nuestra interpretación de Butler se desprende – y ello ya lo afirmaba, como vimos, ella misma – que lo que se atribuye a lo ético como su omnipresencia en la constitución de los sujetos, no se puede entender como violencia sólo por el hecho de ser un aspecto constitutivo de su identidad. Se trata aquí de distinguir entre lo que Hegel llama 'la determinidad' y la violencia: La 'determinidad' puede no ser violencia si se comprende como permeable por el mismo sujeto y si se entiende que – en una ética basada en la idea de reconocimiento intersubjetivo – determinación e indeterminación están siempre simétricamente correlacionadas, como ya el „Concepto concreto de libertad" mostraba.[94]

Esa doble relación de determinación/indeterminación que Hegel veía en la 'eticidad' vale también independientemente de que estemos partiendo directamente de su filosofía. ¿No es esa doble relación de determinación/indeterminación la que está presente en la constitución de identidades en el marco de cualquier forma de vida concreta (si la entendemos como constituida por relaciones intersubjetivas de reconocimiento)? ¿No sería la suposición de una determinación unilateral, sin posibilidad de mantener algo de indeterminado – es decir, la suposición de violencia – algo en realidad inexistente en un contexto normativo que se pudiera ver como una forma de vida ética?

Se podría pensar aquí, más concretamente, en cuestiones como la atribución externa de una identidad a personas o grupos: ésta sólo es una forma de violencia si no es posible a aquellos así determinados contraponerse a esa atribución, sea rechazándola, moldeándola o – como en el caso de identidades como la *queer* – incluso apropiándose conscientemente de tal atribución para definirse. Aunque una atribución externa unilateral se pueda ver de inicio, como violenta, al momento en que se convierte en reconocimiento – concepto que por definición (en este sentido intersubjetivo) implica reciprocidad – y asume un lugar en

---

[94] Véase Hegel (W 7: 57 §7Z).

la vida ética misma, ya no se puede hablar de violencia. Sólo en el caso de que una contraposición, moldeamiento o apropiación ya no fuera posible, estaríamos, sí, hablando de violencia – pero ya no de ética, ni de reconocimiento.

Así, si la omnipresencia de la determinación de identidades en y por una forma de vida no significa por si misma violencia, tampoco aquéllo que puede existir, en el caso de ser efectivamente violencia, será ético. La pregunta de si la violencia – por ejemplo, la violencia revolucionaria – puede constituir por sí misma una forma de vida ética, se contesta también desde su propio anclaje en la forma de vida misma que se intenta constituir: una violencia meramente abstracta y exterior a la forma de vida a la que se aplicaría no sería capaz de constituir forma de vida alguna.[95]

Aquí podemos recordar por última vez – y aunque estemos tratando el tema fuera de sus presuposiciones – a Hegel. En su trabajo temprano acerca del „Espíritu del Cristianismo"[96] Hegel hacía una distinción fundamental entre dos formas de justicia: la justicia como pena (*Strafe*) y como destino (*Schicksal*).[97]

Frente al crimen, „la herida" o „la destrucción" provocada por el criminal – la que Hegel ve como una separación entre él y la „vida del todo"[98] (es decir, en su terminología ahí, la vida ética misma) – se podrían aplicar una de esas dos formas de justicia. La justicia como 'pena', asociada a la ley abstracta por definición, procede de una manera exterior y violenta frente al individuo criminal, y no logra reconciliarlo con 'la vida del todo', ya que mantiene la separación entre aquél y éste; sólo en la justicia como 'destino' lo Individual no se 'sacrifica' frente a lo universal, porque este mismo se puede ver como un „Individual".[99] En 'el destino' la 'herida' o la 'destrucción' provocada por el criminal se hace en el interior de la 'vida' misma en que él mismo se encuentra, y se tendrá que sanar en ese mismo contexto, reconciliándolo otra vez con él.[100] Sólo por ello la „[v]ida

---

[95] Aquí se podría mencionar, contra la interpretación que Žižek hace de la revolución francesa, que es una evidencia histórica que ésta sólo pudo tener consecuencias durables porque estaba anclada en cambios sociales que se habían realizado en la Francia del siglo XVIII. O sea, no por, sino a pesar de su carácter abstracto. También la lectura que Žižek hace de Hegel aquí plantea dudas: no parece ser que Hegel esté afirmando la necesidad del Terror revolucionario (véase Žižek 2004: 77), sino más bien su carácter unilateral.
[96] Véase Hegel (W 1: 274–418).
[97] Véase Hegel (W 1: 338 s.).
[98] Ibíd.: (W 1: 343).
[99] Ibíd.: (W 1: 342).
[100] Véase ibíd.: (W 1: 343).

*Reconocimiento y violencia: ¿Existe una violencia ética?*

puede curar otra vez sus propias heridas, la vida enemiga separada regresar a si misma y superar-conservando la obra del crimen, la ley y la pena"[101].

Si transponemos esa contraposición de Hegel a la discusión de la posibilidad de la violencia revolucionaria, tenemos el resultado de que, en esta contraposición, la 'pena' correspondería para Hegel a la violencia del 'derecho abstracto' (como 'la moralidad'), y también a 'la violencia revolucionaria' de Žižek; y el 'destino' correspondería, por otro lado, a una forma de justicia basada en una reconciliación entendida como la reintegración en una relación recíproca de reconocimiento en el interior de lo ético: para Hegel aquí también lo universal es algo „individual"[102], y el reconocimiento se da entre el individuo criminal y el contexto ético de que se había apartado. Aquí se podría ver un reconocimiento (en este caso, entre el universal y el individuo particular) justamente en la medida en que la justicia como destino no ejerce violencia – ni siquiera para contraponerse a la violencia provocada aquí inicialmente por el criminal. Así, la imposición de una forma de vida a través de una revolución (o equivalente) sólo puede tener sentido como 'destino', o como „vida que cura otra vez sus propias heridas"[103]: desde adentro de la misma vida ética que apareciera lastimada y clamara, ella misma, por justicia. Ya en ese momento ella no sería ya ni imposición, ni violencia.

Así, si hay violencia, ésta es exterior a la vida ética y representa una abstracción de ese contexto. Una violencia revolucionaria que actúe desde afuera (y si no actuara desde afuera, no sería violencia), como la de 'la pena', refleja o bien el hecho mismo de que el contexto ético ya se ha deshecho: que la normatividad de ese contexto ético se ha convertido en algo muerto, o que – como decía el joven Hegel – el Espíritu ha huido *(war entflohen)* de él.[104] O bien ella sólo puede generar una separación y destrucción de lo ético como la que mantiene 'la pena': una separación imposible de reconciliarse en un todo, la ruptura de una normatividad común. En ambos casos, ella es incapaz de resultar en la cura de 'las heridas' de la vida ética: en la filosofía práctica de Hegel, o más allá de ella, toda violencia rompe 'la faz al prójimo'.

---

[101] Ibíd.: (W 1: 344).
[102] Ibíd.: (W 1: 342).
[103] Ibíd.: (W 1: 344).
[104] Ibíd.: (W 1: 269).

## Bibliografía

ALTHUSSER, Louis (1995). „Idéologie et appareils idéologiques d'État. (Notes pour une recherche)", en: Louis ALTHUSSER. *Sur la reproduction*. Paris: PUF, 269–314.
BUTLER, Judith (2003). *Kritik der ethischen Gewalt*. Frankfurt am Main: Suhrkamp.
FOUCAULT, Michel (1989). *Der Gebrauch der Lüste. Sexualität und Wahrheit*, tomo 2. Frankfurt am Main: Suhrkamp.
HEGEL, Georg Wilhelm Friedrich (2002). *System der Sittlichkeit [Critik des Fichteschen Naturrechts]*. Hamburg: Meiner Verlag.
HEGEL, Georg Wilhelm Friedrich (1987). *Jenaer Systementwürfe III. Naturphilosophie und Philosophie des Geistes*. Hamburg: Meiner Verlag.
HEGEL, Georg Wilhelm Friedrich (1986). *Jenaer Systementwürfe I. Das System der spekulativen Philosophie*. Hamburg: Meiner Verlag.
HEGEL, Georg Wilhelm Friedrich (1975). *Principios de la Filosofía del Derecho*. Buenos Aires: Sudamericana.
HEGEL, Georg Wilhelm Friedrich (1969). *Werke in zwanzig Bänden und Register*. Frankfurt am Main: Suhrkamp.
HENRICH, Dieter/HORSTMANN, Rolf-Peter (1982). *Hegels Philosophie des Rechts. Die Theorie der Rechtsformen und ihre Logik*. Stuttgart: Klett-Cotta.
HONNETH, Axel (2001). *Leiden an Unbestimmtheit*. Stuttgart: Reclam.
HONNETH, Axel (1994). *Kampf um Anerkennung. Zur moralischen Grammatik sozialer Konflikte*. Frankfurt am Main: Suhrkamp.
SIEP, Ludwig (1979). *Anerkennung als Prinzip der praktischen Philosophie. Untersuchung zu Hegels Jenaer Philosophie des Geistes*. Freiburg: Karl Alber.
THEUNISSEN, Michael (1982). „Die verdrängte Intersubjektivität in Hegels Philosophie des Rechts", en: Dieter HENRICH/Rolf-Peter HORSTMANN (eds.). *Hegels Philosophie des Rechts. Die Theorie der Rechtsformen und ihre Logik*. Stuttgart: Klett-Cotta, 317–381.
WILDT, Andreas (1982). *Autonomie und Anerkennung. Hegels Moralitätskritik im Lichte seiner Fichte-Rezeption*. Stuttgart: Klett-Cotta.
ŽIŽEK, Slavoj (2010). *Sobre la violencia. Seis reflexiones marginales*. Buenos Aires: Paidós.
ŽIŽEK, Slavoj (2004). „Un alegato por la violencia ética", en: Analía HOUNIE (ed.). *Violencia en acto. Conferencias en Buenos Aires*. Buenos Aires: Paidós.

Violencia y Literatura /
Gewalt und Literatur

Vittoria Borsò
(Heinrich-Heine-Universität Düsseldorf)

# La puesta en juego de la violencia por la poética de la vida

Este trabajo se propone explorar la potencialidad del arte, especialmente de la literatura, entendida como un campo interior al sistema social, con respecto a una crítica de la violencia. El punto de partida son observaciones genealógicas acerca de una epistemología 'materialista' que permite problematizar la relación entre representación (científica o artística) y vida. Los procesos estéticos del arte y de la literatura ponen en juego la violencia contra la vida porque en la representación entra, junto con las estrategias totalizantes de la violencia, también la inquietud de lo extraño, lo que hace que con la aniquilación de la vida ingresen en la imagen también las resistencias de la vitalidad de la vida. En *2666* de Roberto Bolaño se encuentran signos de una 'poética de la vida' entendida como resistencia. Además de la representación, se aborda la dimensión de la visualidad que, por medio de imágenes violentas, puede rescatar la vida. Los alcances de dicha poética son explorados más detalladamente en la literatura de Nellie Campobello (*Cartucho*) y de Margo Glantz (*Saña*).

Der Artikel fragt nach der Potenzialität der Kunst, insbesondere der Literatur, als systeminternes gesellschaftliches Feld eine Kritik der Gewalt durchzuführen. Dabei wird genealogisch von einer 'materialistischen' Epistemologie ausgegangen, welche die Beziehung zwischen (wissenschaftlicher oder künstlerischer) Darstellung und Leben zu problematisieren ermöglicht. Die ästhetischen Prozesse von Kunst und Literatur setzen die Gewalt gegen das Leben aufs Spiel, da sich in der Darstellung, neben den totalisierenden Strategien der Gewalt, ebenfalls beunruhigende Spuren eines Fremden zeigen, wodurch sich im Bild des Auslöschens des Lebens auch die Widerstände der Vitalität des Lebens manifestieren. So lassen sich in Roberto Bolaños *2666* Zeichen einer in diesem Sinne verstandenen 'Poetik des Lebens' aufzeigen. Es werden die Dimensionen der Darstellung und der Visualität besprochen, die durch 'gewalttätige' Bilder das Leben affektiv erretten können. Die Reichweite einer solchen Poetik wird anhand der Literatur von Nellie Campobello (*Cartucho*) und Margo Glantz (*Saña*) analysiert.

El tema de la violencia desborda las fronteras de disciplinas especializadas así como localizaciones regionales. No hay ni suficientes técnicas de inmunización contra el pasaje de la violencia en los flujos de las tecnologías globales, ni distancias que nos separen de la violencia que se ejerce en 'otro' lugar. Además, a la caída de fronteras políticas o su enflaquecimiento por los flujos globales, responde la formación de otras fronteras con un aumento inestimable de nuevas técnicas de violencia. No nos maravilla pues que la filosofía política explora desde años la matriz de la violencia identificándola en conceptos separatistas que capturan

*Vittoria Borsò*

la vida individual y colectiva dentro de esquemas económicos, medicales, jurídicos y sociales separando, excluyendo, produciendo abyecciones. La matriz de la violencia es, por lo tanto, intrínseca a las democracias modernas. Eso lo demostraron, continuando la labor de Michel Foucault en direcciones distintas, Giorgio Agamben y Roberto Esposito, entre otros. La teología política de Agamben quien proclama que el estado de excepción es el *nómos* de sociedades modernas,[1] parece confirmada por la violencia de los *camps*, éstos son aquellos espacios atópicos que, hoy en día a escala global, detienen supuestos criminales, migrantes, exiliados y 'extracomunitarios', reduciéndolos a vidas desnudas, vidas sin derecho de protección. Roberto Esposito por su parte, demuestra la matriz tanatológica que organiza comunidades según conceptos excluyentes, conceptos que también en el contexto de la medicina transforman la defensa inmunitaria de los sistemas individuales y sociales en dispositivos militares potencialmente productores de violencia.[2] De hecho, la palabra alemana para defensa, esto es *Abwehr*, es un concepto médico y militar a la vez. Además, en las sociedades modernas y democráticamente desarrolladas, el crecimiento de las tecnologías de inmunización contra la violencia fomenta paradójicamente la producción de la violencia tanto con función de defensa del orden como de atentado contra él.[3]

Con semejantes tesis, la biopolítica fue profética con respecto al diagnóstico sobre la multiplicación rizomática de las redes de comunicación que distribuyen y fortalecen la violencia. Justamente en este principio se funda el poder absoluto de sistemas globales de violencia. Uno de ellos es la camorra lucidamente analizada por Roberto Saviano en *Gomorra* (2010). La camorra es un 'sistema' de agentes organizados en redes horizontales,[4] cuyo único principio es el beneficio económico personal en tanto que son 'emprendedores de sí mismos'. La violencia es su técnica: herir y aniquilar el cuerpo hasta con goce sadomasoquista, destruir la dignidad de la vida y degradar a los sujetos, haciendo de ellos objetos sin derecho al duelo (Judith Butler). Las pulsiones personales de este espacio rizomático se transforman en pulsiones sadomasoquistas, en el goce de aniquilar al otro. Justamente por ello, planteamientos neoliberales como el *principle of inter-*

---

[1] Véase Agamben (1995, 2003).
[2] Véase el capítulo V de *Immunitas* (Esposito 2002).
[3] Véase Esposito (2013a).
[4] Contrariamente a la mafia fundamentalmente basada en estructuras feudales y de poder vertical.

*est* del australiano Peter Singer o la ética pluralista de Hugo Engelhardt dependiente del consenso personal, tal vez no sean suficientes para explorar el tamaño de la extrema violencia que individuos o grupos pertenecientes a los carteles del narcotráfico ejercen sobre vidas humanas en nombre de sus propios intereses.[5] Además, en „Para una crítica de la violencia" („Zur Kritik der Gewalt") de 1921, Walter Benjamin define la tarea de una crítica de la violencia como la exposición de su relación con el derecho y con la justicia. Dicha propuesta, desarrollada luego por Hannah Arendt y Giorgio Agamben sugiere preguntas hoy en día cruciales con respecto a la jurisdicción nacional e internacional en el contexto de la migración y del narcotráfico.

Se deduce de ello que el espacio global de la violencia, por ser totalitario y omnipotente no tiene soluciones políticas, más bien enflaquece la democracia, infiltrándose en sus redes, haciendo del sistema político un estado de excepción que según Carl Schmitt reinstaura poderes soberanos en el medio de democracias altamente desarrolladas. Por lo tanto, además de planteamientos transdisciplinarios, intentados en este volumen, que deconstruyen los mecanismos y técnicas de racionalización de la violencia, el escrutinio de la violencia debe ocurrir desde el interior del sistema, es decir, desde un análisis crítico de la matriz que la produce. Pues la violencia se funda en las fronteras y los separatismos entre los seres, entre comunidades, naciones, etnias, etc., la crítica de la violencia debe ocurrir desde el espacio liminal, el espacio en donde reside la inquietud de lo extraño. Justamente ésta es la tarea de la literatura y del arte. En sus representaciones se halla tanto la escena de las miradas y los espejismos que alimenta la violencia como las huellas dejadas por los cuerpos de las víctimas. Son las rupturas, los vacíos, las metáforas, los excesos. La literatura puede poner en juego la lógica de la violencia.[6]

## Poética de la vida

El concepto 'poética de la vida' es ambiguo y peligroso si se entiende 'poética' como la utopía de un espacio inmune a la violencia, supuestamente ocupado por el arte y la literatura, un espacio ideal según las reglas de *l'art pour l'art*. No es así,

---

[5] Esta crítica es llevada a cabo por Esposito con referencia al concepto de la persona. Véase Esposito (2007, 2013b).
[6] Lo demostró la lectura de un relato de viaje a la India (2012) que Margo Glantz, ganadora del premio FIL de 2010, nos hizo el honor de dar en el cierre del simposio.

*Vittoria Borsò*

puesto que el título quiere más bien acentuar la 'puesta en juego' de la violencia, una puesta en juego desde otra óptica hacia la vida, la óptica extrañante del arte que la modernidad y las vanguardias buscaron explícitamente, proclamando la unidad entre arte y vida. La función del arte y de la literatura es pues provocar, poner en juego las reglas del orden jurídico-político de la realidad.[7] La fuerza contestataria del lenguaje literario es expresión de la inquietud de lo excluido y la inscripción de las huellas de la abyección producida por la violencia. Ahora bien, 'poética de la vida' se entiende justamente como ésto, distinguiéndose de *biopoetics* en el sentido del darwinismo literario que surgió a finales de los años 90 del siglo pasado en los Estados Unidos.[8] Más bien, la literatura y el arte pueden situarse en el espacio liminal del orden en donde reside la inquietud de lo excluido para echar luz a los vacíos, las aporías y contradicciones en la relación entre sociedad y violencia. Desde los límites o los márgenes, y por medio del extrañamiento de la sintaxis – dispositivo que homologa y naturaliza imagen, lenguaje y mundo – el arte y la literatura ponen en juego la matriz que produce la violencia, rompiendo el principio subyacente al orden, es decir la invisibilidad de la violencia inherente a las reglas mismas del sistema. Pues, aunque la visibilidad es un fuerte mediador de la producción de violencia, la violencia no pertenece al orden de la visibilidad.[9] No se ve directamente; su análisis requiere una mirada 'extraña' hacia lo que es familiar – el orden de nuestras sociedades. Es la óptica

---

[7] Además del programa de una política de la estética según Jacques Rancière (2000) ya Michel Foucault otorgó a la literatura un rol subversivo, pues, según él, resistencia es creación. Autores como Agamben y Esposito se inspiraron explícitamente en el arte y la literatura. Agamben encuentra en Melville el gesto de destitución del poder – simbolizado en la famosa frase de Bartleby "I would prefer not to" y la concepción de una potencia absoluta (véase Agamben 1999); Esposito encuentra en la *Enciclopedia Acefálica* y en la estética transgresiva de Bataille el método de su pensamiento (véase Esposito 2011: 14) que consiste en vaciar la base metafísica de los conceptos y dislocarlos hacia otros horizontes ontológicos que, para Esposito, son la potencia misma de la vida (véase Borsò 2014).
[8] Véase la publicación programática acerca del concepto de *biopoetics* Cook y Turner (1999). Para una discusión de este paradigma véase Cometa (2013).
[9] Distingo entre 'visualidad' (la potencialidad del ver), y 'visibilidad' (el orden visible de las cosas según el orden de lo decible). Los términos se basan en etimología latina: *visus* ('el ver') vs. *visibilia* ('cosas visibles') y reflexionan sobre la alianza entre los discursos y la selección del campo de visualidad observada por Gilles Deleuze en la arqueología de los discursos de Michel Foucault – una alianza interrumpida por la estética de las artes visuales y la literatura ([véase Deleuze 1986]; véase Borsò 2013a). Didi-Huberman distingue, con argumentos análogos, entre 'visión' y 'visibilidad' (1990).

extraña de la que habla Benjamin con respecto a los encuadres de los 'nuevos medios', entendiéndolo a comienzo del siglo XX esencialmente como el cine.[10]
La inquietud de lo extraño tiene entonces el poder de rescatar lo excluido. La literatura y las artes hacen que la violencia que atenta contra la vida encuentre resistencias en las huellas dejadas por el dolor, por las desapariciones, huellas que se asoman en el cuerpo de las letras – como Foucault y con él, Giorgio Agamben demostraron con respecto a la vida de los infames del siglo XVIII[11] o como Judith Butler lo analiza en el contexto de los presos de Guantánamo.[12] Como espacio contestatario contra la fuerza devastadora de la violencia, la literatura y el arte son una toma de posición política en favor de la vida. En lo siguiente enfocaré los principios estéticos de este espacio contestatario: la representación y la visualidad.

## Representación

In *Frames of War. When Is Life Grievable?* (2009) Judith Butler subraya que la crítica de la violencia tiene que empezar con la pregunta acerca de los medios que representan la vida. Aquí propiamente trabajan la literatura y el arte, pues demuestran que las formas – sociales o epistemológicas –, al capturar la vida, son desbordadas por la vitalidad de la vida, por la δύναμις (dínamis), la fuerza del vivir y la indeterminación del fluido vital. Más allá del vitalismo o del biologismo en el que desembocó la interpretación de Friedrich Nietzsche o de Henri Bergson llevando a la euforia por la primera guerra mundial,[13] cabría enfocar otro paradigma referente al problema de la vida. Es la larga genealogía de un pensamiento concreto y material del viviente, latente y en parte explícito en autores del humanismo y del renacimiento italiano, desde Pico de la Mirándola, Niccolò Macchiavelli, Giordano Bruno, Giambattista Vico y otros[14] o también expresado por el concepto de *conatus* de Baruk Spinoza como fuerza inmanente cuyo estudio se multiplicó con base en la interpretación de Gilles Deleuze y Antonio Negri (2004).[15] Por lo que concierne la modernidad, en la primera

---

[10] Véanse Benjamin (1987a, 1987b).
[11] Véanse Foucault (1994a) y Agamben (2005).
[12] Véase Butler (2009).
[13] Véase Anz y Vogl (1982).
[14] Véase Esposito (2010).
[15] Véase mi actual proyecto de investigación como *Fellow* del IKKM (Internationales Kolleg für Kulturtechnikforschung und Medienphilosophie de la Universidad Bauhaus

mitad del siglo XX, la filosofía, con *Matière et mémoire* de Henri Bergson, la termodinámica así como la mecánica quántica y la teoría biológica de la evolución inspiran la problematización de la representación de la vida en la literatura. Entre los numerosos autores como Pirandello, O'Neil, Svevo y Musil que ponen en escena la crisis de la representación, es menester recordar en México a José Gorostiza de los *Contemporáneos* que, en su largo poema "Muerte sin fin" (1939), representa la lucha entre el fluir de la vida y la captura por las formas bajo las metáforas del agua y del vaso de agua. Es la tensión entre, por un lado la congelación de la vida en las formas y por el otro la indeterminación de la dínamis vital cuya metonimia es el movimiento corporal, que se expresa como evidencia de la experiencia del sujeto ya en el argumento de Pierre Gassendi contra el *cogito ergo sum* de la segunda meditación de Descartes – argumento de Gassendi que Descartes resume en la fórmula „ergo ambulo, ergo sum"[16]. La sensibilidad estética frente al movimiento de la materia como substancia del viviente es luego claramente marcada en los escritos de Denis Diderot. Entre otros textos del filósofo francés me refiero a *Salon de 1763* y a su écfrasis de *La Raie dépouillée* (1728), el lienzo de Siméon Chardin, especialmente su concepción de la concreción de la carne: „[...] l'objet est dégoûtant, mais c'est la chair même du poisson, c'est sa peau, c'est son sang; l'aspect même de la chose n'affecterait pas autrement."[17] Diderot se refiere a la potencia mimética del lienzo que considera más impresionante, pues presenta un objeto más afectante que la cosa misma planteando muy claramente el problema de una estética, capta el evento de la vida en la representación, supera el efecto de la cosa real.

En la écfrasis de Diderot la imagen es impresionante por la indecidibilidad de la calidad biológica entre carne y pescado, entre vida y muerte o entre cuerpo colgado y material biológico. Piel, carne y sangre afectan al observador de manera mucho más significativa que el reconocimiento cognitivo de la raya. El afecto despertado por la imagen es huella de algo que existe más allá de la captura del objeto por la cognición, algo que resiste a ser definitivamente catalogado. La resistencia de la vida en la imagen hace que representaciones estéticas sean más

---

de Weimar/Colegio International para el estudio de las técnicas de la cultura e la filosofía de los medios).

[16] Descartes (1904: 352).

[17] Diderot (2007: 220). „El objeto es ascoso, sin embargo se trata de la carne misma del pescado, de su piel, de su sangre; el aspecto mismo de la cosa no podría afectar de manera diferente" (trad. V. B.).

*La puesta en juego de la violencia por la poética de la vida*

poderosas que el conocimiento abstracto, como lo subraya el mismo Diderot en una carta a Voltaire: „De toutes les sciences physiques auxquelles on a prétendu appliquer la géométrie, il paraît qu'il n'y en a pas où elle puisse moins pénétrer que dans la Médecine"[18]. En *Lettre sur les aveugles à l'usage de ceux qui voient* (1749) el ilustrado francés desconfia en los esquemas científicos de la percepción y de la mirada. La ciencia matemática, por ser abstracta, es ciega con respecto a la vida que es continuo movimiento, continua alteración y un continuo devenir. Es en *Rêve de D'Alembert* que el materialismo de Diderot logra pensar el viviente como abierto a las metamorfosis entre las especies:

> Tous les êtres circulent les uns dans les autres, par conséquent toutes les espèces [...] tout est en un flux perpétuel [...] Tout animal est plus ou moins homme; tout minéral est plus ou moins plante; toute plante est plus ou moins animal. Il n'y a rien de précis en nature.[19]

El hecho de que el saber captura la vida dentro de esquemas abstractos es una tesis que, desde luego, será la preocupación de la epistemología en el siglo XX, desde *El conocimiento de la vida* con respecto a la biología y medicina, publicado por Georges Canguilhem en 1952, quien, sin embargo, encuentra en la biología 'conceptos en la vida', esto es, una doble posición del observador, que por un lado es externo en tanto que analítico, y por el otro hace parte de la materia biológica que es su objeto de estudio.[20]

Contrariamente a los objetos del conocimiento abstracto, en las artes visuales y la literatura las representaciones son 'incorporadas' (Donna Haraway) pues incluyen la extrañeidad del cuerpo y ponen en evidencia la diferencia ontológica entre la indeterminación de la vida y las formas de representación del saber. Se puede ahora precisar la función de la representación con respecto a la vida y a

---

[18] Diderot (1997: 73). „De todas las ciencias físicas a las cuales se pretendió aplicar la geometría, parece que no existe ninguna en la que pueda menos penetrar que en la medicina" (trad. V. B.).

[19] Diderot (1975: 138) „Todos los seres circulan los unos en los otros, así que todas las especies [...] todo se encuentra en un perpetuo fluir [...]. Cada animal es más o menos humano; cada mineral es más o menos planta; cada planta es más o menos animal. No hay nada de preciso en la naturaleza" (trad. V. B.).

[20] Véanse al respecto Foucault (1994b) y Borsò 2014. Cabría recordar la diferencia entre 'objeto técnico' y 'objeto epistemológico' en la teoría del sistema experimental de Hans-Jörg Rheinberger, ex-director del instituto Max Planck para la historia del saber en Berlín (1997: 19 ss.).

la violencia contra la vida: A raíz de la crítica del ilusionismo realista y el argumento a callejón cerrado del deconstruccionismo, hoy en día confiamos con razón en la potencia de la representación en tanto que representación del orden y a la vez de lo que lo excede. Christoph Wulf denomina dicha potencia como 'mímesis frente a lo extraño' inspirándose a las prácticas de la cultura de los Cunas, indígenas del Panamá.[21] Donna Haraway, la bióloga y teórica de la cultura y alumna de Canguilhem en París, subraya que cada representación, también en un laboratorio, no repite tan sólo una relación especular entre imagen y mundo o sujeto y objeto, sino que es la apertura de un campo de articulación entre dos sujetos: el sujeto que representa y el sujeto representado.[22] La violencia está puesta en juego porqué en la representación entra, junto con el sistema totalizante de la violencia, también la inquietud de lo extraño, lo que hace que con la matanza de la vida ingresan en el imagen también las resistencias de la vida o del vivir. Tal vez sea en este sentido que Margo Glantz, en *Saña*, una colección de relatos breves o fragmentos entre aforismos y *poèmes en prose*, cuyo frecuente tema es la inscripción de mutilaciones reales o metafóricas en el cuerpo literario, subraya los dos aspectos de la representación: por un lado la puesta en escena de la violencia: „Shahrazad permanece viva porque de su boca manan los relatos con la misma fuerza con que hubiera manado la sangre de haber sido degollada"[23], por el otro la resistencia del gesto del decir, de relatar. Sigue Glantz:

> Y, en efecto, Shahrazad es la imagen más absoluta de la vitalidad: es un ser que se prodiga y habla por todas sus bocas pues desde la primera origina todos los relatos y por la segunda da a luz todos los cuerpos que el sultán engendra en ella.[24]

En la escritura la violencia sobre la vida, contra la que luchan los relatos de Shahrazad, se transforma en gestos de afirmación de la vida. En lo siguiente encontraremos distintos procedimientos estéticos que confirman esta tesis, fundamental para la teoría o antropología de Glantz que trataré más adelante. Glantz expresa un rasgo esencial de toda una literatura denominada „de estructuras extremas"[25] que se formó a comienzo del siglo XXI con representantes como Roberto Saviano y Roberto Bolaño. *2666* me permite introducir dentro de una estructura de

---

[21] Véase Wulf (1999).
[22] Véase Haraway (1992).
[23] Glantz (2007: 210).
[24] Ibíd.
[25] Con respecto a Roberto Saviano y otros autores contemporáneos italianos véase Daniele Gigliolo (2011).

*La puesta en juego de la violencia por la poética de la vida*

extremos muy peculiar: la función de vacíos o lagunas en las imágenes de la violencia y el tema de la mirada que es particularmente trascendente en los textos de Nellie Campobello y Margo Glantz.[26]

## La escritura de los extremos y los vacíos: *2666* de Roberto Bolaño

La descripción de los asesinatos de las mujeres in Santa Teresa alias Ciudad Juárez en *2666* es desconcertante. Durante 300 páginas el texto muestra cuerpos de mujeres muertas que yacen en la mesa anatómica, cuerpos expuestos a la mirada fría que segmenta el cuerpo, a la vez huellas de alguien que vivió, reducido ahora a objeto, a cadáver. El lenguaje técnico del texto le niega al lector compasión y catarsis. El lector de *2666* es obligado a asimilar semejante mirada, a capturar el cuerpo desde la distancia que podría ser también la distancia del verdugo. El lenguaje carece de retórica, es minimalista, degradado como los cuerpos mismos, vidas desnudas. Propiamente por los vacíos aumenta el pathos y la inquietud, de manera análoga a lo que hemos observado con Diderot con respecto a la indeterminación. En el medio de la atmósfera inhumana de la frontera norte en la que todas las formas de vidas son degeneradas, la vida de las víctimas resiste a la desaparición total por las heridas mismas en los cuerpos expuestos a la mirada. Uno de los más potentes y repetidos gestos de resistencia son fetos plasmados en la panza de mujeres embarazadas:

> Cinco días después, antes de que acabara el mes de enero, fue estrangulada Luisa Celina Vázquez. Tenía dieciséis años, de complexión robusta, piel blanca y estaba embarazada de cinco meses.[27]

La vida concreta y material se muestra además en las huellas materiales del deseo, en el material acústico y visual, en los colores de las faldas, los zapatos, el maquillaje – son restos de acontecimientos[28] de cuerpos vivos.

---

[26] Se podría mencionar también Cristina Rivera Garza que en *La Muerte me da* (2007) pone en escena la mirada tratando la relación que vincula fotografía, escritura y conocimiento con la violencia y la muerte.
[27] Bolaño (2009: 445).
[28] En el sentido de Heidegger acontecimiento implica el manifestarse y desaparecer del Ser (véase Heidegger 2002: 52 ss.). Este movimiento, en nuestras reflexiones, se desplaza hacia el vivir – tema imposible para Heidegger visto el biologismo político de los nazis en los años treinta (véanse Esposito 2004 y Borsò 2014).

> A mediados de febrero, en un callejón del centro de Santa Teresa, unos basureros encontraron a otra mujer muerta. Tenía alrededor de treinta años y vestía una falda negra y una blusa blanca, escotada. Había sido asesinada a cuchilladas, aunque en el rostro y el abdomen se apreciaron las contusiones de numerosos golpes. En el bolso se halló un billete de autobús para Tucson [...].[29]

Restos de tristes sueños engañosos asoman pues desde las letras, como Carlos Monsiváis denominó el sueño de la frontera norte, fruto venenoso de mitos.[30] El capítulo de la ciudad Santa Teresa es un texto de resistencias de la vida – no acaso Ciudad Juárez trae el nombre de Santa Teresa, la monja que dejó en su *Libro de la vida* (1562), su autobiografía, las huellas de su resistencia contra la violencia de la inquisición española que amenazaba su propia vida.[31] En *2666* la poética de la vida consiste en el minimalismo del lenguaje carente de riqueza retórica, carente de utopías poéticas. La poética de la vida acontece justamente en los afectos de un lenguaje marcado de heridas – las heridas de quien vivió, las heridas que expresan algo no decible en el lenguaje común, algo que el autor testimonia con su propio espanto. No es en la semántica del lenguaje, sino en los vacíos o los intersticios del material lingüístico que asoma la vida.[32]

## Visualidad – más allá de la imagen de la violencia: Rescatar la vida por imágenes violentas

Ahora bien, en el orden escópico que organiza la visibilidad según las reglas de lo decible,[33] la violencia es tan sólo un objeto. Para experimentar la performatividad de la violencia y ver las vidas que están en peligro se tiene que poner en juego el orden escópico, o como Judith Butler propone, los medios dominan-

---

[29] Bolaño (2009: 446).
[30] Véase Monsiváis (1998: 43).
[31] Véase Borsò (2004).
[32] Dice Benjamin en su ensayo crítico sobre el surrealismo: „Das Leben schien nur lebenswert, wo die Schwelle, die zwischen Wachen und Schlaf ist, in jedem ausgetreten war [...] die Sprache nur sie selbst, wo Laut und Bild und Bild und Laut mit automatischer Exaktheit derart glücklich ineinandergriffen, dass für den Groschen ‚Sinn' kein Spalt mehr übrigblieb". (Benjamin 1966: 201). „La vida parecía visible solo donde el umbral que se encontraba entre el despertar y el sueño, había asomado en cada uno [...] el lenguaje solo si mismo, donde sonido e imagen se enredaban tan felizmente con exactitud automática que aún para un poco de sentido no quedaba ni una grieta" (trad. V. B.).
[33] Véase Deleuze (1986).

*La puesta en juego de la violencia por la poética de la vida*

tes.[34] Propiamente ésto busca el arte: un tipo de visualidad que hace sensible las heridas o huellas de lo destruido – como lo hemos observado en el caso de Bolaño. Se trata de una 'visualidad' que, lejos de proporcionar tan sólo objetos de la cognición, acontece en la mirada del vidente – del sujeto – por efecto de encuadres extrañantes. Semejantes imágenes impulsan una crítica de la manera en la que vemos y que el historiador de arte francés Didi-Huberman denomina „imágenes en crisis"[35] porque ponen en crisis al orden escópico de la visibilidad, nos afectan y nos invitan a responder. Pues nos ayudan a ver la ruptura temporal en las imágenes, los síntomas de una pérdida, o tal vez los síntomas de una violencia. Asimismo nos percatamos cómo vemos, cómo nos posicionamos frente a lo extraño. En fin, 'imágenes en crisis' nos dejan ver cómo excluimos de nuestro campo de visibilidad todo lo que no es epistemológica y políticamente visible. El vacío o hueco en la visión que conocemos desde la fenomenología y el quiasmo entre el sujeto y el objeto de la mirada demostrado por Maurice Merleau-Ponty (1967), pone en crisis la visibilidad, es decir, el orden escópico, porque nos demuestra que algo en el mundo se substrae a la captura y evidencia total. Por ello, el vacío en la visibilidad no representa una deficiencia, sino la condición de emergencia de una visualidad potenciada que, por ejemplo, el fenomenólogo Bernhard Waldenfels pone en evidencia con respecto al umbral de los sentidos.[36] Por ello, si bien la violencia no es visible en el espectáculo de los medios dominantes, en las artes se experimenta su presencia. ¿Cómo? Con imágenes, intransparentes porque indeterminadas o informes, 'imágenes enfermas', tachadas por rupturas o vacíos, y también por exceso de materialidad. Son un tipo de imágenes que lastiman el ojo y hacen que la mirada caiga del marco del encuadro[37] provocando el colapso del naturalismo de la imagen, un naturalismo que, al invisibilizar el marco y pues nuestra misma mirada, homologan las imágenes con la realidad. El propio Didi-Huberman postula que imágenes enfermas, esto

---

[34] Véase Butler (2009: 55).
[35] „Savoir regarder une image, ce serait, en quelque sorte, se rendre capable de discerner là où elle brûle, là où son éventuelle beauté réserve la place d'un 'signe secret', d'une crise non apaisée, d'un symptôme. Là où la cendre n'a pas refroidi" (Didi-Huberman 2006: 33). „Saber mirar a una imagen sería, en cierta manera, hacerse capaz de discernir donde ella arde, donde su eventual belleza guarda el lugar de un 'signo secreto', de una crisis no aplacada, de un síntoma. Donde la ceniza no se enfrió" (trad. V. B.).
[36] Véase Waldenfels (2005).
[37] Véase ibíd.

es, tachadas de vacíos, es decir, „imágenes-desaparición" son „images-trace". Semejantes imágenes dejan percibir en las imágenes las huellas del contacto con la vida.[38]

## Nellie Campobello y Margo Glantz

Nellie Campobello, cuya alta vigencia en los estudios actuales fue, entre otros, impulsada por Margo Glantz, por ejemplo en un artículo de 2006, dejó en *Cartucho*, su novela en parte autobiográfica de 1931 experiencias perturbantes de la violencia en la revolución mexicana. La deshumanización de las imágenes de la novela nos enfrenta de manera perturbante a la crueldad y la incertidumbre frente a la muerte. La desfiguración de los cuerpos humanos que se encuentran repetidamente en *Cartucho* debería ser leída y 'mirada' como Gilles Deleuze, en *Logique des sensations*, analiza los lienzos de Francis Bacon, es decir, apuntando sobre la carnalidad de la vida, la característica más humana y a la vez animal. También en la novela, cuerpos mutilados, masas amorfas y fragmentos de cuerpo – como por ejemplo „las tripas del General Sobarzo" –, son expresiones de la violencia padecida por alguien. Igualmente en *Cartucho* prevale una semántica de la abyección expresada también por la fragmentación lingüística – es decir por las rupturas de la sintaxis. Además, la novela pone en escena una mirada profundamente chocante porque es la mirada ambigua de una niña que oscila entre el tabú de mirar lo obsceno y la pulsión contraria, es decir, el voyerismo. Veamos uno de los más famosos pasajes del capítulo „Desde una ventana":

> Una ventana de dos metros de altura en una esquina. *Dos niñas viendo* abajo un grupo de diez hombres con las armas preparadas apuntando a un joven sin rasurar y mugroso, que arrodillado suplicaba desesperado, terriblemente enfermo se retorcía de terror, alargaba las manos hacia los soldados, *se moría de miedo*. El oficial junto a ellos, *va dando las señales con la espada*; cuando la elevó como para picar el cielo, salieron de los treintas diez fogonazos que se incrustaron en su cuerpo hinchado de alcohol y cobardía. Un salto terrible al recibir los balazos, luego cayó manándole sangre por mucho agujeros. *Sus manos se le quedaran pegadas en la boca*. Allí estuvo tirado tres días; se lo llevaron una tarde, quién sabe quién.[39]

---

[38] Véase Didi-Huberman (2003).
[39] Campobello (2007: 118 s.; las cursivas son de la autora).

*La puesta en juego de la violencia por la poética de la vida*

La fragmentación lingüística, las elipses sintácticas del comienzo de la escena y su contraste con la duración de la imagen del sentenciado al borde de la muerte („se moría de miedo") en una posa que recuerda la del fusilado en el *3 de Mayo* de Goya, (1814) o los Desastres de la guerra. En el texto, la estructura temporal actúa con una técnica que prefigura la cinematografía. Se trata, por ejemplo, del pasaje del imperfecto („se moría de miedo") al presente durativo („va dando señales") que prolonga el momento en el que el oficial decide sobre la muerte del sentenciado. El texto subraya y hace presente este momento de vida en peligro. Impresionante es además la escenificación del acto de ver dentro del espacio visual del texto: dos niñas viendo, el sentenciado de muerte mirando al oficial, el oficial y los soldados mirando al sentenciado. Nosotros mirando a la escena. Goya comenta una situación análoga en la *Hoya 26* con el título „No se puede mirar".[40] Es una exclamación que justamente subraya también el problema de la visibilidad de la violencia, es decir, la imposibilidad de encuadrar al verdugo y a la víctima a la vez. De hecho en la *Hoja 26* se eliminan del cuadro los verdugos franceses, dejando sólo la técnica de la muerte, las puntas de las bayonetas. Además del problema de la mirada, presente en el texto de Campobello, el discurso fílmico de este pasaje nos proporciona un *close up* del cuerpo abyecto. Pues la segunda parte del texto acerca nuestra mirada a la imagen cenagosa de la sangre, a las incrustaciones que hacen que la mano del cadáver queda pegada a la boca. La experiencia visual al límite de lo humano es también una ética que – en el sentido de Emmanuel Lévinas – apela a la responsabilidad del lector. Pues en la topología de la mirada, participa una cuarta instancia: el lector que frente al „visage"[41], al rostro del otro y al cuerpo desecho, amenazado de muerte, tiene que tomar posición: si es que se pone de la parte de los verdugos, es decir de la violencia sobre la vida, o si se solidariza con quien es vulnerable, quien está por ser reducido a objeto, a cuerpo muerto por la mirada y el gesto del oficial. Si nos solidarizamos con el cuerpo abyecto, actuamos con un gesto de resistencia contra la catástrofe que atentó contra su vida y a la vez asimilamos, hacemos nuestra, la inquietud de la abyección. La violencia silenciosa de *Cartucho* – como la de la literatura y la fotografía de Juan Rulfo – es el lenguaje extraño, escrito por el alma, el silencio y la sangre, según dicen Deleuze y Guattari con respecto a la *littérature mineure* de Franz Kafka, contestataria porqué hace ver la enfermedad de la sociedad.

[40] Véase mi discusión de la *Hoja 26* (Borsò 2013b).
[41] Lévinas (1974: 47 s.).

Vittoria Borsò

## Saña *de Margo Glantz (2007) - Poética de la vida por exceso*

No nos maravilla la importancia de Nellie Campobello para Margo Glantz. Pues también en la escritura de Glantz el material lingüístico nos enfrenta con el *devenir étranger du langage*. Este lenguaje que pone en escena lo extraño, la materialidad de lo corporal, las derrotas, la muerte, lo abyecto, o sea todo lo que no se integra a los códigos de la comunicación, es un acto de revuelta contra los dispositivos que administran la vida excluyendo la heterogeneidad de las vidas. La estética de Margo Glantz, se basa sobre el exceso, el desperdicio que Georges Bataille, cuya *Historia del ojo* Glantz tradujo al español,[42] denomina *besogne*[43] es decir un 'trabajo' que, al contrario del consumo y del comercio, consuma al sujeto, gasta las energías y lo abre al encuentro con lo extraño. A este trabajo Margo Glantz se refiere en *Saña* cuando, por ejemplo, relaciona su escritura con la pintura de Francis Bacon. En *Head II* (1949), por ejemplo, el rostro se encuentra al borde de la desaparición con un antropomorfismo estropeado, desgarrado y transfigurado, como Glantz lo describe en uno de los fragmentos:

> *Regla de tres*
> En la pintura de Bacon hay tres fuerzas, una es invisible, aísla; la segunda deforma, se apodera de los cuerpos y la cabeza de la Figura. La tercera disipa, aplana, difumina.[44]

Glantz capta los principios de la estética de Bacon – y se podría referir a su propia estética – como una tensión entre exceso, extrañamiento y aparición de algo radicalmente paradójico que denomina 'belleza convulsiva':

> En sus proporciones toda belleza superior tiene algo de extraño: la boca bien abierta surge de un pozo profundo de color rojo carmesí; iluminados, surgen los dientes. El resultado: una sonrisa fracturada, obscena.[45]

Las imágenes de la memoria cultural – y nacional – son transfiguradas, llevadas al límite de la monstruosidad que es el nudo temático y a la vez la experiencia afectante en los 'retratos' de Bacon como en *Saña*, y en toda la escritura de Glantz.[46] El exceso, la deformación y la disipación conllevan una indetermina-

---

[42] Se trata de Bataille (1979 y 1981).
[43] Véase Bataille (1933).
[44] Glantz (2007: 188).
[45] Ibíd.
[46] La escritura de Glantz empuja el lenguaje hacia la performatividad de las imágenes del recuerdo. Según observa Didi-Hubermann con referencia al *Ulysses* de Joyce, las imáge-

ción entre lo humano y lo animal y nos enfrenta con una realidad que sólo en el marco del orden parece monstruosidad. La imagen empuja sus límites hasta lo informe. Ahora bien, lo in-forme, es decir, la indeterminación de las formas, plasma la condición del hombre desde la más cruda singularidad, o para decirlo en términos lacanianos: lo informe demuestra la insuficiencia estructural de la captura del viviente por las redes del orden simbólico; lo informe demuestra la fluidez de los límites, la incapacidad de la vida de excluir lo extraño o lo abyecto que sigue amenazando la imagen desde sus bordes. Substraerse al 'retrato', o sea romper las reglas de la persona y de su integridad, es, dicen Judith Butler en *Frames of War* (2009), y Roberto Esposito en *Lo impersonal* (2011) un acto político de resistencia contra la captura de la vida por el biopoder. La deformación y disipación son fuerzas que vacían el concepto (metafísico) de la persona, haciendo que se asome la *hecceidad*, la fuerza de lo más singular y a la vez lo más común, es decir, la singularidad de la carne antes que tenga lugar la individualización y, con ello, la separación.[47]

La liminalidad entre hombre y animal es también el tema central de *Animal de dos semblantes* (2004) y de *Historia de una mujer* (2005) de Margo Glantz, novelas altamente políticas bajo la apariencia cursi. Justamente por desbordar los límites de las formas que diferencian entre géneros o especies, la escritura de Glantz arroja luz al *missing link*, es decir, al presupuesto no demostrado – dice Giorgio Agamben en *Lo Abierto*, el presupuesto de la separabilidad de la vía humana frente a lo que no lo es,[48] disipando el principio de la violencia que separa lo inseparable, esto es, lo viviente, en formas de vida de distintas calidades

---

nes del recuerdo nos impactan por su corporeidad, nos afectan por las materias vinculadas a la sexualidad, a la procreación, a las abyecciones que nos conciernen – de manera análoga al *punctum* de la fotografía según Roland Barthes –, abriendo el quiasmo entre el cuerpo sujeto y el cuerpo objeto en el que Merleau Ponty sitúa el evento de la visualidad (véase Didi-Huberman 1990: 10). En la imagen la corporeidad es huella de una pérdida, de una desaparición lo que la relaciona al recuerdo. Su sintomática es el flujo y el reflujo, el suplemento y su disolución, la manifestación y la desaparición en los procesos de figuración (véase Didi-Huberman 1990: 13).

[47] Este es el sentido del concepto de *hecceidad* de Esposito, quien transforma este concepto procedente de Gilbert Simondón (en el sentido de la individuación de sujetos y objetos por medio de su nexo durante la elaboración del objeto técnico, véase Simondón 1989: 57) y luego de Deleuze (en el sentido de la inmanencia espaciotemporal del ente en el presente).

[48] Véase Agamben (2002: 43 s.). Acerca de la trascendencia de este tema en Margo Glantz, véase Borsò (2009).

e jerarquías. Con el exceso de las formas, en novelas como *Apariciones* (1996), *Saña* y en *Coronada de moscas* (2012) y sus relatos de viajes a la India, la visualidad es un evento transgresor, incómodo y hasta peligroso. Pues Margo Glantz pone en juego el tabú escópico que prohíbe mirar a lo excesivo – monstruoso – o lo abyecto. Justamente por ello, las imágenes de *Saña* no dejan al lector en su antigua posición privilegiada y soberana frente al objeto de su estudio social o etnológico; más bien requieren una lectura política que responda a la experiencia de la violencia, percibida por su propia inmersión e investición de energía en el acto de lectura. Semejante literatura es el gesto político de una visualidad que 'no' representa la violencia, sino que 'hace' violencia contra el orden escópico internalizado por el espectador y el lector.

Las imágenes deben lastimar; la materialización de la abyección en las imágenes agrede las reglas de la visibilidad y afecta a nosotros para que abramos los ojos y respondamos con resistencias contra el poder que amenaza las vidas. Es una tesis elaborada también por Judith Butler con respecto a la representatividad de la violencia en los *camps* de Abu Grahib. Pues bien, en *Saña* encontramos una lúcida demostración de la relación intrínseca entre literatura y violencia, una relación particular que hace que escribir de esta manera es un acto político contra la violencia: En „Cadáveres", uno de los últimos fragmentos, Glantz se refiere a Gilles de Rais (Gilles de Retz), que luchó en los años finales de la Guerra de los Cien Años junto a Juana de Arco y a la vez fue el primer asesino serial de niños y jóvenes – ¡héroe y Barbazul a la vez!. Relata Glantz: „A pesar de las operaciones de limpieza que dos de sus cómplices efectuaron, se pudieron encontrar dos osamentas de niños en la parte baja de la torre"[49].

Con esta imagen que con Benjamin llamaríamos dialéctica, nos enfrentamos no solamente con las paradojas de la historia, sino sobre todo con la violencia, y a la vez, con la resistencia de las indelebles huellas de la vida corpóreo material que sobreviven a 'operaciones de limpieza'. Cito a manera de conclusión el final de este fragmento:

> Siempre es posible lo peor, leo que escribe Walter Benjamin.
> Georges Bataille pensaba a su vez que el máximo sentido del crimen está en lo más extremo. Por esa razón, repite, más que los crímenes reales, la leyenda, la mitología, la literatura son las únicas opciones para revelar su desmesura y la verdad.[50]

---

[49] Glantz (2007: 168).
[50] Glantz (2007: 224).

*La puesta en juego de la violencia por la poética de la vida*

Tal vez, a diferencia de la banalidad del espectáculo de la violencia en imágenes cotidianas, experimentamos en la literatura y en el arte la amenaza de la vida. Por ello semejantes imágenes nos conciernen, nos instalan en el medio de la comunicación mediática y requieren lecturas políticas. Las imágenes tienen una enfermedad crónica, provocan un malestar, imprescindible especialmente en la actual cultura visual del espectáculo: es algo que incluye nuestra propia sintomatología, apelándonos a una respuesta política, a una toma de posición.

## Bibliografía

AGAMBEN, Giorgio (2005). *Profanazioni*. Roma: Nottetempo.
AGAMBEN, Giorgio (2003). *Stato d'eccezione*. Torino: Bollati Boringhieri.
AGAMBEN, Giorgio (2002). *L'aperto. L'uomo e l'animale*. Torino: Bollati Boringhieri.
AGAMBEN, Giorgio (1999). *Potentialities. Essays in Philosophy*. Stanford: UP.
AGAMBEN, Giorgio (1995). *Homo sacer I. Il potere sovrano e la nuda vita*. Torino: Einaudi.
ANZ, Thomas/VOGL, Jospeh (1982). *Die Dichter und der Krieg. Deutsche Lyrik 1914-1918*. München/Wien: Hanser.
BATAILLE, Georges (1981). *Lo imposible*. México: Premià.
BATAILLE, Georges (1979). *Historia del ojo*. México: Premià.
BATAILLE, Georges (1933). *La notion de dépense*. Fécamp: Éditions Lignes.
BENJAMIN, Walter (1987a). „La obra de arte en la época de su reproductibilidad técnica", en: Ibíd. (ed.). *Discursos interrumpidos*, tomo 1. Madrid: Taurus, 16-57.
BENJAMIN, Walter (1987b). „Pequeña historia de la fotografía", en: Ibíd (ed.). *Discursos interrumpidos*, tomo 1. Madrid: Taurus, 61-83.
BENJAMIN, Walter (1966). „Der destruktive Charakter", en: Ibíd. (ed.). *Angelus Novus*. Frankfurt am Main: Suhrkamp, 188-209.
BOLAÑO, Roberto (2009). *2666*. Barcelona: Anagrama.
BORSÒ, Vittoria (2014). „Jenseits von Vitalismus und Dasein: Roberto Espositos epistemologischer Ort in der Philosophie des Lebens", en: Vittoria BORSÒ (ed.). *Wissen und Leben. Wissen für das Leben*. Bielefeld: transcript (en prensa).
BORSÒ, Vittoria (2013a). „Biopolitisch: Andere Blicke", en: Beate OCHSNER/ Anna GREBE (eds.). *Andere Bilder: Zur Produktion von Behinderung in der visuellen Kultur*. Bielefeld: transcript, 51-76.

BORSÒ, Vittoria (2013b). „Francisco de Goya y Lucientes oder die Emergenz einer Visualität der Moderne", en: Ursula HENNIGFELD (ed.). *Goya im Dialog der Medien, Kulturen und Disziplinen*. Freiburg i. Br./Berlin/Wien: Rombach, 17–34.
BORSÒ, Vittoria (2009). „Tier und Maschine: Margo Glantz an den Schwellen der Differenzen", en: Claudia LEITNER/Christopher E. LAFERL (eds.). *Über die Grenzen des natürlichen Lebens. Inszenierungsformen des Mensch-Tier-Maschine-Verhältnisses in der Iberoromania*. Berlin/Wien u. a.: Lit-Verlag, 191–220.
BORSÒ, Vittoria. (2004). „Religiöse Mystik als subjektive Erzählung: Santa Teresa de Jesús", en: Johannes LAUDAGE (ed.). *Frömmigkeitsformen in Mittelalter und Renaissance*. Düsseldorf: Droste, 332–333.
BUTLER, Judith (2009). *Frames of War. When Is Life Grievable?* London: Verso.
CAMPOBELLO, Nellie (2007). *Obra reunida*. México: FCE.
CANGUILHEM, George (1992 [1952]). *La Connaissance de la vie*. Paris: VRIN.
COMETA, Michele (2013). „Die notwendige Literatur. Skizze einer Biopoetik", en: Vittoria BORSÒ/Michele COMETA (eds.). *Die Kunst das Leben zu bewirtschaften. Bíos zwischen Politik, Ökonomie und Ästhetik*. Bielefeld: transcript, 171–194.
COOKE, Brett Frederick Turner (1999). *Biopoetics*. St. Paul: Paragon House.
DELEUZE, Gilles (2003). *Spinoza Philosophie pratique*. Paris: Minuit.
DELEUZE, Gilles (2002). *Francis Bacon. Logique de la sensation*. Paris: Seuil.
DELEUZE, Gilles (1986). *Foucault*. Paris: Minuit.
DELEUZE, Gilles/GUATTARI, Felix (1975). *Kafka. Pour une littérature mineure*. Paris: Ed. De Minuit.
DESCARTES, René (1904). *Œuvres de Descartes*. Editado por Charles ADAM/Paul TANNERY, tomo 7. Paris: L. Cerf.
DIDEROT, Denis ($^2$2007). „Salon de 1763", en: Denis DIDEROT. *Essais sur la peinture: salons de 1759, 1761, 1763*. Paris: Hermann.
DIDEROT, Denis (1997). „Lettre à Voltaire du 19 février 1758", en: Denis DIDEROT. *Correspondance*. Editado por Laurent VERSINI. Paris: Laffont.
DIDEROT, Denis (1975). „Le Rêve de d'Alembert", en: Denis DIDEROT. *Œuvres complètes*. Editado por Herbert DIECKMANN/Jacques PROUST/Jean VARLOOT, tomo 17. Paris: Hermann.
DIDI-HUBERMAN, Georges (2006). „L'image brûle", en: Laurent ZIMMERMANN (ed.). *Penser par les images. Autour des travaux de Georges Didi-Huberman*. Nantes: Ed. Cécile Defaut, 11–52.

DIDI-HUBERMAN, Georges (2003). *Images malgré tout*. Paris: Les Editions de Minuit.
DIDI-HUBERMANN, Georges (1990). *Devant l'image*. Paris: Minuit.
ESPOSITO, Roberto (2013a). „Estímulo", *iMex. México Interdisciplinario/Interdisciplinary Mexico*, 2, 4, 14–20. http://www.imex-revista.com/imex-revista-ediciones/cuarta/esposito.html [30.04.2014].
ESPOSITO, Roberto (2013b). *Due. La macchina della teologia politica e il posto del pensiero*. Torino: Einaudi.
ESPOSITO, Roberto (2011). *10 Tesi sulla Filosofia*. Bologna: Il Mulino.
ESPOSITO, Roberto (2010). *Pensiero vivente. Origine e attualità della filosofia italiana*. Torino: Einaudi.
ESPOSITO, Roberto (2007). *Terza persona. Politica della vita e filosofia dell'impersonale*. Torino: Einaudi
ESPOSITO, Roberto (2004). *Bíos. Biopolitica e filosofia*. Torino: Einaudi.
ESPOSITO, Roberto (2002). *Immunitas. Protezione e negazione della vita*. Torino: Einaudi.
FOUCAULT, Michel (1994a). „La vie des hommes infâmes", en: Michel FOUCAULT. *Dits et Écrits 1954–1988*, tomo 2. Editado por Daniel DEFERT/François EWALD. Paris: Gallimard, 237–253.
FOUCAULT, Michel (1994b). „La vie: l'expérience et la science", en: Michel FOUCAULT. *Dits et Écrits*, tomo 4. Editado por Daniel DEFERT/François EWALD. Paris: Gallimard, 763–776.
GIGLIOLO, Daniele (2011). *Senza trauma. Scrittura dell'estremo e narrativa del nuovo millennio*. Macerata: Quodlibet.
GLANTZ, Margo (2012). *Coronada de moscas*. México: Editorial Sexto Piso.
GLANTZ, Margo (2007). *Saña*. México: Era.
GLANTZ, Margo (2005). *Historia de una mujer que caminó por la vida con zapatos de diseñador*. Barcelona: Anagrama.
GLANTZ, Margo (1996). *Apariciones*. México: Alfaguara.
HARAWAY, Donna (1992). „The promises of monster: A Regenerative Politics for Inappropriate/d Others", en: Lawrence GROSSBERG/Cary NELSON/Paula A. TREICHLER (eds.). *Cultural Studies*. New York: Routledge, 295–337.
HEIDEGGER, Martín (2002). *Ser y Tiempo*. Santiago de Chile: Editorial Universitaria.
LÉVINAS, Emmanuel (1974). *Totalité et infini*. Leiden: Martinus Nijhof.
MERLEAU-PONTY, Maurice (1967). *Le visible et l'invisible*. Paris: Gallimard.

*Vittoria Borsò*

MONSIVÁIS, Carlos (1995). „La cultura de la frontera", *Esquina Baja*, 5.6, 41-55.
NEGRI, Antonio/MURPHY, Timothy S. (eds.) (2004). *Subversive Spinoza: (UN) Contemporary Variations*. New York: Manchester University PressPrint.
RANCIÈRE, Jacques (2000). *Le partage du sensible. Esthétique et politique*. Paris: La Fabrique.
RHEINBERGER, Hans-Jörg (1997). *Toward a History of Epistemic Things. Synthesizing Proteins in the Test Tube*. Stanford: Stanford UP.
SAVIANO, Roberto (2010). *Gomorra*. Milano: Mondadori.
SIMONDON, Gisbert (1989). *Du mode d'existence des objets techniques*. Paris: Aubier.
WALDENFELS, Bernhard (2006). „El sitio corporal de los sentimientos", *Signos Filosóficos*, tomo 8, núm. 15, enero-junio, 129-150.
WALDENFELS, Bernhard (2005). *Grundmotive einer Phänomenologie des Fremden*. Frankfurt am Main: Suhrkamp.
WULF, Christoph (1999). „Der Andere", en: Christoph WULF/Remi HESS (eds.). *Über den Umgang mit dem Eigenen und dem Fremden*. Frankfurt am Main/New York: Campus, 13-37.

Yasmin Temelli
(Heinrich-Heine-Universität Düsseldorf)

# Sonidos de violencia: narcocorridos mexicanos y *Aggro Berlin*. Escenificaciones de la violencia entre lo global y lo local

En este trabajo focalizaremos dos fenómenos de la cultura popular mexicana y alemana, entendiéndolos como un espacio medial en el cual se hace notar la violencia en sus diversas vertientes. Para ello se estudiarán narcocorridos mexicanos relativamente recientes y canciones *gangsta rap* producidas por la compañía discográfica *Aggro Berlin* (2001-2008). En ambos ejemplos la escenificación de la violencia puede ser comprendida como una posibilidad de desafiar el orden hegemónico, tanto en el caso de estrategias y técnicas de textos transversales que dan testimonio del potencial subversivo que reside en la comunicación artística y cultural mexicana como en el hecho de que esta última forma parte de la economía del sistema en Alemania. La perspectiva transcultural revela que existen diferentes modos de legitimación y normalización de la violencia que sí señalan fondos específicos y un trato parcialmente distinto, pero que a la vez se inscriben en un mundo globalizado por sus fuertes nexos universales.

In diesem Beitrag werden, anhand von mexikanischen *Narcocorridos* neueren Datums und dem *gangsta rap* des Labels *Aggro Berlin* (2001-2008), zwei Phänomene der mexikanischen und deutschen Populärkultur analysiert und diese dabei als medialer Raum verstanden, in dem sich Gewalt in verschiedenen Facetten manifestiert. In beiden Beispielen lässt sich die Inszenierung von Gewalt als Möglichkeit verstehen, die hegemoniale Ordnung herauszufordern: sowohl im Hinblick auf die transversalen Textstrategien und Techniken, die Zeugnis von dem subversiven Potential der künstlerischen und kulturellen Kommunikation in Mexiko ablegen, als auch insofern, dass letztere zur Ökonomie des deutschen Systems zählt. Mittels der transkulturellen Perspektive lassen sich unterschiedliche Formen der Legitimierung und Normalisierung von Gewalt erkennen, die zwar auf spezifische Hintergründe und einen teilweise unterschiedlichen Umgang verweisen, sich jedoch zugleich über die ausgeprägten universalen Zusammenhänge in eine globalisierte Welt einschreiben.

>¡Ay! qué bonito se siente
>jalarle a las escopetas
>da gusto rifarse el cuero
>volando en las camionetas
>cargado de polvo blanco
>de hierba o de metralletas.
>Los Incomparables de Tijuana. *Entre polvo y metralletas*

*Yasmin Temelli*

> Hoy pagarán ustedes, tú y tus amigos ricos. [...]
> Tus joyas, el reloj, güey, yo te los quito. Tu dinero,
> los zapatos, mira, te los quito, tu mujer, tu chamarra,
> tu nuevecito mercedes, me vale, te lo quito todito.
> Fler. *Bote*[1]

## Planteamiento

Siguiendo el lenguaje popular alemán, lo violento y la música habitan en dos mundos diversos: 'Donde se canta puedes sentarte tranquilamente, la gente mala no conoce canciones'. Pero muy a menudo encontramos escenarios que rompen esta imagen idílica dando testimonio de un protagonismo de gente nada buena y donde la violencia representa un elemento constitutivo – sea por ejemplo en narcocorridos mexicanos como el mencionado, *Entre polvo y metralletas* de los Incomparables de Tijuana, o ya sea en canciones de raperos que estaban bajo el contrato de la casa productora de discos *Aggro Berlin*, como Fler, al cual debemos justamente *Bote* (*Jackpot*). En lo que siguen estarán focalizados estos dos fenómenos de la cultura popular mexicana y alemana como un espacio medial en el cual se hace notar la violencia de modo polifacético. Siguiendo al sociólogo Trutz von Trotha, lo que nos interesa aquí son el 'qué' y 'cómo' de las manifestaciones de violencia,[2] ya que ella misma es un proceso dinámico que reconfigura las relaciones entre los seres humanos, tomando en cuenta, con Bernhard Waldenfels, que la violencia permanece como algo insondable.[3] La definimos como una posibilidad de actuar, una acción que permite al actor hacerse notar de una manera que no puede ser ignorada,[4] lo que coincide con la búsqueda de popularidad y mejoramiento de estatus por parte de actores pop. En este contexto resulta de sumo interés tomar en consideración el diagnóstico de Byung-Chul quien identifica una economía arcaica de la violencia e indica que „el poderío

---

[1] „Ihr seid heute fällig, du und deine reichen Freunde. [...] Dein Schmuck, die Uhr, Mann, ich ziehs dir ab. Dein Geld, die Schuhe, guck, ich ziehs dir ab, deine Frau, deine Jacke, dein nagelneuer Benz, mir egal, ich zieh dich ab bis aufs letzte Hemd." (Fler 2005a). Todas las traducciones del alemán al español son de la autora. A causa de su frecuencia y a efectos prácticos se prescindirá de marcar todas las correcciones idiomáticas en las letras de las canciones producidas por Aggro Berlin aquí transcritas.
[2] Véase von Trotha (1997: 20 ss.).
[3] Véase Waldenfels (2012: 334).
[4] Véase Baecker (2005: 171 s.).

destructivo está acumulado como maná para generar un sentimiento de poder e invulnerabilidad."[5] El filósofo detecta en ello un parentesco entre la sangre y la plata: „El capital es como el maná moderno. Cuanto más uno posee, se cree más poderoso, invulnerable e incluso inmortal."[6]

En consecuencia, se tratará de analizar las formas y de averiguar las técnicas de escenificar la violencia como tema de la cultura pop considerando las distintas funciones que ejerce en los ámbitos correspondientes. En este sentido los narcocorridos sobre todo los más bien recientes y las canciones de índole *gangsta rap* producidas por *Aggro Berlin* (2001-2008) que están focalizadas en lo que sigue muestran ejes paradigmáticos y prometen poder formarse una idea de las interacciones de estos dos géneros con la violencia.[7]

Además, hay que ver en qué medida la perspectiva transcultural contribuye a descubrir estrategias textuales que están relacionados con contextos globales y/o diferencias específicas que podrían señalar un trato distinto del biopoder respectivo frente a las fuerzas culturales.

## Los narcocorridos mexicanos: escenificaciones de la violencia

Con respecto a los narcocorridos mexicanos, estas canciones populares son una variedad actualizada del corrido lírico-épico del siglo XIX, que, como sabemos, narraba sobre todo luchas, hazañas, crímenes, traiciones, ajustes de cuenta y biografías.[8] Gozan cada vez de mayor popularidad, ya no sólo en los estados norteños del país, de donde proviene la mayor parte de las piezas – de Sinaloa, Durango, Chihuahua y Sonora, las regiones de cultivo principales de cáñamo y amapola –, sino en todo México, en otros países latinoamericanos, y en los Estados Unidos. Sirven de medio de información y de crónica, de portavoz de

---

[5] „Das Zerstörungspotential wird wie Mana angehäuft, um das Gefühl der Macht und Unverwundbarkeit zu erzeugen." (Han 2011: 27).
[6] „Das Kapital verhält sich wie modernes Mana. Je mehr man davon besitzt, desto mächtiger, unverwundbarer, ja unsterblicher wähnt man sich." (Han 2011: 28).
[7] Los géneros del narcocorrido mexicano y del *gangsta rap* alemán siguen desarrollándose continuamente lo cual merece ser expuesto por una perspectiva diacrónica pero que no puede ser adoptada en el marco de este análisis. Véase para ello las investigaciones indicadas más adelante.
[8] Véanse aqui entre otros los análisis de Manzo Robledo (2007) y de Eguiarte Bendímez (2000).

*Yasmin Temelli*

miserias y de protesta, en breve: son una expresión cultural que capta las crisis del México de hoy, y no raras veces van unidos a una apología y hasta a una hagiografía de los delincuentes.[9] Frecuentemente encontramos como voz un narcotraficante al estilo del arriba mencionado: un macho, o, para utilizar el narco lenguaje, un 'gallo fino',[10] que narra su actividad en el narcomundo y que se complace con su armamento, lo cual suele tener una fuerte connotación fálica y está vinculada estrechamente con una exaltación de hombría. Estas prácticas de una masculinidad hegemónica[11] se entrelazan muchas veces con una puesta en escena de violencia directa y cruda que difícilmente puede pasarse por alto. Un ejemplo sumamente paradigmático representa la canción *Líder del genocidio* del cantante grupero Gerardo Ortiz, quien sobrevivió a un atentado en 2011, teniendo más suerte que varios de sus colegas asesinados por encargo de líderes de carteles de droga disgustados.[12]

> [...] Varias cicatrices, de plomo conmigo
> Me nombran el líder, de los genocidios
> Siempre positivo, soy hombre advertido
> Me gusta el peligro
> Me rozan las balas y así lo recibo
> 
> Varios proyectiles, algunos fusiles
> El comando X, maneja su crimen
> Vamos atacando, algunos contrarios

---

[9] Astorga observa „[p]or lo menos desde la primera mitad de los años setenta, en México y particularmente en el norte y noroeste [que] el bandido-héroe de otras épocas ha sido desplazado por el traficante-héroe, pero no completamente pues la vía de su presentación mítica [...] muestra aún huellas de convivencia de ambas categorías, a veces asimiladas o indiferenciadas." (Astorga Almanza 1995: 91 s.).

[10] Véase para un mejor entendimiento de los términos utilizados en narcocorridos el glosario que concluye el análisis de Valenzuela Arce (2001: 379–386).

[11] Véase para el término y un concepto de masculinidades que focaliza las interdependencias de relaciones de hegemonía, subordinación, complicidad y marginalización Connell (1995: 76–81).

[12] La orden de matanza suele ser dada por parte de un cliente insatisfecho con el resultado o por miembros de otro cártel que se ven difamado o que por esta vía se vengan de un cártel enemistado. Eso era evidentemente el caso en cuanto al asesinato de 17 miembros del grupo musical Kombo Kolombia por el Cártel del Golfo ocurrido en enero 2013 en el Estado de Nuevo León: La banda solía tocar en bares de Monterrey y en los alrededores, una zona controlada por los Zetas. Véase para más información http://internacional.elpais.com/internacional/2013/01/28/actualidad/1359400936_939340.html [31.05.2013].

*Sonidos de violencia: narcocorridos mexicanos y Aggro Berlin*

Las armas en mano
Un Kalashnikov con huevitos colgando
El virus mortífero, sigue infectando
Sigue la epidemia, los ántrax mandamos
Somos un equipo, familia y amigos
Los contra enemigos
No pisen mi casa que soy aguerrido.[13]

Como es frecuente en este género, topamos en la canción con un narrador en primera persona, lo cual implica ya de principio un cierto potencial de proximidad y crea un ámbito de lo inmediato. El yo asume la mirada de los otros y se refleja evidentemente con gusto en ella como asesino en masa de modo que aquí vislumbra la economía arcaica de la violencia.[14] El concepto de genocidio, que por un posible encabalgamiento se encuentra en cercanía directa con el adjetivo 'positivo', experimenta por ello una cierta resemantización. Se describe un escenario de guerra abierta, una guerra en un mundo globalizado que se inscribe en una larga tradición, si se toma en consideración el kaláshnikov y el arma bacteriológica ántrax.[15] La violencia aparece aquí como parte de un cuadro clínico (virus, infectando, epidemia) y afluye así, para decirlo con Waldenfels, en el mundo de la vida y lo convierte en un mundo de muerte.[16] Podemos identificar una violencia viral, que en la genealogía de la enemistad propuesta por Jean Baudrillard, marca la última fase: se lucha sólo con enorme dificultad contra un virus, puesto que este infiltra y opera desde el interior del sistema.[17]

---

[13] Ortiz (2010a).
[14] Véase Han (2011: 27).
[15] Evidentemente ántrax aquí se refiere al así llamado grupo ejecutor del Cártel de Sinaloa. En el caso de que la canción no haya sido compuesta por encargo, por lo menos se hace notar una cercanía considerable. En el mismo álbum de debut de Ortiz *Ni Hoy Ni Mañana* se encuentra además la canción *100 Vidas Ántrax* que cuenta igual que en *Líder del genocidio* con un yo narrador que se representa como ejecutor de los Ántrax (véase Ortiz 2010b). En todo caso el éxito (transnacional) que el músico experimenta tras haberse unido al grupo musical llamado también Los Ántrax es sumamente alto: en 2010 el álbum alcanza incluso la cima de los listados de Billboard, una revista estadounidense especializada en información sobre la industria musical con la consecuencia de que en 2011 Ortiz ganó seis *Billboard Mexican Music Awards* (véase Cobo 2011).
[16] Véase Waldenfels (2012: 331).
[17] Véase Baudrillard (2002: 86) quien distingue entre cuatro fases: en el primero se afrenta como enemigo externo al lobo, en el segundo es la rata que opera desde la clandestinidad y que requiere por ello otras medidas de defensa, la tercer fase está caracterizada por

Esta *mise en scène* de la violencia conlleva connotaciones afirmativas, ya que va acompañada de valores estereotipados y mitizados como la hombría, la valentía, la lealtad, el sentimiento de comunidad y de familia; y a fin de cuentas el protagonista puede mostrar su firmeza defendiendo el inviolable hogar, una imagen ya muy cantada en los corridos del siglo XIX. El hogar como encarnación de lo privado aparece aquí como el último bastión que hay que defender frente a un mundo globalizado, dominado por la violencia, pero que a la vez justamente por ello se convierte también en un espacio de lucha.

Es decir que una técnica significativa consiste en adaptar valores y elementos culturales típicos según las nuevas exigencias del narcomundo. De este modo, se sanciona incluso que pueda hablarse de genocidio y se normaliza al mismo tiempo la violencia. Es significativo que la forma de la canción siga las pautas convencionales del género, es decir, lo violento se infiltra igual que un virus.

Aunque son evidentemente los 'gallos finos' que se pavonean por el narcomundo, debe ser mencionado que ya desde el principio también están cantadas figuras femeninas que saben expresarse en la lengua de la violencia. Ya en los corridos de la revolución mexicana se les solía honrar a las soldaderas valientes y en el narcocorrido pionero *Contrabando y Traición* (1974) encontramos a Camelia la Tejana que sanciona la traición de su amante Emilio con siete balas y desaparece con el dinero del narco.[18] Aquí se juntan adscripciones tradicionales de la mujer que actúa por venganza y celos con la advertencia fundamental de que en el narcomundo actos de traición no quedan impunes así que en este caso el uso de violencia es menos relacionado con cuestiones de género sino en primer lugar es parte de las condiciones del negocio. Pero si tomamos en cuenta con Wolfgang Sofsky que la violencia física es la prueba de poder más intensa,[19] estas escenificaciones adquieren un peso enorme en cuanto a las relaciones de género ya que se hacen notar inversiones de roles. Un ejemplo llamativo representa el narcocorrido *Jefa de jefas* (2007) de Jenni Rivera:

> Saben que soy Chacaloza
> Pa' que se meten conmigo
> me hablo del tú con el diablo

---

la lucha contra el escarabajo lo cual significa en su conjunto una disminución continua de la visibilidad, y por consecuencia la defensa resulta ser cada vez más difícil (véase ibíd.: 85 ss.).

[18] Véase Los Tigres del Norte (1974).
[19] Véase Sofsky (1996: 19).

tampoco pude conmigo
mejor no le anden buscando mis poderes conocidos,
porque se enojan conmigo los que me quieren bajar.[20]

La narradora en primera persona asume la postura clásica y prepotente del narco destacando una supuesta invulnerabilidad y omnipotencia – es familiar con lo malo absoluto y aún más fuerte que el demonio – lo cual significa una orientación decidida hacia las prácticas de una masculinidad hegemónica. Impavidez y la disposición a la violencia no están en consecuencia reservadas a los hombres. Pero cabe subrayar que Jenni Rivera, quien murió en 2012 en la caída de un avión, o por ejemplo las cantantes sinaloense Ely Quintero y sus protagonistas narcas respectivas son fenómenos secundarios en el mundo de los narcocorridos. Mayoritariamente las mujeres aparecen en los textos como un sinnúmero no individualizado, como objetos de placer y componentes imprescindibles para visualizar el éxito del narco y servir de símbolo de estatus igual que otras propiedades lo cual demuestran Los Razos en *Negocios prohibidos*: „Me gusta la vida recia/si así yo soy/es herencia de mi padre/que estos business me enseñó/te sobran billetes verdes/también viejas de a montón."[21] Como alternativas les está atribuido el rol archisabido de Eva-Malinche, ellas están representadas como traidoras infieles, malas mujeres o víctimas de violencia masculina. Así el lema misógino todavía vigente – cantado por Los Tucanes de Tijuana en 1995 – dice: „No sufre por las mujeres/la que le gusta se lleva."[22]

## *Violencia, orden y resistencias*

Hay que tener en cuenta que la violencia cantada muchas veces tiene como fin un aumento de ingresos de los protagonistas y ningún *telos* superior – por ejemplo el de percatarse de cierta justicia social – como el que frecuentemente predominó en los corridos de antaño; es decir, funciona de manera análoga a la lógica neoliberal de acumulación de capital y de este modo se revela la interacción entre el orden y la violencia.[23] Eso lo condensa, entre muchos otros, el narcocorrido *De Sinaloa a Durango* de Los Matadores del Norte: „Traigo carro

---

[20] Rivera (2007).
[21] Los Razos (1997).
[22] Los Tucanes de Tijuana (1995).
[23] Véase en cuanto a las aporías de la economía frente a la vida concreta de los seres humanos las contribuciones en Borsò/Cometa (2013).

americano/también mi 45/con cachas de oro brillando."[24] Las reglas del narcotráfico se pueden entender, pues, como mímikry de las reglas del orden social. En consecuencia, la escenificación de la violencia puede ser comprendida, con Michel Foucault, bajo el signo de una denuncia transversal[25] que hace que lo silenciado por el discurso oficial emerja en las canciones. Estas líneas dan testimonio de la potencia de la representación cultural como escenario sobre el cual están encarnadas problematizaciones – como expone Vittoria Borsò[26] – y así podemos comprobar aquí una función primordial de la representación, que es hacer visible 'otro' saber.

A la vez se manifiestan constantemente ataques contra el gobierno que está hecho responsable de una falta de perspectivas endémica y la pobreza extendida lo cual justifica en los narcocorridos un estilo de vida más allá de la ley. Así cantan Los Tucanes de Tijuana en *El ojo de agua*: „Hoy tengo lo que yo quiero/aunque me sigue el gobierno/pero eso no me preocupa/ser pobre sí me da miedo."[27] En este cuadro la violencia aparece como una acción legítima que posibilita un ascenso de friegaplatos a millonario, o sea aquí más bien traducido: de pobre campesino a jefe de un cartel de drogas. El gobierno se ve de esta manera desafiado por una, así lo ha precisado John Fiske, cultura popular como agente de desestabilización, una fuerza que descompone continuamente.[28] De hecho, el gobierno, enemigo principal, es nombrado con frecuencia, como por ejemplo en *La familia michoacana*, también de parte de Los Tucanes de Tijuana: „A cualquiera le hacen frente, son expertos con las armas. [...] Somos gente que trabaja y nos rifamos la vida,/si el gobierno nos ataca respondemos la ofensiva/ desafiamos la calaca por el bien de la familia."[29] El trabajo y la familia como valores tradicionales y hasta sacralizados se encuentran aquí disociados del gobierno que consiguientemente pierde su legitimidad. Se trata, por tanto, de una disociación del cuerpo social para cuya productividad el sujeto suele dominar su vida individual y familiar. Por lo tanto, el texto ataca el fundamento de la *gouvernementalité* moderna y cuestiona hasta qué grado la contraviolencia del gobierno dirigida contra el narcotráfico significa una técnica de autoinmunización contra

---

[24] Los Matadores del Norte (1996).
[25] Véase Foucault (1994 [1982]: 226).
[26] Véase Borsò (2010: 239).
[27] Los Tucanes de Tijuana (2010).
[28] Véase Fiske (2000: 20, 25).
[29] Los Tucanes de Tijuana (2012).

*Sonidos de violencia: narcocorridos mexicanos y Aggro Berlin*

tales ataques. Es decir, recuerda la dialéctica inmunitaria de la comunidad moderna analizada por Roberto Esposito.[30] En la violencia del gobierno contra el narcotráfico descubrimos también su afán de abolir toda forma de violencia que no forme parte de sus propios procedimientos; con el objetivo de asegurar la seguridad, incorpora y utiliza justamente la violencia que condena. El narcotráfico pone así en evidencia la espiral de violencia intrínseca a las sociedades modernas: son las estrategias de inmunización las que pueden ser comprobadas globalmente, que llevan a un mayor grado de violencia, y en este narcocorrido es justamente la existencia o al menos la supuesta existencia de actos violentos por parte del gobierno lo que justifica la forma de actuar. En última instancia, nos encontramos por ello frente a un rearme permanente.[31]

## Las autoridades y estrategias de mercadotecnia

La manera de proceder de las autoridades mexicanas en lo concerniente a las canciones populares sigue siendo desde hace varios años la misma: desde la censura de ciertos títulos hasta el veto a su difusión en algunos estados federados como Sinaloa o iniciativas legislativas recurrentes de sancionar a quienes difunden narcocorridos en medios electrónicos o por internet.[32] Pero se trata de una estrategia condenada al fracaso: ya en 1989 uno de los más famosos grupos, Los Tigres del Norte, respondió a ello titulando uno de sus álbumes *Corridos prohibidos*.[33] En total, vendieron más de 32 millones de discos y ganaron premios internacionales como el *Grammy*; también ya muchos de sus colegas están coronados por el éxito con un público cada vez más amplio. Aquí vemos, con Foucault,

---

[30] Véase Esposito (2011 [1993]: 251–266).
[31] Véanse para este párrafo Temelli (2012) y el dosier de iMex „El arte de gobernar" editado por Borsò (2013).
[32] Las proposiciones se basan en el artículo 63 de la Ley Federal de Radio y Televisión: „Quedan prohibidas todas las transmisiones que causen la corrupción del lenguaje y las contrarias a las buenas costumbres, ya sea mediante expresiones maliciosas, palabras o imágenes procaces, frases y escenas de doble sentido, apología de la violencia o del crimen; se prohíbe, también, todo aquello que sea denigrante u ofensivo para el culto cívico de los héroes y para las creencias religiosas, o discriminatorio de las razas; queda asimismo prohibido el empleo de recursos de baja comicidad y sonidos ofensivos." (http://www.diputados.gob.mx/LeyesBiblio/pdf/114.pdf [12.04.2013]).
[33] Este título dio incluso el nombre a la forma colombiana donde los narcocorridos están conocidos como corridos prohibidos. Véanse para el caso colombiano entre otros Valbuena (2007, 2006).

cómo la resistencia frontal ejercida por el gobierno posibilita a los destinatarios salir con éxito de su estrategia. Y, como destaca Michel Foucault, la dependencia del poder de la libertad de los que están subordinados lleva al poder a sus límites, se trata de una provocación permanente que lo convierte en impotencia.[34] Es de suma importancia subrayar en este contexto el potencial de la comunicación de la música que resiste a la orden de guardar silencio.

Si tomamos en cuenta esta faceta económica, hay que ver la puesta en escena de la violencia también bajo el signo de estrategias de mercadotecnia, o sea, *crime sells*. Esto ya se hace visible en las portadas de los discos. A parte de los que se publican con motivos tradicionales y bajo el lema ranchero se encuentran muchos donde los cantantes gruperos posan con armas y canana o donde las letras tienen forma de ametralladora, están adornadas con granadas de mano o bañadas en sangre.[35]

No perdamos de vista estas técnicas aplicadas de escenificar la violencia al pasar a nuestro segundo tema en cuestión: a los textos de canciones de raperos alemanes que estaban bajo el contrato de la casa productora de discos *Aggro Berlin*.

## *Aggro Berlin*: la agresividad como piedra angular y el *modus operandi*

Lejos de estar tan fuertemente arraigado en la cultura popular como los narcocorridos mexicanos, el rap *made in Germany*, un género transcultural por excelencia, sí ha conquistado un espacio considerable,[36] y en este proceso el papel de *Aggro Berlin* merece algunas reflexiones detalladas por ser la casa productora

---

[34] Véase Foucault (1994 [1982]: 238).
[35] Véanse por ejemplo las portadas de *Entre dios y el diablo* de Gerardo Ortiz (2011a), http://ecx.images-amazon.com/images/I/61fS%2B4r374L.jpg [12.04.2013]; *Disco bélico* de El Komander (2012), http://1.bpblogspot.com/-tAxey964pqQ/Uax7me727yI/AAAAAAAAFpY/21wV_52-z-Q/s1600/el+komander+belico.jpg [12.04.2013] o la compilación de *Los corridos más escuchados de octubre 2012*, http://www.corridosalterados.net/?s=octubre+2012 [12.04.2013]. Cabe mencionar que no todas las portadas forman parte del proceso de la distribución legal de la música, sino que muchas veces se venden por el mercado negro (virtual).
[36] El éxito del rap de habla alemana también ha despertado el interés académico. Véanse para un análisis detallado del desarrollo del rap en Alemania por ejemplo Güler Saied (2012) y las contribuciones en el tomo editado por Dietrich/Seeliger (2012) que focalizan el fenómeno del *gangsta rap* alemán.

que introdujo el *gangsta rap* en Alemania.³⁷ Fundado por el dueño de un negocio hip hop, un grafista y un bailarín de break en 2001, esta disquera independiente se hizo conocido durante los ocho años de su existencia por contratar artistas que dieron mucho que hablar por sus textos provocativos, que tienen como escenario la capital alemana y sobre todo los barrios con focos de conflictos sociales. Varios de sus títulos fueron presentados al departamento federal para medios no aptos para menores y puestos en el índice, como el álbum *Del bordillo al horizonte* (*Vom Bordstein bis zur Skyline*), del rapero Bushido, por ser considerados homofóbicos, por glorificar las drogas y enaltecer la violencia. Repasando el repertorio de los raperos, encontramos a menudo formas de violencia verbal – preferiblemente en los *battles* que sirven a autodefinirse por el medio de devaluar otros – como dice el estribillo de *Pussy* que atestiguan estos pareceres: „Para mí eres un hijo de la chingada. [...] ¿Quién es este marica? ¿Quién de ustedes pendejos aún abre el pico?"³⁸.

Además se manifiesta como denominador común de los textos una misoginia sumamente marcada. Algunas líneas de la canción *Drogas, sexo, gangbang* (*Drogen, Sex, Gangbang*) de King Orgasmus – no hace falta indagar detalladamente en el imaginario arquetípico que conlleva este nombre artístico el cual por su parte cuadra perfectamente en el deseo común de representarse por *boasting* – y de Bushido³⁹ deberían servir de ejemplo clarísimo:

¡Estoy agro contra mujeres!
¡Desnúdate y empieza a pasar la aspiradora!⁴⁰

---

³⁷ Aquí hay que destacar el hecho de que cabe focalizar siempre lo local para entender el fenómeno global de la música rapera. Como constata Krims, „rap music may be mediated globally, but [...] a certain detailed view of its function can only be seen locally, taking account of local uniqueness." (Krims 2001: 155). Véase para una diferenciación de las diversas formas del rap que se producen en Alemania el análisis de Baier (2012).

³⁸ „[F]ür mich bist du ein Krüppel. [...] Wer ist die Schwuchtel? Wer von euch Spasten reißt jetzt noch sein Maul auf?" (Bushido 2003).

³⁹ Bushido, o sea su manager, ha sido decididamente más sútil e ingenioso a la hora de elegir el nombre artístico que significa en japonés 'guerrero'. Parece que Anis Mohamed Youssef Ferchichi, hijo de un tunecino y una alemana, no está solamente en 'guerra' en la capital alemana, es decir al nivel local, sino más bien global. Últimamente están discutidas en los medios otra vez sus relaciones con el crimen organizado, más precisamente con el clan palestino Abu Chaker que parece disponer de una plenipotencia general en cuanto a todos sus bienes. Véase http://www.spiegel.de/panorama/leute/skandalrapper-bushido-soll-engen-kontakt-zu-kriminellem-clan-haben-a-894959.html [01.05.2013].

⁴⁰ En alemán el significado de *saugen* es ambiguo y puede ser entendido como 'chupar'.

¡Mi piso debe ser limpio!
¡Tengo hambre, chingada!
¡Toma tu cuchara de cocina y cuece por fin bogavante! [...]
¡Yo soy infiel porque se vive solamente una vez!
¡Me cago en las relaciones, todas las mujeres son putas! [...]
¡Cierra el pico, sino te doy una bofetada!
¡Haz lo que te digo y déjate de tonterías![41]

La reducción de mujeres a meros objetos que deberían existir para placer al hombre, es decir estar a su disposición en cuanto a todos sus necesidades y deseos (sobre todo de índole sexual) es un eje constitutivo y de vigencia global del *gangsta rap* que estructura en consecuencia también esta canción que pretende reflejar la relación de pareja del narrador en la capital alemana. Los imperativos y la desindividualización correspondiente significan aquí una forma de violencia simbólica que impide a la destinataria cualquier libertad de acción. Con ello podemos detectar con los términos de Waldenfels la contradicción performativa de la violencia ya que el acto de dirigirse se anula por lo que aspira[42]: la mujer pierde su estatus como sujeto y se ve convertida en objeto, sufre una negación de su derecho de ser: „El derecho de ser del otro, su derecho *de ser*, se convierte en algo que *es* y sobre que disponen criminales."[43] La objetivación, la amenaza de violencia y los insultos misóginos – que se fundan en la parte peyorativa de la consabida dicotomía esencialista atribuida a la mujer como santa o prostituta – tienen por lo tanto un efecto que va más allá de la devaluación que suele marcar los *battles* entre los artistas: la negación de la mujer como sujeto es un denominador que les une y que crea en las palabras de Meuser una comunidad masculina homosocial.[44] De eso dan testimonio también las líneas siguientes de la canción *Playboy* de Fler en la cual encontramos justamente esta privación constitutiva: „Se ha lamentado permanentemente, se ha aferrada permanente-

---

[41] „Ich hab Aggro gegen Frauen!/Zieh dich nackig aus und fang an zu saugen!/Meine Wohnung soll sauber sein!/Nutte, ich hab Hunger!/Nimm Dein Kochlöffel und koch mir endlich Hummer! [...]/Ich gehe fremd, weil man lebt nur einmal!/Scheiß auf Beziehung jede Frau ist eine Hure! [...]/Halt dein Maul, sonst gibts gleich ne Schelle! Mach was ich dir sage und zick hier nicht rum!" (Bushido/King Orgasmus 2002).
[42] Véase Waldenfels (2012: 317).
[43] „Der Seinsanspruch des Anderen, sein Anspruch darauf *zu sein*, verwandelt sich in etwas, das *ist* und worüber Gewalttäter verfügen." (Ibíd.: 318).
[44] Véase Meuser (2005: 314). Es cierto que también hay algunas artistas femeninas, pero concerniente al marco discursivo del rap no han llegado a tener una importancia mayor.

*Sonidos de violencia: narcocorridos mexicanos y Aggro Berlin*

mente, yo le he tan solo follada permanentemente, me dio igual se si sentía bien o no (a mí me la suda)."⁴⁵ Es decir los protagonistas suelen ensayar determinados conceptos de masculinidad para asegurarse de una supuesta posición superior que se caracteriza por el hecho de que sacan provecho del por Connell así llamado dividendo patriarcal.⁴⁶

Lo *Aggro*, en el sentido de agreste, es evidentemente aquí todo un programa. El término representa un elemento recurrente y su mención explícita en los textos no une solamente los artistas bajo la oferta de identidad de *Aggro Berlin*; así cuenta Specter, uno de los fundadores de la empresa: „La agresividad es una piedra angular de nuestra cultura. [...] La juventud da aviso de su regreso con muchísimo odio y muchísimos problemas."⁴⁷ A esta constatación se puede agregar la función de la cultura popular, que – según Fiske – es una cultura del conflicto que siempre implica la lucha por crear significados sociales que están en contra de líneas de fuerza hegemónicas.⁴⁸ Las críticas frecuentes dirigidas a los textos de los raperos de ser vulgares y de mal gusto están en este sentido más que incluidas en el concepto de *Aggro Berlin*, ya que el concepto de gusto representa el control social que entra en juego en las canciones.

Las formas en las que se materializa lo *Aggro* en el espacio medial son en este sentido sumamente reveladoras. Un ejemplo paradigmático representa la canción *Por fin, fin de semana* (*Endlich Wochenende*), publicada en 2006, del rapero Sido⁴⁹, que sigue siendo, aparte de Bushido, uno de los artistas más exitosos del *gangsta rap*.

¡Por fin, fin de semana! ¡Vamos a volar!
¡Por fin ha terminado la pinche semana! [...]
¡Un gramo, una raya, me estoy esforzando! [...]

---

⁴⁵ „Sie hat andauernd gejammert, andauernd geklammert, ich hab sie nur andauernd geballert, mir war egal, ob es ihr gut geht oder auch nicht (scheißegal Mann)." (Fler 2005b).
⁴⁶ Véase Connell (1995: 79).
⁴⁷ „Aggressivität ist ein Grundpfeiler unserer Kultur. [...] Die Jugend meldet sich zurück mit extrem viel Hass und Problemen." (http://Aggro-babu.homepage24.de/Label-Infos [12.04.2013]).
⁴⁸ Véase Fiske (2000: 15).
⁴⁹ Sido (un acrónimo para 'víctima de la drogadicción súper inteligente' o facultativamente 'mierda en tu oreja') cuyo nombre real es Paul Hartmut Würdig ganó varios premios y realizó igual que Bushido una carrera de artista *underground* berlinés hacía el *mainstream*. Véase en cuanto a los consecuencias de la comercialización los comentarios más adelante.

*Yasmin Temelli*

¡Quisiera desahogar mi agresión ahorita,
decirle al primero frente a frente,
que no me gusta su feo peinado al estilo tecno!
Sigue el primer golpe, su novia grita: ¡Mark, déjalo!
¡Ya estoy al nivel y lo voy atacando!
Mi puño buscando su nariz.
¡Veo sangre, a él medio muerto y me excito aún más!
¡Hasta que los de seguridad me saquen,
cuatro o cinco polacos de tres metros de altura!
Me sacan a golpes frente a la puerta.
¡Me compro algo para chupar!
¡Así, amigo mío, debería ser un fin de semana!⁵⁰

Lo que salta a la vista es el hecho de que el fin de semana, como espacio de tiempo que se escapa ya por definición a la cotidianidad ordenada, se presenta aquí como un espacio propicio para escenificar formas de violencia desenfrenada. La agresión y frustración acumuladas durante 'la pinche semana' desembocan en una erupción de violencia autotélica. Seguimos con este término la tipología fenomenológica de Jan Philip Reemtsma, quien distingue entre tres formas de violencia física y, como ya revela el concepto, ésta tiene un objetivo intrínseco, lo cual es la destrucción del cuerpo del otro.⁵¹ Se manifiesta una dinámica con rasgos evidentemente ritualizados y cíclicos – „así debe ser un fin de semana", es decir: drogarse, provocar al primero que aparezca, no parar por decisión propia y volver a empezar. El clímax lo representa la exclamación: „¡Veo sangre, a él medio muerto y me excito aún más!". Lo llamativo de esta puesta en escena de

---

⁵⁰ „Endlich Wochenende! Los, wir werden high!/Endlich ist wieder ne Scheißwoche vorbei! [...]/Ein Gramm, eine Nase, ich geb mir echt Mühe! [...]/Ich würd' jetzt gerne meine Aggressionen rauslassen!/Also dem ersten besten ins Gesicht gesagt,/dass ich seine hässliche Technofrisur gar nich mag!/Dann fällt der erste Schlag, seine Freundin ruft: „Mark! Hör doch auf!"/Doch ich bin erst richtig drauf und geh rauf!/Ich such mit meiner Faust seine Nase./Ich seh Blut, ihn halbtot und komm' noch mehr in Extase!/Solange, bis die Türsteher mich rausholen,/so vier oder fünf 3 Meter große Polen! Sie prügeln mich vor die Tür./Ich besorg mir was zum saufen! Ja, mein Freund! So muss ein Wochenende laufen!" (Sido 2004).

⁵¹ Reemtsma diferencia la violencia autotélica de la violencia locativa y raptiva. La segunda trata al cuerpo del otro como una masa que estorba o que debe estar llevada a un lugar determinado mientras que la violencia raptiva muestre un interés para su cuerpo mismo; la intrusión aspira a poseer el cuerpo, en la mayoría de los casos para violarlo, véase Reemtsma (2008: 104–124).

la violencia es que no se lleva a cabo dentro de un marco legitimado, y eso suele perturbar por la ausencia de herramientas hegemónicas que permitan abordar ese escenario. Pero no significa una amenaza seria frente al orden: los actos tienen lugar en el marco de una estructura espacial y temporal externa a las relaciones de poder y emergen de forma pasajera. Es decir, aquí podemos identificar un momento sumamente carnavalesco: cuando termine el fin de semana, se acaba la erupción de violencia. Mientras ésta última desempeña en los narcocorridos una función erosiva, aquí confirma y tranquiliza, en último término, el orden semanal. A esto corresponde el hecho de que las técnicas aplicadas no signifiquen una ruptura formal. La estructura con rima consonante y pareada es más que convencional, es decir que también en *Por fin, fin de semana* lo violento opera desde el interior de lo establecido, pero aquí sin erosionarlo.

## *Puesta en escena de lo* Aggro *bajo los principios de la mercadotecnia*

A la violencia autotélica se suma no pocas veces un elemento lúdico, como podemos observar por ejemplo en algunas líneas de *Canción de navidad* (*Weihnachtssong*) publicado en 2003 por Sido:

> El que quiera ser cool que salga al bosque,
> busque a un güey vestido de rojo y lo mate. [...]
> Ahora subo a tu techo y entro a tu casa por la chimenea.
> Nadie está allí,
> estás de vacaciones esquiando.
> Lleno la tina de agua y veo MTV.[52]

La llamada a matar por 'ser cool' sí crea una atmósfera violenta, pero a la vez se reduce al absurdo por la consabida inexistencia de la víctima, y así desmonta más bien a la violencia. La violencia sirve al luchador en la jungla enemiga de la megalópolis postindustrial – como Gabriele Klein denomina una imagen central de la cultura hip hop – para hacerse notar.[53] El desafío del orden desciende por lo tanto desde la escenificación de una violencia autotélica hasta una violencia virtual contra el *establishment*, o sea formas más bien inofensivas: ver MTV

---

[52] „Wer cool sein will geht raus in den Wald,/sucht nach so einem Kerl in Rot [scil. dem Weihnachtsmann] und macht ihn kalt. [...]/Jetzt steig ich auf dein Dach und durch den Schornstein in dein Haus./Keiner ist mehr da,/du bist im Urlaub und fährst Ski./Ich lass mir Badewasser ein und guck laut MTV." (Sido 2003).

[53] Véase Klein (2003: 22 s.).

a alto volumen en una casa ajena. Se trata de un ataque contra el egoísmo de la burguesía financiera por parte de un marginado que sueña con superar las separaciones para tomar parte en las amenidades. En esta economía de la *gouvernementalité* se inscribe también la canción de Fler mencionada al principio: el deseo de participar en la acumulación de capital, materializada en bienes como un nuevo Mercedes, subraya la primacía de querer participar de la prosperidad neoliberal y de disponer gracias a actos violentos del maná moderno.[54]

En todo ello no hay que perder de vista el significado de la comercialización: también aquí podemos observar estrategias de mercadotecnia en cuanto al provecho que sacó *Aggro Berlin* de esos vetos, que son parecidas al caso de los narcocorridos. Pero más que en el caso mexicano, es vistoso que los antiguos artistas de la casa productora, sobre todo Bushido y Sido, se integran hasta cierto grado en el ámbito del *mainstream*, la corriente dominante; Bushido recibió en 2011 el Bambi, el premio de los medios más importante en Alemania en la categoría 'integración'. Distinciones como ésa muestran que el orden se siente confirmado en cuanto a su economía y para nada amenazado por una violencia entrelazada con el sistema de consumo y que por ello forma parte de la sociedad del espectáculo, para decirlo en las palabras del filósofo francés Guy Debord.[55] Hay que subrayar que los artistas de *Aggro Berlin* alimentan la autoimagen de la capital alemana como centro de arte subversivo, sin operar de hecho de manera subversiva. La focalización en formas de violencia virtuales y – en cuanto al orden – más bien inofensivas bien puede agradar a buena parte de la política alemana, porque deja de lado la existencia de la violencia en una democracia sumamente desarrollada contra inmigrantes y solicitantes de asilo por parte de ultraderechistas que de momento se está formando y que adquiere, especialmente sobre el fondo de la historia alemana, un peso enorme.

## Conclusiones

Durante este breve recorrido por el vasto campo que significan estos dos fenómenos de la cultura popular mexicana y alemana hemos identificado diversas formas y funciones que la violencia asume, y estas formas vierten luz sobre problemas silenciados por los diferentes gobiernos. En ambos ámbitos la escenificación de la violencia puede ser comprendida como una posibilidad de desafiar

---

[54] Véase Han (2011: 28).
[55] Véase Debord (1967).

*Sonidos de violencia: narcocorridos mexicanos y Aggro Berlin*

el orden hegemonónico: tanto en el caso de estrategias de textos transversales y técnicas que dan testimonio del potencial subversivo que reside en la comunicación artística o cultural mexicana como en el hecho de que esta última forma parte de la economía del sistema en Alemania.

Son distinguibles diferentes modos de legitimización y normalización de la violencia que sí señalan fondos específicos y un trato parcialmente distinto, a la vez que se inscriben en un mundo globalizado por sus fuertes nexos universales, que justamente en la tensión entre lo local y lo global permite el diagnóstico sobre lo que silencia la prosperidad – como en el caso de Alemania – o lo que denuncia la violencia – en el caso de México.

Frente al predominio de los sonidos de violencia que escenifican y alaban el 'gallo fino' así como lo *Aggro* queremos concluir con unas líneas de *Cara a la muerte* de Gerardo Ortiz que desde la perspectiva del afectado como sujeto vulnerable describen las consecuencias letales de la violencia y a la vez atestiguan la perdurabilidad de la expresión artística capaz de dejar huellas de la vida:

> Sin piedad perforaban mi cuerpo
> Con mis manos tapaba mis sesos
> y la sangre corría entre mi cuerpo.
> Ya lo rojo en lo blanco vestía, era la
> despedida.[56]

## Discografía

BUSHIDO (2003). *Pussy*, en: *Vom Bordstein bis zur Skyline*. Aggro Berlin.
BUSHIDO/KING ORGASMUS (2002). *Drogen, Sex, Gangbang*, en: Bushido (alias Sonny Black)/Fler (alias Frank White). *Carlo Cokxxx Nutten*. Aggro Berlin.
EL KOMANDER (2012). *Disco bélico*. http://1.bp.blogspot.com/-tAxcy964pqQ/Uax7me727yI/AAAAAAAAFpY/21wV_52-z-Q/s1600/el+komander+belico.jpg [12.04. 2013].
FLER (2005a). *Jackpot*, en: *Neue Deutsche Welle*. Aggro Berlin.
FLER (2005b). *Playboy*, en: *Neue Deutsche Welle*. Aggro Berlin.
LOS INCOMPARABLES DE TIJUANA (2001). *Entre polvo y metralletas*, en: *Cadena Musical*. Sony Music.
LOS MATADORES DEL NORTE (1996). *De Sinaloa a Durango*, en: *Líneas y Pacas*. Sony Music.

---

[56] Ortiz (2011b).

Los Razos (1997). *Negocios prohibidos*, en: *Puros corridos perrones*, vol. 2. Cintas Acuario Internacional.
Los Tigres del Norte (1974). *Contrabando y Traición*, en: *Contrabando y Traición*. Discos Fama.
Los Tucanes de Tijuana (2012). *La familia michoacana*, en: *El Árbol*. Universal Music.
Los Tucanes de Tijuana (2010). *El ojo de agua*, en: *Tucanes De Plata. Tucanazos Censurados*. Fonovisa.
Los Tucanes de Tijuana (1995). *El Jefe X*, en: *14 tucanazos bien pesados*. Alacrán Production Records.
Ortiz, Gerardo (2011a). *Entre dios y el diablo*. http://ecx.images-amazon.com/images/I/61fS%2B4r374L.jpg [12.04.2013].
Ortiz, Gerardo (2011b). *Cara a la muerte*, en: *Morir y existir en vivo*. Sony Music.
Ortiz, Gerardo (2010a). *Líder del genocidio*, en: *Ni Hoy Ni Mañana*. Sony Music.
Ortiz, Gerardo (2010b). *100 Vidas Ántrax*, en: *Ni Hoy Ni Mañana*. Sony Music.
Rivera, Jenni (2007). *Jefa de jefas*, en: *Mi vida loca*. Cintas Acuario.
Sido (2004). *Endlich Wochenende*, en: *Maske*. Aggro Berlin.
Sido (2003). *Weihnachtssong*, en: *Aggro Ansage Nr. 3*. Aggro Berlin.
*Los corridos más escuchados de octubre 2012*. http://www.corridosalterados.net/?s=octubre+2012 [12.04.2013].

# Bibliografía

Astorga Almanza, Luis Alejandro (1995). *Mitología del 'narcotraficante' en México*. México D. F.: Plaza y Valdés.
Baudrillard, Jean (2002). „Jean Baudrillard im Gespräch mit Peter Engelmann", en: Jean Baudrillard. *Der Geist des Terrorismus*. Wien: Passagen Verlag, 79–95.
Baecker, Dirk (2005). *Form und Formen der Kommunikation*. Frankfurt am Main: Suhrkamp.
Baier, Angelika (2012). *„Ich muss meinen Namen in den Himmel schreiben". Narration und Selbstkonstitution im deutschsprachigen Rap*. Tübingen: Francke.
Borsò, Vittoria (2013). „El arte de gobernar", *iMex. México Interdisciplinario/Interdisciplinary Mexico*, 2, 4. http://www.imex-revista.com/imex-revista-ediciones.html [15.08.2013].

BORSÒ, Vittoria (2010). "'Bio-Poetik'. Das 'Wissen für das Leben' in der Literatur und den Künsten", en: Wolfgang ASHOLT/Ottmar ETTE (Eds.). *Literaturwissenschaft als Lebenswissenschaft. Programm – Projekte – Perspektiven*. Tübingen: Narr Verlag, 223–246.

BORSÒ, Vittoria/COMETA, Michele (Eds.) (2013). *Die Kunst, das Leben zu »bewirtschaften«. Biós zwischen Politik, Ökonomie und Ästhetik*. Bielefeld: transcript.

COBO, Leila (2011). "Gerardo Ortiz Sweeps Billboard Mexican Music Awards". http://www.billboard.com/articles/news/465586/gerardo-ortiz-sweeps-billboard-mexican-music-awards [31.05.2013].

CONNELL, Raewyn (1995). *Masculinities*. Cambridge: Polity.

DEBORD, Guy (1967). *La société du Spectacle*. Paris: Buchet-Chastel.

DIETRICH, Marc/SEELIGER, Martin (eds.) (2012). *Deutscher Gangsta-Rap. Sozial- und kulturwissenschaftliche Beiträge zu einem Pop-Phänomen*. Bielefeld: transcript.

EGUIARTE BÉNDIMEZ, Enrique (2000). "El corrido mexicano: elementos literarios y culturales", *Revista de filología hispánica*, 16.1, 77–92.

ESPOSITO, Roberto (2011 [1993]). *Dieci pensieri sulla politica*. Bologna: Il Mulino.

FOUCAULT, Michel (1994 [1982]). "Le sujet et le pouvoir", en: Michel FOUCAULT. *Dits et écrits. 1954–1988*. Editado por Daniel DEFERT/François EWALD, tomo 4. Paris: Gallimard, 222–243.

FISKE, John (2000). *Lesarten des Populären*. Wien: Turia + Kant.

GÜLER SAIED, Ayla (2012). *Rap in Deutschland: Musik als Interaktionsmedium zwischen Partykultur und urbanen Anerkennungskämpfen*. Bielefeld: transcript.

HAN, Byung-Chul (2011). *Topologie der Gewalt*. Berlin: Matthes & Seitz.

KLEIN, Gabriele (2003). *Is this real? Die Kultur des HipHop*. Frankfurt am Main: Suhrkamp.

KRIMS, Adam (2001). *Rap Music and the Poetics of Identity*. Cambridge: Cambridge University Press.

MANZO ROBLEDO, Francisco (2007). *Del romance español al narcocorrido mexicano*. México D. F.: Libros para todos.

MEUSER, Michael (2005). "Strukturübungen. Peergroups, Risikohandeln und die Aneignung des männlichen Geschlechtshabitus", en: Vera KING/Karin FLAAKE (eds.). *Männliche Adoleszenz. Sozialisation und Bildungsprozesse zwischen Kindheit und Erwachsensein*. Frankfurt am Main/New York: Campus Verlag, 309–323.

REEMTSMA, Jan Philipp (2008). *Vertrauen und Gewalt. Versuch über eine besondere Konstellation der Moderne*. Hamburg: Hamburger Edition.

SOFSKY, Wolfgang (1996). *Traktat über die Gewalt*. Frankfurt am Main: Fischer.

TEMELLI, Yasmin (2012). „Editorial: Violencia(s) en México", *iMex. México Interdisciplinario/Interdisciplinary Mexico*, 1, 1. http://www.imex-revista.com/imex-revista-ediciones/primera/editorial.html [12.04.2013].

TROTHA, Trutz von (1997). „Zur Soziologie der Gewalt", en: Trutz von TROTHA (ed.). *Soziologie der Gewalt*. Opladen/Wiesbaden: Westdeutscher Verlag, 9–58.

VALBUENA, Carlos (2007). „Sobre héroes, monstrous y tumbas: Los capos en el narcocorrido colombiano", *Caravelle. Cahiers du Monde Hispanique et Luso-Brésilien*, 88, 221–243.

VALBUENA, Carlos (2006). „Del romance español al narcocorrido colombiano: Una literatura re-emergente", *Revista Iberoamericana*, 72, 217, 989–1003.

VALENZUELA ARCE, José Manuel (2001). *Jefe de jefes. Corridos y narcocultura en México*. La Habana: Casa de las Américas.

WALDENFELS, Bernhard (2012). *Hyperphänomene. Modi hyperbolischer Erfahrung*. Frankfurt am Main: Suhrkamp.

s. a. (2013). „Interview mit Spaiche [sic]. Die Gründung von AGGRO: Aggro Berlin". http://www.Aggro-babu.homepage24.de/Label-Infos [12.04.2013].

s. a. (2013). „Kontakt zu kriminellem Milieu: Bushido soll Clanchef Generalvollmacht gegeben haben." http://www.spiegel.de/panorama/leute/skandalrapper-bushido-soll-engen-kontakt-zu-kriminellem-clan-haben-a-894959.html [01.05.2013].

Ursula Hennigfeld
(Universität Osnabrück)

# Zur Signatur des Ekels in Roberto Bolaños *2666*

Der Artikel untersucht die bislang in der Bolaño-Forschung wenig beachtete Kategorie des Ekels. Dazu wird in einem ersten Schritt zunächst der Begriff des 'Ekels' theoretisch fundiert; in einem zweiten Schritt werden ekelerregende Tiere (Schlangen, Frösche), abjekte Körperflüssigkeiten (Blut, Exkremente, Urin, Erbrochenes), Leichen als das Abjekte schlechthin, sowie das semantische Feld des Ekels im Roman anhand exemplarischer Textanalysen untersucht. Dabei tritt zutage, dass der Ekel das Subjekt körperlich überfällt, dem Zugriff der Vernunft entzogen ist, zwischen Abscheu und Faszination oszilliert. Als Reizverstärker rückt er dasjenige wieder ins Feld der Sichtbarkeit, was sich an den Grenzen unserer Kultur bewegt, verdrängt oder verworfen ist.

El artículo investiga la hasta ahora poco atendida categoría de lo asqueroso en la investigación de la obra de Bolaño. Para ello y en primer lugar, se funda el concepto del 'asco' de forma teórica; mediante el análisis de textos ejemplares se investigan en un segundo paso animales considerados asquerosos (serpientes, ranas), fluidos corporales (sangre, excrementos, orina, vómito), cadáveres como lo abyecto por antonomasia, así como el campo semántico de lo asqueroso en la novela. De esta manera se hace evidente que el asco ataca corporalmente al sujeto y que resulta inaccesible para la razón, oscilando entre la repugnancia y la fascinación. Como refuerzo de estímulos, el asco vuelve a hacer visible lo que se encuentra en los márgenes de nuestra cultura, lo reprimido o rechazado.

> Der Schein des Lebens im an sich Toten ist
> das unendlich Widrige im Ekelhaften.
> Karl Rosenkranz. *Ästhetik des Häßlichen*.

Roberto Bolaños *2666* ist als „erster Klassiker des 21. Jahrhunderts", „roman total", „novela apocalíptica y abismal" und „bomba de tiempo" (Jorge Volpi) bezeichnet worden.[1] Die Presse verwendete ausschließlich Superlative, titulierte *2666* als Bolaños anspruchsvollstes und kühnstes, beeindruckendstes, verstörendstes und einflussreichstes Werk.[2] Es eignet sich auf besondere Weise, um im Medium der Literatur das Thema des vorliegenden Bandes, *Demokratie und Gewalt zwischen dem Globalen und Lokalen*, näher zu beleuchten.

---

[1] „[I]l s'agit d'un roman si important qu'il peut s'affirmer, sans aucun doute et sans exagérer les choses, comme le premier grand classique du XXIᵉ siècle" (Werli 2010: 57). „2666 est un roman total" (Lago 2010: 84 ). „Lo que queda luego es el abismo, y esta es una de las claves de la lectura de *2666*. Es una novela apocalíptica y abismal" (Ródenas/Antonio 2008: 314). „2666: bomba de tiempo" (Volpi 2008: 204).

[2] Vgl. Volpi (2008: 204 f.).

Ursula Hennigfeld

Der Roman *2666* enthält Themen und Motive, die wir aus einigen früheren Texten Bolaños schon kennen: sexualisierte Gewalt, Angst, Schrecken und Terror, die Frage nach dem Bösen in Zeiten der Globalisierung, die Medien, Makabres, Grenzverletzungen vielfältigster Art. All diese Themen sind verschiedentlich von der Forschung in den Blick genommen worden.[3] Eine Kategorie, die diese Themen miteinander verbindet, hat allerdings bislang keine Beachtung gefunden: die Kategorie des Ekels oder des Ekelhaften. Daher möchte ich im Folgenden nachweisen, dass der Begriff des Ekels aufschlussreiche Deutungshinweise zum Verständnis von *2666* liefert. Im ersten Teil des Artikels werde ich daher – im Anschluss an die Arbeiten von Winfried Menninghaus – 'Ekel' als theoretischen Begriff schärfen. Im zweiten Teil sollen exemplarische Textanalysen verdeutlichen, inwiefern das Ekelhafte eine Leitkategorie im Roman darstellt, die alle fünf Teile – und alle o. g. Themen – miteinander verbindet.

## Ekel – Theoretische Begriffsschärfung

In seiner Monographie *Ekel. Theorie und Geschichte einer starken Empfindung* definiert Menninghaus den Ekel als einen „Alarm- und Ausnahmezustand, eine akute Krise der Selbstbehauptung gegen eine unassimilierbare Andersheit, ein Krampf und Kampf, in dem es buchstäblich um Sein oder Nicht-Sein geht"[4]. Besonders ekelhaft seien Leichen, da sie als „*die* Chiffre der Bedrohung"[5] schlechthin wahrgenommen würden. Ekel sei die Erfahrung einer ungewollten Nähe, von Heterogenität, die mit Gewalt auf Distanz gebracht werden soll. Er bewegt sich als Nein-Sagen auf der Grenze zwischen bewussten Handlungsmustern und unbewussten Handlungsantrieben:

> Einerseits ist er uns höchst prägnant gewärtig und entgeht insofern keineswegs der bewußten Wahrnehmung. Andererseits überkommt, überfällt er uns unangemeldet und unkontrollierbar, nimmt plötzlich von uns Besitz; insofern steht er nicht in der Botmäßigkeit des Bewußtseins, sondern macht sich darin wie eine von anderswo kommende Stimme geltend. Im Volumen dieser anderen Stim-

---

[3] Vgl. z. B. Elmore (2008: 259–292); Fourez (2010: 231–243); Galdo (2005: 23–34); Graziadei (2011: 251–271); Graziadei (2010: 175–195); Hernández Guzmán (2012); Muñiz (2010: 35–49); Nitschak (2008: 533–543); Olivier (2007: 31–42); Pope (2011: 157–166); Willem (2007/2008).
[4] Menninghaus (2002: 7).
[5] Ebd. Julia Kristeva bezeichnet die Leiche als 'abjekt', weil sie unabänderlich aus der symbolischen Ordnung gefallen ist, vgl. Kristeva (1980).

## Zur Signatur des Ekels in Roberto Bolaños 2666

me, dieses skandalisierenden Einbruchs einer Heterogenität prozessiert der Ekel denkbar große Gewalten: er ist der affektive Operator elementarer zivilisatorischer Tabus und sozialer Fremd-eigen-Differenzen; zugleich ist er ein Medium für den Umgang mit starken libidinösen Antrieben.[6]

Ekel ist eine Reaktion, die den Menschen am deutlichsten vom Tier unterscheidet, nach Menninghaus ein „distinktives menschliches Reaktionsmuster"[7]. Darüber hinaus ist Ekel eine zwischen Abscheu und Faszination schwankende Empfindung. Menninghaus definiert 'Ekel' anhand von drei Merkmalen: Er sei „die heftige Abwehr (1) einer physischen Präsenz bzw. eines uns nahe angehenden Phänomens (2), von dem in unterschiedlichen Graden zugleich eine unterbewusste Attraktion bis offene Faszination ausgehen kann (3)"[8]. Im banalen und langweiligen Alltag kann das Ekelhafte also durchaus eine willkommene Abwechslung darstellen.[9] Wie Baudelaire mit *Une charogne* gezeigt habe, sei der Ekel ein Reizverstärker und außerdem geeignet, als Indikator von 'Wirklichkeit' im Unterschied zu 'Einbildung' zu fungieren, wie Menninghaus unter Rückbezug auf Mendelssohn und Kant festhält. Ekel habe die „Qualität einer unbedingten Wirklichkeitserfahrung"[10] und unterbreche alle medialen Kodierungen.

Bataille geht sogar davon aus, dass die Gesellschaft auf Ekel gegründet sei; als 'pervers' werde das qualifiziert, was von gesellschaftlich-normativen Ekelerwartungen abweicht. Bei Sartre weise der Ekel auf eine Krise der Selbst- und Weltwahrnehmung hin.[11] Es ist ein Grenzphänomen, wie anhand von Kristevas dem Ekel verwandten Terminus der *abjection* deutlich wird:

> Frontière sans doute, l'abjection est surtout ambiguïté. Parce que, tout en démarquant, elle en détache pas radicalement le sujet de ce qui le menace, – au contraire, elle l'avoue en perpétuel danger. Mais aussi parce que l'abjection elle-

---

[6] Menninghaus (2002: 8).
[7] Ebd.: 9.
[8] Ebd.: 13 f.
[9] Auf diese Weise kann man vermutlich nur den Erfolg von TV-Serien wie *Dschungelcamp* erklären, bei dem der Zuschauer sich ekelt, während die Kandidaten als Prüfung Spinnen, Kakerlaken und Ähnliches verzehren oder sich mit Ameisen, Schleim und anderen Dingen überschütten lassen. Menninghaus bezieht sich allerdings auf Batailles Theorie der Tragödie und Sartres *La Nausée*, um seine These der Affekttransformation zu illustrieren (vgl. ebd.: 17).
[10] Menninghaus (2001: 174).
[11] Vgl. ebd.: 504.

même est un mixte de jugement et d'affect, de condamnation et d'effusion, de signes et de pulsions.[12]

Kristeva geht also – anders als Mendelssohn und Kant in Bezug auf Ekel – nicht davon aus, dass das Abjekte Eindeutigkeit schafft, sondern sieht es geradezu als Indikator für Ambiguität.

Wie Menninghaus zeigt, hat das Ekelhafte einen direkten Bezug zum Schönen und Erhabenen, insofern Ekelhaftes das Gegenteil des Schönen ist: Denn das Ideal des Schönen produziert Sichtbarkeit, indem etwas Anderes (das Ekelhafte nämlich) unsichtbar gemacht wird. Kultur sei „die permanente Erzeugung abjekter Gegen-, Neben- und Unterwelten"[13]. Vittoria Borsò hat darauf hingewiesen, dass die Selbstermächtigung des Subjekts auf ähnliche Weise funktioniert:

> Die Erstarkung des Ichs geschieht durch eine bestimmte Strategie, nämlich dadurch, dass es aus dem Feld des Sichtbaren das exkludiert, was für ein moralisch verstandenes Ich (oder aber auch für ein sich selbst durch Vernunft autorisierendes Ich) gefährlich sein kann.[14]

Als „Ekel-Materien" versteht Menninghaus „Exkremente, Blut, zerstückelte Körper oder schleimig-breiig-sumpfige Viskosität"[15]. Reptilien, Frösche, Schlangen, Spinnen und Insekten lösen unsere stärksten Ekelgefühle aus. Aber Ekel habe auch eine „kognitive Rolle", insofern er eine Teilerkenntnis seines Gegenstandes ermögliche und Medium einer (physiologischen, unmittelbaren) Erkenntnis selbst sei.[16] Allerdings gebe es auch einen versteckten, verborgenen, mehrschichtigen, undurchdringlichen und unheimlichen Teil, der sich nicht auflösen lässt. Zum „Moralisch-Ekelhaften" zählt Menninghaus Verlogenheit, Falschheit, Korruption und Heuchelei – ebenfalls Themen, die Bolaño intensiv in seinem Werk behandelt.

Welche Rolle kommt nun der Literatur in diesem Szenario zu? Mit Kristeva vertritt Menninghaus die These, dass die Literatur die Dichotomien von rein/unrein, Verbot/Sünde, Moral/Unmoral durchkreuze und das Verworfene zurückerobere. Doch wie hängt das Ekelhafte mit dem Bösen und der Erfah-

---

[12] Kristeva zit. nach Menninghaus (2001: 172).
[13] Ebd.: 160.
[14] Borsò (2011: 22).
[15] Menninghaus (2001: 142).
[16] Vgl. ebd.: 162, 169.

rung von Terror zusammen, die in der Forschung als zentrale Elemente des bolañoschen Schreibens identifiziert werden? Borsò hat in mehreren Arbeiten gezeigt, dass sich das Böse einer scharfen Bestimmung entzieht, in der Postmoderne nicht mehr lokalisierbar und – mit Lyotard gesprochen – unsichtbar ist.[17] Auf die Erfahrung von Terror reagieren Medien und Literatur verschieden: Die Massenmedien versuchten, mittels kathartischer Erfahrungen die Ordnung wiederherzustellen, während die Literatur die Opazität der Sprache gegen die Transparenz der Bilder und des Sinns einsetze, so Borsòs Analyse.[18] Darüber hinaus vertritt sie die These, dass Terror eine Erfahrung ist, die durch den Körper verläuft. Im Anschluss an diese Überlegungen möchte ich daher die These vertreten, dass Bolaño den Ekel nutzt, um die Erfahrung des Terrors (körperlich) erfahrbar zu machen und auf die Ambivalenz der Kategorien von Gut und Böse hinzuweisen. Bolaño holt wieder ins Blickfeld zurück, was Moral und Vernunft ausgegrenzt haben, nämlich „eine Topologie des Terrors mitten im Projekt der Demokratisierung"[19]. Dies soll im Folgenden am Roman *2666* belegt werden, und zwar in Bezug auf ekelerregende Tiere (Schlangen und Kröten), abjekte Körperflüssigkeiten (Blut, Exkremente, Urin, Erbrochenes), Leichen als das Abjekte schlechthin und das semantische Feld des Ekels.

## Ekelerregende Tiere: Schlangen und Kröten

Schlangen, die nach Menninghaus die stärksten Ekelgefühle auslösen, sind ein durchgängiges Motiv in *2666*. Schlangen sind nicht nur ekelerregende Tiere, sondern auch als christliche Symbole des Bösen und der Verführung konnotiert. Zum ersten Mal taucht eine Schlange in *La parte de los críticos* auf, als Norton, Espinoza und Pelletier in Kensington Gardens auf einer Bank sitzen. Sie beobachten ein Liebespaar und wie die Frau etwas hinterherschaut, was sich im Gras bewegt. Allerdings kann Norton nicht glauben, dass es sich um eine Schlange handelt, denn sie ist sich sicher: „¡Aquí no hay serpientes!"[20]. Da die drei Literaturwissenschaftler zuvor über die Möglichkeit einer *ménage à trois* debat-

---

[17] Vgl. Borsò (2011: 19ff.), Borsò bezieht sich auf Lyotard, der gezeigt habe, dass die Französische Revolution die Moral in einen permanenten Ausnahmezustand versetzt habe und für die Krise in Bezug auf den moralischen Status des Bösen verantwortlich sei, vgl. ebd.: 22ff. und Lyotard (1986). Zur Transparenz des Bösen vgl. Baudrillard (1990).
[18] Vgl. Borsò (2002: 95, 104).
[19] Borsò (2011: 23).
[20] Bolaño (2004: 85).

tiert haben, kann man das Auftauchen der Schlange als Zeichen der erotischen Spannung zwischen den dreien lesen. Versteht man die Schlange als Symbol des Bösen, so wird deutlich, dass das Böse allgegenwärtig ist, auch da, wo man es nicht vermuten würde. Liz Norton selbst wird an späterer Stelle mehrfach mit der schlangenhäuptigen Gorgo Medusa verglichen, die als einzige der drei Gorgonen sterblich ist und deren Blick Männer zu Stein erstarren lässt. Auch in diesem Mythos sind also Schönheit und Hässlichkeit, Faszination und Gefahr, Gottheit und Sterblichkeit untrennbar miteinander verbunden.[21]

In *La parte de Amalfitano* wird das Motiv der Schlange mit kranken, hinfälligen und ekelerregenden Körpern verbunden. Lola, Amalfitanos Frau, beobachtet in Lourdes, wie eine Schar Kranker aus dem Zug steigt:

> Una mañana vio un tren lleno de enfermos, paralíticos, adolescentes con parálisis cerebral, campesinos con cáncer de piel, burócratas castellanos con enfermedades terminales, ancianas de buenos modales vestidas como carmelitas descalzas, gente con erupciones en la piel, niños ciegos, y sin saber cómo se puso a ayudarlos, como si fuera una monja vestida con vaqueros puesta allí por la Iglesia para auxiliar y encauzar a los desesperados que poco a poco se subían a autobuses estacionados fuera de la estación de trenes o que hacían largas colas como si cada uno de ellos fuera una escama de una serpiente enorme y vieja y cruel, pero eminentemente sana. [...] Lola se movía entre ellos como una sonámbula, sus grandes ojos azules incapaces de pestañear [...].[22]

Bei den Kranken sind alle gesellschaftlichen Schichten und Generationen vertreten – Jugendliche (*adolescentes*), Bauern (*campesinos*), Bürokraten (*burócratas*), alte Frauen aus gutem Hause (*ancianas de buenos modales*) und Kinder (*niños*). Alle haben schlimme Krankheiten, sind gelähmt (*paralíticos*) oder blind (*ciegos*), haben Hirnschäden (*parálisis cerebral*), Hautkrebs (*cáncer de piel*) oder Dermatitis (*erupciones en la piel*), Krankheiten im Endstadium (*enfermedades terminales*). Während die meisten Figuren im Roman angesichts von Armen, Schwachen oder offensichtlichem Unrecht oder Gewalt lediglich dabeistehen und zusehen, greift Lola ein und hilft ihnen, in Busse zu steigen. Sie bewegt

---

[21] Nortons Geliebter Pritchard warnt Pelletier, er möge sich vor der Medusa hüten. Pelletier wird im Gespräch mit Espinoza diesen Ratschlag so deuten, dass er nur durch Nortons Tod zur wahren Liebe finden könne, vgl. Bolaño (2004: 97 f.). Norton selbst träumt von einem Baum, dessen Wurzeln wie Schlangen oder die Haare der Gorgo aussehen (vgl. ebd.: 173).
[22] Ebd.: 232 f.

## Zur Signatur des Ekels in Roberto Bolaños 2666

sich unter den Kranken wie eine Schlafwandlerin und kann angesichts des Leids nicht mehr blinzeln.[23]

Im Bahnhof von Lourdes werden Räume für Erste Hilfe, zur Reanimation oder als Leichenhalle bereitgestellt. Die Leichen werden in einen abseits gelegenen Raum verbannt und so vor den Augen der Lebenden verborgen.[24] Einige der Kranken haben also diese Reise nach Lourdes, die mit der Hoffnung auf Heilung verbunden war, mit dem Tod bezahlt. In der Beschreibung Lolas wirkt jeder einzelne Kranke wie eine Schuppe einer riesigen, alten, grausamen und dennoch sehr gesunden Schlange („una escama de una serpiente enorme y vieja y cruel, pero eminentemente sana"). Wie die Schlange ihre alten Schuppen abstößt, so stößt die Gesellschaft ihre Alten und Kranken von sich. Die Kehrseite der lebenserhaltenden Metamorphose ist ein Prozess der Ausgrenzung und Abstoßung.

Ein weiteres Mal wird die Metapher der Schlange im zweiten Teil verwendet, wenn es um die Trennung von Körper und Willen geht. Amalfitano denkt über Wahnsinn, die Philosophie (Wittgenstein) und die Literatur (Baudelaire) nach. Eine innere Stimme, die er hört und als Anzeichen für schlimmer werdenden Wahnsinn deutet, sagt zu ihm:

> Hablo desde un taller con las luces apagadas en donde el nervio de la voluntad se desprende del resto del cuerpo como la lengua serpiente se desprende del cuerpo y repta, automutilada, por entre la basura.[25]

Die Stimme spricht also von jenseits der Vernunft, repräsentiert durch die Metapher des Lichts (*luces apagadas*). Wittgenstein ist bedeutsam, weil von ihm das berühmte Diktum „Wovon man nicht sprechen kann, darüber muß man schweigen"[26] stammt. Möglicherweise geht es Bolaño aber gerade darum, etwas zu behandeln, was sich körperlich manifestiert und aufgrund der Ambivalenz der Sprache und der mit Sprache einhergehenden Gewalt (*lengua serpiente, repta, automutilada*) nur im Medium der Literatur sagbar ist. Und Baudelaire als

---

[23] Ihr Blick ist also starr vor Schreck angesichts dessen, was sie sieht. Dies ist abermals als Anspielung auf Gorgo Medusa deutbar, deren versteinernder Blick daher rührt, dass sich in ihrem Blick all das Schreckliche spiegelt, was sie ansehen musste.

[24] „[L]a más discreta [sala], convertida en improvisada morgue donde yacían los cadáveres de aquellos cuyas fuerzas habían sido inferiores al acelerado desgaste del viaje en tren" (ebd.: 233).

[25] Ebd.: 268.

[26] Wittgenstein (1989: 85).

Ursula Hennigfeld

Autor der *Fleurs du Mal* wird sogar als Motto dem ganzen Roman vorangestellt und verweist auf das große Thema des Bösen.
Die Schlange taucht im ganzen Roman auch in weniger einschlägigen Textstellen auf.[27] Eine besonders aufschlussreiche Textstelle ist aber jene, wo die Psychiaterin Elvira Campos von einem neuen Leben in Paris träumt. Dieses Leben will sie mit einem neuen Körper antreten und sich dazu einer Schönheits-OP unterziehen. Sie träumt davon, dass sich nach der OP die Verbände lösen und wie Schlangen zu ihren Füßen ringeln:

> [A]l salir de la mesa de operaciones parecía otra, una mujer diferente, ya no de cincuenta años sino de cuarenta y tantos o, mejor, cuarenta y pocos, irreconocible, nueva, cambiada, rejuvenecida [...] y luego, una mañana lluviosa, quitarse las vendas, [...] y en el suelo todas las vendas se estremecen como culebras, o todas las vendas abren sus ojos como culebras [...] y luego alguien le acerca un espejo y ella se contempla, se asiente, se aprueba con un gesto en el que redescubre la soberanía de su niñez, el amor de su padre y de su madre [...].[28]

---

[27] In *La parte de Fate* taucht das Motiv der Schlange nur ein einziges Mal auf: eine Person wird z. B. als „más hábil que una serpiente" (Bolaño 2004: 319) bezeichnet. In *La parte de los crímenes* wird bei einer der toten Frauen ein Ring mit einem Schlangensymbol gefunden. Sie hat die Hände mit Handschellen an den Rücken gefesselt, trägt an einer Hand einen teuren Pelzhandschuh sowie einen Männerstrumpf am rechten Fuß, und am Genick ist ein teurer Büstenhalter befestigt. Wie bei so vielen anderen Frauen, die auf bestialische Art und Weise ermordet werden, wird auch hier der Fall archiviert und werden die Toten in ein Massengrab geworfen (vgl. ebd.: 718). An späterer Stelle wird geschildert, dass auf den sog. *narcorranchos* Orgien gefeiert werden, bei denen möglicherweise auch Frauen ums Leben kommen. Die Teilnehmer dieser Orgien reisen mit Mercedes oder Porsche an – auch hier wird das Motiv der Schlange angebracht: „Mercedes Benz o Porsches blindados culebreando en medio del recato del desierto" (ebd.: 784). In *La parte de Archimboldi* taucht die Schlange in Zusammenhang mit Sex auf, wenn Ansky in sein Buch notiert „Follar con una serpiente" (ebd.: 911). Hier steht die Schlange also für die abwertende Rede über eine als erotisch und gefährlich wahrgenommene Frau. Ein weiteres Mal werden Schlangen erwähnt, als im fünften Teil des Romans Archimboldi den Verlag von Bubis besucht, wo die Lektorinnen sich gegenseitig die schönsten Stilblüten der Literatur vorlesen, u. a. die folgende: „–,Tenía la mano fría como la de una serpiente.' Ponson du Terrail –. Y aquí no se especificaba a qué obra pertenecía el lapsus cálami" (ebd.: 1056). Auch hier ist der Bezug zum Bösen herstellbar, denn Pierre Alexis de Ponson du Terrail ist Autor eines populären französischen Feuilleton-Romans, in dem der gesellschaftliche Außenseiter Rocambole sich vom Bösen zum Guten wandelt und schließlich Verbrecher jagt.

[28] Ebd.: 668 f.

*Zur Signatur des Ekels in Roberto Bolaños 2666*

Wie aus dem Zitat hervorgeht, ist Elvira Campos nicht das jüngere Aussehen am wichtigsten – sie wird anstatt wie 50 nach der OP nur wie Mitte 40 aussehen, sondern es geht um ihre Sehnsucht, ein anderer Mensch zu sein – eine Sehnsucht, die sie offenbar nur durch eine Operation glaubt, erlangen zu können. Das Paradoxe daran ist, dass ihr Geliebter, Juan de Dios Martínez, ihr immer wieder versichert, sie genauso zu lieben, wie sie ist. Wenn sie sich nach einem jugendlichen Körper sehnt, so steckt dahinter eigentlich der Wunsch, die Kontrolle über ihr Leben (*la soberanía*) und die Liebe ihrer Eltern („el amor de su padre y de su madre") zurückzugewinnen. Hinter der Gewalt gegen den eigenen Körper steckt der Wunsch, sich in einen Zustand verlorener Unschuld zurückzuversetzen.

Auch die ekelhafte Kröte taucht in *2666* auf: Im vierten Teil des Romans hat der Polizeichef von Santa Teresa einen merkwürdigen Traum:

> Soñó con su hermano gemelo. [...] Atravesaron un barranco en donde a veces los niños iban a cazar, en la época de lluvias, sapos bufos, que eran venenosos y a los que había que matar con piedras, aunque ni a él ni a su hermano les interesaban los sapos bufos sino los lagartos.[29]

Die Textstelle ist insofern mehrdeutig, als es nicht nur um eine harmlose Kindheitserinnerung vom Krötenjagen geht. Denn *sapo* bedeutet im umgangssprachlichen Spanisch Lateinamerikas auch der 'Bulle', 'Spitzel' oder 'Verräter'. Und die *lagartos* sind wörtlich 'Eidechsen', umgangssprachlich aber auch 'Karrieristen'. Vor dem Hintergrund der im Roman geschilderten Depraviertheit der Polizei, die Prostituierte im Gefängnis vergewaltigt, foltert, bestechlich ist, Beweise unterschlägt oder zusieht, wie Gefangene andere Inhaftierte vergewaltigen und kastrieren,[30] erhält der Traum eine andere Bedeutung. Dann geht es um die Jagd nach vermeintlichen Verrätern und um den – inzwischen realisierten – Wunsch, bei der Polizei aufzusteigen. 'Gut' und 'Böse' sind längst keine gültigen Kategorien mehr, um zwischen Polizei und Verbrechern, Tätern und Opfern zu differenzieren.[31]

---

[29] Ebd.: 484.
[30] Vgl. ebd.: 502, 531, 619, 647, 652.
[31] Dies wird z. B. am auf diese Textstelle folgenden Traum des Polizisten Epifanio deutlich, der ebenfalls von dem überfahrenen Kojoten handelt, der als weiblicher Kojote mit zerfetzten Eingeweiden identifiziert wird. Im Traum hört Epifanio Geräusche aus dem Kofferraum und findet einen gefesselten Körper mit schwarzer Kapuze über dem Kopf. Statt zu helfen oder auch nur nachzusehen, wem der verletzte Körper gehört, fährt Epifa-

Ursula Hennigfeld

# Abjekte Körperflüssigkeiten: Blut, Exkremente, Urin, Erbrochenes

In der ersten Nacht in Mexiko haben die Literaturwissenschaftler Norton, Pelletier und Espinoza seltsame Träume, die mit Ekel zu tun haben. Zuerst wird vom Erzähler der Traum von Pelletier geschildert:

> Pelletier soñó con su taza de baño. [...] En el suelo veía grandes manchas de sangre. La bañera y la cortina de la bañera exhibían costras no del todo endurecidas de una materia que al principio Pelletier creía que era barro o vómito, pero que no tardaba en descubrir que era mierda. El asco que le producía la mierda era mucho mayor que el miedo que le producía la sangre. A la primera arcada se despertó.[32]

Die unheimlichen, abjekten Spuren in seinem Badezimmer – *sangre, vómito, mierda* – scheinen auf die Spur eines Verbrechens (der Frauenmorde?) hinzudeuten und produzieren körperliches Unwohlsein in Form von Ekel und Würgereiz (*asco, arcada*).

Espinoza hingegen träumt von einem Bild in seinem Hotelzimmer, auf dem eine Wüste zu sehen ist. Er hört im Traum leise Stimmen, Stöhnen, Wimmern und Klagen. Offenbar haben diese Stimmen mit den Frauenmorden zu tun:

> Espinoza soñó con el cuadro del desierto. [...] como si viera la tele en una pantalla de más de un metro y medio [...] y las figuras montadas a caballo, cuyos movimientos, los de los jinetes y los de los caballos, eran apenas perceptibles, como si habitaran en un mundo diferente del nuestro [...]. Y luego estaban las voces. Espinoza las escuchó. Voces apenas audibles, al principio sólo fonemas, cortos gemidos lanzados como meteoritos sobre el desierto [...]. Las palabras se abrían paso a través del aire enrarecido del cuadro como raíces víricas en medio de carne muerta. Nuestra cultura, decía una voz. Nuestra libertad.[33]

Die Welt ist in seinem Traum medial vermittelt (Gemälde, Fernsehen) und widersetzt sich der Erkenntnis (*apenas perceptibles*). Was er über den Fernsehbildschirm vermittelt bekommt, erscheint ihm irreal, zu einer anderen Welt gehörig (*un mundo diferente del nuestro*). Bolaño thematisiert hier die Entwirklichung des Schreckens durch das Fernsehen. Was Espinoza berührt, ist nicht was er

---

nio einfach weiter. Auch dieser Traum kann als Anzeichen dafür gelesen werden, dass die Polizei in die Frauenmorde verstrickt ist (vgl. ebd.: 484f.).
[32] Ebd.: 153.
[33] Ebd.: 153f.

## Zur Signatur des Ekels in Roberto Bolaños 2666

sieht, sondern was er hört. Es sind die Stimmen der Toten, die – zwar kaum hörbar (*apenas audibles*) – zu ihm durchdringen (*se abrían paso*). Die toten Körper (*carne muerta*) stehen – so wird durch die Juxtaposition der Sätze angedeutet – in Zusammenhang mit Kultur und Freiheit, sind gewissermaßen ihre Kehrseite.[34] Auch Liz Norton hat in jener ersten Nacht in Mexiko einen befremdlichen Traum:

> En el sueño de Norton ésta se veía reflejada en ambos espejos. En uno de frente y en el otro de espaldas. Su cuerpo era ligeramente sesgado. [...] La inmovilidad de su cuerpo, algo en él que inducía a pensar en lo inerte y también lo inerme, la llevaba a preguntarse, sin embargo, qué era o que estaba esperando para partir [...]. De pronto Norton se dio cuenta de que la mujer reflejada en el espejo no era ella. [...] Objetivamente, se dijo, es igual a mí y no tengo ninguna razón para pensar lo contrario. Soy yo. Pero luego se fijó en su cuello: una vena hinchada, como si estuviera a punto de reventar, lo recorría desde la oreja hasta perderse en el omóplato. [...] Norton se puso a llorar o creyó que lloraba de pena o de miedo. Es igual a mí, se dijo, pero ella está muerta.[35]

Norton sieht sich selbst in diesem Traum als Andere, als künftige Leiche (*inmovilidad de su cuerpo, inerte, inerme, muerta*). Was mit der Vernunft nicht zu fassen ist (*objetivamente [...] no tengo ninguna razón*), wird körperlich erfahrbar, als Torsion des Körpers mit zum Bersten anschwellender Halsschlagader. Die Reaktion Nortons sind Schmerz, Angst und ein diffuses Gefühl der Bedrohung.

Im dritten Teil des Romans spielt Erbrechen eine großes Rolle: Mehrfach wird geschildert, wie Oscar Fate sich erbricht.[36] In der Wohnung seiner kürzlich verstorbenen Mutter nimmt er einen Verwesungsgeruch war, der bei ihm Übelkeit verursacht, dessen Quelle er aber nicht lokalisieren kann. Fate schaltet den Fernseher ein; später geht er zur Beerdigung, die er lediglich als „sencilla y extremadamente práctica"[37] beschreibt. Als er in die Wohnung seiner Mutter zurückkehrt, schaltet er sofort wieder das Fernsehen ein. Aus Langeweile beob-

---

[34] Die Frauen werden schon vor ihrer Ermordung unmenschlich behandelt, wenn sie in den *Maquiladoras* als billige Arbeitskräfte für den Reichtum des Westens ausgebeutet werden: „Man sieht nicht, dass das Paradies der Wohlstandsgesellschaft das Inferno der Benachteiligten, der Anderen, braucht, dass das Gute stets eine unsichtbare Kehrseite in sich trägt." (Borsò 2011: 21).
[35] Bolaño (2004: 154 f.).
[36] Vgl. ebd.: 302, 310, 328, 383, 400.
[37] Ebd.: 301.

achtet er einige Jugendliche, geht dann in ein arabisches Lokal, das ägyptisch oder jordanisch sein soll, isst dort ein Fleischbrötchen und muss sich erbrechen. Noch den Geschmack von Kräutern und Erbrochenem im Mund, geht er aber kurz darauf in eine Bar und ins Kino. Ohne erkennbaren Zusammenhang mit dem Film wird ihm erneut übel. Als er Barry Seaman besucht, übermannt ihn erneut spontaner Brechreiz. Beim durch Fernsehen und Alkoholkonsum völlig abgestumpften Fate scheint sich also die Trauer über den Tod seiner Mutter lediglich als körperlicher Brechreiz zu manifestieren.[38]

Urin taucht als abjekte Körperflüssigkeit u. a. in Zusammenhang mit dem merkwürdigen *penitente* auf, einem Unbekannten, der in Kirchen pinkelt (Teil 4):

> En mayo ya no murió ninguna otra mujer, descontando a las que murieron de muerte natural, es decir de enfermedad, de vejez o de parto. Pero a finales de mes empezó el caso del profanado de iglesias. [...] [L]os tres [= el cura y dos mujeres, U. H.] se quedaron inmóviles mirando al desconocido que gemía débilmente y no paraba de orinar, mojándose los pantalones y provocando un río de orina que corría hacia el atrio [...]. El desconocido vio sus sombras y los miró con los ojos llenos de lágrimas y les pidió que lo dejaran en paz. Casi en el acto una navaja apareció en su mano y mientras las beatas de los primeros bancos gritaban acuchilló al sacristán.[39]

Die zunächst kurios wirkende Geschichte vom Kirchenpinkler wird von Anfang an mit den Frauenmorden in Verbindung gebracht, so als hätte beides dieselbe Wertigkeit oder Relevanz. Wie bei der Szene im ersten Teil des Romans, wo die vier Literaturwissenschaftler aus heiterem Himmel einen Taxifahrer verprügeln, haben wir es auch hier mit unmotivierter, eruptiver Gewalt zu tun, als der *penitente* den Küster niedersticht. Allerdings wird vorher erwähnt, dass der skurrile Kirchengast offenbar vor Schmerzen weint (*gemía debilmente*) und Tränen in den Augen hat (*los ojos llenos de lágrimas*). Die übrigen Kirchenbesucher stehen allerdings angesichts dieser Schmerzensäußerungen nur stumm daneben und sehen zu (*se quedaron inmóviles mirando*). Niemand fragt, ob ihm nicht wohl sei oder er Hilfe brauche. Wie Fate sind auch sie völlig abgestumpft und anschei-

---

[38] Auch das Erbrechen zieht sich als durchgängiges Motiv durch den gesamten Roman: Im vierten Teil erbricht sich ein Polizist, der Menschen foltert und ihre Leichen verschwinden lässt (vgl. ebd.: 759). Im fünften Teil erbrechen sich Kinder, die betrunken gemacht wurden, damit sie Juden erschießen (vgl. ebd.: 956); Ingeborg, die Geliebte von Hans Reiter, erbricht Blut (vgl. ebd.: 1044).
[39] Ebd.: 453 f.

nend nicht in der Lage, Mitleid zu empfinden oder sich in christlicher Nächstenliebe zu üben. Diese Geschichte könnte eine skurrile Anekdote bleiben, wenn nicht an späterer Stelle erwähnt würde, dass die Geschichte vom Kirchenpinkler in der lokalen Presse für mehr Aufmerksamkeit sorgt als die Frauenmorde. Wie dieses Beispiel zeigt, sind die Bewertungsmaßstäbe ins Wanken geraten.[40]

## Bedrohlicher Ekel: Leichen

Dass Leichen als das Ekelhafte schlechthin in 2666 überaus bedeutsam sind, muss nicht eigens belegt werden. Allein *La parte de los crímenes*, der sich um die Frauenmorde in Santa Teresa/Ciudad Juárez dreht, listet 108 ermordete Frauen in einer Sprache auf, die bisweilen die kühle, analytische Sprache der Gerichtsmedizin imitiert, teilweise zynisch wirkt. Die Frauen werden zumeist auf ihre Geschlechtsorgane reduziert; in stereotyper Formulierung wird erwähnt, auf wie viele Weisen sie vergewaltigt und verstümmelt wurden und dass der Fall zu den Akten gelegt wurde.[41] Während der Leser sich am Anfang angesichts dieser (scheinbaren) Kälte empört, durchläuft er im Laufe der Lektüre einen Prozess, der nachvollziehbar macht, auf welche Weise auch Schreckliches durch Wiederholung zur Abstumpfung führt.

Während die Frauenleichen im Roman allgegenwärtig sind, möchte ich ein weniger beachtetes Beispiel herausgreifen. Im fünften Teil, *La parte de Archimboldi*, werden Kindheit und Jugend von Hans Reiter geschildert, der sich als Kind überaus merkwürdig verhält: Schon als Kleinkind interessiert er sich vor allem für die abgestorbenen Hautpartikel in seinem Badewasser.[42] Das erste (ge-

---

[40] „El ataque a las iglesias de San Rafael y de San Tadeo tuvo mayor eco en la prensa local que las mujeres asesinadas en los meses precedentes" (ebd.: 459).
[41] Prototypisch ist das folgende Beispiel: „Esperanza Gómez Saldaña había muerto estrangulada. Presentaba hematomas en el mentón y en el ojo izquierdo. Fuertes hematomas en las piernas y en las costillas. Había sido violada vaginal y analmente, probablemente más de una vez, pues ambos conductos presentaban desgarros y escoriaciones por los que había sangrado profusamente. [...] Un enfermero negro, que hacía años había emigrado al norte desde Veracruz, cogió el cadáver y lo metió en un congelador" (ebd.: 444 f.).
[42] „Cuando la tuerta lo bañaba en un barreño, el niño Hans Reiter siempre se deslizaba de sus manos jabonosas y bajaba hasta el fondo, con los ojos abiertos [...], contemplando la madera negra y el agua negra en donde flotaban partículas de su propia mugre, trozos mínimos de piel que navegaban como submarinos hacia alguna parte" (ebd.: 797).

stohlene) Buch, das er liest, heißt *Algunos animales y plantas del litoral europeo*.[43] Als begeisterter Taucher fühlt er sich im sumpfigen Wasser am wohlsten und wird selbst bisweilen für eine Alge gehalten.[44] Metaphorisch gedeutet schwimmt er im großen Meer des Bösen, das alle Länder und Kontinente verbindet.

Im Zweiten Weltkrieg kämpft Hans Reiter an der Ostfront und träumt eines Nachts, er müsse vor den Russen fliehen:

> Una noche, [...] soñó que irrumpían los rusos en la aldea [...] y soñó que ante los disparos se sumergía en el río y que se dejaba arrastrar por la corriente, saliendo a la superficie sólo para tomar un poco de aire y volver a sumergirse [...] y en el fondo del río era como una calzada de piedras, de vez en cuando veía cardúmenes de peces pequeños y blancos y de vez en cuando se topaba con un cadáver ya sin carne, sólo los huesos mondos.[45]

Reiter träumt, wie er im Fluss untertaucht und sich von der Strömung treiben lässt. Wie viele andere Figuren im Roman lässt er sich treiben („se dejaba arrastrar por la corriente"), anstatt zu handeln. Gelegentlich stößt er mit Leichen zusammen – was den Leser ekeln mag, Reiter aber offenbar nicht stört. Reiter kennt also offenbar weder Ekelschranken noch erkennt er moralische Werte oder Normen der Gesellschaft (wie das Tötungsverbot) an.

## Das semantische Feld 'Ekel'

Um herauszufinden, ob Ekelerregendes im Roman auch explizit thematisiert wird, erscheint eine Wortfeldanalyse hilfreich. Zum semantischen Feld des Ekels zählen z. B. *asco*, *repelo*, *repugnancia* und *hastío* (Ekel), *aversión* (Abscheu), *náuseas* (Übelkeit), *infecto* (widerlich) und *repugnante* (abstoßend). Einige dieser Wörter (*repelo, repugnancia, repugnante*) kommen überhaupt nicht vor, Übelkeit nur ein einziges Mal.[46] Jeweils vier Textstellen nennen *aversión* und *infecto*, *hastío* kommt fünfmal vor.[47] Etwas häufiger tritt *asco* auf, immerhin mit zehn Nennungen – nicht besonders viel in einem Roman, der insgesamt 1119 Seiten

---

[43] Vgl. ebd.: 799.
[44] Vgl. ebd.: 806, 809.
[45] Ebd.: 928.
[46] Vgl. ebd.: 216.
[47] *Aversión*: ebd.: 456, 474, 475, 478; *infecto*: ebd.: 339, 529, 581, 973; *hastío*: ebd.: 100, 303, 340, 542.

umfasst.[48] Zumal etwa die Angst (*miedo*) im Vergleich dazu deutlich häufiger, nämlich 165 Mal Erwähnung findet.

*Aversión* wird u. a. in Zusammenhang mit dem Kirchenschänder genannt: Er leide unter Sakrophobie, d. h. „miedo y aversión a lo sagrado"[49]. 'Ekel' (*hastío*) wird als Vorstufe zum Wahnsinn (*locura*) bezeichnet, wird von Leichen ausgelöst (z. B. der toten Schwester von Rosalind) oder von Fate in Zusammenhang mit Traurigkeit erwähnt.[50] Als 'widerlich' (*infecto*) werden vor allem die Müllkippen bezeichnet, auf denen immer wieder tote Frauen gefunden werden;[51] für die Frauenmorde selbst wird das Adjektiv nicht verwendet. Ekel (*asco*) wird drei von zehn Mal in ironischer Weise verwendet.[52] In den anderen Fällen lösen Schmutz oder mangelnde Hygiene Ekelgefühle aus.[53] Wie die Beispiele deutlich machen, wird Ekel – obgleich Ekelerregendes im Roman allgegenwärtig ist – kaum explizit zur Sprache gebracht.

## Fazit

Der Roman *2666* steht im Zeichen der bislang in der Forschung wenig beachteten Kategorie des Ekels. Von Menninghaus wird Ekel als Alarm- und Ausnahmezustand bezeichnet, bei Bolaño ist der kulturelle Ausnahmezustand zur Regel geworden. Die Krise der Selbstbehauptung hat sowohl die Individuen als auch die Gesellschaft als Ganzes erfasst. Dies wird am Ekelhaften ablesbar: Der Ekel überfällt das Subjekt körperlich, ist dem Zugriff der Vernunft entzogen und changiert zwischen Abscheu und Faszination. Er ist ein Reizverstärker, der in

---

[48] Ebd.: 17, 35, 42, 139, 153, 390, 757, 847, 864, 869.
[49] Ebd.: 747 f.
[50] Vgl. ebd.: 100, 303, 340.
[51] Vgl. ebd.: 529, 581.
[52] Ein Ehepaar ekelt sich nicht vor Archimboldis Lesung (vgl. ebd.: 35), ein Dicker ekelt sich nicht vor amerikanischen Hamburgern (vgl. ebd.: 757) und eine Frau winkt angewidert ab, als Reiter sie fragt, ob sie an Liebe, Ehrlichkeit, Sonnenuntergänge und Sternennächte glaube (vgl. ebd.: 869).
[53] Ekel wird ausgelöst von Pelletiers Studentenunterkunft in Paris (vgl. ebd.: 17), von Fäkalien (im o. g. Traum von Pelletier, vgl. ebd.: 153), Speichel (Fate ekelt sich vor dem heruntergefallenen Mundschutz eines Boxers, vgl. ebd.: 390), Milch – für Kristeva das Paradebeispiel des Abjekten – (Soldaten ekeln sich im Zweiten Weltkrieg, als man ihnen in einem Schloss in den Karpaten kalte Milch vorsetzt, vgl. ebd.: 847), Samen und Blut (Reiter beobachtet die Sexorgie der Baronin von Zumpe mit Entrescu, während Wilke masturbiert, vgl. ebd.: 864).

Ursula Hennigfeld

einer von Langeweile und Medienkonsum abgestumpften Gesellschaft die Qualität einer unbedingten Wirklichkeitserfahrung bietet. Bolaño rückt in seinem Roman dasjenige ins Feld der Sichtbarkeit, was verdrängt und verworfen ist. Als ekelhaftes Tier ist die Schlange ein durchgängiges Motiv, das soziale Ausgrenzungsprozesse sichtbar macht (alte und kranke Körper), die Ambiguität der Sprache (*lengua serpiente*) gegen die scheinbare Transparenz der Welt und der Medienbilder wendet und das zeigt, was sich an den Grenzen der Kultur bewegt bzw. was ihre Kehrseite ist. In einer Welt, in der die Kriterien für Gut und Böse nicht mehr klar sind und das Denken in klassischen Kategorien hinfällig geworden ist, sind auch das Hässliche und Ekelhafte nicht mehr eindeutig als Kontrast zum Schönen funktionalisierbar. Ohne explizit das Wortfeld des Ekelhaften zu verwenden, erzeugt er über ekelhafte Tiere wie Schlangen und Kröten, abjekte Körperflüssigkeiten wie Blut, Schleim und Exkremente und Leichen als „Chiffre der Bedrohung schlechthin"[54] eine unheimliche, Abscheu wie Faszination erzeugende Atmosphäre des Ekelhaften, das die Grenzen unserer Kultur auslotet und deutlich macht, dass Terror nicht von außerhalb droht, sondern im Inneren dessen beheimatet ist, was wir als unsere Kultur, Zivilisation, Vernunft und Freiheit verstehen.

## Bibliographie

BAUDRILLARD, Jean (1990). *La Transparence du Mal. Essai sur les phénomènes extrêmes*. Paris: Galilée.
BOLAÑO, Roberto (2004). *2666*. Barcelona: Anagrama.
BORSÒ, Vittoria (2011). „Die Unsichtbarkeit des Bösen und ‚das böse Wissen' – Michel Foucault und das andere Denken, Schreiben, Schauen", in: Sieglinde BORVITZ/Nicole WELGEN (Hrsg.). *Figurationen des Anderen*. Düsseldorf: dup, 19–36.
BORSÒ, Vittoria (2002). „La escritura: ‚mise en scène' del terror y crítica del terror en la literatura", *Sileno. Variaciones sobre arte y pensamiento*, 13, 95–104.
ELMORE, Peter (2008). „2666: La autoría en el tiempo del límite", in: Edmundo PAZ SOLDÁN/Gustavo FAVERÓN PATRIAU (Hrsg.). *Bolaño salvaje*. Barcelona: Candaya, 259–292.
FOUREZ, Cathy (2010). „2666 de Roberto Bolaño: los basureros de Santa Teresa, territorios del tiempo del fin", in: Geneviève FABRY/Ilse LOGIE/Pablo

---

[54] Menninghaus (2002: 7).

## Zur Signatur des Ekels in Roberto Bolaños 2666

DECOCK (Hrsg.). *Los imaginarios apocalípticos en la literatura hispanoamericana contemporánea*. Bern u. a.: Lang, 231–243.
GALDO, Juan Carlos (2005). „Fronteras del mal/genealogías del horror: 2666 de Roberto Bolaño", *Hipertexto*, 2, 23–34. www.utpa.edu/dept/modlang/hipertexto/docs/Hiper2Galdo.pdf [16.03.2013].
GRAZIADEI, Daniel (2011). „2666. Formen erlesener Angst", in: Lisanne EBERT et al. (Hrsg.). *Emotionale Grenzgänge. Konzeptualisierungen von Liebe, Trauer und Angst in Sprache und Literatur*. Würzburg: Königshausen & Neumann, 251–271.
GRAZIADEI, Daniel (2010). „Der Zauber der Grenze", in: Lidia BECKER/Alex DEMEULENAERE/Christine FELBECK (Hrsg.). *Grenzgänger & Exzentriker. Beiträge zum XXV. Forum Junge Romanistik*. München: Lang, 175–195.
HERNÁNDEZ GUZMÁN, Daniel (2012). *Representación de violencia: Metacrítica en La parte de los crímenes de Roberto Bolaño*. Abschlußarbeit Literaturwissenschaft, Pontificia Universidad Javeriana, Bogotá. www.google.de/url?sa=t&rct=j&q=&esrc=s&source=web&cd=1&ved=0CDYQFjAA&url=http%3A%2F%2Frevistas.javeriana.edu.co%2Findex.php%2Fcualit%2Farticle%2Fdownload%2F3996%2F2994&ei=cINEUb7UMImptAbGhYGQDQ&usg=AFQjCNF7qtneXuaZV-mGz_JpopP62wRJeA&bvm=bv.43828540,d.Yms [16.03.2013].
KRISTEVA, Julia (1980). *Pouvoirs de l'horreur. Essai sur l'abjection*. Paris: Seuil.
LAGO, Eduardo (2010). „La soif de mal. Au sujet de 2666", *Cyclocosmia III*, 75–92.
LYOTARD, Jean-François (1986). *L'enthousiasme. La critique kantienne de l'histoire*. Paris: Galilée.
RÓDENAS, Masoliver/Antonio, Juan (2008). „Palabras contra el tiempo", in: Edmundo PAZ SOLDÁN/Gustavo FAVERÓN PATRIAU (Hrsg.). *Bolaño salvaje*. Barcelona: Candaya, 305–318.
MENNINGHAUS, Winfried (2002). *Ekel. Theorie und Geschichte einer starken Empfindung*. Frankfurt am Main: Suhrkamp.
MENNINGHAUS, Winfried (2001). „Ekel", in: Karlheinz BARCK et al. (Hrsg.). *Ästhetische Grundbegriffe*, Bd. 2. Stuttgart/Weimar: J. B. Metzler, 142–177.
MUÑIZ, Gabriela (2010). „El discurso de la crueldad: 2666 de Robert Bolaño", *Revista Hispánica Moderna*, 63 (1), 35–49.
NITSCHAK, Horst (2008). „Roberto Bolaño 2666. Los sujetos múltiples, o cómo resistir a la violencia", in: Jenny HAASE/Janette REINSTÄDLER/Susanne

Ursula Hennigfeld

SCHLÜNDER (Hrsg.). *El andar tierras, deseos y memorias. Homenaje a Dieter Ingenschay*. Madrid/Frankfurt am Main: Iberoamericana/Vervuert, 533-543.
OLIVIER, Florence (2007). „Santa Teresa en 2666 de Roberto Bolaño: ciudad límite, ciudad del crimen impune", in: Teresa ORECCHIA HAVAS (Hrsg.). *Les Villes et la fin du XX$^e$ siècle en Amérique latine: Littérature, cultures, représentations*. Bern: Lang, 31-42.
POPE, Randolph D. (2011). „A Writer for a Globalized Age: Roberto Bolaño and 2666", in: Marc MAUFORT (Hrsg.). *Old margins and new centers: the European literary heritage in an age of globalization*. Bruxelles: Lang, 157-166.
VOLPI, Jorge (2008). „Bolaño, epidemia", in: Edmundo PAZ SOLDÁN/Gustavo FAVERÓN PATRIAU (Hrsg.). *Bolaño salvaje*. Barcelona: Candaya, 191-207.
WERLI, Antonio (2010). „Vie éditoriale de Roberto Bolaño", *Cyclocosmia III*, 47-57.
WILLEM, Bieke (2007/2008). *La literatura y el mal: el caso de 2666 de Roberto Bolaño*. Masterarbeit Universität Gent. lib.ugent.be/fulltxt/RUG01/001/414/653/RUG01-001414653_2010_0001_AC.pdf [16.03.2013].
WITTGENSTEIN, Ludwig (1989). *Tractatus logico-philosophicus. Tagebücher 1914-1916. Philosophische Untersuchungen. Bd. 1. Text neu durchgesehen von Joachim Schulte*. Frankfurt am Main: Suhrkamp, Zf. 7, 85.

Violencia y Derecho /
Gewalt und Recht

Luis Alberto Razo García
(Universidad Nacional Autonóma de México)

# Sistema judicial alemán y mexicano: un análisis global y local de la justicia penal

Este documento intenta describir cómo están estructurados el sistema judicial alemán y el mexicano para enfrentarse a la violencia social que infringe el límite de lo tolerable en cada uno de los países mencionados. La observación de ambos Poderes Judiciales arrojó que el alemán es mucho más complejo que el mexicano, porque desarrolla órganos de decisión judicial con base al tipo de delito o a la magnitud de los bienes jurídicos involucrados. Además ha desarrollado una Sala de Audiencias en la que, por su ingeniería, pueden satisfacerse los principios de inmediación, publicidad e imparcialidad en el proceso penal. En cambio, el sistema judicial Mexicano, a nivel Federal, posee un simple sistema de decisión vertical que no contempla órganos de decisión especializados en razón del número de jueces. Aparte, las salas de audiencia están diseñadas para llevar procesos penales escritos, sin asistencia del juez ni del público.

Der Beitrag beschreibt, welche Strukturen das deutsche und das mexikanische Justizsystem bereitstellen, um der, die Toleranzgrenze beider Länder überschreitenden, sozialen Gewalt zu begegnen. Die Beobachtung dieser beiden Gerichtsgewalten offenbart, dass die deutsche um einiges komplexer ist als die mexikanische, da sie über Gerichtsentscheidungsorgane verfügt, die entsprechend der unterschiedlichen Strafdelikte bzw. in Bezug auf das Ausmaß der betroffenen Rechtsgegenstände agieren. Zudem hat das deutsche Justizsystem einen Gerichtssaal entwickelt, dessen Gestalt es ermöglicht, den Prinzipien von Unmittelbarkeit, Öffentlichkeit und Unvoreingenommenheit während des Strafprozesses gerecht zu werden. Im Gegensatz hierzu ist das mexikanische Rechtssystem auf Bundesebene ein einfaches System vertikaler Entscheidungen, welches keine spezialisierten Entscheidungsorgane abhängig von der Anzahl an Richtern berücksichtigt. Darüber hinaus sind die Gerichtssäle so konzipiert, dass verschriftlichte Strafprozesse ohne die Anwesenheit eines Richters oder Publikums durchgeführt werden können.

## Prefacio

En el marco de un Estado Constitucional Democrático la violencia es el sustantivo que denota una conducta voluntaria del ser humano que infringe el límite de lo tolerable en una sociedad determinada.

Para analizar la violencia desde esta perspectiva semántica debemos advertir que cada sistema social ha establecido un catálogo de conductas que considera violentas y así mismo ha decidido la forma por la cual deben ser sancionadas. Así tenemos que en los sistemas anglosajones el ciudadano decide si otro ciudadano cometió o no un hecho delictivo, mientras que en los sistemas romano-germano aparece la figura del juez, profesional del derecho que realiza el enjuiciamiento del infractor. Es por lo anterior que resulta de interés hacer una observación al interior de los tribunales y describir lo que ahí acontece.

Antes debemos aproximarnos a la violencia que rebasa el límite de lo tolerable, llamada criminalidad, fenómeno que llamaremos concreción de la violencia.[1]

## La violencia en México y Alemania

### Población en el año 2010

Como se dijo, la violencia es un comportamiento del ser humano en una sociedad determinada, por tanto para comparar el nivel de violencia en Alemania y México es indispensable tener en cuenta la población de los países mencionados, a saber:[2]

|          | 2010          | 2009        |
|----------|---------------|-------------|
| México   | + 112,322,757 | 107,550,697 |
| Alemania | − 81,802,300  | 82,002,400  |

### La violencia en Alemania y en México

En México y Alemania la población cometió los siguientes delitos:

|               | México[3]   | Alemania[4] |
|---------------|-------------|-------------|
| Delitos Total:| 11,864,765  | 5,933,287   |
| Homicidios:   | 34,763      | 2,218       |
| Lesiones:     | 169,208     | 142,903     |
| Robos:        | 99,349      | 2,301,786   |

---

[1] Véase para el caso alemán *Verstöße gegen StGB und strafrechtliche Nebengesetze*.
[2] Véanse *Polizeiliche Kriminalstatistik* (2010); Censo de Población y Vivienda (2010); Indicadores demográficos básicos (1990–2030).
[3] Véase Secretariado Ejecutivo del Sistema Nacional de Seguridad Pública. ICESI Instituto Ciudadano de Estudios Sobre la Inseguridad, A.C.
[4] Véase *Polizeiliche Kriminalstatistik* (2010). *Verstöße gegen StGB und strafrechtliche Nebengesetze*.

El análisis de las estadísticas muestra que cada país vive la fenomenología de la violencia desde diferentes contextos sociales propios de cada sociedad. Por ejemplo, tanto en Alemania como en México los delitos patrimoniales representan un problema de violencia, pero la diferencia consiste en que en Alemania el robo de bicicletas es muy común, en cambio en México no se denuncian ese tipo de delitos; lo frecuente es el robo de bancos, casas, vehículos y a transeúntes. Hoy en día el mayor problema de violencia en México, se ve reflejado en los delitos de homicidio y lesiones cometidos por la delincuencia organizada.

Ahora bien ¿cómo están organizados los tribunales penales para enfrentar este tipo de violencia en ambos países? ¿Quién está facultado para juzgar esos actos de violencia en México y Alemania?

## La organización de los tribunales penales

### La deconstrucción del Poder Judicial en Alemania

La organización de los tribunales penales en Alemania está regulada por las leyes orgánicas de cada país,[5] en esas leyes se encuentran las categorías abstractas y la organización de los tribunales y juzgados penales. Debemos precisar que el fundamento de la organización de los tribunales es garantizar una decisión independiente y legítima de lo que se lleva a cabo en ese país a través de una distribución interna de áreas (*die Geschäftsverteilung*),[6] así también de la estructura de los órganos de decisión (*Besetzung des Spruchkörpers*)[7] y de número de jueces en primera y segunda instancia.

En Alemania el poder judicial se compone del Tribunal Constitucional (*Bundesverfassungsgericht*)[8], del Tribunal Federal (*Bundesgericht*), y de los Tribunales Estatales (*Ländergerichte*). De acuerdo con el artículo 95 del GVG la jurisdicción se divide en 'Ordinaria', del 'Trabajo', 'Administrativa Financiera', y 'Social'.[9] La jurisdicción ordinaria (*die ordentliche Gerichtsbarkeit*) es la que conoce de los

---

[5] En Alemania, por ejemplo, la ley orgánica del Poder Judicial se denomina *Gerichtsverfassungsgesetz* (GVG).
[6] Véase *Zweiter Titel, Allgemeine Vorschriften über das Präsidium und die Geschäftsverteilung* del GVG.
[7] Véase el § 21e del GVG.
[8] Los términos oficiales utilizados fueron – si no indicado de otro modo – traducidos por el autor.
[9] Véase el § 95 del GVG.

casos civiles, voluntarios y penales. En cada una de estas ramas existen jurisdicciones especiales como es la de adolescentes en la materia penal o familiar en la civil.

La jurisdicción penal se deconstruye confome al § 12 del GVG en: *Amtsgericht, Landgericht, Oberlandesgericht* (OLG) y *Bundesgerichtshof* (BGH). Cada uno se organiza de cuatro órganos de decisión (*Spruchkörper*) dependiendo del nivel o de la importancia del caso, a saber[10]:

- Un juez: *Einzelrichter*
- Jueces y ciudadanos voluntarios: *Schöffengericht*
- Salas penales: *Kammer*
- Jurado: *Schwurgericht*
- Ministros o Magistrados: *Senat* (OLG o BGH)

Los jueces pueden ser de profesión o ciudadanos voluntarios designados al azar dentro de la población del ámbito de competencia del juzgado. Puede haber las siguientes combinaciones:

- Dos o más jueces y ciudadanos
- Un juez y dos ciudadanos
- Dos o más jueces
- Un juez

### Amtsgericht

El *Amtsgericht* en materia penal puede estar integrado por tres órganos de decisión, los cuales sólo conocen de casos en primera instancia:

- Un juez penal o juvenil[11]
- Dos ciudadanos y un juez[12]
- El órgano anterior puede ampliarse con un juez más (*erweitertes Schöffengericht*) cuando el ministerio público lo solicite debido al número de inculpados, de delitos o una gran cantidad de pruebas.[13]

---

[10] Esta lista fue obtenida de la interpretación de toda la Ley Orgánica alemana (GVG). Véanse *Einzelrichter* § 22, *Schöffengericht* § 28, *Kammer* § 60, *Schwurgericht* § 74, *Senat* §§ 116 y 130.
[11] Véase GVG según Dölling/Duttge/Rössner (2011: § 25).
[12] Véase ibíd.: §§ 28 y 29.
[13] Véase ibíd.: § 29 Abs. 2 del GVG.

*Sistema judicial alemán y mexicano*

El *Amtsgericht* conoce de casos fáciles, estos son, delitos con pena de prisión de dos a cuatro años, acusaciones privadas y delincuencia juvenil.[14] Contra la sentencia se procede recurso ante la pequeña Sala Penal del Tribunal Estatal[15] o revisión directa en la Sala Penal del Tribunal Superior Estatal (*Strafsenat des Oberlandesgerichts*).[16]

*Landgericht*

El Tribunal del Estado tiene tres funciones: la Primera y Segunda Instancia, y vigilar la ejecución y cumplimiento de las sentencias (*Vollzugsgericht*). Los órganos de decisión para este tribunal son los siguientes:

- Primera Instancia:
  - La Gran Sala Penal (*Große Strafkammer*) y la Sala de Adolescentes (*Jugendkammer*), se componen de tres jueces de profesión y dos ciudadanos honorarios (*Schöffen*).[17]
  - El jurado (*Schwurgericht*), lo integran tres jueces y dos ciudadanos honorarios.[18] El Jurado es competente para conocer de los delitos de homicidio cometidos con violencia o bajo algunas agravantes,[19] a excepción de homicidios en accidentes de tránsito, aborto u homicidio consentido o a petición.
- Segunda Instancia[20]:
  - Se estructura de una pequeña Sala Penal y de Adolescentes integrada por un juez y dos ciudadanos honorarios.
  - Ejecución de sanciones.
  - La Sala Penal de ejecución de sanciones la forman tres jueces de profesión.

Contra las decisiones del *Landgericht* puede recurrirse ante la Sala del *Oberlandesgericht* o recurrir a revisión en la Sala Penal del Tribunal Federal.

---

[14] Véase ibíd.: § 25, 374 y 26.
[15] Véanse §§ 313, 322a StPO y § 73 del GVG.
[16] Véase § 335 del StPO.
[17] Véase § 76 del GVG.
[18] Véase ibíd.: § 74.
[19] Véase ibíd.: § 74 Abs. 2.
[20] Véase ibíd.: §§ 74c. y 78ª.

- *Kleine Strafkammer:*
  - La pequeña Sala Penal es la que revisa las sentencias del *Amtsgericht*,[21] contra las decisiones de esta Sala pueden interponerse recursos de revisión ante el *Strafsenat des Oberlandesgerichts.*
- *Große Strafkammer:*
  - La Gran Sala Penal conoce de los recursos de apelación y queja contra las decisiones del *erweiterten Schöffengerichts*,[22] y estas a su vez pueden impugnarse ante el *Strafsenat des Oberlandesgerichts.*

*Oberlandesgericht*

La Sala Penal es el cuerpo de decisión del *Oberlandesgericht* (OLG), se compone de tres jueces, uno de los cuales funge como presidente,[23] y puede ampliarse con dos jueces más debido a la importancia o dificultad del caso.[24] La Sala Penal es competente para conocer de los recursos de revisión interpuestos contra la sentencia de los *Strafrichter* y *Schöffengericht*, así como de las quejas o apelaciones contra las decisiones de la *Strafkammer des Landgerichts*; contra la decisión del OLG no procede recurso alguno.

También conoce de juicios en primera instancia cuando se ha cometido un delito contra el Estado, alta traición o la preparación de un ataque militar o guerra, también delitos especiales tales como terrorismo;[25] la decisión puede recurrir ante el *Bundesgerichtshof.*

*Bundesgerichtshof*

El Tribunal Federal de Karlsruhe es la última instancia dentro del Poder Judicial en Alemania. La Quinta Sala es la que corresponde a la materia penal y tiene su residencia en Villa Sack, Leipzig.

El Tribunal Federal tiene como órgano de decisión colegiada a la Sala Penal, que se compone de cinco jueces; y conoce del recurso de apelación y queja del OLG, así como de la revisión del *Landgericht*. Al ser la última instancia no procede recurso alguno contra las sentencias del Tribunal Federal.

---

[21] Véase ibíd.: §§ 73 en relación con 74 Abs. 3. y 76 Abs. 1.
[22] Véase ibíd.: § 76 Abs. 3.
[23] Véase ibíd.: § 116.
[24] Véase ibíd.: §§ 122 Abs. 2 y 2.
[25] Véase § 129a del StGB.

## Deconstrucción de los tribunales federales en México

En México la organización de los tribunales es completamente distinta a la de Alemania, existen 31 legislaciones Estatales que regulan de manera distinta a los juzgados penales en las entidades federativas, por ello nosotros haremos una descripción únicamente de lo que prescribe la Ley Orgánica del Poder Judicial Federal.

A nivel federal la jurisdicción penal se reparte en[26]:

- Juzgados de Distrito
- Tribunales Unitarios de Circuito
- Tribunales Colegiados de Circuito
- Suprema Corte de Justicia de la Nación

Existen dos órganos de decisión únicamente: Los jueces unitarios y el Pleno, órgano colegiado integrado por lo general por tres jueces, todos ellos deben ser jueces de profesión, sin que exista la posibilidad de que un ciudadano decida, junto a un juez si una persona cometió determinado delito.

Los juzgados de Distrito están compuestos de un juez que conoce en primera instancia de todos los delitos federales sin hacer distinción alguna. Los Tribunales Unitarios de Circuito están integrados también por un juez denominado magistrado, quien conoce los recursos de apelación contra la sentencia de los Jueces de Distrito. Los Tribunales Colegiados de Circuito tienen como órgano de decisión al Pleno, órgano colegiado que se integra de tres magistrados, uno de ellos funge como presidente del Tribunal el cual conoce de los juicios de amparo directo interpuestos contra las sentencias del Tribunal Unitario de Circuito.

## Las salas de audiencia

Para clarificar las diferencias entre los sistemas judiciales de México y Alemania se escogió uno de los aspectos más importantes de los tribuales y juzgados penales: la sala de audiencias, debido a que éste es el lugar donde se lleva a cabo el desahogo de las pruebas de cargo del fiscal y la contra-prueba de la defensa. Es ahí al final, dónde debe decidirse si el hecho imputado constituye un delito o si una persona determinada lo cometió o no.

La observación de los tribunales alemanes nos llevó al conocimiento de que en ese país, las salas de audiencia (*Sitzungssäle*) están diseñadas en su mayoría

---

[26] Véase el artículo 1 de la Ley Orgánica del Poder Judicial de la Federación.

*Luis Alberto Razo García*

Fig. 1: Observación del Tribunal Estatal de Hamburgo (Staatsgerichtshof Hamburg); foto tomada por el autor en el Tribunal Estatal de Hamburgo, Alemania, 2006.

para desahogar testimoniales bajo los principios de inmediación, transparencia, imparcialidad y publicidad del juicio oral. Como se muestra en la fotografía (Fig. 1), las salas cuentan con un área especial para el juez o jueces, la defensa, el ministerio público y el público.

En esta fotografía se puede apreciar el diseño de una sala diseñada para que el juez, el fiscal, la defensa y el público puedan presenciar un juicio oral con todas las garantías.[27]

En cambio en México a nivel Federal no existe este tipo de ingeniería judicial, las audiencias son llevadas a cabo por el auxiliar del juez, el secretario y en ellas no existen áreas, mesas o sillas para la defensa, el fiscal, el imputado y mucho menos aún para el público, si es que lo dejan entrar. Pero tampoco existe un lugar especial para el Juez, pues él no preside la audiencia oral, debido a que nuestro sistema judicial penal es en su mayoría escrito y por ello el expediente juega un rol muy importante dentro del proceso penal mexicano.

---

[27] En Latinoamérica existen algunos países que han asumido nuevas formas de ligación penal muy parecida a la alemana, véase Baytelman/Duce (2004: 5–10).

*Sistema judicial alemán y mexicano*

Fig. 2: Observación del Juzgado Penal en Culiacán, Sinaloa, México; foto tomada por el autor en el Juzgado Segundo de Distrito, en Culiacán, Sinaloa, México, 2011.

En esta fotografía (Fig. 2) puede apreciarse la ausencia de áreas estratégicas para el público, incluso el imputado permanece durante toda la audiencia parado detrás de la reja de protección. El Juez no está presente en la diligencia. No existe asistencia del público, los defensores y fiscales llevan la audiencia de pie.

## Conclusión

México es un país con mayor población que Alemania. Ambas sociedades tienen problemas de violencia, pero su naturaleza y origen obedecen a causas distintas. El Estado Mexicano ha organizado a los tribunales penales para atender a una criminalidad más violenta de una forma diferente que en Alemania. Debido a que en este último país la decisión de si una persona es o no es culpable es tomada por un ciudadano honorario junto a jueces de profesión, existen diversas formas de integración del órgano de decisión y estructura de los tribunales germanos atendiendo a la cuantía o importancia del caso. Las salas de audiencia han sido diseñadas para llevar un juicio oral respetando los principios de imparcialidad, publicidad e inmediación.

*Luis Alberto Razo García*

En cambio en México existe un solo juez para llevar todos los casos en primera instancia, sólo jueces de profesión y no ciudadanos son los que intervienen en la toma de decisiones, el juez Federal no presencia el desahogo de pruebas y por tanto la sala de audiencias no tiene un lugar para él, menos aún para el fiscal y la defensa, el procesado permanece de pie y detrás de una reja de protección en la que apenas se vislumbra su silueta; tampoco cuenta con un espacio para el público y se llega al extremo de llevar procesos penales a puerta cerrada como en los sistemas inquisitivos, con ello México no respeta los principios de imparcialidad, inmediación y publicidad que toda defensa penal exige.

## Bibliografía

BAYTELMAN, Andrés/DUCE, Mauricio (2004). *Litigación penal juicio oral y prueba*. Santiago de Chile: Universidad Diego Portales.

DÖLLING, Dieter/DUTTGE, Gunnar/RÖSSNER, Dieter ($^2$2011). *Gesamtes Strafrecht. Gerichtsverfassungsgesetz (GVG)*. Baden-Baden: Nomos.

KISSEL, Rudolf/MAYER, Herbert ($^6$2010). *Gerichtsverfassungsgesetz: GVG, Kommentar*. München: C. H. Beck.

CENSO DE POBLACIÓN Y VIVIENDA (2010). www.censo2010.org.mx/ [26.02.2013].

GERICHTSVERFASSUNGSGESETZ (GVG) in der Fassung der Bekanntmachung vom 09.05.1975 (BGBl. I S. 1077); Änderung durch Artikel 3 des Gesetzes vom 05.12.2012 (BGBl. I S. 2418).

Indicadores demográficos básicos (1990–2030). www.conapo.gob.mx/en/CONAPO/Indicadores_demograficos_basicos [26.02.2013].

LEY ORGÁNICA DEL PODER JUDICIAL DE LA FEDERACIÓN publicada en el Diario Oficial de la Federación el 26 de mayo de 1995. Última reforma publicada DOF 14-06-2012.

POLIZEILICHE KRIMINALSTATISTIK (2010). www.bmi.bund.de/SharedDocs/Downloads/DE/Broschueren/2011/PKS2010.pdf?__blob=publicationFile [26.02.2013].

STRAFPROZESSORDNUNG (StPO) in der Fassung der Bekanntmachung vom 07.041987 (BGBl. I S. 1074, 1319); Änderung durch Artikel 3 des Gesetzes vom 05.12.2012 (BGBl. I S. 2425).

Francisco Javier Castillejos Rodríguez
(Universidad Autónoma Metropolitana – Iztapalapa)

# Violencia y ontología del orden social.
# De la *analytical jurisprudence* a la política radical

El objetivo del ensayo es exponer el problema de la violencia y su relación con el concepto de legitimidad en la era del pensamiento postmetafísico. Existen tres modelos teóricos para abordar el problema de la violencia: la filosofía del derecho analítica (*analytical jurisprudence*), la ontología postmetafísica del orden social y el modelo de política radical. El primer modelo explica la cuestión sobre la base de una hermenéutica específicamente jurídica y proporciona un concepto de *violentia iuris* – o violencia 'prohibida'. El segundo modelo explica la violencia sobre la base de un paradigma ontológico de la realidad social y proporciona un concepto de violencia 'sistémica' – o violencia 'autorizada'. Ambas perspectivas sostienen que la 'violencia' es todo aquello definido de manera autorreferente por el orden social en cuestión. El modelo de política radical se coloca más allá de los puntos de vista hermenéutico-jurídicos y ontológico-sociales con el propósito de explicar el problema de la 'constitución' de un nuevo orden. En particular, intenta proponer una solución a la cuestión de cómo se transforma la *violentia iuris* en violencia sistémica.

Der Artikel setzt es sich zum Ziel, das Problem der Gewalt und dessen Bezug zum Konzept der Rechtmäßigkeit in Zeiten des postmetaphysischen Denkens darzulegen. Das Problem der Gewalt lässt sich mittels dreier theoretischer Modelle betrachten: der analytischen Rechtsphilosophie (*analytical jurisprudence*), der postmetaphysischen Ontologie der Gesellschaftsordnung und mittels des Modells radikaler Politik. Ersteres erläutert die Frage auf der Grundlage einer spezifischen juristischen Hermeneutik und schlägt ein Konzept der *violentia iuris*, oder auch der 'verbotenen' Gewalt, vor. Das zweite Modell erklärt Gewalt auf Basis eines ontologischen Paradigmas der sozialen Wirklichkeit und schafft ein Konzept der 'systemischen' oder 'autorisierten' Gewalt. Beide Perspektiven stützen die Annahme, dass 'Gewalt' all das beinhaltet, was durch die betreffende Sozialordnung selbst definiert wird. Das Modell der radikalen Politik positioniert sich jenseits dieser hermeneutisch-juristischen und ontologisch-sozialen Standpunkte, da es das Problem der Konstitution einer neuen Ordnung zu erläutern sucht. Es versucht insbesondere eine Antwort auf die Frage zu finden, wie sich die *violentia iuris* in systemische Gewalt umwandelt.

## Preludio

Constituye un *locus communis* afirmar que el siglo XX ha sido un periodo marcado por el uso de la violencia a grandes escalas. Dos guerras mundiales, el Holocausto y un conjunto de intervenciones de corte militar efectuadas por las grandes potencias de Occidente bastarían para enfatizar el carácter cotidiano que el fenómeno de la violencia ha adquirido en los últimos tiempos. Si bien

Francisco Javier Castillejos Rodríguez

la violencia es un hecho del cual tenemos noticia desde tiempos antiguos y del cual somos irremediablemente herederos, parece que el incremento en el poder destructivo de los seres humanos ha multiplicado su presencia incluso en las dimensiones de nuestra vida diaria. Se trata, sin embargo, de una herencia que se aparece ante nosotros como indubitablemente 'damnosa'.

En este contexto, el tema de la violencia y su vinculación con el problema tradicional de la legitimidad del orden social representa un tópico que, aún en la era postmetafísica, sigue teniendo un lugar central en nuestras reflexiones teórico-conceptuales como miembros del mundo occidental. Después del ocaso de la ontología tradicional y la superación del proyecto fundacionalista propio de la epistemología, el *linguistic-hermeneutic-pragmatic turn*, característico de la filosofía contemporánea se ha constituido como el nuevo paradigma desde el cual los clásicos problemas relacionados con la razón práctica habrán de ser planteados.[1] Esto es correcto sobre todo en el tema que nos ocupa: la violencia y su relación con el orden social. Así, la *quæstio* central del presente ensayo es la siguiente: ¿cómo plantear el problema de la violencia jurídica en las actuales condiciones del pensamiento postmetafísico? Esto es lo que desarrollaremos a continuación.

En el curso del presente trabajo haré uso de los siguientes símbolos:

- Símbolos deónticos:
  ($\phi$) = todo acto humano
  X = cualquier individuo de una comunidad
  Pr = modalidad deóntica de la prohibición
  Per = modalidad deóntica de la permisión
  F = modalidad deóntica del otorgamiento de facultades
  Pr$\phi$ = acto prohibido
  Per$\phi$ = acto permitido
  F$\phi$ = acto autorizado
  (A) = comunidad o sistema jurídico-político de referencia
  (B) = comunidad o sistema jurídico-político distinto de (A)
  $n$ = símbolo denotativo de cualquier norma de conducta

- Símbolos lógicos:
  $\neg$ = negador
  $\wedge$ = conjuntor

---

[1] Para la noción de pensamiento postmetafísico que empleo en este trabajo véase Habermas (1988: 18 ss. y 35 ss.).

↓ = disyuntor
→ = implicador
↔ = co-implicador
∃ = cuantificador existencial
⊢ = deductor
- Símbolos no lógicos:
P1 = Perspectiva 1 (*analytical jurisprudence*)
P2 = Perspectiva 2 (ontología formal del orden social)
P3 = Perspectiva 3 (modelo de política radical)
- Símbolos matemáticos:
U = conjunto universo
U' = complemento del conjunto universo
∅ = conjunto vacío
⊂ = contención
∈ = pertenencia

## Violencia y derecho

La tradición romanista encarnada por el *Corpus iuris civilis* planteó el problema de la violencia desde una hermenéutica específicamente jurídica. En esta dirección, la *violentia iuris* fue conceptualizada siempre con referencia al marco representado por el *ius Romanum*. Entre otros sentidos, el *Digesto* de Justiniano identificó la violencia como instanciación de un vicio del consentimiento que autorizaba la restitución judicial respectiva. El jurista Paulo sentenciaba: „Pero fuerza es el ímpetu de cosa mayor que no se puede repeler"[2]. Y Ulpiano complementaba: „Contiene pues, esta cláusula, así la fuerza como el miedo; y si compelido alguien por la fuerza hizo alguna cosa, es restituido por este Edicto"[3]. Esta intuición genuinamente romana será la base de la primera perspectiva a explicitar en torno a nuestro tema.

De conformidad con los requerimientos metateóricos establecidos por la filosofía del derecho analítica (*analytical jurisprudence*), el problema de la violencia en la dimensión concreta de lo jurídico tiene que ser planteado atendiendo a las siguientes especificaciones metodológicas:

---

[2] „*Vis autem est maioris rei impetus, qui repelli non potest*". Justiniano según García (1889: 343).
[3] „*Continet igitur haec clausula et vim, et metum; et, su quis vi compulsus aliquid fecit, per hoc Edictum restituitur*". Justiniano según García (ibíd.).

1) Debe partirse del uso de la expresión 'violencia'. No siendo un ruido o un onomatopéyico, la palabra 'violencia' nombra algo. Para precisar su significado, es necesario determinar cuáles son las condiciones que gobiernan su uso.[4] En esta dirección, entendemos por violencia el empleo de la fuerza física o moral que cause daño, o pueda causar daño, a un individuo o a un conjunto de individuos.

2) La violencia en el derecho (*violentia iuris*) implica el uso de dicha expresión en el contexto de un particular „juego de lenguaje"[5] en el sentido wittgensteiniano, a saber: el orden jurídico. En este sentido, la violencia se define siempre con referencia al sistema jurídico-político del que se habla y a partir del cual se efectúa la calificación (A). Esto nos lleva a establecer el siguiente criterio de identidad o membresía de la *violentia iuris*:

ϕ es un acto de *violentia iuris* ↔ así está calificado por el orden jurídico de la comunidad (A), *i. e.*, está prohibido (Pr) por dicho marco de referencia institucional

Este criterio puede ser reformulado en términos cibernéticos, asumiendo el carácter hermenéutico de la labor de *interpretatio* de dicho acto. El *input* se encuentra constituido por una acción (ϕ) la cual es procesada a través de un esquema cognitivo-representacional integrado por el sistema jurídico de referencia – *i. e.*, nuestro prisma hermenéutico[6] – y el *output* muestra, como final del proceso, al acto violento (Prϕ), i. e., al uso prohibido de la fuerza por el orden en cuestión.

Este planteamiento en torno a la *violentia iuris* permite avanzar una conclusión importantísima: no existe una violencia en sí absoluta en la dimensión

---

[4] Los antecedentes de la *analytical jurisprudence* se encuentran en la Inglaterra del siglo XIX en los trabajos paradigmáticos de John Austin y Jeremy Bentham. Su máximo exponente en el siglo XX fue H. L. A. Hart, quien tuvo una fuerte influencia del *pragmatic turn* de la filosofía contemporánea – particularmente de la *Ordinary Language Philosophy* del segundo Wittgenstein, John L. Austin y Gilbert Ryle. En ocasiones se usa dicha expresión *lato sensu* para incluir autores como Alf Ross y Hans Kelsen. Sobre el modo de proceder de la *analytical jurisprudence* véanse: Austin (1998: 9 y 184); Bentham (1988: 324); Hart (1983: 21 ss.); Tamayo (2008: 3 ss.).

[5] Wittgenstein (2003: 25).

[6] Utilizo la expresión 'prisma hermenéutico' para designar todo esquema de interpretación a partir del cual se efectúen calificaciones deónticas de los actos humanos. En este caso, el sistema jurídico de referencia (A) constituye ese prisma.

del orden social. *Prima facie*, todo acto violento requiere, para ser tal, de una calificación institucional. Esto se debe, en gran parte, a la fuerte carga emotiva – de índole negativo – que tiene la expresión 'violencia' en nuestros lenguajes cotidianos. Para decirlo en palabras de Kelsen: „no hay 'mala in se', sino sólo 'mala prohibita'"[7]. En la definición de *iniuria* proporcionada por las *Instituciones* de Justiniano se ejemplifica esta manera peculiar de caracterizar a la *violentia iuris*: „Injuria, en su acepción general, significa todo acto contra derecho"[8].

## ¿Hacia un dilema fatal? La violencia y el fundamento del orden social

La *analytical jurisprudence* – que podemos identificar ahora como Perspectiva 1 o P1 – nos ha aclarado un punto central: la violencia en el derecho siempre es determinada mediante una referencia al interior del sistema contemplado. La atribución a un acto de dicha calificación concierne a la autodescripción del sistema. Esto se debe a que el acto de *violentia iuris* (Prϕ) forma parte del orden jurídico de la comunidad de referencia (A):

$$Pr\phi \in (A)$$

Sin embargo, esta perspectiva P1 tiene sus limitaciones. Para entender el papel de la violencia en la constitución de la realidad social es necesario dar un paso más. En esta dirección, introduciré la idea de una ontología postmetafísica del orden social. A este modelo lo identificaré como Perspectiva 2 o P2, pero haciendo una importante aclaración: no uso la expresión ontología en su significación tradicional – i.e., como una representación de la estructura estable del ser que rige el devenir, da sentido al conocimiento y da normas a la conducta[9]–,

---

[7] Kelsen (1995: 61). Cito la traducción de Eduardo García Maynez. Que un acto de *violentia iuris* no pueda ser en sí – i. e., tener un carácter absoluto – se debe a que el mismo sólo existe 'dentro' del sistema jurídico – y, en general, sólo 'dentro' del orden social. Para que (ϕ) sea un acto de violencia 'en' el derecho es necesario que así sea interpretado a través de una regla social específica, a saber: una norma (*n*) del sistema. En términos de un enunciado jurídico simple: (ϕ) es un acto de *violentia iuris* ↔ (∃*n*) *n* (Prϕ). Dicho enunciado puede leerse: „Un acto de fuerza (ϕ) es violencia en el derecho si y sólo si (en el orden jurídico de referencia) existe una norma *n* que prohíba la conducta (ϕ)". (ϕ) y Prϕ no son equivalentes. En el ámbito de la *violentia iuris*, al igual que en el pensamiento postmetafísico, no hay hechos en sí, sino sólo interpretaciones.

[8] „*Generaliter iniuria dicitur, omne quod non iure fit*". Justiniano según Pérez Rivas (1944: 245).

[9] Véase en este sentido: Vattimo (2001: 64).

sino que se reservará para señalar la clase de referencia o universo del discurso de dominios determinados de conocimiento. En este contexto, una ontología del orden social es una investigación congruente con el *pragmatic turn* de la filosofía contemporánea y los modelos cibernéticos que versa sobre el modo en el que los hechos sociales e institucionales existen. Sobre esta cuestión deben hacerse unas breves precisiones.

Tanto en la filosofía postwittgensteiniana propia de la teoría de los *speech acts* como en los modelos de la ciencia computacional actual, la expresión ontología (*ontology*) se emplea para referir toda especificación explícita de la conceptualización de un determinado dominio. Una *ontology* tiene como características centrales las siguientes:

1. Explicita los presupuestos implícitos de nuestras representaciones respectivas. En este sentido, posee un *status* reconstructivo.
2. Tiene un carácter formal: las nociones que captura son, en la medida de lo posible, precisas y exentas de ambigüedad.
3. Tiene que ver con un dominio específico de aplicación.
4. Representa una conceptualización e introduce diferencias relevantes que permiten deslindar prismas hermenéuticos de conformidad a diversas tareas en el domino respectivo.[10]

En la dimensión particular de la realidad social, nuestra referencia es el excelente libro *The construction of social reality* del filósofo norteamericano John R. Searle. Partiendo de que, en la era del pensamiento postmetafísico, la ontología fundamental (*fundamental ontology*) se encuentra constituida por sistemas de partículas desarrollados en campos de fuerza, el objeto de una ontología social (*social ontology*) es, en palabras del mismo Searle, el siguiente:

> Desde que nuestra investigación es ontológica, *i.e.*, es acerca sobre el modo en que los hechos sociales existen, necesitamos una imagen del modo en que la realidad social (*social reality*) cabe en nuestra ontología general (*overall ontology*), del modo en que la existencia de hechos sociales (*social facts*) se relaciona con otras cosas que existen.[11]

---

[10] En esta caracterización me he servido de Bench-Capon (2005: 66). Dejando a un lado las especificidades y aplicaciones computacionales de las *ontologies*, me interesa resaltar el tipo de representaciones y descripciones que contienen: objetos (*objects*) del dominio, atributos (*attributes*) de dichos objetos, así como sus relaciones (*relationships*) y valores (*values*). La traducción del original en inglés es mía.

[11] Searle (1995: 5 s.). La traducción del original en inglés es mía.

## Violencia y ontología del orden social

Esto no significa que la dimensión de lo social se explique en términos naturalistas. La realidad social se encuentra constituida, *grosso modo*, de hechos institucionales y de poderes deónticos sostenidos en un sistema de aceptación. Lo social forma parte de una ontología mayor que tiene su base en los hechos brutos y su cúspide en los hechos institucionales.[12]

La ontología de la realidad social tiene un carácter postmetafísico por lo menos en dos sentidos: el primero es una derivación del giro hermenéutico-pragmático del pensamiento contemporáneo por el que el lenguaje posee una posición central y constituye la plataforma para la edificación de las *ontologies* – sean aplicables o no en el ámbito computacional; en segundo lugar, es compatible con el *status* postfundacionalista de la era actual y su deslinde respecto de la categoría de totalidad. Cabe señalar finalmente que esta caracterización de la *ontology* se deslinda de otras maneras de entender el término en cuestión; en particular, me refiero a la equivalencia entre ontología y filosofía de la injusticia expuesta por el pensador lituano Emmanuel Levinas. En este sentido, nuestro tratamiento de la violencia se desarrolla desde un marco diverso a la hermenéutica de la otredad.[13]

El modelo postmetafísico de ontología social P2 nos lleva a ampliar la concepción de la violencia determinada por P1. Además de la *violentia iuris* – o violencia *stricto sensu* – que constituye el paradigma de la acción violenta 'prohibida' sistémicamente (Prϕ), en el orden social existen al menos dos tipos más de violencia. Por un lado, la violencia denominada legítima o sistémica – i. e., actos de fuerza autorizados (Fϕ) por el orden en cuestión, que son ejecutados por individuos o instituciones investidos de la *facultas* respectiva y que son imputados

---

[12] Para el desarrollo de estas temáticas véase Searle (1995: 79 ss.). La *ontology* completa de Searle se encuentra en la p. 121. Emmanuel Renault distingue entre una ontología social en sentido formal y otra en sentido sustancial. La primera está más cerca de nuestra caracterización de las *ontologies*. Sobre el particular, véase Renault (2010: 138).

[13] Levinas explicita su concepción de la ontología en los siguientes términos: „Filosofía del poder, la ontología, como filosofía primera que no cuestiona el Mismo, es una filosofía de la injusticia. [L]leva fatalmente a otra potencia, a la dominación imperialista, a la tiranía. [...] El *ser* antes que el *ente*, la ontología antes que la metafísica, es la libertad (aunque de la teoría) antes que la justicia. Es un movimiento en el mismo antes que la obligación frente al Otro. Es necesario invertir los términos" (Levinas 1977: 70 s.). La superación trans-ontológica de la totalidad como un abandono a la lógica de la violencia de la tradición ontológica parte, así, de la exterioridad que surge de las exigencias del Otro. Para una crítica de este aspecto del pensamiento levinasiano véase Derrida (1989: 113 y 189-193).

a la comunidad – y, por otro, de la violencia permitida (Perϕ) excepcionalmente a ciertos sujetos de la comunidad. Ambos tipos de actos se constituyen en *sub species* de la violencia *lato sensu*, aunque generalmente se empleen otros términos para nombrarlas: coerción legítima y su monopolio estatal o comunitario en el primer caso (Fϕ), legítima defensa o sus análogos en el segundo (Perϕ).[14]

Es necesario precisar que todas las clases de violencia forman parte del orden jurídico de la comunidad de referencia (A). Es por esta razón que la violencia no constituye algo externo con respecto al orden social. Esto resulta particularmente relevante en el caso de los actos de *violentia iuris*, como ya se ha comentado. En este sentido:

$$(Pr\phi \land F\phi \land Per\phi) \subset (A)$$

*i. e.*, (Prϕ ∧ Fϕ ∧ Perϕ) son productos de la *interpretatio* que se da mediante el prisma hermenéutico constituido por (A). La violencia – empero, todo tipo de violencia – es inmanente al orden social.

Esta primera determinación ontológico-social de la violencia es útil para identificar falsos dilemas en el ámbito de la explicación de la realidad social. En particular para disolver el dilema fatal que opone violencia *vis-à-vis* al orden. Dicha oposición – heredada por nuestros lenguajes ordinarios y por una considerable porción de nuestras tradiciones filosóficas – ha conducido a la afirmación de que el cosmos representado por el universum social ordenado equivale a una totalidad en torno a la cual la violencia se constituiría en una especie de entidad meta o trans-ontológica que introduce una suerte de desorden o destrucción en el marco de nuestras referencias sistémicas. Esta argumentación dilemática compleja nos lleva a la postulación insostenible de una entelequia hipostática, fantástica: una acción social externa a la realidad social misma. Se trata de una *fictio*, de un *vacuum* ontológico que por existir fuera de todo tiempo y espacio social – un auténtico sujeto o conjunto vacío[15] –, resulta incomprensible.

Esta precisión nos lleva a una segunda determinación ontológica: toda violencia pertenece a la dimensión específica de la facticidad del orden social, i. e.,

---

[14] Sobre los distintos tipos de violencia, véanse Tamayo (1976: 72 ss.); Žižek (2009: 9 s. y 243).

[15] Si la comunidad (A) como representación del orden social constituye nuestro universo del discurso, no existe nada social exterior a él: [ U = (A) ∧ (U' = ∅) ] → (A)' = ∅. Se trata de la aplicación de la regla de la teoría de los conjuntos según la cual el complemento de un conjunto universo es un conjunto vacío, pero aplicado al problema de la comunidad (A). Sobre esta cuestión véanse Pérez (2010: 61 ss.) y Tamayo (1998c: 571).

## Violencia y ontología del orden social

al complejo de restricciones y coerciones – legítimas e ilegítimas – bajo las que se efectúa la reproducción de la vida social.[16] En particular, el empleo de la violencia sistémica (F$\phi$) en el marco institucional jurídico-estatal no posee un equivalente funcional en las sociedades complejas contemporáneas. Tanto el derecho como el Estado son órdenes coactivos: emplean la violencia sistémica para pacificar a la comunidad y estabilizar las expectativas de comportamiento.[17]

Sin embargo, es necesario enfatizar que el orden social no se sostiene ontológicamente sobre la violencia. Ésta, a pesar de su paradójico *status* de necesariedad en la dimensión de la *facticidad*, no constituye el fundamento del todo social. Éste se encuentra cimentado no en el empleo efectivo o potencial de la fuerza, sino en una idealización que aparece frente a nosotros *hic et nunc* caracterizada por su *status* contrafáctico: la aceptación o acuerdo – que representaré con el símbolo Q.[18] Esta idea – implícita ya en la intuición originaria que dio lugar a la tradición del derecho natural racional y que ha sido desarrollada mediante recursos postmetafísicos desde la teoría de los *speech acts* de Searle hasta la *Teoría de la acción comunicativa* de Habermas[19] – adquiere su pleno sentido si adoptamos el modelo teórico-social según el cual existe una relación de autorreferencia en cortocircuito entre sociedad y razón. Si en términos modernos se ha definido al derecho y al Estado en virtud de su posesión del „monopolio de la violencia legítima"[20], el acento fundamental tiene que ser puesto precisamente en el carácter legítimo con el que se califica a la violencia sistémica. Pero, ¿qué significa esto?

En la tradición filosófico-política de Occidente se ha deslindado el concepto de poder de hecho de la idea de dominación legítima. En particular, la dominación política nombra el empleo autorizado del poder. En otras palabras: no se trata de una simple ejecución del poder; se refiere, más bien, a un ejercicio que posee el *status legitimus*. Resulta necesario recordar que la expresión *legitimus* adquiere su significado paradigmático del *Corpus iuris*. Para la tradición romanista, lo *legitimus* es aquello que es conforme a derecho o lo justo en el contexto

---

[16] En este sentido véase Habermas (1992: 22 s.).
[17] Sobre estas cuestiones, resultan indispensables: Arendt (2005: 12); Kelsen (1995: 25); Luhmann (1985: 82 ss.; 2005: 188 ss.).
[18] Sobre este problema en el ámbito específico de la caracterización del poder político, véase Stoppino (2007: 1629 ss.). Del concepto iusnaturalista de 'pacto' a la categoría kelseniana de *Grundnorm* se encuentra implícita la concepción según la cual la integración social no es posible sino en virtud de un compromiso, véase Tamayo (1998b: 281).
[19] Véase Habermas (1992: 22 s.).
[20] Weber (1964: 648 ss.); Kelsen (1995: 215 ss.).

en que *ius* y *iustitia* aparecen como expresiones equivalentes. Instancias de este uso son *legitima poena, legitimum impedimente, legitimae controversiae*.[21] En esta línea, *legitimus* aparece como equivalente a *ex lege, ex iure civile*, i. e., como lo establecido por la ley o derivado de su *interpretatio*. En este sentido: *iudicium legitimum, hereditas legitima, persona legitima*.[22] El concepto romanista de *facultas* es el relevante aquí: un acto ($\phi$) es *legitimus* porque está autorizado, i. e., porque alguien se encuentra facultado jurídicamente para hacerlo. En su explicación de la tutela legítima de los patronos (*legitima patronum tutela*), las *Instituciones* de Justiniano precisan con inigualable claridad:

> Según la propia Ley de las Doce Tablas, la tutela de los libertos y libertas corresponde a los patronos o a sus hijos, cuya tutela se llama también legítima, no porque esté establecida expresamente en la ley, sino porque procede de la interpretación de esta ley, como si hubiese sido introducida por las palabras mismas de ella.[23]

En virtud de su pesada carga emotiva, *legitimus* nombraba algo practicado o mantenido como correcto y valioso: una acción *ex iure* era un comportamiento *iustus*. Así, *legitimus* guardaba la misma significación eulogística que la palabra δικαια entre los griegos.[24] Es importante distinguir este uso paradigmático de aquel que después se adoptó en la literatura política. La legitimidad en la dimensión específica de las ideas políticas se encuentra vinculada con la necesidad de justificación normativa, i. e., con la búsqueda de un fundamento para el ejercicio del poder político, aquello que otorga un *iusto* título a la dominación política.[25] Con este uso – distinto del específicamente jurídico –, la legitimidad como justificación normativa es frecuentemente contrapuesta a la legalidad, la cual refiere una conformidad simplemente formal de las prácticas sociales al *ius positivum*. Las consecuencias de estas precisiones en el tema que nos ocupa son evidentes: la violencia sistémica (F$\phi$) es legítima en el sentido de que es autorizada por la misma comunidad de referencia (A).

---

[21] Véase Tamayo (1998a: 174).
[22] Véase ibíd.
[23] „*Ex eadem lege Duodecim Tabularum, libertorum et libertarum tutela ad patronos liberosque eorum pertinet, quæ et ipsa legitima tutela vocatur, non quia nominatim in ea lege de hac tutela caveatur sed quia perinde accepta est per interpretationem, ac sic verbis legis introducta esset*". Justiniano según Pérez Rivas (1944: 52).
[24] Sobre estos aspectos, véase Tamayo (1998a: 174 ss.).
[25] Véase ibíd.: 175 ss.

## Violencia y ontología del orden social

En términos del pensamiento postmetafísico, el clásico concepto de 'legitimidad' es introducido mediante el recurso a la categoría de aceptación – en el sentido del *system of acceptance* de Searle.[26] Dicha idea (Q) constituye una de las presuposiciones que se asumen en aquel sector contrafáctico de la realidad social identificado bajo el rótulo de validez (*Geltung*).[27] La operación deóntica primitiva según la cual nosotros aceptamos la edificación del orden social – i. e., la expresión del 'reconocimiento intersubjetivo' de las funciones de *status* características de dicho orden – representa la condición cuasi-trascendental de posibilidad del todo social. Este argumento puede ser desarrollado en dos momentos. El primero hace referencia a una tesis fundamental de la *social ontology* derivada de la teoría de los *speech acts* de Searle según la cual la realidad institucional es creada y constituida con base en la siguiente operación:

Nosotros aceptamos (*We accept*):
El individuo X tiene poder (*power*) deóntico de hacer ($\phi$)[28]

En un segundo momento se radicaliza esta tesis en términos discursivos: como participantes en la realidad social quedamos obligados en virtud de las fuerzas ilocucionarias vinculantes propias de nuestros actos de habla. Para decirlo en palabras de John L. Austin: „[L]a *palabra empeñada nos obliga*"[29].

Ello implica, en lo que a nuestro tema refiere, que la violencia presupone – tanto en su identificación como en su eficacia social – el concepto originario de aceptación. En particular, la violencia sistémica adquiere su carácter de legítima – en el sentido paradigmático de *legitimus* – de su reconocimiento contrafáctico desde abajo, i. e., desde los participantes del mismo orden social (A). Para decirlo en términos de una argumentación trascendental débil:

1 R (*factum* de F$\phi$), 2 ($\neg$Q $\rightarrow$ $\neg$R), $\vdash$ Q (*conditio* cuasi-trascendental de R)[30]

---

[26] Véase Searle (1995: 91).
[27] Véase Habermas (1992: 23).
[28] Véase Searle (1995: 111). El individuo X es aquel que tiene la *facultas*, atribuida por la comunidad (A), de llevar a cabo el acto violento ($\phi$): autor de legítima defensa, policía, ejército, etc.
[29] Austin (1991: 35). El énfasis es del mismo Austin.
[30] Uso R como símbolo denotativo del *factum* de la violencia sistémica (F$\phi$) y Q como símbolo denotativo de la aceptación presupuesta en todo orden social. Los números 1 y 2 representan las dos premisas del argumento.

Este concepto de *legitimus* aplicado a la violencia sistémica – y que permite calificar de ilegítima a la *violentia iuris* (Pr$\phi$) – es plausible únicamente si entendemos que tiene límites de aplicación: sólo vale en el desarrollo de una ontología formal del orden social. En el momento que radicalizamos en términos normativos la tesis de que toda legitimidad proviene desde abajo, la categoría de violencia legítima requiere de ulteriores precisiones. Esto me lleva a la parte final del presente trabajo.

## Violencia y política radical. La fundación de un nuevo orden

Tanto la *analytical jurisprudence* (P1) como nuestra ontología formal del orden social (P2) nos han proporcionado concepciones de violencia y de legitimidad de una manera francamente inmanente: ambos conceptos se determinan dentro del marco de referencia del orden en cuestión (A). De manera consecuente, la relación de autorreferencia en cortocircuito entre sociedad y razón justifica la introducción de un tipo de crítica inmanente de las prácticas sociales. Desde la *Fenomenología del Espíritu* de Hegel hasta las reformulaciones de la negación determinada por parte de la *Teoría Crítica*, la crítica inmanente ha permitido hacer un cuestionamiento de las prácticas en la dimensión social a partir de lo que presuponemos en esas mismas prácticas.[31]

Pero, ¿qué sucede si ahora queremos explicar la eventual destrucción del orden (A) en términos de violencia? ¿Cómo dar cuenta de la fundación de un nuevo orden (B) relativa o absolutamente inconmensurable con el anterior? Esta nueva *quæstio* nos conduce a adoptar una perspectiva alternativa P3 que denominaré 'modelo de política radical'. Su objetivo es el siguiente: determinar los posibles criterios de transformación de la violencia no-sistémica en un tipo de violencia legítima. Para decirlo en otras palabras: ¿cómo se explica la transición de (A) a (B)? ¿Cuándo la *violentia iuris* da lugar a la violencia sistémica?

El concepto de revolución tal y como se ha desarrollado por la teoría jurídica del Estado lleva implícita la dialéctica entre conservación y transformación del orden social. Afirma Kelsen *ad pedem litterae*:

> Una revolución [...] ocurre siempre que el orden jurídico de una comunidad es nulificado y sustituido en forma ilegítima por un nuevo orden, es decir, cuando la sustitución no se hace en la forma prescrita por el orden anterior. En este punto carece de importancia examinar si tal sustitución se produce mediante un levantamiento violento contra los individuos que hasta entonces tenían el carácter de

---

[31] Sobre esta cuestión véase Benhabib (1986: 20 ss. y 42).

*Violencia y ontología del orden social*

órganos "legítimos", capacitados para crear y modificar el orden jurídico. [...] Desde el punto de vista jurídico, el criterio decisivo de una revolución es que el orden en vigor es derrocado y reemplazado por un orden nuevo, en una forma no prevista por el anterior.[32]

Desde el punto de vista de la contemporánea teoría del sistema jurídico, el problema de la revolución y la identificación *a posteriori* del orden jurídico existente revela las fronteras de P1 y P2: los límites temporales de un orden, i. e., el momento de su comienzo y el de su desaparición no pueden ser determinados únicamente mediante criterios inmanentes.[33] Ello depende de consideraciones sociales y políticas que van más allá de las perspectivas propias de la *analytical jurisprudence* y la ontología social *stricto sensu*.

En el punto dos de este trabajo habíamos precisado el criterio de identidad de la *violentia iuris* (Pr$\phi$). También explicité en el punto tres el criterio aplicable a la determinación de la violencia sistémica (F$\phi$) – i. e., a los actos de fuerza autorizados por e imputados a la comunidad en cuestión (A). Ahora se trata de explicar por qué el paso de (A) a (B) da lugar a una transformación hermenéutica que lleva de Pr$\phi$ a F$\phi$.

Desde el punto de vista de P3, la categoría de violencia se relativiza aún más que en las perspectivas P1 y P2. Esto se debe a que en la transición violenta de un orden a otro, i. e., en el paso de (A) a (B) mediante el uso de la fuerza, los criterios de identidad o membresía de la *violentia iuris* y de la violencia sistémica continúan operando formalmente, pero en un contexto interpretativo distinto al anterior. Me explico: ambos tipos de violencia, si bien pertenecen ambos al orden social de referencia (A), al modificarse el contenido del prisma hermenéutico – a saber: mediante un cambio en los esquemas cognitivo-representacionales respectivos –, la *interpretatio* del acto ($\phi$) también se modifica.

Esto es verdad, pero bajo una condición: que el nuevo orden (B) que sustituye al anterior (A) sea aceptado, i. e., que sea reconocido intersubjetivamente por los participantes de la comunidad en cuestión. Dicha aceptación – el fundamento del orden social – es la que hace posible que un tipo de *violentia iuris* como la revolución triunfante – Pr$\phi$ bajo el prisma (A) – sea interpretado ahora – desde el prisma (B) – como violencia sistémica, i. e., como F$\phi$.[34] Esa es precisamente

---

[32] Kelsen (1995: 137 ss.).
[33] En este sentido véase Raz (1986: 6).
[34] Otra forma de explicar esto es la siguiente. El mismo *texto* ($\phi$), si se interpreta a través de diversos *praxema types*, da lugar a distintas calificaciones hermenéuticas (*token de*

la idea de la 'política radical': la destrucción del orden establecido mediante una organización que, a su vez, posee un papel creativo en la reconstrucción o sustitución de dicho orden.[35] Así la política radical aparece como la negación de la comunidad jurídico-política de referencia (¬A) y como la propuesta de una nueva normatividad (B) – de conformidad con otros valores relativa o absolutamente inconmensurables con la normatividad anterior (A).

A pesar de sus connotaciones evidentemente teológicas, el modelo de política radical P3 es útil para explicar la situación de una revolución triunfante. Al negar la normatividad existente vía la destrucción del orden (¬A), P3 nos permite formular una hipótesis contra-histórica conforme a la cual podríamos colocarnos, como consecuencia del movimiento revolucionario, en una situación original en que reinaría el caos, i. e., la ausencia – imposible ontológicamente – del orden social (cosmos), y nos permitiría elegir – i. e., reconocer intersubjetivamente – entre las diversas propuestas de normatividad. Estas propuestas se presentarían de manera francamente disyuntiva y excluyente:

$$\text{Orden (A)} \quad \downarrow \quad \text{Orden (B)}$$

El caos originario da lugar a un acontecimiento en que se elige la normatividad respectiva. Únicamente si los participantes eligen B, los actos revolucionarios ($\phi$) cambian su calificación hermenéutica de Pr$\phi$ a F$\phi$.[36] De lo contrario, dichos actos seguirán siendo interpretados como *violentia iuris*.[37]

Este modelo P3 puede ser radicalizado en dirección de la filosofía moral y política.[38] Esto me lleva a sostener la tesis de que existe una relación de autorreferencia en cortocircuito entre derecho y democracia: en todo orden social, los participantes 'convienen' – fáctica o contrafácticamente – las reglas sociales

---

*praxema*). Desde el *type* (A), ($\phi$) es una instanciación de *violentia iuris* (Pr$\phi$); desde el *type* (B), ($\phi$) se legitima y adquiere la calidad de *violencia sistémica* (F$\phi$).

[35] En torno al modelo de política radical me baso en: Walzer (2008: 15 ss. y 334–337).

[36] En este caso, las reglas del viejo orden (A) son privadas de su validez por el movimiento revolucionario de tal forma que ya no concuerdan con su principio de legitimidad. Kelsen enfatiza que las normas de (A) no sólo pierden su validez *de facto*, sino también *de iure* (véase Kelsen 1995: 138 s.).

[37] Siguiendo la terminología benjaminiana, se puede afirmar que si los participantes eligen (B), la violencia fundadora de derecho se transforma en „conservadora de derecho". Sobre el particular, véanse: Benjamin (1991: 30 ss.); Honneth (2009: 101 ss.).

[38] Esta conexión y la explicación anterior han sido inspiradas por los siguientes trabajos: Badiou (1999: 546); Tamayo (1998b: 281–289).

sobre las que se sostendrá la comunidad. Esto es indubitable, pero con una salvedad: sólo es plausible si nuestros valores de universalismo igualitario y de inclusividad son correctos de conformidad con el respectivo ensayo argumentativo y los procesos de aprendizaje característicos de la sociedad occidental. Pero esto nos lleva a problemas de fundamentación que, por su complejidad, quedan fuera de las dimensiones del presente trabajo.

# Bibliografía

ARENDT, Hannah (2005). *Sobre la violencia*. Madrid: Alianza Editorial.
AUSTIN, John Langshaw (1998). *The province of jurisprudence determined*. Indianapolis: Hackett Publishing Company.
AUSTIN, John Langshaw (1991). *Cómo hacer cosas con palabras*. Barcelona: Paidós.
BADIOU, Alain (1999). *El ser y el acontecimiento*. Buenos Aires: Manantial.
BENCH-CAPON, Trevor (2005). „Ontologies in AI and Law", en: Enrique CÁCERES (ed.). *Inteligencia artificial aplicada al derecho*. México: UNAM-Instituto de Investigaciones Jurídicas, 65-84.
BENHABIB, Seyla (1986). *Critique, norm and utopia. A study of the foundations of Critical Theory*. New York: Columbia University Press.
BENJAMIN, Walter (1991). „Para una crítica de la violencia", en: Eduard SUBIRATS (ed.). *Para una crítica de la violencia y otros ensayos. Iluminaciones IV*. Madrid: Taurus, 23-45.
BENTHAM, Jeremy (1988). *The principles of morals and legislation*. New York: Prometheus Books.
DERRIDA, Jaques (1989). „Violencia y metafísica. Ensayo sobre el pensamiento de Emmanuel Levinas", en: José M. ORTEGA (ed.). *La escritura y la diferencia*. Barcelona: Anthropos, 107-210.
GARCÍA DEL CORRAL, Idelfonso (1889). *Cuerpo del derecho civil Romano*. Barcelona: Lex Nova.
HABERMAS, Jürgen (1992). *Faktizität und Geltung. Beiträge zur Diskurstheorie des Rechts und des demokratischen Rechtsstaats*. Frankfurt am Main: Suhrkamp.
HABERMAS, Jürgen (1988). *Nachmetaphysisches Denken. Philosophische Aufsätze*. Frankfurt am Main: Suhrkamp.
HART, Herbert Lionel Adolphus (1983). „Definition and theory in jurisprudence", en: Hebert Lionel Adolphus HART (ed.). *Essays in jurisprudence and philosophy*. Oxford: Oxford University Press, 21-48.

HONNETH, Axel (2009). „El rescate de lo sagrado desde la filosofía de la historia", en: Adolfo LIZÁRRAGA GÓMEZ (ed.). *Patologías de la razón. Historia y actualidad de la teoría crítica*. Buenos Aires: Katz, 101–138.

JUSTINIANO, Flavius (1944). *Instituciones*. Buenos Aires: Heliasta.

JUSTINIANO, Flavius (1889). *Cuerpo del derecho civil romano I*. Barcelona: Jaime Molinas.

KELSEN, Hans (1995). *Teoría general del derecho y del Estado*. México: UNAM.

LEVINAS, Emmanuel (1977). *Totalidad e infinito. Ensayo sobre la exterioridad*. Salamanca: Sígueme.

LUHMANN, Niklas (2005). *El derecho de la sociedad*. México: Herder-Universidad Iberoamericana.

LUHMANN, Niklas (1985). *A sociological theory of law*. London: Routledge & Kegal Paul.

PÉREZ, Sergio (2010). „El desorden interior", en: Ramón ALVARADO et al. (eds.). *¿Existe el orden? La norma, la ley y la transgresión*. México: Anthropos-UAM-I, 61–79.

RAZ, Joseph (1986). *El concepto de sistema jurídico. Una introducción a la teoría del sistema jurídico*. México: UNAM-Instituto de Investigaciones Jurídicas.

RENAULT, Emmanuel (2010). „Política y orden social", en: Ramón ALVARADO et al. (eds.): *¿Existe el orden? La norma, la ley y la transgresión*. México: Anthropos-UAM-I, 137–152.

SEARLE, John (1995). *The construction of social reality*. New York: The Free Press.

STOPPINO, Mario (2007). „Violencia", en: Norberto BOBBIO et al. (eds.). *Diccionario de política*. México: Siglo XXI, 1627–1634.

TAMAYO, Rolando (2008). *Introducción analítica el estudio del derecho*. México: Themis.

TAMAYO, Rolando (1998a). *Elementos para una teoría general del derecho*. México: Themis.

TAMAYO, Rolando (1998b). *Introducción al estudio de la constitución*. México: Fontamara.

TAMAYO, Rolando (1998c). „Coacción", en: *Nuevo Diccionario Jurídico Mexicano A-C*. México: UNAM-Instituto de Investigaciones Jurídicas, 570–572.

TAMAYO, Rolando (1976). *Sobre el sistema jurídico y su creación*. México: UNAM-Instituto de Investigaciones Jurídicas.

VATTIMO, Gianni (2001). "Metafísica, violencia, secularización", en: Gianni VATTIMO (ed.). *La secularización de la filosofía, Hermenéutica y posmodernidad.* Barcelona: Gedisa, 63-88.
WALZER, Michael (2008). *La revolución de los santos. Estudios sobre los orígenes de la política radical.* Buenos Aires: Katz.
WEBER, Max (1964). *Economía y sociedad.* México: Fondo de Cultura Económica.
WITTGENSTEIN, Ludwig (2003). *Investigaciones Filosóficas.* México: UNAM.
ŽIŽEK, Slavoj (2009). *Sobre la violencia. Seis reflexiones marginales.* Barcelona: Paidós.

Alejandro Nava Tovar
(Universidad Autónoma Metropolitana – Iztapalapa)

# Hacia una crítica del derecho penal del enemigo y de la criminología mediática: consecuencias locales de la actual política criminal global

En este trabajo intentaré plantear una crítica a la política criminal global y a la llamada criminología mediática, luego continuaré con las consecuencias de ésta en el ámbito local mexicano y terminaré con el planteamiento de un camino alternativo, en el cual, el derecho penal sirva para asegurar el Estado de derecho. Para ello, haré primero un análisis acerca de las condiciones globales que han intentado legitimar o imponer una política criminal basada en una construcción mediática que poco o nada tiene que ver con el discurso de un derecho penal crítico. Después continuaré con las consecuencias negativas que ha tenido el implantar en el ámbito local la política punitiva del 'derecho penal del enemigo', entre las que se encuentran el aumento en el nivel de la violencia de los órdenes políticos, la violación de derechos fundamentales y la irrupción de un populismo penal y autoritario. Terminaría este trabajo con la propuesta normativa de pensar en reducir y controlar la violencia institucional a nivel local y global mediante la legitimación de un derecho penal garantista y de una política criminal cautelar.

In diesem Beitrag werde ich zunächst eine Kritik der globalen Kriminalpolitik und der sogenannten Medienkriminologie formulieren. Im Anschluss werde ich die Konsequenzen dieser Politik am Bcispiel Mexikos darlegen und eine mögliche Alternative aufzeigen, bei der das Strafrecht dazu dient, den Rechtsstaat abzusichern. Hierfür gilt es, zuerst die globalen Bedingungen zu analysieren, die eine Kriminalpolitik auf der Basis medialer Konstruktionen zu legitimieren oder zu etablieren suchen, die wenig bis gar nichts mit dem kritischen Diskurs des Strafrechts zu tun hat. Danach werden die negativen Konsequenzen aufgezeigt, welche die Etablierung einer Strafpolitik des 'Strafrecht des Feindes' auf lokaler Ebene hat. Hierzu zählen der Anstieg des Gewaltniveaus der politischen Ordnungen, die Verletzung der Grundrechte und das plötzliche Aufkommen eines strafrechtlichen und autoritären Populismus. Abschließend möchte ich den Vorschlag machen, darüber nachzudenken, die institutionelle Gewalt auf lokaler und globaler Ebene mittels der Legitimierung eines garantierten Strafrechts und einer vorbeugenden Kriminalpolitik zu reduzieren und zu kontrollieren.

> La criminología mediática, con su causalidad mágica, impulsa las reformas legales más desopilantes. La imagen transformada en ley también es una cuestión mágica. Nuestro antepasado dibujaba los animales de presa en las paredes de las cavernas, pues por pensamiento mágico al poseer la imagen creía poseer el objeto representado. Ahora la imagen es la descripción de lo representado en el boletín oficial. Es el *mito de la caverna*, pero no el de Platón, sino el del cavernícola.
>
> Raúl Zaffaroni

*Alejandro Nava Tovar*

## Introducción

La idea de desarrollar este trabajo surgió por dos razones: la primera se debe a las actuales crisis de legitimidad institucional y de descomposición social por las que actualmente atraviesa la sociedad mexicana, y la segunda se debe a la lectura crítica de la obra de Eugenio Raúl Zaffaroni, *La palabra de los muertos. Conferencias de criminología cautelar* (2011). Estas dos razones me motivaron a reflexionar sobre el problema de la política criminal global y sus repercusiones en países como México. Para realizar este trabajo, me basaré en diversas posturas de la filosofía del derecho, del derecho penal y de la criminología crítica.

## *La actual política criminal global: En busca del enemigo absoluto*

Considero, sin temor a exagerar, que tiene razón Reinhard Brandt al señalar que

> [e]l derecho penal ha ido perdiendo importancia dentro de una Filosofía del Derecho cada vez más centrada en la justicia. John Rawls no aborda esta problemática del castigo jurídico en su *Teoría de la justicia* y Jürgen Habermas margina la cuestión en su libro *Facticidad y validez*.[1]

Sin embargo, este desinterés filosófico y político ha tenido – entre otras consecuencias – la falta de una crítica sistemática de la violencia de las políticas punitivas globales y locales, institucionalizadas y aplicadas mediante normas penales.

Este descuido o desinterés por el derecho penal no es menor, y mucho menos en esta era de la globalización, ya que se olvida, o ignora, que „el Derecho Penal es el núcleo del poder estatal y la más enérgica arma a disposición de los gobiernos. Su justificación está de este modo intrínsecamente conectada con la justificación de la existencia de los gobiernos".[2] También, dentro de los sistemas institucionalizados de control social, el derecho penal es el sistema más autoritario y tiene una característica que lo diferencia de otros sistemas de control más sutiles: es un sistema represivo en el que la violencia ocupa un lugar muy especial, tanto por los casos en los que se ocupa como por las soluciones que plantea frente a éstos.[3] Precisamente, en un Estado democrático y social de derecho, la legitimación del castigo estatal depende de que las leyes que autoricen las facul-

---

[1] Brandt (2001: 221 s.).
[2] Nino (2008: 14).
[3] Véase Muñoz Conde (2005: 167).

## Hacia una crítica del derecho penal del enemigo y de la criminología mediática

tades coercitivas de éste tengan una pretensión de corrección, tanto en el nivel de fundamentación, como en el nivel de aplicación.[4]

Ahora bien, si es que existe una conexión normativa entre el castigo estatal y las normas penales con una pretensión de justicia universal, parece importante cuestionarnos si la actual política criminal global cumple con esta vinculación, ya que, en los últimos años, la legitimidad del discurso de las intervenciones humanitarias y de las normas penales internacionales ha sido cuestionada, desde diversas disciplinas sociales, por un gran número de críticos. De este modo, el derecho penal, entendido como

> la rama del saber jurídico que mediante la interpretación de las leyes penales, propone a los jueces un sistema orientador de decisiones que contiene y reduce el poder punitivo, para impulsar el progreso del Estado constitucional de derecho,[5]

no puede fundamentarse por sí sólo, sino que necesita de un discurso punitivo que legitime tanto las explicaciones de los delitos en las sociedades modernas, como de los castigos estatales que pueden infligirse a los sujetos, comprendidos como los usos de la fuerza física legítima y no como un ejercicio desnudo de poder.[6] Es por ello que a pesar de perseguir objetivos diferentes, el derecho penal requiere de un discurso que lo legitime, ya que los saberes jurídico-penales deben orientarse por ciertas comprensiones acerca de delito y la pena. Es este discurso legitimante del poder punitivo el objeto de la criminología, esto es, la serie de discursos que explican el fenómeno criminal y que, por tanto guían al discurso punitivo. Esta relación entre un derecho penal más autoritario de lo común y una criminología irreflexiva, legitimadora de una violencia punitiva que va más allá de los límites del Estado constitucional de derecho, será la que motivará mi crítica a la política criminal global vigente y a sus consecuencias en el Estado mexicano.

---

[4] Señalo esta distinción a partir de la lectura de la obra de Günther (1988).
[5] Zaffaroni/Alagia/Slokar (2005: 5).
[6] En este trabajo usaré el concepto de 'violencia' como distinto al de 'coacción', ya que por violencia entenderé el ejercicio ilegítimo, explícito o simbólico, de un sujeto o grupo sobre otro u otros con el fin de someterlo o exterminarlo, mientras que por 'coacción' entenderé todos aquellos medios institucionalizados del poder estatal legítimos, es decir, cuyo ejercicio sea considerado válido (aceptable) por los miembros de la comunidad política. Señalo esta distinción para evitar que los actos punitivos legítimos del Estado no sean distinguidos de los actos punitivos ilegítimos. De otro modo, podemos caer en el típico argumento de la 'maldad estatal', que consiste en denunciar a toda acción punitiva del Estado como ilegítima e injusta, dejándonos en un Estado de indefensión frente a la violencia del Estado mismo y de poderes fácticos que operan al margen de la legalidad.

En las últimas décadas hemos presenciado una serie de procesos económicos, políticos, científicos y culturales que han transformado nuestra comprensión del mundo. Dentro de esta serie de transformaciones, lo que hoy se menciona como globalización es mucho más que un proceso económico, cuyas dimensiones globales de una comunidad de violencia, de cooperación, miseria y sufrimiento[7] han traído, junto con nuevas libertades civiles y económicas, nuevos miedos que han provocado acciones y medidas punitivas inusuales. Estos miedos parecieron confirmarse a partir del once de septiembre de 2001, fecha que marcó un crimen que „funcionó sólo como acelerador – si bien muy potente – de una evolución, iniciada desde antes, hacia una arquitectura transnacional de seguridad".[8]

Una de las consecuencias de este y otros crímenes en el ámbito del derecho penal y la criminología, fue la de plantear la aplicación de un derecho penal del enemigo, que consiste en separar la aplicación de normas de derecho penal de los ciudadanos de normas excepcionales con la finalidad de preservar al Estado de derecho. La idea de un derecho penal del enemigo, sin embargo, parece que tampoco es nada nueva. Al menos no para el pensamiento filosófico. En la obra de dos grandes filósofos políticos como Thomas Hobbes y Jean-Jacques Rousseau encontramos reflexiones que justifican una punibilidad desproporcionada.[9] En el *Tratado sobre el ciudadano*, Hobbes expresaba una idea cercana a lo que se entiende por derecho penal del enemigo:

> De aquí se sigue que los rebeldes, traidores y todos los convictos de lesa majestad han de ser castigados no con el derecho civil, sino con el derecho natural, no como malos ciudadanos, sino como enemigos del gobierno, y no con el derecho del soberano, sino con el derecho de la guerra.[10]

En un sentido similar a Hobbes, en *El contrato social* Rousseau escribía lo siguiente:

> Además, todo malhechor, cuando ataca el derecho de la sociedad, se convierte por sus crímenes en rebelde y traidor a la patria, él cesa de ser miembro de ella violando sus leyes, e incluso le hace la guerra. Entonces, la conservación del Estado es incompatible con la suya; es necesario que uno de los dos perezca; y, cuando

---

[7] Véase Höffe (1999: 14–20).
[8] Günther (2005: 354).
[9] Para un excelente y más detallado estudio acerca de los orígenes del derecho penal del enemigo, véase la obra de Carlos Pérez del Valle (2004).
[10] Hobbes (1998: 287). Todos las traducciones al español son del autor.

*Hacia una crítica del derecho penal del enemigo y de la criminología mediática*

se hace morir al culpable, es menos como ciudadano que como enemigo. Los procesos, el juicio, son las pruebas y la declaración de que él ha roto el contrato social y, en consecuencia, ya no es más miembro del Estado.[11]

Si bien encontramos en estas obras de Hobbes y Rousseau reflexiones acerca de la posibilidad de aplicar un castigo excepcional a los transgresores de la ley, la concepción actual del derecho penal del enemigo se la debemos a un trabajo de 1985 del penalista Günther Jakobs,[12] el cual comenzó a popularizarse después de los atentados terroristas de 2001. Este derecho penal del enemigo, cuyo nombre nos recuerda a la célebre distinción política de Carl Schmitt entre amigo y enemigo, vuelve a pensar al derecho penal en términos de la 'peligrosidad del autor', al hacer uso de un lenguaje bélico respecto a los sujetos considerados peligrosos, y con ello caracterizarse, según Jakobs, por construir tipos penales que suponen un adelantamiento sustancial de los momentos en los que el autor debe ser sancionado, aplicar penas desproporcionadas respecto de ciertas acciones que todavía no entran en fases ejecutivas y reducir las garantías procesales de éstos.[13]

Este derecho penal del enemigo contempla la posibilidad de existir como un segundo orden punitivo dirigido no a los ciudadanos, sino a los no ciudadanos, carentes del estatus de *persona*, y, con ello, de garantías fundamentales, tanto materiales como procesales. Esta diferenciación recuerda también, según Francisco Muñoz, a la distinción que hacía Edmund Mezger en la redacción de un Proyecto de Ley sobre el tratamiento a 'Extraños a la comunidad' del gobierno Nacionalsocialista sobre dos tipos distintos de derecho penal, uno dirigido a la generalidad de la ciudadanía y otro dirigido para grupos especiales de determinadas personas, a las que, una vez incluidas en éste, se les debía aplicar este 'Derecho especial' sin límites.[14]

Es probable que el planteamiento de Jakobs sobre el derecho penal del enemigo no haya sido positivizado de *iure* en todas las legislaciones de los Estados de derecho democráticos – ni que él mismo haya formulado este planteamiento para convertirse en el autor intelectual de una legislación penal totalmente ilegítima –, pero, ciertamente, este planteamiento sirve para explicar a la actual política criminal global que estamos presenciando en diversos lugares del mun-

---

[11] Rousseau (1997: 64 s.).
[12] Me refiero al famoso artículo de Jakobs (1985: 751–785).
[13] Sobre las características de esta concepción penalista, véanse Jakobs (2000: 26–31) y Gracia (2005: 106–111).
[14] Véase Muñoz Conde (2002: 242).

do. A partir de la crisis del socialismo, la política criminal americana le declaró la guerra al terrorismo (entre otras cosas, porque ya no era viable usar el aparato punitivo para perseguir a la amenaza del socialismo), y, para lograrlo, ha emprendido nuevas y desesperadas cacerías de brujas en Medio Oriente, en las cuales suele aplicar *de facto* acciones punitivas que van más allá de la legalidad y jurisdicción americanas, tales como la tortura de los probables terroristas, la violación de los espacios territoriales y las ejecuciones sin proceso, siendo la última y más famosa la de Osama bin Laden.

Estas acciones punitivas globales han buscado legitimarse en la sociedad americana mediante un bombardeo criminológico-mediático que intenta mostrarles a los ciudadanos americanos – y de los demás países occidentales – que los terroristas no merecen un trato de personas, sino de enemigos absolutos que deben ser eliminados con todas las herramientas bélicas y leyes excepcionales disponibles. Los medios de comunicación han promovido una tipificación del terrorismo como el nuevo enemigo de la democracia, y a través de un cuidadoso manejo de imágenes e información, promueven la justificación de expediciones punitivas en busca de neutralizar o eliminar a los enemigos absolutos.

La nueva emergencia del terrorismo, concepto por demás problemático en términos jurídicos, permite que el poder bélico-punitivo, en la búsqueda de la eliminación del nuevo y difuso enemigo, vaya más allá de la legalidad y aplique un trato diferenciado al enemigo, el cual consiste en que las leyes penales le nieguen a ciertos sujetos su estatus de persona por tratarse de enemigos con los cuales no existe la posibilidad de consenso alguno. Es muy importante destacar que no se trata de la cantidad de derechos materiales y procesales que se le suprimen a ciertos sujetos considerados como enemigos, sino la razón que fundamenta esta supresión de derechos, que es la de considerarlo un enemigo peligroso, al que se le debe dar muerte.

Sabemos que en un Estado constitucional de derecho tanto el presidente, como los legisladores, jueces y corporaciones policiacas, no son omnipotentes, y que por esa misma razón, las leyes penales deben estar sujetas a límites materiales y formales, propios de la legalidad estatal, que impiden que la violencia del Estado se salga de su cauce. Sin embargo, el discurso de la guerra al terrorismo permite la desvinculación de la violencia punitiva a dichos límites. A través del uso desmesurado de la propaganda mediática, orgullosamente antiacadémica y antigarantista, las intervenciones extrajudiciales adquieren un carácter discrecional, respaldadas por un discurso aterrador que promueve un populismo pe-

*Hacia una crítica del derecho penal del enemigo y de la criminología mediática*

nal que termina por justificar un subsistema penal de policía y de excepción que tiene como resultado final la violación sistemática de las garantías fundamentales de los enemigos-terroristas, es decir, de todos aquellos sujetos que tengan la desgracia de ser etiquetados en esta vaga categoría.

En este sentido, Saddam Hussein, bin Laden y más recientemente Muammar al-Gaddafi, cumplieron la función mediática de ser los nuevos François Damiens,[15] que debían ser castigados en el gran teatro punitivo global por el poder soberano. A pesar de las críticas hacia este tipo de acciones, la legitimación de estas intervenciones buscó conseguirse a través de un discurso que constantemente comunica a los ciudadanos de los países occidentales que, con la desaparición de estos enemigos, viviremos en un mundo cada vez más seguro. En síntesis, la llamada guerra al terrorismo provocó una emergencia que desató violentas medidas punitivas que van más allá de la legalidad. Estas medidas también han buscado legitimarse con la creación de un imaginario bélico en el que sólo existe una solución al problema del terrorismo: la muerte del enemigo. Con ello la idea de libertad cede ante la idea de seguridad. Ahora, analizaremos las consecuencias de esta violenta política criminal global en el ámbito local mexicano.

## Las consecuencias de la política criminal global en el orden local. Del enemigo-terrorista al enemigo-delincuente

Si en el ámbito global el enemigo absoluto es el terrorismo, en el ámbito local el enemigo será el narcotráfico. De este modo, ya no será una guerra contra el terrorista, sino una guerra contra el narcotraficante, aunque el efecto será el mismo: la eliminación del enemigo. Por desgracia, a partir de 2009, partidos

---

[15] François Damiens fue condenado el 2 de marzo de 1757 por parricidio al intentar matar a Luis XV, cuya muerte le sirvió a Michel Foucault para ejemplificar la desaparición de los espectáculos punitivos y la correspondencia de los castigos y prisiones a determinadas tecnologías políticas sobre los cuerpos. Al respecto, véase Foucault (1995: 3). Sin embargo, aunque Pieter Spierenburg indica que el mejor estudio conocido de los cambios en los modos de represión es el de Foucault, lo considera defectuoso en varios aspectos al tener como marco teórico de referencia a la filosofía estructuralista. Según Spierenburg, Foucault transmite la imagen de un cambio súbito de un sistema penal sin indagar en los aspectos que provocaron esa transición. Por otra parte, los cambios en los modos represivos no están explicados del todo, lo que pudo lograrse mostrando sus interdependencias con otros desarrollos sociales, y finalmente, la tercera crítica de Spierenburg reside en que el estudio de Foucault, especialmente el análisis de las ejecuciones públicas, no está basado en fuentes históricas. Al respecto, véase Spierenburg (2008: viii).

políticos como el Partido Verde Ecologista de México (PVEM) y gobernadores como el del Estado de Coahuila, Horacio del Bosque Dávila, deseosos de ganar la aprobación de la sociedad y nada creativos, han intentado imitar el modelo punitivo americano al institucionalizar la pena de muerte para los delitos de secuestro, homicidio calificado y terrorismo, con consecuencias desastrosas para las sociedades a las que deben servir en el caso de que se institucionalizaran. A continuación, explicaremos en qué consiste la aplicación fáctica de un derecho penal del enemigo y de una criminología mediática en el ámbito local.

Aunque no podría imitarse la costosa estructura institucional del modelo norteamericano, sí se ha intentado imitar la violenta política criminal, cuyas consecuencias podemos medir a través del número de muertos y de la sobrepoblación de las cárceles. Desde aquel momento en el que el anterior presidente de México, Felipe Calderón, declaró una 'guerra al narcotráfico', la lógica punitiva hizo a un lado al sistema de derecho penal democrático y comenzó así un giro hacia un sistema de derecho penal de policía y excepción – una variante *de facto* del derecho penal del enemigo –, el cual ha dado señales de ser la expresión de una violencia desnuda incontrolable que, en complicidad con una esquizofrénica criminología mediática, ha seleccionado a sus víctimas y verdugos de entre los sectores más excluidos y estigmatizados de la sociedad. Veamos en qué consisten los rasgos de este derecho penal del enemigo – enemigo que ahora es el delincuente – y la respectiva criminología mediática que pretende sostenerlo.

Tal y como lo he señalado antes, la lógica punitiva ha dado un giro hacia una arquitectura transnacional de seguridad y un subsistema penal de excepción, cuyo mantenimiento también depende de esquizofrénicas campañas mediáticas de la ley y el orden, las cuales han contribuido directa e indirectamente a legitimar la violencia estatal hacia diversos grupos desaventajados del sistema social, al mismo tiempo que invisibiliza crímenes igual de dañinos, pero menos vistosos para la sociedad.[16] En México y otros países latinoamericanos, los medios de comunicación masiva se han encargado de crear una construcción mediática llena de prejuicios respecto al delincuente, la víctima y el verdugo.

---

[16] Piénsese en los crímenes de cuello blanco, que pueden afectar con gran intensidad a la sociedad civil y al Estado; sin embargo, como la criminología mediática no se dirige contra ellos, no los visibiliza a los ojos del público, lo que permite minimizar los daños y acciones de estos delincuentes. Estos delitos, caracterizados por Edwin Sutherland (1949) en su famosa obra *White Collar Crime*, fueron utilizados para criticar a la teoría funcionalista de la anomia de Merton (1963), la cual no explicaba convincentemente el origen de esta clase de comportamientos criminales.

*Hacia una crítica del derecho penal del enemigo y de la criminología mediática*

Estos medios simplemente han reproducido la mencionada falta de creatividad y preparación de la clase política para postular una falsa solución al problema de la delincuencia y la violencia en la esfera de la sociedad civil, provocando así una visión errónea acerca del objeto y fin del derecho penal.

Por una parte, la criminología mediática, al hacer uso de un lenguaje bélico, incita a la sociedad civil a creer que existe una guerra contra un enemigo común, el cual es escogido de entre los sectores más excluidos de la sociedad. Mediante prejuicios clasistas o raciales, es construido mediáticamente un estereotipo criminal para identificar a un supuesto enemigo al que se le debe castigar para calmar la ansiedad social. Las constantes noticias amarillistas muestran crímenes visibles y grotescos que provocan en la sociedad un desprecio total hacia la vida de los delincuentes, y cuando se muestran ejecuciones sin proceso – enfrentamientos entre militares con delincuentes –, buena parte de la sociedad suele celebrar estas violentas masacres como una batalla más ganada en esta guerra en contra del enemigo-delincuente.

Considero que es necesario para los medios de comunicación y la sociedad civil comprender que si se les aplica un etiquetamiento criminal a amplios sectores de grupos desaventajados en términos culturales y económicos (en el sentido del *Labelling Approach*, desarrollado en los textos clásicos de Erving Goffman[17] y Howard Becker[18]), es probable que éstas asuman esta etiqueta, y más en un Estado que ha pasado de ser benefactor a uno policíaco. En el caso de México, la construcción mediática del delincuente es dirigida hacia el hombre joven de bajos recursos que vive en zonas marginales, presa de la violencia del ámbito civil en el que crece y de una visión del mundo en el que la violencia y la muerte constituyen los pilares legitimadores de ésta.

Por otra parte, así como los medios crean un estereotipo del delincuente-enemigo al que debe eliminarse con todos los medios legales y extralegales, también es creado un estereotipo policial-militar, que, lamentablemente, también está cargado de prejuicios clasistas y raciales por parte de un sector considerable de la clase media. De este modo, un grupo amplio de la sociedad civil le aplica un etiquetamiento negativo al sector policial, concibiéndolo como lleno de personas corruptas, violentas, incultas y con un extraño estatus de infrahumanos ('animales represores'). Estos estereotipos negativos se ven alimentados no sólo por la evidencia empírica de acciones reprobables de algunos miembros de los

---

[17] Véase Goffman (1990).
[18] Véase Becker (1963).

cuerpos policíacos, sino por las series de entretenimiento que crean una imagen indeseable de este sector estigmatizado. De esta manera, lo único que le queda a los cuerpos policíacos es asumir el etiquetamiento social que le imputan los medios de comunicación y buena parte de la sociedad civil.[19] Sobre este grupo, puedo decir que comparte el mismo problema del estereotipo del criminal común: no son culpables en sí, sino que la culpabilidad de éstos reside en pertenecer a una clase social indefensa frente a los ataques mediáticos, y olvidada por buena parte del discurso pacifista académico y de la sociedad civil.

Finalmente, también se crea y explota al sector victimizado, que termina por justificar las medidas más autoritarias posibles en contra del 'enemigo'. Es fácil ver cómo las víctimas de delitos son utilizadas por los medios para mostrar su desprecio hacia los delincuentes y justificar medidas excepcionales de castigo y autoritarias propuestas legislativas como la siempre populista pena de muerte.[20] En países en los que la distribución de la riqueza es bastante desigual, es frecuente que los índices de victimización aumenten en las zonas de concentración urbana más excluidas de la sociedad, mientras que las zonas más lujosas pueden reclamar una mayor seguridad pública, o hasta pagar costosos servicios de seguridad privada. Pero en el caso de que una víctima del delito sea parte de las clases sociales más fuertes económica y políticamente, la exigencia de justicia aumentará considerablemente hacia ésta, mientras que las exigencias de las víctimas de los sectores desaventajados quedarán en el olvido, esto es, archivadas en algún librero del ministerio local de justicia.

---

[19] Considero un hecho preocupante que cierto sector de la sociedad civil, que consiste en personas con una preparación académica notable, caiga en la misma lógica de estigmatizar socialmente a los policías y los vea sólo como seres despreciables. El poder punitivo crea antagonismos sociales que la sociedad civil reproduce y empeora al ignorar que también el sector policíaco también es otra víctima de la política criminal actual. No obstante, en el imaginario académico y estudiantil es muy frecuente encontrar concepciones de los cuerpos policíacos y militares cargadas de prejuicios que condenan a este sector a una exclusión lamentable, ignorando por completo que caen en la postura que tanto critican: criminalizar a otro grupo social estigmatizado.

[20] Un lamentable ejemplo de populismo penal lo tenemos en la propuesta del Partido Verde Ecologista de México, el cual a partir de 2009 lanzó una campaña a favor de la pena de muerte para los secuestradores y homicidas. Esta propuesta legislativa provocó que el Partido Verde Europeo (*European Green Party*) le retirara el reconocimiento como parte de la familia de partidos ecologistas. Esta medida del Partido Verde Europeo, hasta ahora, no ha impedido que los miembros de este partido mexicano se desistan de intentar imponer esta pena draconiana.

*Hacia una crítica del derecho penal del enemigo y de la criminología mediática*

Considero que el problema de esta política criminal es que sólo ha empeorado la situación. El número infame de muertes civiles y policíacas no cesará, mientras exista un enorme grupo de jóvenes que puedan pasar a formar parte de los grupos delictivos en busca de medios económicos que los lleven a obtener los medios culturales que desean, el mercado armamentístico siga siendo redituable para los distribuidores y las estrategias gubernamentales frente al consumo de drogas continúen por el mismo camino prohibicionista. Obviamente, es difícil cambiar radicalmente a la política criminal vigente, y más cuando la influencia de la política criminal global es muy notoria, pero considero que otros caminos podrían pensarse para evitar las constantes matanzas que vemos a diario, empezando tal vez por cambiar la lógica punitiva del enemigo al que se le enfrenta con los medios propios de la guerra.

Lo único que se ha logrado con la irradiación de la política criminal global mediática y de excepción en la política criminal local es un número infame de muertes y un rechazo total a la cultura de la legalidad, vista sólo como la imposición violenta de la ley penal. La violencia punitiva no debe funcionar con instituciones que en lugar de impedir y castigar los crímenes, se sustraigan a sí mismas de las reglas y principios positivizados para lograr una coexistencia apropiada, y hasta se reserven el derecho de matar, llevando a cabo actos ilegítimos, antijurídicos e inefectivos para reducir los niveles de violencia existentes en el ámbito civil. El universo de significados que giran en torno al problema de la violencia en la esfera civil, y la reacción gubernamental, está inmerso en un discurso criminológico que nada tiene que ver con una propuesta capaz de controlar la violencia sin escapar del orden legal al que debe acatar, sin restricción alguna. Es por ello que debe plantearse otro paradigma que, sin negar la posibilidad de que el castigo estatal pueda comprenderse como legítimo, evite caer en la lógica de un derecho penal del enemigo y en los prejuicios de la criminología mediática.

## *Del derecho penal de excepción y la criminología mediática hacia un derecho penal garantista y una criminología cautelar*

Si como reflexión filosófica y sociológica contrastáramos el modelo de garantismo penal propuesto por Luigi Ferrajoli, entendido como un modelo normativo de derecho, una teoría del derecho y crítica del derecho, y finalmente como una filosofía del derecho y crítica de la política,[21] con las violentas prácticas penales

---

[21] Véase Ferrajoli (2006: 851 ss.).

locales y globales, éste podría parecernos más una utopía jurídica, a la que, sin embargo, no podemos renunciar. La diferencia entre el modelo penal garantista y el actual sistema penal autoritario es enorme. Pareciera como si el derecho penal no tuviera otra alternativa más que ser declarado como el sistema de control social que institucionaliza por acción (los enfrentamientos entre las fuerzas gubernamentales y los narcotraficantes) y omisión (las constantes riñas en las cárceles) crímenes de Estado. Si en verdad queremos ver institucionalizado un derecho penal garantista, debemos rechazar categóricamente a la actual política criminal – la aplicación de facto de un desproporcionado derecho penal del enemigo –, pero sin que por ello rechacemos al derecho penal, puesto que éste debe ser el control cautelar de la misma violencia estatal. También, no podemos permitir que la criminología mediática continúe con su programa esquizofrénico y termine por convencernos de que sólo con penas desproporcionadas a los enemigos (ya sean terroristas o delincuentes, ambos grupos tratados fácticamente con las mismas estrategias punitivas) podremos sentirnos más seguros.

En el mismo camino de esta reflexión garantista, Zaffaroni propone una criminología cautelar en el sentido de la *Cautio criminalis* del poeta jesuita Friedrich Spee, del que se cuenta que „cuando un joven le preguntó por qué tenía los cabellos tan blancos pese a su relativa juventud, éste le respondió que era por la cantidad de mujeres condenadas sin pruebas y por los sufrimientos inferidos por jueces crueles".[22] La reflexión de Spee, al ver las cenizas de los incontables cadáveres de mujeres inocentes, lo llevó a aconsejar *prudentia, cautio criminalis*,[23] esto es, a considerar que el aparato punitivo debe ser manejado con extrema cautela, porque siempre corre el riesgo de salirse de sus propios límites. Tanto un garantismo penal, como una criminología cautelar, deben procurar luchar por criticar y controlar a la violencia estatal y a la criminología mediática que amenazan a los Estados de derecho.

Para ello, consideramos que es indispensable defender los derechos fundamentales y procesales de los sujetos sometidos a un proceso penal y prevenir, denunciar e investigar las ejecuciones sin proceso, evitar que los prejuicios racistas y clasistas, insertos en los imaginarios estatales y civiles, terminen por hacer culpables a los grupos desaventajados, atacar los actos de impunidad en todos los niveles, instruir humanitariamente a los cuerpos policiacos para evitar que la sociedad civil los etiquete y aísle, detener los múltiples intentos populistas de

---

[22] Zaffaroni (2011: 39).
[23] Véase ibíd.: 554.

*Hacia una crítica del derecho penal del enemigo y de la criminología mediática*

establecer penas desproporcionadas para prevenir el delito,[24] reducir el uso de la prisión preventiva – que en México alcanza niveles alarmantes – e intentar convencer a la sociedad de que, sin la cultura de la legalidad y de la institucionalización de un sistema punitivo legítimo y eficaz, no es posible la coexistencia pacífica.

La transformación del paradigma criminológico actual es muy importante, y más ahora que la criminología académica parece ser más crítica que antes;[25] y para lograrlo, en primer lugar, es importante reflexionar acerca de si este polémico derecho penal del enemigo se manifiesta en realidad como derecho;[26] dicho con otras palabras, es necesario pensar si es racional que un Estado de derecho institucionalice y aplique normas penales que parecen no tener la naturaleza de derecho, lo que siempre nos llevará a recordar a la célebre Fórmula Radbruch (*Radbruch'sche Formel*),[27] la cual, parece tener de nuevo vigencia en los ámbitos globales y locales. También, en segundo lugar, es necesario reflexionar acerca de cómo contrarrestar los efectos globales y locales de la influencia innegable de los medios de comunicación en la política criminal,[28] o dicho de otro modo, de la llamada criminología mediática, cuyos efectos negativos parecen difíciles de reducir, y más en una sociedad como la mexicana, poseedora de un imaginario racista y clasista que desde tiempos de la colonización pareciera que llegó para

---

[24] „Desde hace ya más de una década, las promesas de ser implacables ante el delito y de aumentar el número de criminales condenados a muerte han figurado de hecho como primer tema de los programas electorales, independientemente de la denominación política del candidato. Para los políticos actuales, o aspirantes, el fortalecimiento de la pena de muerte es el billete ganador de la lotería de la popularidad. La oposición a la pena capital implica, por el contrario, el suicidio político". Bauman (1999: 13).

[25] No está de más recordar que muchos de los primeros análisis criminológicos que comenzaron en Europa ofrecieron al neocolonialismo un discurso que reforzó decisivamente los irracionales prejuicios estéticos acerca del estereotipo criminal, y con ello la idea de una peligrosidad sin delito, con el objetivo de reprimir y eliminar a los enemigos políticos, que no eran otros que los rebeldes y críticos de las injusticias neocolonialistas.

[26] Véase Jakobs (2000: 31).

[27] Véase Radbruch (2003: 216).

[28] A manera de relato, Zaffaroni narra que en una ocasión, el propietario de un diario afirmó, frente al libro *La construcción social de la realidad* de Peter Berger y Thomas Luckmann, que esta obra era injuriosa, porque él no construía la realidad, sino que se encargaba de mostrarla. Esta reflexión, dice Zaffaroni, „muestra la irreflexión y soberbia a que puede conducir una posición de poder, que lleva a una persona y a una institución a ignorar milenos de filosofía y a superar al propio Kant, atribuyéndose un acceso directo a la cosa en sí, fuera de tiempo y espacio". Sobre este relato, véase Zaffaroni (2011: 241).

quedarse.[29] Las tareas de una criminología cautelar deben comenzar por atacar este imaginario para evitar que los medios de comunicación y los políticos sin brújula ética sigan imponiendo una violenta política criminal ineficaz e ilegítima.

Finalmente, no debe olvidarse que la política criminal que intente promover la conducta disciplinada y el control social no sólo debe concentrarse en castigar a los delincuentes – función gubernamental que me parece muy importante –, sino en socializar e integrar a los jóvenes, lo cual implica un trabajo de justicia social y educación moral más que de política criminal,[30] ya que el derecho penal por sí sólo es incapaz de crear las condiciones de mantenimiento de la sociedad civil. En el caso de que no nos quede otra opción más que castigar a los delincuentes, qué mejor manera de hacerlo que estando seguros de que con ello no provocamos mayores daños que los provocados por el delito mismo, y que, independientemente del delito que cometieron, éstos sean tratados como personas, de manera que el autor de un delito sólo responderá por su culpabilidad ante el sistema punitivo y no por la posible peligrosidad que represente para el sistema social, de este modo la pena que se le impondrá al delincuente se fundamentará „sólo mediante la legitimidad del orden mismo para cuyo sostenimiento se impone".[31]

## Conclusiones

Espero que esta reflexión contribuya a realizar una crítica a la violencia global y sus consecuencias en la política criminal local desde los presupuestos del derecho penal y la criminología, ya que estas disciplinas pueden y deben ayudar a regular a la coacción estatal y a contener las violentas masacres punitivas que ésta es capaz de provocar, en nombre de la seguridad ante las amenazas del terrorismo y del narcotráfico en sus respectivos ámbitos globales y locales. Desde

---

[29] Lamentablemente, en países en los que las desigualdades económicas y sociales son tan profundas, el etiquetamiento criminal hacia los grupos más débiles se vuelve parte del imaginario social de una buena parte de la clase media, a tal grado, que muchos miembros de ésta no dudan en justificar el endurecimiento de penas dirigidas hacia estos grupos y, paradójicamente, hacia ellos mismos. Este proceso de estigmatización social sucede a diario, mientras los delitos de cuello blanco quedan invisibilizados ante los ojos de este sector de la clase media. Si bien es cierto que la teoría funcionalista de Merton (1963) fue criticada por no poder explicar estos delitos tan dañinos, creo que ésta tuvo el mérito innegable de hacer explícita la relación entre los fines culturales que consideramos válidos y los medios institucionales que nos permite acceder a ellos.
[30] Véase Garland (1993: 292).
[31] Lesch (1999: 80).

*Hacia una crítica del derecho penal del enemigo y de la criminología mediática*

una postura crítica, no es posible, ni deseable, declarar que toda coacción estatal es ilegítima, injusta e ineficaz, ya que cierta ingenuidad pacifista podría terminar por provocar la irrupción de un modelo penal autoritario, respaldado por una criminología antiacadémica y antihumanista. Tampoco es posible y deseable permitir que el derecho penal se salga de sus propios límites y se constituya en un mecanismo de violencia desnuda. El mundo globalizado ha traído nuevas libertades e inseguridades, los Estados de bienestar tambalean ante las crisis financieras, y el derecho penal, que debería ser la *ultima ratio legis*, sigue invocándose como la solución para todas las emergencias, aun y a pesar de que ninguna ha resuelto. Es por ello que lo que menos necesitamos para resolver los problemas de inseguridad es de un derecho penal autoritario y de una criminología mediática, sino de un derecho penal garantista y de una criminología cautelar, ambos guardianes de los derechos fundamentales. La legitimación del castigo estatal ha terminado develándose ahora como otra tarea pendiente del siempre inacabado discurso filosófico de la modernidad.

## Bibliografía

BAUMAN, Zygmunt (1999). *In Search of Politics*. Stanford: Stanford University Press.
BECKER, Howard (1963). *Outsiders: Studies in the Sociology of Deviance*. New York: The Free Press.
BRANDT, Reinhard (2001). *Immanuel Kant. Política, Derecho y Antropología*. México: Plaza y Valdés.
FERRAJOLI, Luigi (2006). *Derecho y razón. Teoría del garantismo penal*. Madrid: Trotta.
FOUCAULT, MICHEL (1979). *Überwachen und Strafen. Die Geburt des Gefängnisses*. Frankfurt am Main: Suhrkamp.
GARLAND, David (1993). *Punishment and Modern Society: A Study in Social Theory*. Chicago: University of Chicago Press.
GOFFMAN, Erving (1990). *The Presentation of Self in Everyday Life*. London: Penguin Books.
GRACIA, Martín (2005). *El horizonte del finalismo y el derecho penal del enemigo*. Valencia: Tirant lo Blanch.
GÜNTHER, Klaus (2005). „Ciudadano cosmopolita entre libertad y seguridad", en: Gustavo LEYVA (ed.). *La teoría crítica y las tareas actuales de la crítica*. Barcelona: Anthropos, 353–372.

GÜNTHER, Klaus (1988). *Der Sinn für Angemessenheit. Anwendungsdiskurse in Moral und Recht*. Frankfurt am Main: Suhrkamp.
HOBBES, Thomas (1998). *Man and Citizen (De Homine and De Cive)*. Indianapolis/Cambridge: Hackett Publishing Company.
HÖFFE, Otfried (1999). *Demokratie im Zeitalter der Globalisierung*. München: C. H. Beck.
JAKOBS, Günther (2000). *La ciencia del derecho penal ante las exigencias del presente*. Bogotá: Universidad Externado de Colombia.
JAKOBS, Günther (1985). „Kriminalisierung im Vorfeld einer Rechtsgutsverletzung", *Zeitschrift für die gesamte Strafrechtswissenschaft*, 97, 751–785.
LESCH, Heiko (1999). *La función de la pena*. Bogotá: Universidad Externado de Colombia.
MERTON, Robert (1963). *Social Theory and Social Structure*. New York: Free Press.
MUÑOZ CONDE, Francisco (2005). „El nuevo derecho penal autoritario. Consideraciones sobre el llamado 'derecho penal del enemigo'", en: Guillermo PORTILLA (ed.). *Mutaciones de Leviatán. Legitimación de los nuevos modelos penales*. Madrid: Akal, 167–176.
MUÑOZ CONDE, Francisco (2002). *Edmund Mezger y el derecho penal de su tiempo. Estudios sobre el Derecho penal en el Nacionalsocialismo*. Valencia: Tirant lo Blanch.
NINO, Carlos (2008). *Fundamentos de derecho penal*. Barcelona: Gedisa.
RADBRUCH, Gustav (2003). „Gesetzliches Unrecht und übergesetzliches Recht", en: Ralf DREIER/Stanley L. PAULSEN (eds.). *Rechtsphilosophie*. Heidelberg: C. F. Müller Verlag, 211–219.
ROUSSEAU, Jean-Jacques (1997). *The Social Contract and Other Later Political Writings*. Cambridge: Cambridge University Press.
SPIERENBURG, Pieter (2008). *The Spectacle of Suffering: Executions and the Evolution of Repression. From a Preindustrial Metropolis to the European Experience*. Cambridge: Cambridge University Press.
SUTHERLAND, Edwin (1949). *White Collar Crime*. New York: Dryden Press.
ZAFFARONI, Raúl (2011). *La palabra de los muertos. Conferencias de criminología cautelar*. Buenos Aires: Ediar.
ZAFFARONI, Raul/ALAGIA, Alejandro/SLOKAR, Alejandro (2005). *Derecho penal. Parte general*. México: Porrúa.

Conflictos y Perspectivas de la Globalización /
Konflikte und Perspektiven der Globalisierung

Javier Torres Nafarrate
(Universidad Iberoamericana México)

# Reubicando el fenómeno del conflicto en el concepto de sociedad mundial

El escrito se propone ubicar – dentro del cuerpo de teoría de Niklas Luhmann – los tipos de conflictos modernos que expresamente ponen en peligro las estructuras básicas sociales para lograr una universalización de la sociedad, i. e., la globalización de la sociedad moderna. El artículo pretende hacer ver que la idea de Luhmann sobre la 'sociedad mundial' (distinta a la idea de 'globalización') anticipa un mecanismo de diferencias de observación de los actores en la sociedad. Lo cual puede llevar a un tipo de conflictos específicos, que ponen en entredicho la globalización de la sociedad.

Im Rahmen dieses Beitrags werden – innerhalb des Theoriegebäudes von Niklas Luhmann – die modernen Konfliktarten herauskristallisiert, welche in besonderem Maße die sozialen Grundstrukturen zugunsten einer Universalisierung der Gesellschaft gefährden, beispielsweise die Globalisierung der modernen Gesellschaft. Ziel des Artikels ist es zu zeigen, dass Luhmanns Idee einer 'Weltgesellschaft' (zu unterscheiden von der Idee der 'Globalisierung') einen Mechanismus von Beobachtungsunterschieden der Akteure innerhalb der Gesellschaft antizipiert. Dieser kann zu einer spezifischen Konfliktart führen, welche die Globalisierung der Gesellschaft auf den Prüfstand stellt.

## La ubicación del conflicto en la sociología

En el pensamiento sociológico ha habido una larga tradición sobre la teoría del conflicto. Simmel, en su sociología del año 1908, sostiene que el conflicto es una forma de socialización como cualquier otra forma más pacífica.[1] Sin embargo se diferencia, por ser más rica en acontecimientos, más viva, más fascinante, sorpresiva, desviante – pero también, más integradora, con más fuerza de atracción y más absorbente.

En los años 50 y 60 del siglo pasado hubo también una controversia significativa. La alta resonancia del debate fue motivada por Dahrendorf, quien declara que en la teoría de Parsons hay sobrevaloración del consenso como factor constitutivo del orden social.[2] Las teorías sociológicas han acentuado como factor del orden social tanto la conformidad como el conflicto. Y ambas parecen estar en lo justo, ya que en el concepto mismo de comunicación se encuentra el fundamento de dicha divergencia expresada en la binariedad del lenguaje sí/no.

---
[1] Véase Simmel (1908).
[2] Véase Dahrendorf (1957).

Probablemente la ilusión más fuerte de la teoría ha consistido en prever (si no a la corta, sí a larga) una especie de proceso civilizatorio del conflicto. En el concepto de política de Carl Schmitt de 1932 puede leerse esta frase famosa: „Como algo esencial pertenece al Estado el *ius belli*, esto es, la posibilidad real – dado el caso – de determinar por poder propio al enemigo y combatirlo"[3].

Carl Schmitt supone un orden del mundo en donde finalmente ningún conflicto significativo sucede sin el potencial decisor de los Estados. El enemigo se dirige contra otros Estados, no contra seres humanos ni contra algo concreto. El sujeto autónomo de la política moderna es el Estado – que para Hegel era verdadero Dios – y que como sujeto tiene la ventaja de ser ubicable. La altura de miras de lo político es la altura de miras del sujeto estatal. El amigo/enemigo sólo puede identificarse en esta altura de miras.

Luhmann piensa que la sociedad moderna tolera los conflictos haciendo que se allanen mediante la regulación social a través de la influencia de terceros (árbitros).[4] Con este propósito se afirman procedimientos de resolución de disputas que para decidir sobre las controversias, se orientan en último término por reglas, que crean material semántico que termina haciéndose consciente como 'derecho' y que la *autopoiesis* del sistema jurídico reintegra como suyo. Contrario a los supuestos de un funcionalismo moral – el de Durkheim por ejemplo o el de ciertos filósofos del derecho[5] – el derecho no sirve en primer término para la integración moral de la sociedad, sino para aumentar las posibilidades de conflicto en formas que no pongan en peligro las estructuras sociales.[6]

## La globalización como esperanza civilizatoria

Tenemos entonces Derecho y Estado como formas que prefiguran a la larga el proceso civilizatorio que habrá de superponerse al conflicto. Esta prefiguración ha acompañado también al pensamiento último del proceso de globalización. Los conceptos de globalidad y globalización se entienden en el ámbito de las ciencias sociales con connotaciones positivas cuando se trata de describir los mecanismos de interconexión social en el mundo y las líneas de los conflictos sociales – lo cual no es de sorprender si se toma en cuenta que hasta hace poco el trasfondo era un mundo dividido en Estados nacionales y en bloques culturales y políticos.

---

[3] Schmitt (1991: 74).
[4] Véase Luhmann (2007: 369).
[5] Véanse p. ej., Habermas y Dworkin.
[6] Véase Luhmann (2007: 369).

*Reubicando el fenómeno del conflicto en el concepto de sociedad mundial*

Desde los primeros trazos del concepto[7] siempre ha estado unida al pensamiento de globalización la esperanza de entender una nueva realidad histórica del mundo. En estos enfoques se trata de la expectativa de que los procesos globales pudieran ofrecer a los seres humanos el potencial de igualdad, de entendimiento, de confianza.

Aun cuando el concepto de globalización sea tan amplio y esté tan pluralmente codificado, por lo menos puede uno valorar en él que quizás sea la única decisión teórica consciente que considera a la economía mundial capitalista y a su sistema internacional de Estados en la dimensión de los procesos globales. La globalidad de la sociedad no basta como puro fenómeno económico, sobre todo porque la globalidad del capitalismo es tan antigua como el capitalismo mismo. De igual manera no se puede aprehender la globalidad con el medio político-teórico de las relaciones internacionales, ya que la globalidad de la sociedad no es sólo un fenómeno político, sino uno que abarca a todos los sistemas: ciencia, educación, salud, arte, derecho. Sólo queda, pues, un entendimiento amplio perturbador de globalización que dice que en la actualidad todo está unido con todo. De manera paradigmática Anthony Giddens sugiere entender por globalización la transformación de espacio y tiempo, que interconecta los lugares alejados aumentando así la complejidad de su interrelación.

## Nuevos tipos de conflicto en la sociedad

Pero ¿dónde ubicar actualmente los 'conflictos violentos' (que parecen poner en peligro las estructuras sociales) como p. ej., los ataques del once de septiembre?[8] Armin Nassehi, en un artículo estupendo,[9] ha mostrado que dichos ataques han puesto de manifiesto primero, que el Estado no tiene ya el monopolio de la guerra, como había sido desde el siglo XVIII con el surgimiento de los Estados nacionales europeos. Mostraron, segundo, que la guerra ya no se localiza en un

---

[7] Véase p. ej., Wilbert E. Moore (1966): 'civilización singular'; Ronald Robertson (1992): humanidad como una de las cuatro dimensiones para fundar una cultura global; Anthony Giddens (1995): globalización como principal intercambio entre acontecimientos locales y globales; Margaret S. Archer (1991): significado práctico de constituir un mundo sobre una humanidad unificada.

[8] Dejamos fuera de consideración la guerra total, primero, porque los estudios prospectivos más importantes no la consideran probable a corto plazo, y segundo, porque de suceder ya no habría tiempo para convalidar la hipótesis aquí planteada.

[9] Véase Nassehi (2002).

espacio concreto y en lugares específicos de tiempo: puede tener lugar dondequiera y cuandoquiera. Tercero mostraron que el objetivo de la guerra no es buscar la paz territorial, sino que la confrontación bélica contiene en sí misma el sentido de la guerra. Cuarto mostraron que la desestatización de la guerra minó la localización de los actores en regiones o en Estados. Quinto mostraron que el soporte económico de la guerra ya no puede verse en la guerra económica clásica estatal, sino más bien en una economía civil, cuyos medios se obtienen por el comercio de drogas, la prostitución y el lavado de dinero, por las subvenciones de los grandes intereses de poder, así como por la instrumentalización de los movimientos regionales para intereses geoestratégicos. Sexto mostraron que agresores y agredidos se igualan en el sentido de no ser reconocibles y su no-visibilidad globaliza, al pie de la letra, el campo de la guerra.

¿Dónde ubicar manifestaciones que pueden ser catalogadas como 'desvanecimiento de la globalización'? Por ejemplo en lo que los grandes institutos de prospectiva coinciden: La era del 2040 será un momento de transición caracterizada por la inestabilidad, tanto en las relaciones entre Estados como en las relaciones entre los grupos dentro de los Estados. Durante este tiempo es probable que el mundo enfrente la realidad del cambio climático, el rápido crecimiento demográfico, la escasez de recursos, el resurgimiento de las ideologías, y los cambios del poder de Occidente a Oriente, en el plano mundial. Ningún Estado, grupo o individuo puede afrontar estos desafíos de manera aislada, sólo una respuesta colectiva será suficiente. Por consiguiente, la lucha por establecer un sistema eficaz de gobierno global, capaz de responder a estos desafíos, es tema medular de la época. La globalización, la desigualdad global, el cambio climático y la innovación tecnológica afectarán la vida de todos en el planeta. Habrá una constante tensión entre una mayor interdependencia entre los Estados, los grupos y las personas y una mayor competencia entre ellos. Es probable que aumente el riesgo de fallos por la dependencia de los sistemas de la complejidad global, así como el riesgo de fallos en las cadenas de suministro global de los recursos.[10]

Las manifestaciones perceptibles de la globalización se vuelven todavía más evidentes en la medida en que existen polos globalizados, lo cual comprende regiones del mundo más interdependientes y con gran éxito económico. Cualquier inestabilidad en estos núcleos es probable que afecte negativamente a los intereses nacionales de las grandes potencias. Los recursos, el comercio, el capi-

---

[10] Véase *The DCDC Global Strategic Trends Programme out to 2040*.

*Reubicando el fenómeno del conflicto en el concepto de sociedad mundial*

tal y la propiedad intelectual fluyen a través de estos centros, sostenidos por una infraestructura compleja de redes físicas y virtuales interconectadas. Es factible que esta infraestructura (que incluye vías aéreas y marítimas, puertos, ferrovías, carreteras, enlaces de comunicación, gas, petróleo, tuberías de electricidad, cableado, centros de distribución de alimentos, banca, finanzas, etc.) se vuelva vulnerable a ataques físicos o virtuales perpetrados por múltiples actores. Así la creciente dependencia de esta infraestructura y de las cadenas de suministro mundiales hará a la economía mundial vulnerable al sabotaje. Seguramente garantizar la seguridad de esta infraestructura distribuida a lo largo y ancho del mundo se volverá cuestión de interés multilateral.

A medida que el poder y la hegemonía económica de los EUA vaya disminuyendo, las economías emergentes irán acumulando cada vez mayor poder político, económico y militar. Una cuestión decisiva para determinar la escala y el grado en que la globalización habrá de sostenerse (o disminuir), consistirá en la capacidad de las economías emergentes para asumir el liderazgo de defender la 'sociedad abierta', que supone la globalización y que fue la que facilitó su ascenso.

En muchas economías avanzadas existen fuerzas políticas que defienden directa o indirectamente la globalización. Aunque las crisis económicas harán cada vez más que la política se vea tentada a recurrir a medidas proteccionistas y a la retórica anti-globalista. Algunos paquetes de estímulos adoptados durante la crisis financiera del 2009 implicaron ya elementos de proteccionismo. Es casi seguro que los países con mayores déficits en cuenta corriente buscarán ajustes de corto plazo a través de medidas proteccionistas y de restricción del comercio.

Este tipo de violencia está sin duda situado en el orden emergente de lo social y no podría retrotraerse al simple presupuesto antropológico negativo en el sentido de Hobbes.[11] Sería algo extremadamente difícil deducir del estado de naturaleza original esta armazón altamente sofisticada de terror, de sabotaje, de uso ilegítimo de las conquistas evolutivas, que puede llevar a este tipo de conflictos modernos.

---

[11] „El hombre tiende al mal por naturaleza. Afirma que, en ausencia de instituciones políticas, la humanidad viviría en un estado de guerra civil permanente de todos contra todos, pues al ser todos iguales y desear lo mismo tendrán que luchar entre sí para conseguirlo. La característica fundamental del ser humano en el estado de naturaleza es, según Hobbes, el egoísmo, y puesto que no está sometido a ninguna clase de constricción legal, se impone el derecho del más fuerte, de forma que todo hombre es un enemigo para cualquier otro: el hombre es un lobo para el hombre (*homo homini lupus*)". Morales Díaz (2011: 221).

## El concepto de sociedad mundial[12]

Frente al concepto de globalización, Niklas Luhmann y John W. Burton[13] han propuesto el concepto de sociedad mundial. Siempre se ha objetado que la radical diferencia de las relaciones de vida, la des-centralidad del mundo global y la falta de integración del mundo mediante consenso, valores, política y cultura no justifica hablar de sociedad mundial.[14] Tales críticas ligan al concepto de sociedad una unidad social, comunitaria, caracterizada por una homogeneidad y fuerza de vinculación que coincide con la idea parsoniana de integración. Formulado de manera extrema: si se enlaza el concepto de sociedad a esta condición, entonces no existe ninguna sociedad mundial – pero entonces tampoco habría una sociedad regional que mereciera llevar estos nombres. De manera muy aguda reflexiona esto la caracterización de Emar Altvater y Birgit Mahnkopfs sobre la globalización como „sociedad mundial sin socialidad"[15].

Aunque nada habla en contra de que la socialidad quede referida en primer término a la posibilidad de discordancia (a la crítica, al no, a la diferencia, a la desviación, al cambio), en lugar de a la forma más plena de unidad, del sí, de la comunidad y reciprocidad – sin que con ello se afirme que ese lado benéfico quede excluido como fin último normativo y como estado previsto de reconciliación.

> Hay que buscar una teoría que sea compatible con esas diferencias y las pueda interpretar. Dicha teoría no afirma que esas diferencias irán paulatinamente desapareciendo – tesis de la convergencia – ya que para ello no hay puntos de apoyo. [...] El Argumento de la desigualdad no es un argumento en contra, sino a favor de la sociedad del mundo.[16]

Precisamente en su diferencia global (en las desigualdades culturales, en la incompatibilidad y diferencias radicales de perspectivas, en la no-unidad de las relaciones de la vida social sobre la tierra) queda establecida la sociedad mundial. Y quizás en esto consista la explosividad del concepto de sociedad mundial – en

---

[12] Este acápite es prácticamente un resumen de las ideas contenidas en el artículo de Nassehi (véase arriba cita de pie 9). Estoy persuadido de que con los recursos actuales de la teoría de sistemas es casi imposible ir más lejos.
[13] Véanse Luhmann (1971) y Burton (1972).
[14] Véanse Wagner (1996); Münch (1998); Beck (1997).
[15] Altvater/Mahnkopf (1997: 45 ss.).
[16] Luhmann (2007: 121).

*Reubicando el fenómeno del conflicto en el concepto de sociedad mundial*

terminología de Gregory Bateson: en la diferencia que hace la diferencia.[17] Porque no son simplemente – como en las anteriores sociedades regionales – estas diferencias las que fundan la socialidad del mundo, sino la capacidad de observación mutua de las perspectivas y de los lugares.

En el fenómeno de la sociedad mundial quizás podamos aprender que la sustancia de lo que nosotros mencionamos como sociedad, no es de ninguna manera una cosa ni tampoco una unidad atribuible ni siquiera un determinado horizonte. Es más bien el código para descifrar cómo se establecen los horizontes, cómo se forman las perspectivas. La sociedad es (hablando metafóricamente) el espacio en el que se encuentran los observadores, en caso de que se entienda por espacio simultaneidad de lo distinto. Esto es válido para la sociedad moderna sobre todo en la medida en que la comunicación se diferencia en perspectivas de observación de grandes sistemas funcionales: economía, política, derecho, ciencia, religión, educación, arte.

Al mismo tiempo, esta descomposición estructural de la sociedad no lleva a que las perspectivas mencionadas se puedan traer a una armonía prestablecida (o pos-establecida) que pudiera sostenerse a la larga. En la sociedad moderna, no debe pensarse sólo – si quisiera formularse así – en 'relaciones de vida', en situaciones específicas de inclusión de la población. Basta con traer a cuentas las diferencias epistemológicas más importantes de los sistemas funcionales para ver que socialidad quiere decir otra cosa que unidad de relaciones – es precisamente su diferencia la que hace la diferencia y que aparece como estructura social.

La sociedad no debe retrotraerse a un orden del mundo, más bien ella aparece como contexto de enlace caótico de acontecimientos, cuyo orden cotidiano debe representarse como arbitrario y por eso altamente atiborrado de condiciones. El concepto de sociedad mundial no obliga a una armonización de condiciones de vida y perspectivas como condición de su posibilidad. Por el contrario, como la sociedad (en esta agregación) sólo aparece en singular, el mundo es concepto irredimiblemente plural. La pregunta por la sociedad mundial no es ya más la pregunta por su existencia, sino la pregunta de cómo estos mundos plurales sociales se enlazan mutuamente. Y sólo conectándose a esto surge la pregunta de bajo qué condiciones es posible una armonización, una fundición de perspectivas, un igualamiento de intereses, y quién es el que observa esto.

---

[17] Bateson (1998: 407).

'Sociedad' no es presupuesto y condición sino en todo caso consecuencia. No es orden categorial, sino impulso donde todo orden (toda regularidad, toda capacidad de expectativa y reducción de complejidad) debe activamente y a modo de acontecimiento imponerse contra el no-orden, contra toda irregularidad, contra lo inesperado y contra exigencias excesivas de complejidad.

Lo que en el campo económico se designa como orden desregulado – es decir, arbitrario y altamente contingente, con estructuras de sentido que no siguen un plan ni una necesidad ni una voluntad ni una idea –, ha llegado a ser hasta cierto punto el estado de la sociedad global. Aquello que conocemos como modernidad siempre ha sido una lucha contra la duplicidad, contra lo distinto o, si se quiere contra lo no-idéntico. Ha sido un intento de llevar a cabo en la sociedad mundial una identidad cosmopolita o militar que pudiera afirmarse de manera clara contra toda confusión: una gran empresa de teodicea, cuyo más grande enemigo ha sido la ambivalencia, es decir, el descubrimiento de la observación como observación. Por eso quizás se llegó a sustituir al observador por el sujeto, como principio general que sirviera de custodia de las condiciones de posibilidad de la unidad de la observación. Hasta cierto punto, el sujeto como salvador de la humanidad.

Por el contrario, la sociedad mundial es un concepto que posiciona al observador en distintos mundos del mundo. La pregunta decisiva no es si existe la sociedad mundial, sino que es sólo posible hablar de sociedad mundial cuando los jugadores globales, en un mundo igual, se perciben (y hacen eso reflexivo) en la diferencia de sus distintas posiciones. La sociedad del mundo sería un horizonte que cuenta con otros mundos y con otros observadores. Con esto se muestra que propiamente el sujeto revolucionario es el observador. Ese sujeto revolucionario que se opone al imperialismo – aquí, imperialismo de observación del mundo globalizado.

El concepto de sociedad mundial no ofrece ninguna esperanza para llegar rápidamente a lograr acuerdos, no implica un *telos* de racionalidad, sino propone un estilo totalmente distinto de tratar los problemas: no presenta soluciones, sino tareas a las cuales hay que aplicarse. Vale la pena terminar con una gran cita del propio Luhmann:

> El hecho de que la teoría se centre en la diferencia agudiza de tal manera la mirada hacia los problemas evocados que elimina toda esperanza de que se solucionen y desaparezcan. Sólo si esto se acepta podrán tratarse los problemas como programas de trabajo y podrá intentarse la mejora de posición del sistema socie-

*Reubicando el fenómeno del conflicto en el concepto de sociedad mundial*

dad en relación con su entorno humano (y su entorno no-humano), conforme a criterios que deben trazarse y modificarse en la misma sociedad.[18]
Así, pues, parafraseando la frase de Virgilio: esa es la ardua tarea a la que debemos dedicarnos.[19]

## Bibliografía

ALTVATER, Elmar/MAHNKOPF, Birgit (1997). *Grenzen der Globalisierung: Ökonomie, Ökologie und Politik in der Weltgesellschaft*. Münster: Westfälisches Dampfboot.
BAECKER, Dirk (2005). *Form und Formen der Kommunikation*. Frankfurt am Main: Suhrkamp.
BAECKER, Dirk (2000). „Eine bestimmt unbestimmte Gesellschaft", *Ethik und Sozialwissenschaften*, 11, 209-212.
BATESON, Gregory (1998). *Pasos hacia una ecología de la mente*. Buenos Aires: Lohlé-Lumen.
BECK, Ulrich (1997). *Was ist Globalisierung?*. Frankfurt am Main: Suhrkamp.
BURTON, John W. (1972). *World society*. Cambridge: University Press.
FIRSCHING, Horst (1998). „Ist der Begriff „Gesellschaft" theoretisch haltbar? Zur Problematik des Gesellschaftsbegriffs", *Soziale Systeme*, 4, 161-173.
GIDDENS, Anthony (1993). *Consecuencias de la modernidad*. Madrid: Alianza.
GÖBEL, Andreas (2000). *Theoriegenese als Problemgenese. Eine problemgeschichtliche Rekonstruktion der soziologischen Systemtheorie Niklas Luhmanns*. Konstanz: UVK.
HAURIOU, Maurice/SCHUR, Román (eds.) (1965). *Die Theorie der Institution und zwei andere Aufsätze*. Berlin: Duncker & Humblot.
LUHMANN, Niklas (2011). *Organización y Decisión*. México: UIA.
LUHMANN, Niklas (2010a). *Politische Soziologie*. Berlin: Suhrkamp.
LUHMANN, Niklas (2010b). *Los derechos fundamentales como institución*. México: UIA.
LUHMANN, Niklas (2007). *La sociedad de la sociedad*. México: UIA.
LUHMANN, Niklas (2005a). *El arte de la sociedad*. México: UIA.
LUHMANN, Niklas (2005b). *Einführung in die Theorie der Gesellschaft*. Heidelberg: Carl-Auer.

---

[18] Luhmann (2007: 141).
[19] Véase Virgilio (1952: 294).

LUHMANN, Niklas (1993). *Teoría política en el Estado de Bienestar*. Madrid: Alianza.

LUHMANN, Niklas (1990). *Sistemas Sociales. Lineamientos para una teoría general*. México: Universidad Iberoamericana/Alianza Editorial.

LUHMANN, Niklas (1975). „Interaktion, Organisation, Gesellschaft", en: Niklas LUHMANN (ed.). *Soziologische Aufklärung 2. Aufsätze zur Theorie der Gesellschaft*. Opladen: Westdeutscher Verlag, 9–20.

LUHMANN, Niklas (1971). „Moderne Systemtheorien als Form gesamtgesellschaftlicher Analyse", en: Jürgen HABERMAS/Niklas LUHMANN (eds.). *Theorie der Gesellschaft oder Sozialtechnologie. Was leistet die Systemforschung?* Frankfurt am Main: Suhrkamp, 7–24.

LUHMANN, Niklas (1970). „Gesellschaft", en: Niklas LUHMANN (ed.). *Soziologische Aufklärung 1. Aufsätze zur Theorie sozialer Systeme*. Opladen: Westdeutscher Verlag, 137–153.

MOORE, Wilbert E. (1996). „Global Sociology: The World as a Singular System", *American Journal of Sociology*, 71, 475–482.

MORALES DÍAZ, Mauricio (2011). „El problema de la naturaleza humana en la actualidad: ¿buenos o malos por naturaleza? Crítica a la teoría del origen de la guerra de Humberto Maturana", en: Cuauhtémoc MAYORGA (ed.). *Estudios filosóficos: argumentación, epistemología, ontología, ética*. Guadalajara: Universidad de Guadalajara, 219–244.

MÜNCH, Richard (2004). *Soziologische Theorie. Vol. 3: Gesellschaftstheorie*. Frankfurt am Main/NewYork: Campus.

MÜNCH, Richard (1998). *Globale Dynamik, lokale Lebenswelten: Der Schwierige Weg in die Weltgesellschaft*. Frankfurt am Main: Suhrkamp.

NASSEHI, Armin (2002). „Der erste Weltkrieg oder: Der Beobachter als revolutionäres Subjekt", en: Dirk BAECKER/Peter KRIEG/Fritz B. SIMON (eds.). *Terror im System: Der 11. September und die Folgen*. Heidelberg: Carl-Auer-Systeme.

RENN, Joachim (2006). *Übersetzungsverhältnisse. Perspektiven einer pragmatistischen Gesellschaftstheorie*. Weilerswist: Velbrück.

ROBERTSON, RONALD (1992). *Globalization. Social Theory and Global Culture*. London: Sage.

SCHNEIDER, Friedhelm (1977). *Systemtheoretische Soziologie und dialektische Sozialphilosophie. Ihre Affinität und Differenz*. Meisenheim am Glan: Anton Hain.

SCHWINN, Thomas (2001). *Differenzierung ohne Gesellschaft. Umstellung eines soziologischen Konzept.* Weilerswist: Velbrück.

STICHWEH, Rudolf (2005). „Zum Gesellschaftsbegriff der Systemtheorie: Parsons und Luhmann und die Hypothese der Weltgesellschaft", en: Bettina HEINTZ/Richard MÜNCH/Hartmann TYRELL (eds.). *Weltgesellschaft. Theoretische Zugänge und empirische Problemlagen. Sonderheft der ZfS.* Stuttgart: Lucius & Lucius, 174-185.

TYRELL, Hartmann (2005). „Singular oder Plural – Einleitende Bemerkungen zu Globalisierung und Weltgesellschaft", en: Bettina HEINTZ/Richard MÜNCH/ Hartmann TYRELL (eds.). *Weltgesellschaft. Theoretische Zugänge und empirische Problemlagen. Sonderheft der ZfS.* Stuttgart: Lucius & Lucius, 1-50.

TYRELL, Hartmann (1994). „Max Webers Soziologie 1 – eine Soziologie ohne „Gesellschaft"", en: Gerhard WAGNER/Heinz ZIPPRIAN (eds.). *Max Webers Wissenschaftslehre. Interpretation und Kritik.* Frankfurt am Main: Suhrkamp, 390-414.

VIRGILIO (1952). *Eneida libro VI. Obras completas.* Madrid: Aguilar.

WAGNER, Gerhard (1996). „Die Weltgesellschaft: Zur Kritik und Überwindung einer soziologischen Fiktion", *Leviathan*, 24, 539-556.

WILLKE, Helmut (2000). „Die Gesellschaft der Systemtheorie", *Ethik und Sozialwissenschaften*, 11, 195-209.

THE DCDC *Global Strategic Trends Programme out 2040.* Development, Concepts and doctrine Center. Ministry of Defence. GB: 10-14, https://www.gov.uk/government/uploads/system/Uploads/attachment_data/file/33717/GST4_v9_Feb10.pdf [16.05.2013].

Christoph Wulf
(Freie Universität Berlin)

# Zukunftsfähige Bildung.
# Frieden, kulturelle Diversität, Nachhaltigkeit

Erziehung zum Frieden ist ein zentrales Element in der Entwicklung einer Kultur des Friedens. In den verschiedenen Regionen der Welt kommen einer Frieden fördernden Erziehung unterschiedliche Aufgaben zu. Im Sinne der Millenniumsziele richtet sich in den Entwicklungsländern Erziehung zum Frieden vor allem auf eine an den Menschenrechten orientierte 'Bildung für Alle'. In anderen Teilen der Welt, wie in Europa, Japan und den USA, zielt Erziehung zum Frieden in stärkerem Maße auf eine Auseinandersetzung mit den Problemen von Gewalt und sozialer Gerechtigkeit, kultureller Diversität und Nachhaltigkeit. Unter dem Anspruch eines komplexen Lernbegriffs bedarf es einer neuen, durchaus auch kritischen Einschätzung von Ritualen und rituellen Praktiken für die Entwicklung von Friedenserziehung und Friedenskultur. Ferner bedarf es der bewussten Berücksichtigung ihres performativen Charakters und der mimetischen Verarbeitung friedensrelevanter Phänomene, Ereignisse, Strukturen und Handlungen.

La educación hacia la paz es un elemento fundamental en el desarrollo de una cultura de paz. A una educación que promueve dicha paz le corresponden diversas tareas en las distintas regiones del mundo. Conforme a los Objetivos del Milenio, la educación hacia la paz apunta en los países en vías de desarrollo a una 'Educación para Todos', orientada sobre todo hacia los Derechos Humanos. En otras partes del mundo, como en Europa, Japón y en los EE. UU., la educación hacia la paz se dirige en mayor medida a un análisis y discusión sobre los problemas de violencia y de igualdad social, diversidad cultural y sostenibilidad. Bajo la pretensión de un complejo concepto de aprendizaje se requiere de una nueva, incluso crítica evaluación de ritos y ceremonias rituales para el desarrollo de una educación y una cultura hacia la paz. Además se necesita tener en cuenta conscientemente su carácter performativo y la discusión mimética de fenómenos, estructuras, acontecimientos y acciones relevantes para la paz.

## Werte und Aufgabenfelder einer Friedenskultur

Zwar kann Bildung einen Beitrag zur Erhaltung des Friedens leisten, doch vermag sie ihn nicht zu sichern. Um die Friedensfähigkeit von Menschen und Gesellschaften zu entwickeln, bedarf es unzähliger Bemühungen. Erst ein Zusammenwirken vieler Menschen in allen Bereichen der Gesellschaft schafft Lebensbedingungen, in denen sich die Gewalt zwischen Menschen und gegenüber der Natur reduzieren und in denen sich soziale Gerechtigkeit verbessern lässt. Seit einigen Jahren wird daher immer wieder die Notwendigkeit betont, eine 'Kultur des Friedens' zu schaffen, in deren Rahmen sich die gesellschaftlichen

*Christoph Wulf*

Strukturen verändern und sich die Handlungen der Menschen an den Werten des Friedens orientieren. In dem im 'Internationalen Jahr des Friedens 2000' von der UNESCO veröffentlichten Manifest werden sechs Werte einer Friedenskultur genannt, die eine Selbstverpflichtung der Unterzeichner darstellen, zu der sich bisher mehr als 75 Millionen Menschen in Bezug auf ihr Handeln in Alltag und Familie, Gemeinschaft und Arbeitswelt bekannt haben. Zu diesen Werten gehören: Achtung vor der Würde des Menschen, gewaltfreie Konfliktbearbeitung, Solidarität, Zivilcourage und Dialogbereitschaft, nachhaltige Entwicklung, demokratische Beteiligung. Welche Handlungen aus diesen Werten und Dispositionen entstehen, hängt von den jeweiligen gesellschaftlichen Bedingungen und dem historischen und kulturellen Kontext ab. Daher gibt es in den verschiedenen Regionen der Welt unterschiedliche Formen der Verwirklichung dieser Werte.

Um in der Realisierung einer 'Kultur des Friedens' voranzukommen, bedarf es der Berücksichtigung allgemeiner Prinzipien und Normen auf der Grundlage gemeinsamer Werte. Zu diesen gehören erstens ein Pluralismus durch Anerkennung kultureller Vielfalt, zweitens die Berücksichtigung der Menschenrechte und drittens die Partizipation am gesellschaftlichen Leben. Um einen Beitrag zu einer 'Kultur des Friedens' und 'der menschlichen Entwicklung' in einer Zeit der Globalisierung durch Erziehung, Wissenschaft, Kultur und Kommunikation zu leisten, bedarf es der wechselseitigen Bezugnahme folgender Handlungsfelder aufeinander:

- Kultur des Friedens durch Erziehung;
- Nachhaltige ökonomische und soziale Entwicklung;
- Achtung aller Menschenrechte;
- Gleichstellung zwischen Frauen und Männern;
- Demokratische Partizipation;
- Verständnis, Toleranz und Solidarität;
- Partizipative Kommunikation und freier Informations- und Wissensfluss;
- Internationaler Frieden und Sicherheit.[1]

Wenn von einer Friedenskultur die Rede ist, dann reicht dazu eine Bestimmung der Werte des Friedens nicht aus. Ebenso wichtig ist es, sich darüber klar zu werden, was in diesem Kontext unter Kultur zu verstehen ist. Wie Frieden, so ist auch Kultur ein allgemeiner Begriff, unter dem viele heterogene Aspekte gefasst werden. Im Weiteren wird Friedenskultur bestimmt als:

---

[1] Vgl. UNESCO (2002–2007).

a set of values, attitudes, modes of behaviour and ways of life that reject violence and prevent conflicts by tackling their root causes to solve problems through dialogue and negotiation among individuals, groups and nations.[2]

Da es sich bei der Erziehung um kulturelle Praktiken handelt, die zum 'immateriellen' Kulturerbe gehören, wird den weiteren Ausführungen ein Kulturbegriff zugrunde gelegt, in dessen Rahmen Kultur verstanden wird als:

the practices, representations, expressions, knowledge, skills – as well as the instruments, objects, artefacts and cultural spaces associated therewith – that communities, groups and, in some cases, individuals recognize as part of their cultural heritage.[3]

In diesem Verständnis ist Kultur dynamisch und wird von Generation zu Generation weitergegeben. In Antwort auf ihr Umfeld, im Austausch mit der Natur und ihren historischen Voraussetzungen wird sie immer wieder neu geschaffen. Kultur vermittelt Sinn für Kontinuität und Diversität. Dabei sollen sich die kulturellen Praktiken an Nachhaltigkeit orientieren und die Menschenrechte achten.

Die mit dem Begriff 'Kultur' meistens einhergehende positive Einschätzung bedarf einer prinzipiellen Ergänzung. Kultur kann positiv und negativ bewertete Aspekte umfassen. Wie es eine Friedenskultur gibt, so gibt es auch eine Kultur der Gewalt bzw. des Krieges, ohne dass es immer möglich wäre, diese beiden 'Kulturen' präzise zu unterscheiden. Die Einschätzung, ob es sich um eine Kultur des Friedens oder der Gewalt handelt, hängt auch von der Perspektive und dem Kontext der Bewertung ab. So können zu einem Zeitpunkt als gewalthaltig bewertete Handlungen nach Jahren als Befreiungshandlungen angesehen werden, bei denen, um Schlimmeres zu verhindern, die Anwendung von Gewalt unerlässlich war.

## Die Milleniumsziele: 'Bildung für Alle' als ein Schwerpunkt einer Kultur des Friedens

Um eine Kultur des Friedens zu verwirklichen, bedarf es einer grundsätzlichen Umorientierung vieler kultureller Bereiche und des Zusammenwirkens der auf die Realisierung von Frieden und sozialer Gerechtigkeit gerichteten Bemühungen. Selbst wenn ein solcher Versuch einen utopischen Charakter hat, wird da-

---

[2] UN Resolutions.
[3] UNESCO (2003).

*Christoph Wulf*

durch sein Wert nicht verringert; doch werden die Schwierigkeiten seiner Realisierbarkeit erkennbar und können mit verstärktem Einsatz angegangen werden. Einen wichtigen Beitrag zur Realisierung einer Kultur des Friedens stellen die Millenniumsziele und die an sie gekoppelten Initiativen der Weltgemeinschaft dar. Sie orientieren sich an zentralen Werten einer Friedenskultur und fokussieren alle Anstrengungen auf die Bekämpfung von Armut. Armut macht es fast unmöglich, sich an der Entwicklung einer Kultur des Friedens zu beteiligen; vielmehr ist sie Ausgangspunkt für die Entstehung und Ausbreitung von Not und Gewalt. Armutsbekämpfung gehört zu den zentralen Aufgaben, bei denen die Weltgemeinschaft und die Betroffenen zusammenarbeiten müssen. Nur durch die Verstärkung aller Anstrengungen in den interdependenten Bereichen Politik, Wirtschaft, Gesundheit und Bildung kann es gelingen, Armut und besonders extreme Armut zu verringern und damit einen Beitrag zur Entwicklung einer Kultur des Friedens zu leisten.

Noch immer haben mehr als eine Milliarde Menschen täglich weniger als einen Dollar zum Leben; über 700 Millionen Menschen hungern und sind unterernährt. Mehr als eine Milliarde Menschen haben keinen Zugang zu sauberem Trinkwasser. Über 115 Millionen Kinder im Primarschulalter haben keine Möglichkeit, lesen und schreiben zu lernen. Angesichts dieser Situation verpflichteten sich daher reiche und arme Länder auf dem Millennium-Gipfel der Vereinten Nationen im September 2000, bis zum Jahre 2015 alles zu unternehmen, um die Armut und die extreme Armut in der Welt zu halbieren und gemeinsam für die Anerkennung der menschlichen Würde, der Gleichberechtigung, der Demokratie, der ökologischen Nachhaltigkeit und des Friedens beizutragen. Um diese globalen Ziele zu erreichen und zur Zukunftssicherung der Menschen beizutragen, wurden die folgenden vier Handlungsfelder festgelegt: 1) Frieden, Sicherheit und Abrüstung, 2) Entwicklung und Armutsbekämpfung, 3) Schutz der gemeinsamen Umwelt, 4) Menschenrechte, Demokratie sowie gute Politik und Verwaltung (*governance*).

Dieses Anliegen der Weltgemeinschaft soll mithilfe der folgenden acht Millenniumentwicklungsziele realisiert werden:

1. Bekämpfung von extremer Armut und Hunger mit dem Ziel, die Zahl der Menschen zu halbieren, die weniger als einen Dollar pro Tag zum Leben haben,
2. Vollständige Primarbildung für Jungen und Mädchen,

*Zukunftsfähige Bildung. Frieden, kulturelle Diversität, Nachhaltigkeit*

3. Förderung der Gleichstellung der Geschlechter und Stärkung der Rolle der Frauen,
4. Reduzierung der Kindersterblichkeit (Senkung der Rate der Kinder unter fünf Jahren um zwei Drittel),
5. Verbesserung der Gesundheitsversorgung von Müttern (Senkung der Sterblichkeitsrate der Mütter um drei Viertel),
6. Bekämpfung von HIV/AIDS, Malaria und anderen schweren Krankheiten,
7. Ökologische Nachhaltigkeit,
8. Aufbau einer globalen Entwicklungspartnerschaft.

Die Verwirklichung des Millenniumentwicklungsziels 'Vollständige Primarbildung für Jungen und Mädchen' ist auch das zentrale Anliegen des Weltbildungsforums 2000 in Dakar, mit dessen Aktionsplan 'Bildung für Alle' (*Education for all*, EFA) eine grundlegende Verbesserung der Bildungsmöglichkeiten für alle Menschen bis zum Jahre 2015 erreicht werden soll. Die zentralen Ziele dieses Programms lauten:

- Frühkindliche Förderung und Erziehung sollen ausgebaut und verbessert werden, insbesondere für benachteiligte Kinder.
- Alle Kinder – insbesondere Mädchen, Kinder in schwierigen Lebensumständen und Kinder, die zu ethnischen Minderheiten gehören – sollen Zugang zu unentgeltlicher, obligatorischer und qualitativ hochwertiger Grundschulbildung erhalten und diese auch abschließen.
- Die Lernbedürfnisse von Jugendlichen sollen durch Zugang zu Lernangeboten und Training von Basisqualifikationen (*life skills*) abgesichert werden.
- Die Alphabetisierungsrate unter Erwachsenen, besonders unter Frauen, soll bis 2015 um 50 % erhöht werden. Der Zugang von Erwachsenen zu Grund- und Weiterbildung soll gesichert werden.
- Das Geschlechtergefälle in der Primar- und Sekundarbildung soll überwunden werden; bis 2015 soll die Gleichberechtigung der Geschlechter im gesamten Bildungsbereich erreicht werden.
- Die Qualität von Bildung muss verbessert werden.[4]

Diese Ziele einer Grundbildung für Alle sind von der internationalen Staatengemeinschaft ausdrücklich anerkannt worden. Neben der Erhöhung der Entwicklungshilfe dient der Schuldenerlass der Geberländer als wichtiger Weg, die

---

[4] Vgl. Deutsche UNESCO-Kommission e. V./Bundesministerium für wirtschaftliche Zusammenarbeit und Entwicklung (2011).

erforderlichen Mittel bereitzustellen. Der Verzicht auf die Subventionierung der Produktion von Lebensmitteln in der Europäischen Union und in anderen Industrienationen wäre ein weiteres wirksames Mittel, die finanziellen Möglichkeiten der Entwicklungsländer für den Ausbau ihrer Bildungssysteme zu verbessern, dessen Einsatz allerdings bisher keine ausreichende Unterstützung findet. Die im Bildungsbereich bisher erzielten Fortschritte sind erheblich. Doch reichen sie nicht aus, die Ziele einer 'Bildung für Alle' zu verwirklichen, so dass es in den nächsten Jahren einer weiteren Intensivierung der Anstrengungen bedarf.

In jedem Jahr wird im Rahmen des Programms 'Bildung für Alle' ein Bildungsbericht erarbeitet, in dem in einer umfangreichen Untersuchung zu einem Querschnittsthema des globalen Bildungswesens Bilanz gezogen wird.[5]

Im Rahmen dieser Anstrengungen, allen Kindern eine Grundbildung zu vermitteln, spielt die Erziehung von Kindern in drängenden Notlagen (*education in emergencies*) eine besondere Rolle. In diesem sich allmählich ausweitenden Arbeitsfeld besteht die Aufgabe darin, Kindern in Krisengebieten nach Kriegen und Naturkatastrophen eine Grundbildung zu vermitteln, die dazu beiträgt, dem Alltag dieser Kinder Ordnung, Sinn und Stabilität zu vermitteln. In diesen Gebieten chronischer Not und Instabilität bedarf es auch in besonderem Maße der kurzfristigen Hilfe internationaler Organisationen.[6]

'Bildung für Alle' ist das bei Weitem größte und mittelintensivste Bildungsprogramm der UNESCO. Mehrere um die Jahrtausendwende verabschiedete Konventionen, Programme und Dekaden ergänzen den Aktionsplan. Zu diesen gehören Maßnahmen für Bildung zur Erhaltung bzw. Verwirklichung von Frieden, für einen kreativen Umgang mit kultureller Vielfalt sowie für Nachhaltigkeit. Diese drei Dimensionen zukunftsfähiger Bildung akzentuieren unterschiedliche, sich überschneidende Aufgaben, die den normativen Rahmen für eine 'Bildung für Alle' in der Weltgesellschaft schaffen.

---

[5] Bisher liegen folgende Berichte vor: 2007: frühkindliche Bildung; 2006: Literalität; 2005: Bildungsqualität; 2003/4: Gleichheit im Bildungswesen; 2002: Wege internationaler Bildungspolitik. Mit Hilfe dieser Bildungsberichte soll der Weltöffentlichkeit Rechenschaft darüber abgelegt werden, wie weit die internationale Staatengemeinschaft in der Verwirklichung des Aktionsplans 'Bildung für Alle' gelangt ist.
[6] Vgl. Bensalah (2002); Nicolai/Tripleton (2003).

*Zukunftsfähige Bildung. Frieden, kulturelle Diversität, Nachhaltigkeit*

## Friedenskultur als Aufgabe der Religionen und Künste: das Beispiel Europas und seiner muslimischen Nachbarn

Diese Anstrengungen im Bereich einer 'Bildung für Alle' schaffen unerlässliche Voraussetzungen für die Entwicklung einer Friedenskultur. Doch reichen sie nicht aus. Im Bereich der Bildung bedarf es weiterer Anstrengungen, auf die im nächsten Abschnitt noch einzugehen ist. Neben Bildung müssen auch Religion und Künste ihre Möglichkeiten wahrnehmen, einen Beitrag zur Schaffung einer Friedenskultur zu leisten. An den beiden vorherigen Projekten des Netzwerks 'Philosophie und Anthropologie des Mittelmeerraums', die von der Deutschen UNESCO-Kommission, der Anna-Lindh-Stiftung und dem Auswärtigen Amt gefördert wurden, sei dies verdeutlicht. In dem ersten Projekt ging es darum herauszuarbeiten, welche Möglichkeiten die drei monotheistischen Religionen und besonders das Christentum und der Islam haben, um einen Beitrag zu einer 'Kultur des Friedens' zu leisten.[7] Im zweiten Projekt galt es zu zeigen, welche Möglichkeiten die Künste haben, den Dialog zwischen den Kulturen und die interkulturelle Verständigung zu fördern.[8] In beiden Fällen bearbeiteten die Projekte ihr Anliegen mit Beiträgen aus mehreren europäischen und mehreren islamisch geprägten Ländern.

### *Gewalt, Religion und interkulturelle Verständigung*

Im ersten Projekt ging es darum, die gewalthaltigen Seiten beider Religionen herauszuarbeiten, die besonders zu Tage treten, wenn ihre Vertreter davon ausgehen, dass ihre Religion im alleinigen Besitz der (göttlichen) Wahrheit sei und diese politisch eingesetzt werden könne. Für diese Haltung finden sich in allen Religionen Beispiele, die besonders nachhaltig wirken, wenn sich eine Religion mit Kolonialismus oder mit Terrorismus verbindet. Für die Christen bedeutet das, sie müssen erkennen, dass Terrorismus und dschihadistischer Islamismus nicht mit dem Islam identisch sind. Obwohl diese Gruppierungen von der Überlegenheit des Islams über alle Nicht-Muslime ausgehen und diese als Ungläubige mit Gewalt bekämpfen, ist der Islam nicht weniger eine Religion des Friedens als das Christentum und das Judentum. Auch im Christentum hat es immer wieder religiös begründete Gewalt gegeben, die mit dem Friedensgebot nicht vereinbar war. Erinnert sei an die Kreuzzüge, die Kriege gegen die Katharer, die Verfolgun-

---

[7] Vgl. Wulf/Poulain/Triki (2006b).
[8] Vgl. Wulf/Poulain/Triki (2007b).

gen der Inquisition, die Missionskriege in Südamerika und die Religionskriege in Europa. Auf der Grundlage der Erkenntnis und des Eingeständnisses der Gewaltseite jeder Religion und der damit verbundenen Mechanismen der Inklusion und Exklusion wird es möglich, auch nach den anderen Dimensionen der Religion zu suchen, in denen der Frieden und die Achtung der Würde des Menschen im Mittelpunkt stehen. Hier ergeben sich Gemeinsamkeiten, die häufig von einseitigen Auffassungen, Stereotypen und Feindbildern verdeckt werden. Gelingt es, die kulturelle Dynamik der Religionen statt für Krieg und Gewalt für den Dialog zwischen den Kulturen und für die interkulturelle Verständigung einzusetzen, so können Religionen wie im hier skizzierten Beispiel zu wichtigen Kräften der Völkerverständigung und des Friedens werden. Gerade wegen ihres alle Grundfragen des menschlichen Lebens betreffenden Charakters können sie konstruktive und destruktive Kräfte mobilisieren. Für das gegenwärtige und zukünftige Verhältnis zwischen den Angehörigen europäischer und islamisch geprägter Länder ist es von besonderer Bedeutung, die Potentiale der Religionen für die Gestaltung einer Kultur des Friedens zu nutzen.

## *Die Künste im Dialog der Kulturen*

Im Unterschied zu vielen anderen Formen sozialen und kulturellen Austauschs haben die Künste keine über sie und die ästhetische Erfahrung hinausgehende Funktion. Im Gegenteil, häufig widersetzen sie sich den Versuchen, sie zu funktionalisieren. Die Künste sind wichtige Zugangsformen zum Imaginären einer Kultur. In ihnen artikulieren sich kulturelle Traditionen und Umbrüche, für die Darstellung und Ausdruck gesucht werden. Wie die Religionen, so sind auch die Künste eng mit den Fragen individueller und kollektiver Identität verbunden. Beide haben die Möglichkeit, Menschen Einsichten in die Identität und in das Selbstverständnis der eigenen und der anderen Kulturen zu vermitteln. Da die Künste in politischer, wirtschaftlicher und sozialer Hinsicht relativ große Spielräume haben, vollzieht sich die Begegnung mit ihnen auch in einem von Handlungszwängen entlasteten Freiraum, in dem auch ästhetische Erfahrungen möglich werden, die nicht an Sprache und Rationalität gebunden sind. Über die von ihnen vermittelten sinnlichen Erfahrungen beeinflussen und verändern die Künste die Gefühlswelt ihrer Adressaten. Sie führen zur Begegnung mit dem Fremden und initiieren Bildungsprozesse, in einem von Achtung und Toleranz bestimmten Dialog zwischen den Angehörigen verschiedener Kulturen. Indem vom Reichtum kultureller Diversität ausgegangen wird, kann die Bedeutung

*Zukunftsfähige Bildung. Frieden, kulturelle Diversität, Nachhaltigkeit*

von Kunst, Literatur und Musik für das interkulturelle Verständnis kaum überschätzt werden. Im Dialog der Kulturen wird die eigene Weltsicht durch die Begegnung mit Werken aus anderen Kulturen erweitert und bereichert. Häufig können dabei Erfahrungen der Alterität zugelassen werden, die zu einem spielerischen Umgang einladen, von dem keine das zukünftige Handeln bestimmenden Ergebnisse erwartet werden. Die Künste erlauben einen ludischen Umgang mit Differenz und kultureller Vielfalt, aus dem sich neue Erfahrungen und Einsichten ergeben. Manchmal entstehen dabei Faszination und Annäherung, manchmal Zurückhaltung und Distanzierung. Beide Bewegungen sind gewaltfrei und Ergebnis freier Entscheidungen. Gerade angesichts schwieriger politischer und wirtschaftlicher Verhältnisse haben im Dialog der Kulturen die Künste bisher ihre Möglichkeiten nicht ausgeschöpft, zur interkulturellen bzw. transkulturellen Verständigung beizutragen.

## Erziehung zum Frieden: Gewalt und soziale Gerechtigkeit, kulturelle Diversität und Nachhaltigkeit

Für die Entwicklung einer Kultur des Friedens spielt eine Erziehung zum Frieden eine zentrale Rolle. Sie fokussiert heute drei miteinander verschränkte Bereiche, in denen es um einen an den Menschenrechten orientierten konstruktiven Umgang mit Gewalt und sozialer Gerechtigkeit, kultureller Diversität und Nachhaltigkeit geht. Bei der Analyse von Gewalt und der Behandlung von Fragen der sozialen Gerechtigkeit greift Friedenserziehung auf mehrere Jahrzehnte intensiver Erziehung zum Frieden zurück.[9] Beim Umgang mit kultureller Diversität stützt Friedenserziehung sich auf Erfahrungen im Bereich interkultureller bzw. transkultureller Bildung, die im Zusammenhang mit Globalisierung und Europäisicrung seit mehr als zwei Jahrzehnten erheblich an Bedeutung gewonnen haben.[10] Angesichts der verstärkten Nachfrage nach immer knapper werdenden Ressourcen und dem damit verbundenen Problem intergenerativer Gerechtigkeit gewinnt Nachhaltigkeit als Referenzpunkt friedenspädagogischer Arbeit immer mehr an Bedeutung.[11] Mit diesen drei Problemen thematisiert Friedenserziehung die zentralen für das Überleben der Menschheit wichtigen Fragen.

---

[9] Vgl. Wulf (1973); Calließ/Lob (1987, 1988); Gugel (1995); Burns (1996); Wintersteiner (1999); Seitz (2004); Nipkow (2007).
[10] Vgl. Wulf (1995); Wulf/Merkel (2002); Auernheimer (2003); Krüger-Potratz (2005); Wulf (2006); Göhlich (2006).
[11] Vgl. de Haan/Seitz (2001); Wulf/Newton (2006a).

205

Christoph Wulf

## Gewalt und soziale Gerechtigkeit

Aufgrund der modernen Waffen ist die Bedrohung der Menschen durch Krieg und Gewalt nach wie vor sehr groß. Frieden ist zu der Voraussetzung menschlichen Lebens geworden. Von seiner Erhaltung bzw. Herstellung hängt heute nicht nur das Leben einzelner Menschen, Generationen oder Nationen, sondern das der Menschheit insgesamt ab. Daher ist es unerlässlich, im Rahmen von Bildung die Voraussetzungen und die Bedingungen von Krieg, Gewalt und materieller Not zu behandeln und nach Wegen zu suchen, zu ihrer Verminderung beizutragen. Erziehung zum Frieden stellt den Versuch der Erziehung dar, einen Beitrag zum Abbau dieser Bedingungen zu leisten. Dabei verkennt sie nicht, dass Krieg und Gewalt vielfach makrostrukturell verursachte Systemprobleme sind, deren Verringerung mit Hilfe der Erziehung nur teilweise möglich ist. Friedenserziehung geht davon aus, dass die konstruktive Auseinandersetzung mit den die Menschheit heute bewegenden großen Problemen Teil eines lebenslangen Lernprozesses sein muss, der in der Kindheit beginnen und im späteren Leben nicht abreißen sollte.

In Deutschland wird Friedenserziehung als Teil politischer Bildung verstanden. Seit den 1970er Jahren unterscheidet sie sich von früheren Bemühungen, die in den 1960er Jahren 'Erziehung zur Völkerverständigung' als Friedenserziehung begriffen, von der durch Aggression gefährdeten prinzipiellen Friedfertigkeit der Menschen ausgingen und Frieden vor allem für eine Frage moralischen Verhaltens hielten. Auch unterscheidet sich Friedenserziehung von Bemühungen, denen es im Bewusstsein der aggressiven Triebstruktur des Menschen um das Lernen friedlichen Verhaltens ging und die betonten, die persönliche Friedenssehnsucht werde zum politischen Frieden führen. Die Vorstellung, der Krieg beginne in den Köpfen der Menschen und müsse dort bekämpft werden, ist für diese Positionen charakteristisch. Danach komme es vor allem darauf an, das Bewusstsein der Menschen zu verändern, um gesellschaftliche Bedingungen mit einem höheren Maß an Gerechtigkeit zu verwirklichen. So wichtig diese Bemühungen zur Verbreitung einer Kultur des Friedens sind, sie reichen nicht aus; es bedarf einer weiter reichenden Auseinandersetzung mit der Friedensproblematik.

Erziehung zum Frieden muss nach wie vor auch auf zentrale Leitvorstellungen wie 'organisierte Friedlosigkeit', 'strukturelle Gewalt', 'soziale Gerechtigkeit' zurückgreifen, wie sie die Friedensforschung in den sechziger und siebziger Jahren entwickelte. Diese Vorstellungen machen den gesellschaftlichen Charakter

*Zukunftsfähige Bildung. Frieden, kulturelle Diversität, Nachhaltigkeit*

des Friedens deutlich und schützen vor Allmachtsphantasien und naiven Problemreduktionen. Nach Galtungs noch immer sinnvollen Unterscheidung wird unter Frieden nicht nur die Abwesenheit von Krieg und direkter Gewalt (negativer Friedensbegriff) verstanden; Frieden muss auch als Verringerung von struktureller Gewalt begriffen werden, bei der es um die Herstellung sozialer Gerechtigkeit geht (positiver Friedensbegriff). Aufgrund eines so gefassten Friedensverständnisses werden nicht nur der Krieg oder die direkte Gewalt zwischen Nationen und Ethnien zum Gegenstand der Erziehung, sondern auch die gewalthaltigen innergesellschaftlichen Lebensbedingungen.

Erziehung zum Frieden benötigt bestimmte Formen, mit denen sie die Entwicklung gewaltfreier Lernprozesse zu fördern versucht. Daher wird sie vor allem Lernformen entwickeln, in denen sich partizipatorisches und selbstinitiiertes Lernen vollzieht.[12] In diesen Lernprozessen soll ein großer Teil der Initiative und Verantwortung bei den Adressaten der Friedenserziehung liegen. Diese werden ermutigt, ihre friedensrelevante Vorstellungskraft zu entfalten. Dabei spielt die Entwicklung eines historischen Bewusstseins hinsichtlich der Entstehung und prinzipiellen Veränderbarkeit von Konfliktformationen eine entscheidende Rolle. Dieses Bewusstsein trägt dazu bei, real-utopische Entwürfe für die Veränderung der Welt zu entwickeln und zu bearbeiten. Zugleich gewährleistet es eine Zukunftsorientierung in der Betrachtung der Probleme.[13]

Friedenserziehung berührt sich mit Ansätzen, die mit verwandten Zielsetzungen, doch unter anderen Begriffen, den Erziehungsprozess der jungen Generation mitzugestalten suchen. Dazu gehören: Erziehung zur internationalen Verständigung, internationale Erziehung, Überlebenserziehung (*survival education*), Welt-Erziehung (*global education*), Erziehung zum Weltbürgertum (*education for world citizenship*) und Entwicklungserziehung (*development education*). Ein Strukturproblem der Friedenserziehung und der ihr ähnlichen Bemühungen liegt darin, dass sie sich als Erziehung an Individuen oder Gruppen richtet, in deren Bewusstsein und deren Einstellungen sie nachhaltige Veränderungen bewirken kann. Für die Entwicklung einer Kultur des Friedens ist ihre Ergänzung durch die praktische Politik und durch friedensrelevantes Handeln jedoch unerlässlich.

---

[12] Vgl. Göhlich/Wulf/Zirfas (2001a).
[13] Vgl. Senghaas (1995, 1997).

*Christoph Wulf*

## Kulturelle Diversität

Insofern Differenzen zwischen Menschen, Kulturen und Gesellschaften häufig zur Entstehung von Gewalt führen, ist die Erziehung zu einem friedlichen Umgang mit kultureller Diversität eine wichtige Aufgabe der Friedenserziehung. Im Zusammenhang mit der Globalisierung und Europäisierung lassen sich heute zwei gegenläufige Entwicklungen unterscheiden. Die eine zielt auf Vereinheitlichung; die andere betont die Vielfalt und Diversität biologischer und kultureller Entwicklungen sowie die Notwendigkeit und Unvermeidbarkeit von Differenz und Alterität. So vollziehen sich einerseits Prozesse, die die Weltgesellschaft, die verschiedenen Regionen der Welt, die Nationen und die örtlichen Kulturen einander angleichen, wie z. B.

- die Globalisierung internationaler Finanz- und Kapitalmärkte, die von Kräften und Bewegungen bestimmt werden, welche von den realen Wirtschaftsprozessen weitgehend unabhängig sind;
- die Globalisierung der Unternehmensstrategien und Märkte mit global ausgerichteten Strategien der Produktion, Distribution und Kostenminimierung durch Verlagerung;
- die Globalisierung von Forschung und Entwicklung mit der Entwicklung globaler Netzwerke, neuer Informations- und Kommunikationstechnologien sowie die Ausweitung der Neuen Ökonomie;
- die Globalisierung transnationaler politischer Strukturen mit der Abnahme des Einflusses der Nationen, der Entwicklung internationaler Organisationen und dem Bedeutungszuwachs von Nicht-Regierungsorganisationen;
- die Globalisierung von Konsummustern, Lebensstilen und kulturellen Stilen mit der Tendenz zu ihrer Vereinheitlichung;
- die Ausbreitung des Einflusses der neuen Medien und des Tourismus und die Globalisierung von Wahrnehmungsweisen, die Modellierung von Individualität und Gemeinschaft durch die Wirkungen der Globalisierung sowie die Entstehung einer Eine-Welt-Mentalität.

Mit dieser Entwicklung gehen die Herauslösung des Ökonomischen aus dem Politischen, die Globalisierung vieler Lebensformen sowie die Bedeutungszunahme der Bilder im Rahmen der Neuen Medien einher.[14]

Andererseits regt sich Widerstand gegen diese Entwicklung. So wird die Notwendigkeit hervorgehoben, die Vielfalt der Arten, die Vielfalt der Kulturen,

[14] Vgl. Wulf/Merkel (2002).

*Zukunftsfähige Bildung. Frieden, kulturelle Diversität, Nachhaltigkeit*

kulturelle Diversität und Alterität zu schützen. Im Artensterben und im Aussterben vieler Kulturen wird eine Gefährdung der Vielfalt des Lebens und der Kulturen gesehen. Der Schutz der Vielfalt des Lebens und der Kulturen wird als Aufgabe der gesamten Menschheit betrachtet. Zwischen den Befürwortern und Gegnern des Schutzes kultureller Vielfalt bestehen unauflösbare Differenzen.[15]

Für einen kompetenten Umgang mit kultureller Mannigfaltigkeit spielt der Umgang mit dem Anderen bzw. mit Alterität eine wichtige Rolle. Weder können sich Kulturen noch einzelne Menschen entfalten, wenn sie sich nicht in anderen spiegeln, sich nicht mit anderen auseinandersetzen und sich nicht voneinander beeinflussen lassen. Kulturen und Menschen bilden sich erst durch den Tausch bzw. den Austausch mit anderen. Mit Hilfe reziproker Tauschprozesse entwickeln Menschen Beziehungen zu anderen Menschen und deren Alterität und erweitern dadurch ihren Lebens- und Erfahrungsraum. Tauschprozesse umfassen Geben, Nehmen und Wiedergeben von Gegenständen, Zuwendungen und symbolischen Gütern.

Das Eigene und das Andere sind keine in sich abgeschlossenen, einander gegenüberstehende Größen. Was das Andere und das Eigene ist, ergibt sich erst im Kulturkontakt, in der Begegnung zwischen Menschen, je nach dem kulturellen Kontext, in dem die Begegnung stattfindet, und nach ihren singulären Voraussetzungen. Sowohl das Eigene als auch das Andere müssen dynamisch gedacht werden. In vielen Bereichen werden diese Prozesse des Kontaktes, der Begegnung und des Austauschs durch die Zirkulation von Kapital, Waren, Arbeitskräften und symbolischen Gütern bestimmt. Ihre Dynamik führt zur Begegnung von Menschen und Kulturen und bewirkt, dass materielle und immaterielle Beziehungen entwickelt werden. Diese Prozesse vollziehen sich im Rahmen globaler Machtstrukturen und sind ungleich; sie werden von historisch entstandenen und verfestigten Machtverhältnissen bestimmt. Trotz der Beeinflussung vieler dieser Prozesse durch die Bewegungen des kapitalistisch organisierten Marktes und der daraus resultierenden Unausgewogenheit führen sie zu Begegnungen mit der Alterität anderer Kulturen und Menschen.

Gesellschaften und Menschen konstituieren sich also in der Auseinandersetzung mit Alterität. Bereits in den Bildungsprozessen von Kindern und Jugendlichen spielen die Erfahrungen anderer Menschen und Kulturen eine zentrale Rolle. Nur im Spiegel und in den Reaktionen anderer Menschen und Kulturen

---

[15] Vgl. Wulf (2006).

können Menschen sich selbst begreifen. Dies impliziert, dass Selbsterkenntnis das Verstehen des Nichtverstehens von Alterität voraussetzt.

Wie kann es gelingen, die Erfahrungen der Alterität anderer Menschen und Kulturen zuzulassen, ohne Mechanismen in Gang zu setzen, mit denen sie auf bereits Bekanntes und Vertrautes reduziert werden? Auf diese Frage gibt es mehrere Antworten. Je nach Kontext werden sie unterschiedlich ausfallen. Ein Weg, die Alterität von Menschen auszuhalten, besteht darin, Erfahrungen der Selbstfremdheit mit sich zu machen, also zu erleben, wie man von seinen Gefühlen und Handlungen überrascht werden kann. Solche Ereignisse können zur Steigerung der Flexibilität und zur Neugier auf die Andersartigkeit anderer Menschen und Kulturen beitragen.

In der Erfahrung der Selbstfremdheit liegt eine wichtige Voraussetzung für das Verständnis und den Umgang mit Alterität. Sie bildet eine Grundlage für die Entwicklung der Fähigkeit eines Empfindens und Denkens vom Anderen her, eines heterologischen Denkens, in dessen Rahmen der Umgang mit dem Nichtidentischen von zentraler Bedeutung ist. Von solchen Erfahrungen ist eine Zunahme der Sensibilität und der Bereitschaft zu erwarten, sich Neuem und Unbekanntem auszusetzen. Eine allmähliche Steigerung der Kompetenz, komplexe Situationen emotional und mental auszuhalten und in ihnen nicht stereotyp zu handeln, ist das Resultat.

In der Auseinandersetzung mit der Unverfügbarkeit der Alterität anderer Menschen und Kulturen liegt für die emotionale, soziale und geistige Entwicklung jedes Menschen eine Chance. Heidegger hat dies schon früh gesehen, als er davor warnte, dass dem Menschen kaum etwas Schlimmeres geschehen könne, als dass er sich in der Welt nur noch selbst begegne. Auch aus dieser Perspektive bieten Erfahrungen der Fremdheit und Alterität, der Hybridität und Transkulturalität Aussichten auf ein reiches und erfülltes Leben.

Dass diese Möglichkeiten menschlicher Bildung in ihr Gegenteil umschlagen können, ist offensichtlich. In diesem Fall entstehen in der Begegnung mit kultureller Vielfalt Gewalthandlungen, mit denen versucht wird, Andersartigkeit auf Gleichheit zu reduzieren. Da in den meisten Fällen diese Versuche fehlschlagen, entsteht ein circulus vitiosus von Gewalthandlungen, die sich in mimetischen Prozessen, in Formen wechselseitiger Nachahmung, verstärken und aus denen es nur schwer einen Ausweg gibt.[16]

---

[16] Vgl. Wulf (2006, 2005); Dieckmann/Wulf/Wimmer (1996); Heitmeyer/Soeffner (2004).

*Zukunftsfähige Bildung. Frieden, kulturelle Diversität, Nachhaltigkeit*

## *Nachhaltigkeit*

Die dritte große Aufgabe einer Erziehung zum Frieden liegt im Bereich der Bildung für nachhaltige Entwicklung, deren Verbreitung in der UN Dekade von 2005–2014 erfolgen soll und für die in allen Ländern verstärkte Anstrengungen unternommen werden. In Deutschland wurde auf der Grundlage eines einstimmigen Beschlusses des Bundestages ein Nationalkomitee zur Bildung für nachhaltige Entwicklung und eine Arbeitsstelle bei der Deutschen UNESCO-Kommission eingerichtet, das die Arbeit in diesem Bereich koordiniert. In Zusammenarbeit mit dem Nationalkomitee erstellen die Kultusministerkonferenz und die Bundesländer Aktionspläne, um die Bildung zur nachhaltigen Entwicklung weiter zu verbreiten.

Ziel nachhaltiger Entwicklung ist die Verwirklichung eines kontinuierlichen gesamtgesellschaftlichen Wandlungsprozesses, der dazu führen soll, die Lebensqualität der gegenwärtigen Generation zu erhalten und gleichzeitig die Wahlmöglichkeiten zukünftiger Generationen zur Gestaltung ihres Lebens zu sichern. Nachhaltige Entwicklung ist heute ein anerkannter Weg zur Verbesserung der individuellen Zukunftschancen, zu gesellschaftlicher Prosperität, wirtschaftlichem Wachstum und ökologischer Verträglichkeit. Bildung für Nachhaltigkeit zielt darauf, die Menschen zur kreativen Gestaltung einer ökologisch verträglichen, wirtschaftlich leistungsfähigen und sozial gerechten Umwelt unter Berücksichtigung der internationalen Perspektive zu befähigen.

Nachhaltigkeit ist eine regulative Idee, die wie Frieden nur annäherungsweise verwirklicht werden kann. Bildung zur Nachhaltigkeit ist eine wichtige Voraussetzung für die graduelle Realisierung der Nachhaltigkeit. Sie wendet sich an den Einzelnen, dessen Sensibilität und Verantwortungsbereitschaft sie fördern möchte. Dazu muss sie an den bestehenden Strukturen ansetzen und – unter Berücksichtigung individueller und gesellschaftlicher Bedingungen – die Gestaltungskompetenz der jungen Menschen in diesem Bereich entwickeln. Ziel ist die Entwicklung der Fähigkeit, das eigene Leben und den eigenen Lebensraum im Sinne nachhaltiger Entwicklung zu gestalten. Dazu bedarf es eines Lernens in konkreten Problemkonstellationen, eines Erarbeitens ihrer Kontexte und der Anbahnung eines partizipatorischen Handelns. Bildung für Nachhaltigkeit impliziert ein reflexives kritisches Verständnis von Bildung und eine Bereitschaft zur Partizipation an den entsprechenden individuellen und sozialen Lernprozessen. Dazu gilt es, Minimalstandards für Bildung für nachhaltige Entwicklung zu entwickeln, die der Mehrperspektivität von Nachhaltigkeit gerecht werden. Bildung für eine nachhaltige Entwicklung soll zur Herstellung sozialer Gerechtigkeit zwischen den Nationen, Kulturen und Weltregionen und den Generationen beitragen. Neben der Förderung und Umgestaltung des Sozialen, der Ökologie und Ökonomie sind auch die globale Verantwortung und die politische Partizipation zentrale Prinzipien der Nachhaltigkeit. Ziel der Bildung für Nachhaltigkeit ist es, eine Gestaltungskompetenz in diesem Bereich zu entwickeln, die die Menschen dazu befähigt, die hier anfallenden Aufgaben kreativ zu gestalten.[17]

## Friedenserziehung in Ritualen, performativen Praktiken und mimetischen Lernprozessen

Im Weiteren sollen drei Aspekte aus neueren erziehungswissenschaftlichen Forschungen in die Diskurse über Friedenserziehung und Friedenskultur eingebracht werden, die hier bislang nur eine geringe Rolle gespielt haben, deren Ausarbeitung jedoch erhebliche Möglichkeiten der Verbesserung beinhaltet. Im Einzelnen handelt es sich um

- die Möglichkeit von Ritualen, einen Beitrag zur Entwicklung einer Friedenskultur zu leisten,[18]
- den performativen Charakter friedensrelevanter Praktiken,[19]
- mimetisches Lernen als kulturelles Lernen des Friedens.[20]

### *Rituale als Strategien der Entwicklung einer Friedenskultur*

In der Form von Anti-Kriegsdemonstrationen, Demonstrationen gegen Rassismus und Ausländerfeindlichkeit und gegen die Zerstörung der Umwelt haben Rituale der Kritik und des Widerstands in der Friedenserziehung und Friedenskultur Tradition, ohne dass man sich hier ihrer erzieherischen, sozialen und politischen Möglichkeiten hinreichend bewusst ist. In Ritualen schließen sich viele einander zunächst fremde Menschen zu Gemeinschaften zusammen, um ihren Widerstand zu artikulieren. Mit Ritualen wie Menschen- und Lichterketten, Blockierungen von Schienen, Straßen und Zufahrten, der gewaltfrei-

---

[17] Vgl. German Commission for UNESCO (2007).
[18] Vgl. Wulf (2001b, 2004, 2007).
[19] Vgl. Wulf/Zirfas (2007a); Wulf/Göhlich/Zirfas (2001a).
[20] Vgl. Wulf (2005, 2004, 2001b).

*Zukunftsfähige Bildung. Frieden, kulturelle Diversität, Nachhaltigkeit*

en Konfrontation mit den Vertretern staatlicher Macht nehmen Menschen ihr Grundrecht der Meinungs- und Versammlungsfreiheit wahr und bringen ihre divergierenden Auffassungen zur Darstellung. Über die Medien erreichen diese Inszenierungen häufig eine über die Orte des Widerstands hinausreichende Sichtbarkeit. Aufgrund der in Inszenierungen und Aufführungen menschlicher Körper liegenden Performativität des Widerstands werden Gemeinschaften Gleichgesinnter erzeugt. Mit Hilfe ritueller Inklusion und Exklusion verleihen die sich in Ritualen zusammenschließenden Demonstranten ihren Auffassungen Darstellung und Ausdruck. Sie erzeugen rituelle szenische Handlungen, die sich zudem in ihr Körpergedächtnis einschreiben und nachhaltige Wirkungen entfalten. Thesenartig sollen einige Merkmale skizziert werden, aus denen die Möglichkeiten von Ritualen, einen Beitrag zur Bildung einer Friedenskultur zu leisten, hervorgehen.[21]

## *Friedenskultur ist ohne Rituale undenkbar*

Über den symbolischen Gehalt der Interaktions- und Kommunikationsformen und vor allem über die performativen Prozesse der Interaktion und Bedeutungsgenerierung gewährleisten und stabilisieren Rituale die Gemeinschaft der Menschen in einer Friedenskultur. Rituale rahmen friedensrelevante Praktiken im alltäglichen Leben ein und gewähren homogenisierte Handlungsabläufe. Die damit verbundenen Techniken und Praktiken dienen der Wiederholbarkeit der Rituale, ihrer Steuerbarkeit und Kontrollierbarkeit. Auf Frieden bezogene soziale, institutionalisierte und informelle Gemeinschaften zeichnen sich nicht nur durch den gemeinsamen Raum eines kollektiv geteilten symbolischen Wissens aus, sondern vor allem durch entsprechende Interaktions- und Kommunikationsformen, in denen und mit denen sie dieses Wissen inszenieren.[22] Rituale erzeugen friedensbezogene Gemeinschaften emotional, symbolisch und performativ; sie sind inszenatorische und expressive Handlungsfelder, in denen die Beteiligten ihre Wahrnehmungs- und Vorstellungswelten mittels mimetischer Prozesse wechselseitig aufeinander abstimmen. Indem Rituale die Integration eines interaktiven Handlungszusammenhangs gewährleisten, zielen sie auf die Bildung einer friedensbezogenen Kommunität.

---

[21] Vgl. Wulf/Zirfas (2004a).
[22] Vgl. Wulf (2005).

Christoph Wulf

## Rituale als Erinnerung und Projektion friedensrelevanter Werte und Handlungen

Rituale dienen dazu, sich der Präsenz einer friedensbezogenen Gemeinschaft immer wieder zu versichern, deren Ordnung und deren Transformationspotentiale durch Wiederholung zu bestätigen und ihnen Dauer zu verleihen. Sie zielen ebenso auf die Inszenierung von Kontinuität wie auf den Prozesscharakter und die Entwurfs- und Zukunftsorientierung von friedensbezogenen Gemeinschaften. Rituale bilden in einer Kultur des Friedens die Synthese von sozialem Gedächtnis und gemeinschaftlichem friedensbezogenen Zukunftsentwurf. Durch ihre Wiederholungsstruktur signalisieren Rituale des Widerstands Dauerhaftigkeit; ihre Inszenierungen erzeugen und kontrollieren das auf Werte, Dispositionen und Handlungen bezogene Gedächtnis.

## Rituale als kommunikative Verständigung in einer Friedenskultur

Da in einer Friedenskultur Differenzerfahrungen innerhalb und zu den sie umgebenden kulturellen Handlungsfeldern auftreten, sind Rituale erforderlich, um diese nach innen und nach außen zu bearbeiten. Sie bilden einen relativ sicheren, homogenen Prozess, in dessen Verlauf sich friedensbezogene Gemeinschaften wiederholt konstituieren können. Rituale dienen dazu, eine kommunikative und performative Verständigung über neue, als Bedrohung empfundene Situationen zu erzielen. Dabei bilden sie keine instrumentellen Handlungsarrangements und werden nicht als technische Mittel zur Bewältigung konkreter Probleme eingesetzt. Die im friedensbezogenen rituellen Handeln erzeugte Kraft reicht über die Möglichkeiten einzelner Menschen hinaus und führt zur Schaffung von Gemeinschaft und Solidarität.

## Rituale als Komplexität reduzierende Handlungen in friedensbezogenen Zusammenhängen

In friedensbezogenen Ritualen werden Situationen mit Hilfe gemeinsam ausgeübter Praktiken eingeübt und geprobt. Sie können als Arrangements der Komplexitätsreduktion gelten, mit deren Hilfe sich ihre Teilnehmer in Beziehung zu ihrem 'Außen' setzen, indem sie Trennlinien ziehen, Distanzen überbrücken und daran glauben, dass die im Ritual entfalteten mimetischen und performativen Kräfte nicht nur nach innen, sondern auch nach außen, auf die 'Wirklichkeit' einwirken, gegen die sich der ritualisierte Widerstand richtet.

*Zukunftsfähige Bildung. Frieden, kulturelle Diversität, Nachhaltigkeit*

## Rituale als Medien der Differenzbearbeitung in friedensrelevanten Kontexten

Auf Frieden bezogene Rituale sind Handlungssysteme der Differenzbearbeitung. Indem sie die Integration eines interaktiven Handlungszusammenhangs gewährleisten, zielen sie auf Integration und auf die Bildung von Gemeinschaft durch Differenz und Exklusion. Der Begriff der performativen Gemeinschaft verweist weniger auf eine vorgängige organische oder natürliche Einheit, eine emotionale Zusammengehörigkeit, auf ein symbolisches Sinnsystem, sondern mehr auf die rituellen Muster friedensbezogener Interaktion. Mit der Frage, wie sich auf Frieden bezogene Gemeinschaften erzeugen, bestätigen und verändern, rücken rituelle Inszenierungsformen, körperliche und sprachliche Praktiken, räumliche und zeitliche Rahmungen sowie mimetische Zirkulationsformen in den Mittelpunkt. Unter einer performativen, auf Fragen des Friedens bezogenen Gemeinschaft wird ein ritualisierter Handlungs- und Erfahrungsraum verstanden, der sich durch inszenatorische, mimetische und ludische Machtelemente auszeichnet.

## Der performative Charakter kultureller Praktiken

Wenn es in Friedenserziehung und Friedenskultur nicht nur darum geht, Wissen zu lernen, sondern Friedenserziehung stets auch darauf zielt, Handeln, Zusammenleben und Sein zu lernen,[23] dann kommt dem performativen Charakter friedensbezogener Praktiken eine besondere Bedeutung zu. Wenn der menschliche Körper das Medium friedenskultureller Praktiken ist, dann ergeben sich daraus Konsequenzen für die Wahrnehmung und das Verständnis dieser Praktiken. Um friedenskulturelle Praktiken angemessen zu verstehen, müssen die körperlichen Aspekte der Inszenierungen und Aufführungen friedensbezogener Handlungen explizit berücksichtigt werden; es muss untersucht werden, wie diese friedenskulturellen Praktiken durch Arrangements des Körpers vollzogen werden. Es gilt zu erforschen, wie die Körperbilder historisch und kulturell entstanden sind, auf denen die Praktiken der Friedenskultur und der Friedenserziehung beruhen.

Die auf 'Frieden', 'kulturelle Diversität' und 'Nachhaltigkeit' bezogenen kulturellen Praktiken haben vielfältige Funktionen. Damit sie erfolgreich sind, benö-

---

[23] Vgl. Delors (1996).

Christoph Wulf

tigen die Handelnden ein individuelles Körperwissen und ein Wissen darüber, wie sie friedenskulturelle Praktiken in Bezug auf andere Menschen inszenieren können. Die körperliche Seite einer auf Frieden bezogenen kulturellen Praktik kann andere Menschen dazu anregen, vielfältige Interpretationen zu entwickeln, die jedoch weniger wichtig sind als die von der Performativität der friedensbezogenen Handlung ausgehende Wirkung.

Wenn in diesem Zusammenhang vom menschlichen Körper die Rede ist, dann handelt es sich um einen in historischen und kulturellen Prozessen geformten Körper, der seinerseits auf die Art und Weise Einfluss hat, in der solche Prozesse geformt werden.[24] Bourdieu hat in diesem Kontext vom 'Habitus' gesprochen, der einerseits das Ergebnis gesellschaftlicher Prozesse ist, andererseits diese formt und gestaltet.[25] Analog dazu geht es darum, dass bei der Entwicklung von Friedenskultur möglichst viele Menschen dafür gewonnen werden, einen möglichst 'gewaltfreien Habitus' zu entwickeln, dessen Praktiken in Übereinstimmung mit den Werten und Ansprüchen einer Friedenskultur stehen.

In einer Analyse kultureller Gewalt- und Friedenspraktiken lässt sich der für deren Wirksamkeit so wichtige performative Charakter herausarbeiten. Drei Aspekte sind dabei zu unterscheiden.

Der erste Aspekt betont die Bedeutung des performativen Charakters der Sprache. Indem John Austin gezeigt hat, „how to do things with words"[26], hat er den Handlungsaspekt der Sprache herausgearbeitet. Wenn z. B. jemand öffentlich gegen eine Gewalthandlung oder für eine Handlung im Sinne des Friedens, des Schutzes kultureller Vielfalt oder der Unterstützung von Nachhaltigkeit spricht, dann vollzieht er eine 'Handlung', in der er seine Werte und sein Engagement zum Ausdruck bringt und mit der er andere zu beeinflussen versucht, sich ähnlich zu engagieren und ähnlich zu handeln. Wiederholt jemand solche friedensbezogenen Aussagen, wird er mit diesen identifiziert, so dass sein Engagement für den Frieden zu einem Teil seiner Identität wird.

Der zweite Aspekt der Performativität besteht darin, dass Praktiken des Umgangs mit sozialer Gerechtigkeit, mit kultureller Vielfalt und Nachhaltigkeit kulturelle Aufführungen sind, in denen die Werte des Friedens zur Würde des Menschen werden und die Schonung der Natur zur Darstellung kommt. Mit Hilfe solcher Praktiken können die Angehörigen von Kulturen Kontinuität zwischen

---

[24] Vgl. Wulf (2006).
[25] Vgl. Bourdieu (1976).
[26] Vgl. Austin (1985).

ihren friedensrelevanten Traditionen und den Anforderungen der Gegenwart nach sozialer Gerechtigkeit und Nachhaltigkeit schaffen.

Der dritte Aspekt der Performativität charakterisiert die ästhetische Seite körperbasierter Performance friedensrelevanter Szenen und Handlungen, die nicht angemessen begriffen werden, wenn deren Analyse sie auf ihre bloße Funktion reduziert. Stattdessen bedarf es einer ausdrücklichen Berücksichtigung der für die Wirkung friedensbezogener Praktiken konstitutiven ästhetischen Seite.[27]

## Mimetisches Lernen als kulturelles Lernen des Friedens

Viele für die Entwicklung einer Friedenskultur relevante Vorstellungen, Repräsentationen und Praktiken werden in mimetischen Prozessen gelernt. Menschen beziehen sich auf friedensrelevante Phänomene und Handlungen und lernen dadurch das erforderliche Wissen und Verhalten in Prozessen der Angleichung. In mimetischen Prozessen erfolgt eine kreative Nachahmung bzw. Anähnlichung friedensrelevanter Phänomene, Modelle und Vorbilder. Wie sich diese Angleichungen vollziehen, ist von Mensch zu Mensch verschieden und hängt davon ab, wie sich Menschen zur Welt, zu anderen Menschen und zu sich selbst verhalten. In mimetischen Prozessen nehmen Kinder, Jugendliche und Erwachsene gleichsam einen 'Abdruck' von Phänomenen, Praktiken und Strukturen, die für die Entwicklung einer Friedenskultur relevant sind auf, inkorporieren sie und machen sie dabei zu einem Teil ihrer selbst. In solchen Prozessen werden diese friedensrelevanten Ereignisse und Modelle für Handlungen der nachwachsenden Generation weitervermittelt.[28]

Die Bedeutung mimetischer Prozesse für die Vermittlung von friedenskulturellen Werten, Strukturen und Handlungen an Kinder und junge Menschen kann kaum überschätzt werden. Mimetische Prozesse sind sinnlich; sie sind an den Körper gebunden, beziehen sich auf das menschliche Verhalten und vollziehen sich häufig unbewusst. In ihnen inkorporieren Menschen Bilder und Schemata der friedensrelevanten Phänomene, Ereignisse und Praktiken. Dadurch werden diese Teil ihrer mentalen Bilder- und Vorstellungswelt und entwickeln Handlungsdispositionen. Mimetische Prozesse überführen Phänomene, Ereignisse und Handlungen einer Friedenskultur in die mentale Welt junger Menschen. Sie tragen dazu bei, diese mentale Welt im Sinne friedenskultureller Erscheinun-

---

[27] Vgl. Wulf/Zirfas (2007a); Wulf/Göhlich/Zirfas (2001a).
[28] Vgl. Gebauer/Wulf (1998); Wulf (2005).

*Christoph Wulf*

gen und Werte anzureichern und zu erweitern. In mimetischen Prozessen wird darüber hinaus praktisches Wissen als wichtiger Bestandteil friedensbezogenen Handelns erworben. Dieses Wissen entwickelt sich im Zusammenhang mit den Inszenierungen und Aufführungen des Körpers und spielt eine besondere Rolle dabei, friedenskulturelle Praktiken zu erhalten und zu modifizieren. Als praktisches Wissen ist dieses Wissen Ergebnis einer mimetischen Verarbeitung performativen Verhaltens, das selbst die Folge eines körperbasierten *Know-hows* ist.

Da in einer Kultur des Friedens praktisches Wissen, Performativität und Mimesis miteinander verschränkt sind, spielt die 'Wiederholung' bei ihrer Weitervermittlung eine große Rolle. Friedenskulturelle Kompetenz entwickelt sich in Fällen, in denen friedensrelevantes Verhalten wiederholt und in der Wiederholung weiterentwickelt wird.

## Bibliographie

AUERNHEIMER, Georg (2003). *Einführung in die interkulturelle Pädagogik*. Darmstadt: Wissenschaftliche Buchgesellschaft.

AUSTIN, John Langshaw (1985). *Theorie der Sprechakte*. Stuttgart: Reclam.

BENSALAH, Kacem (Hrsg.) (2002). *Guidelines for Education in Situations of Emergency and Crisis*. Paris: Unesco, http://unesdoc.unesco.org/images/0012/001282/128214e.pdf [21.02.2014].

BOURDIEU, Pierre (1976). *Entwurf einer Theorie der Praxis auf der ethnologischen Grundlage der Kabylischen Gesellschaft*. Frankfurt am Main: Suhrkamp.

BURNS, Robin J. (1996). *Three Decades of Peace Education around the World. An Anthology*. New York u. a.: Garland.

CALLIESS, Jörg/LOB, Reinhold E. (Hrsg.) (1987/1988). *Praxis der Umwelt- und Friedenserziehung*. Bd. 1-3. Düsseldorf: Schwann.

DELORS, Jaques (Hrsg.) (1996). *Learning. The treasure within*. Paris: UNESCO.

DIECKMANN, Bernhard/WULF, Christoph/WIMMER, Michael (Hrsg.) (1996). *Violence. Nationalism, Racism, Xenophobia*. Münster/New York: Waxmann.

GEBAUER, Gunter/WULF, Christoph (1998). *Spiel, Ritual, Geste*. Reinbek: Rowohlt.

GALTUNG, Johan (1973). „Gewalt, Frieden und Friedensforschung", in: Dieter SENGHAAS (Hrsg.). *Kritische Friedensforschung*. Frankfurt am Main: Suhrkamp, 45-104.

GÖHLICH, Michael/WULF, Christoph/ZIRFAS, Jörg (Hrsg.) (2007). *Pädagogische Theorien des Lernens*. Weinheim/Basel: Beltz.

*Zukunftsfähige Bildung. Frieden, kulturelle Diversität, Nachhaltigkeit*

GÖHLICH, Michael et al. (2006). *Transkulturalität und Pädagogik: Interdisziplinäre Annäherungen an ein kulturwissenschaftliches Konzept und seine pädagogische Relevanz.* Weinheim/München: Juventa.
GUGEL, Günther (1995). *Gewalt muß nicht sein. Eine Einführung in friedenspädagogisches Denken und Handeln.* Tübingen: Verein für Friedenspädagogik.
HAAN, Gerhard de/SEITZ, Klaus (2001). „Kriterien für die Umsetzung eines internationalen Bildungsauftrages", *Journal 21.*
HEITMEYER, Wilhelm/SOEFFNER, Hans-Georg (Hrsg.) (2004). *Gewalt.* Frankfurt am Main: Suhrkamp.
KRÜGER-POTRATZ, Marianne (2005). *Interkulturelle Bildung. Eine Einführung.* Münster/New York: Waxmann.
NICOLAI, Susan/TRIPLETON, Carl (2003). „The Role of Education in Protecting Children in Conflict", *HPN Network Paper,* 42.
NIPKOW, Karl E. (2007). *Der schwere Weg zum Frieden.* Gütersloh: Gütersloher Verlag.
SEITZ, Klaus (2004). *Bildung und Konflikt. Die Rolle der Bildung bei der Entstehung, Prävention und Bewältigung gesellschaftlicher Krisen – Konsequenzen für die Entwicklungszusammenarbeit.* Bonn: Bundesministerium für wirtschaftliche Zusammenarbeit.
SENGHAAS, Dieter (Hrsg.) (1997). *Frieden machen.* Frankfurt am Main: Suhrkamp.
SENGHAAS, Dieter (Hrsg.) (1995). *Den Frieden denken. Si vis pacem, para pacem.* Frankfurt am Main: Suhrkamp.
WINTERSTEINER, Werner (1999). *Pädagogik des Anderen. Bausteine für eine Friedenspädagogik in der Postmoderne.* Münster: agenda-Verlag.
WULF, Christoph (2006). *Anthropologie kultureller Vielfalt. Interkulturelle Bildung in Zeiten der Globalisierung.* Bielefeld: transcript.
WULF, Christoph (2005). *Zur Genese des Sozialen: Mimesis, Performativität, Ritual.* Bielefeld: transcript.
WULF, Christoph (2004). *Anthropologie. Geschichte, Kultur, Philosophie.* Reinbek: Rowohlt.
WULF, Christoph (2001). *Einführung in die Anthropologie der Erziehung.* Weinheim/Basel: Beltz.
WULF, Christoph (Hrsg.) (1997). *Vom Menschen. Handbuch Historische Anthropologie.* Weinheim/Basel: Beltz.
WULF, Christoph (Hrsg.) (1995). *Education in Europe. An Intercultural Task.* Münster/New York: Lit Verlag.

*Christoph Wulf*

WULF, Christoph (Hrsg.) (1974). *Handbook on Peace Education.* Oslo/Frankfurt am Main: International Peace Research Association.
WULF, Christoph (Hrsg.) (1973). *Kritische Friedenserziehung.* Frankfurt am Main: Suhrkamp.
WULF, Christoph et al. (2007). *Lernkulturen im Umbruch. Rituelle Praktiken in Schule, Medien, Familie und Jugend.* Wiesbaden: Verlag für Sozialwissenschaften.
WULF, Christoph/ZIRFAS, Jörg (Hrsg.) (2007a). *Pädagogik des Performativen.* Weinheim/Basel: Beltz.
WULF, Christoph/POULAIN, Jacques/TRIKI, Fathi (Hrsg.) (2007b). *Die Künste im Dialog der Kulturen. Europa und seine muslimischen Nachbarn.* Berlin: Akademie Verlag.
WULF, Christoph/NEWTON, Bryan (Hrsg.) (2006a). *Desarrollo Sostenible.* Münster/New York: Waxmann.
WULF, Christoph/POULAIN, Jacques/TRIKI, Fathi (Hrsg.) (2006b). *Europäische und islamisch geprägte Länder im Dialog: Religion und Gewalt.* Berlin: Akademie Verlag.
WULF, Christoph/ZIRFAS, Jörg (Hrsg.) (2004a). *Die Kultur des Rituals.* München: Wilhelm Fink Verlag.
WULF, Christoph et al. (2004b). *Bildung im Ritual. Schule, Familie, Jugend, Medien.* Wiesbaden: Verlag für Sozialwissenschaften.
WULF, Christoph/MERKEL, Christine (Hrsg.) (2002). *Globalisierung als Herausforderung der Erziehung. Theorien, Grundlagen, Fallstudien.* Münster/New York: Waxmann.
WULF, Christoph/GÖHLICH, Michael/ZIRFAS, Jörg (Hrsg.) (2001a). *Grundlagen des Performativen. Eine Einführung in die Zusammenhänge von Sprache, Macht und Handeln.* Weinheim/München: Juventa.
WULF, Christoph et al. (2001b). *Das Soziale als Ritual. Zur performativen Bildung von Gemeinschaften.* Opladen: Leske und Budrich.

BUNDLÄNDERKOMMISSION (1998). „Orientierungsrahmen: Bildung für nachhaltige Entwicklung", *BLK-Heft,* 69.
DEUTSCHE UNESCO-KOMMISSION E.V/BUNDESMINISTERIUM FÜR WIRTSCHAFTLICHE ZUSAMMENARBEIT UND ENTWICKLUNG (Hrsg.) (2011). *Weltbericht Bildung für alle. Die Unbeachtete Krise: Bewaffneter Konflikt und Bildung. Kurzfassung.* Bonn: DUK.

*Zukunftsfähige Bildung. Frieden, kulturelle Diversität, Nachhaltigkeit*

DEUTSCHE UNESCO-KOMMISSION (2006). *Weltbericht Bildung für Alle*. Bonn: DUK.
GERMAN COMMISSION FOR UNESCO (2007). *UNESCO today: The UN Decade of Education for Sustainable Development*. Bonn: Köllen Druck + Verlag GmbH.
NATIONALER AKTIONSPLAN FÜR DEUTSCHLAND (2005). *UN-Dekade Bildung für nachhaltige Entwicklung*. Berlin.
UN RESOLUTIONS A/RES/52/13: *Culture of Peace* and A/RES/53/243, *Declaration and Programme of Action on a Culture of Peace*.
UNESCO (2003). *Convention for the Safeguarding of Intangible Cultural Heritage*. Paris: UNESCO.
UNESCO (2002). *Medium Term Strategy. Contributing to peace and human development in an era of globalization through education, the sciences, culture and communication 2002–2007*. Paris: UNESCO.

Marion Röwekamp[1]
(Freie Universität Berlin/Colegio de México/UNAM)

# Exil, Demokratie und Gewalt: Die Erinnerung an den Spanischen Bürgerkrieg in Mexiko

Dieser Beitrag widmet sich dem Formationsprozess von Erinnerung der spanisch-republikanischen Flüchtlinge in Mexiko, die nach dem Spanischen Bürgerkrieg dorthin entkommen waren. Der Prozess der Erinnerungsbildung wird anhand von zwei identitätsstiftenden Merkmalen untersucht: der Erinnerung an Gewalt sowie der Erinnerung an die Demokratie und die Ideale, für die die Exilanten in der Zweiten Spanischen Republik gekämpft haben. Dabei wird auch der unterschiedlichen Erinnerungsbildung von Männern und Frauen nachgegangen. In einem zweiten Schritt wird die Frage untersucht, wie diese Erinnerungen dazu beitrugen, eine neue Identität der Spanisch-Republikaner im Exil zu bilden sowie ein Gegennarrativ zu der Geschichtsschreibung des franquistischen Spaniens zu verfassen. Dabei stellt sich im Hinblick auf die Einbeziehung von Erinnerung nicht mehr nur die Frage, was genau passiert ist, sondern auch, wie diese Ereignisse wahrgenommen, erinnert und an die nächsten Generationen vermittelt wurden und schließlich auch deren Identität beeinflussten.

Este artículo atiende el proceso de formación del recuerdo de los refugiados republicanos españoles que emigraron a México, huyendo del régimen franquista tras la Guerra Civil Española. El proceso de la formación del recuerdo se investiga mediante dos rasgos creadores de identidad: el recuerdo de la violencia así como el recuerdo de la democracia y de los ideales por los que los exiliados lucharon en la Segunda República. Asimismo, el artículo trata de aclarar las diferentes formaciones del recuerdo de hombres y mujeres. En un segundo paso, se investiga la pregunta de cómo estos recuerdos contribuyeron a formar una nueva identidad de los republicanos españoles en el exilio, así como a crear una contranarrativa a la historiografía de la España franquista. Además, en cuanto a la implicación del recuerdo se plantea no sólo la pregunta de qué fue lo que pasó exactamente, sino también de cómo estos acontecimientos fueron percibidos, recordados y transmitidos a la siguiente generación y finalmente, de cómo influyeron en su identidad.

Der Spanische Bürgerkrieg gehört zu jenen historischen Ereignissen, denen auch Jahrzehnte intensivster Forschung wenig von ihrer Faszination haben nehmen können. Er nimmt einen zentralen Platz in der gewalttätigen Geschichte des 20. Jahrhunderts ein. Insbesondere die Bombardierung von spanischen Städten ohne militärische Funktion bedeutete angesichts der Aufhebung der Grenzen zwischen Militär und Zivilbevölkerung eine damals so noch nicht gekannte

---
[1] Dieser Aufsatz ist dank der großzügigen Unterstützung der Alexander von Humboldt-Stiftung sowie des Postdoktorandenprogramms der *Coordinación Humanidades* und des *Instituto de Investigaciones Históricas* der UNAM entstanden.

Steigerung der Gewalt, die nicht zuletzt in der *Guernica* von Pablo Picasso, die auf der Weltausstellung in Paris erstmals ausgestellt wurde, eindrucksvoll ihren Ausdruck fand. Mit dem Spanischen Bürgerkrieg hatten sich die bis dahin geltenden Grenzen in der Visualisierung von kriegerischer Gewalt, die sich bereits im Ersten Weltkrieg entscheidend verändert hatten, endgültig verschoben. Die moderne Kriegsphotographie sowie die international breitflächige mediale Berichterstattung führten zu einer bisher unbekannten Medienpräsenz, die nicht nur in Europa, sondern weltweit Schrecken auslösten und bereits auf die globalen Dimensionen des aufkommenden zweiten Weltkriegs hindeuteten.

Abgesehen von den modernen Medien, wie Radio, Film und Zeitungen, kam den in Spanien kämpfenden internationalen Brigaden und den republikanischen Exilanten eine wichtige Rolle bei der Verbreitung dieser Gewalterfahrung zu. Sie haben mit ihren Erinnerungen dazu beigetragen, dass der Spanische Bürgerkrieg auch in anderen Gesellschaften, insbesondere in Lateinamerika, nicht nur unvergessen blieb, sondern sich auch schnell fest im kollektiven Gedächtnis verwurzelte. Mexiko war das Land, das abgesehen von Frankreich – hier hielten sich zeitweise 500.000 Exilanten auf – mit circa 25.000 Spaniern den größten Anteil der Flüchtlinge aufnahm. Angesichts der speziellen Exilsituation in Mexiko, bedingt durch den Präsidenten Lázaro Cárdenas, sowie der relativen Größe der Gruppe, die sich überwiegend in Mexiko-Stadt niederließ, entwickelten sich in Mexiko besondere Bedingungen, die nicht nur zu eindrucksvollen und erfolgreichen erinnerungspolitischen Bemühungen führten, sondern auch zu einer ausgesprochenen Präsenz dieser Exilanten insbesondere in der Kulturlandschaft. Im Unterschied zu den Anstrengungen der Franco Diktatur, jegliche Erinnerung an die Republik auszulöschen, blieb diese im Exil präsent und lebt/e in den republikanischen Familien und Institutionen sowie in der durch sie geprägten Geschichtsschreibung weiter.

Das Thema Gewalt und Erinnerung in der spanischen Bürgerkriegsforschung gehört zu den neuen Schlagworten, die in den vergangenen Jahren in einer Vielzahl von Veröffentlichungen behandelt wurden. Sie widmeten sich der genauen Identifizierung der tatsächlichen Opferzahlen der Gewalt, thematisierten das Zusammenspiel von Gewalt und franquistischer Staatsgründung, der gewalttätigen Unterdrückung und sozialen Ausgrenzung der Kriegsverlierer sowie der franquistischen Repressionspolitik.[2] Gleichzeitig hat die Hoch-

---

[2] Vgl. bspw. Santos Juliá (1999); Richards (1998); Ruiz (2005); Vega Sombría (2005); Bernecker/Brinkmann (2006); Reig Tapia (2006); Aguilar Fernández (1996).

*Exil, Demokratie und Gewalt*

konjunktur der historischen Erinnerungsforschung in den letzten Jahren auch den Spanischen Bürgerkrieg erreicht. Mittelpunkt dieser Forschungen ist, dass der Franquismus brutal versucht hat, jegliche Erinnerung an die Republik und die Kriegsverlierer auszulöschen. Während die Erinnerung an Gewalthandlungen in und nach dem Spanischen Bürgerkrieg in Spanien breit erforscht wird, wird der Frage, wie Gewalt im Spanischen Bürgerkrieg sowie die Demokratieerfahrung im republikanischen Exil erinnert werden bzw. welche Teile kollektiv vergessen werden, und welche Funktion sie für die Identitätsbildung der spanischen Nation im Exil hatten, bisher weniger Aufmerksamkeit gewidmet.[3]

Sowohl diesen Erinnerungen an die Gewalt- als auch die Demokratieerfahrung der Zweiten Republik und des Bürgerkriegs wird im Folgenden nachgegangen. Gleichzeitig soll untersucht werden, wie diese Erinnerung dazu beitrugen, eine neue Identität der Spanisch-Republikaner im Exil zu bilden sowie ein Gegennarrativ zu der Geschichtsschreibung des franquistischen Spaniens zu verfassen. Dabei stellt sich im Hinblick auf die Einbeziehung von Erinnerung nicht mehr nur die Frage, was genau passiert ist, sondern auch, wie diese Ereignisse wahrgenommen, erinnert und an die nächsten Generation vermittelt wurden.

## Erinnerung, Identität und Exil der ersten Generation

Das Exil der Republikaner begann mit der Grenzüberschreitung. Guiliana di Febo hat in einem Essay die Bedeutung der Grenze als einer Grenze zwischen zwei Staaten und einer metaphorischen Grenze der Trennung beschrieben und diese „als einen fundamentalen Ort der kollektiven Imagination und der historischen Erinnerung des spanischen Exils"[4] bezeichnet. Die Grenze diente dabei für die Flüchtlinge als eine wichtige Brücke zwischen zwei geographischen Schlüsselorten, den blutigen Schlachtfeldern Spaniens und den Konzentrationslagern. Ein Flüchtling beschrieb diesen Moment wie folgt: „Detrás, España. Pedazos de nuestra vida. Retales de nuestro ideal."[5]

Die ca. halbe Million Flüchtlinge erreichten in Frankreich zwar eine Form von Sicherheit, wurden aber bereits an der Grenze zu – wie sie es beschrieben – einem 'Nichts' reduziert. Sowohl die kollektive Erinnerung der Vertriebenen, die nicht in den hastig errichteten französischen Konzentrationslagern ende-

---

[3] Siehe dazu allerdings: Lida (2009); Alted Vigil (2006: 247–277); de Hoyos Puente (2011).
[4] Di Febo (1998: 467–484).
[5] García Gerpe (1941: 7).

*Marion Röwekamp*

ten, aber vor allem die 250.000, die in die Lager von Argelès-sur-Mer, Collioure, St. Cyprien, Vernet, Gurs oder Barcarès gesperrt wurden, waren geprägt von dem Gefühl der Orientierungslosigkeit und Entwurzelung, dem Gefühl eines Verlusts des Bodens, Orts und der Heimat. Das Gefühl von Heimatlosigkeit wurde hier ergänzt durch die Internierung in Camps. Wie es unter anderen Francie Cate-Arries in ihrem Buch *Spanish Culture Behind Barbed Wire* beschrieben hat,[6] waren die Konzentrationslager in Frankreich, in denen die Spanier unter unmenschlichen Bedingungen interniert waren, wortwörtlich und abstrakt gesehen ein 'negativer Ort', ein leerer Übergang zwischen der Heimat, Spanien, und der Hoffnung auf Exil – in der Regel in Mexiko. Mehr als ein Transitort waren dies jedoch Orte des historischen Traumas, 72.000 Menschen starben hier, und zugleich waren es paradoxerweise genau diese Räume, wo die Initialzündung zu einer beginnenden Nationenbildung der Exilgemeinschaft stattfand. Hier fingen die Überlebenden, gekennzeichnet durch die Niederlage, die Gewalt, den Horror und die Heimatlosigkeit, an, sowohl eine neue Nationalgeschichte zu entwerfen als auch ihre politischen und kulturellen Identitäten als Kämpfer für die Demokratie und für soziale Gerechtigkeit zu festigen sowie ihre Gemeinschaft als einen Ort der passionierten Ideale, der spirituellen und moralischen Standfestigkeit und des unerschütterlichen Widerstands zu konstituieren.

> La identidad como patria y la patria como fundamento de la identidad se refuerzan en el momento traumático de producirse el destierro en quienes lo padecen como colectividad, porque el impacto de la experiencia colectiva vivida actúa como fuerza centrípeta sobre la memoria que colectivamente se va formando de lo recientemente vivido, la guerra civil, y de lo que está empezando a vivirse, el destierro. […] [P]ero el espacio de esa memoria será también sustituto del espacio físico que ha venido a faltar, un suelo espiritual y cultural sobre el que mantenerse, es decir, un con-suelo paralelo al que le falta.[7]

Gleichfalls wurden provisorische Universitäten in den *barracones de cultura* errichtet, die an die erzieherischen Bemühungen der Zweiten Republik anschlossen. Sie waren Ausdruck eines gemeinsamen Willens, eine kulturelle Kontinuität im Camp und im Exil zu wahren. Die erste Ausgabe der Zeitschrift *Profesionales de la Enseñanza*, die am 1. Juli 1939 in *Argèles-sur-Mer* erschien, macht dies ganz deutlich:

---

[6] Vgl. Cate-Arries (2004). So auch Pérez Guerrero (2008).
[7] De Rivas (1998: 86 f.).

## Exil, Demokratie und Gewalt

> Aquella fé que alumbraba nuestro trabajo en España, aquella voluntad inflexible que era es nuestro reflejo de los anhelos culturales de nuestro pueblo, no nos han abandonado. Queremos continuar la tarea que iniciamos es nuestra, cada vez más, querida Patria. Queremos seguir el camino que, cual caballeros andantes en pos de la cultura, emprendimos tiempo ha. [...] ¡SEGUIR TRABAJANDO! ¡LUCHAR SIN DESCANSO EN PRO DE LA CULTURA! HE AHÍ NUESTRO IMPERIOSO DEBER.[8]

Welche große Rolle dabei nicht nur die Erinnerung an das Ideal der Demokratie und damit die, ich will sie hier 'positiven Identifikationsmomente' nennen, spielten, sondern vor allem aber auch die negativen, also das Leiden und die Gewalterfahrung, ist theoretisch schon mehrfach thematisiert worden.

Ernest Renan zum Beispiel, obwohl häufig kritisiert, hat bereits in seinem Essay aus dem Jahre 1882 *What is a nation?* die Rolle von 'Aufopferung' und die Erinnerung daran als ausschlaggebendes Motiv für die Gründung einer Nation beschrieben.

> Suffering in common unifies more than joy does. Where national memories are concerned, grieves are of more value than triumphs, for they impose duties and require a common effort.[9]

Die gemeinsame Erinnerung schafft dabei eine konsensuale Version der Geschichte und wird in das kollektive Bewusstsein eingeschrieben. Ähnlich hat auch Michael Rowland in seinem Essay „Memory, Sacrifice and the Nation" die Rolle des Erinnerns an gemeinsame Opfer des Kriegs für die Festigung eines nationalen Diskurses betont.

> This is particularly so at times when the inchoate nature of the nation state is either in its formation or in a process of internal divisions that risk achievement of identity.[10]

So auch Ministerpräsident Juan Negrín, der in seiner Rede anlässlich der letzten Sitzung des republikanischen Parlaments in Figueras sagte:

> Lucharemos [...] por estas causas fundamentales que merecen el sacrificio de la vida e incluso el que una nación desaparezca por ellas, [...] luchando por esa causa, habremos de llegar a buen fin; porque, en último término, los pueblos no

---

[8] Villegas (1989: 67).
[9] Renan (1996: 41–55).
[10] Rowlands (1996: 10).

viven solamente de las victorias, sino que viven también del ejemplo que hayan sabido dar las generaciones en momentos de adversidad y en momentos de desgracia, y el ejemplo que de la Historia se recoge es fecundo para la vida de un pueblo y es también, a veces, indispensable para que vuelva a resucitar lo aparentemente muerto.[11]

Mexiko wiederum war den meisten Republikanern primär unbekannt. Viele wussten, dass es der Spanischen Republik als quasi einziges Land in der Wüste der internationalen Unterstützung während des Bürgerkriegs geholfen hatte,[12] aber eine genaue Vorstellung von Mexiko geschweige denn einen Willen, dorthin zu emigrieren, hatten die meisten vorerst nicht. „Nadie le consultó para ir a México, él puso en las planillas que le pasaban, la primera opción Francia (algo imposible), la segunda URSS y la tercera USA"[13], erinnerte ein Flüchtling. Da weitere Optionen für viele Flüchtlinge in der Regel nicht bestanden und Mexiko die Republikaner auch in den Konzentrationslagern als einziger Staat, v. a. gegen die Auslieferung nach Spanien und später gegen die Deutschen in Schutz nahm, erhielt es zunehmend den Nimbus als 'Zion'. Das Land unter Präsident Lázaro Cárdenas, dem die Flüchtlinge den Spitznamen 'Marschall der Hoffnung' gaben, bot ihnen, anders als Frankreich, eine wirkliche Zukunft und Heimat und war deshalb für die Insassen der Lager eine Quelle ständiger Hoffnung und Kraft.[14] Die 25.000 Republikaner, die am Schluss den Weg nach Mexiko fanden, setzten dort den in Frankreich in Gang gesetzten Prozess des Erinnerns und der Identitätsbildung fort.

Edward Said hat die grundlegende Rolle der Geschichten, die sich Mitglieder einer Nationengruppe über ihre gemeinsamen Erlebnisse erzählen als „power of narrative history to mobilize people around a common goal"[15] beschrieben. Die kollektiven Erinnerungen sowohl an die positiven als auch die negativen Identifikationsmomente zirkulierten an Bord der von den republikanischen Hilfsorganisationen gecharterten Schiffe fort. Anhand der an Bord geführten Tagebücher lassen sich bereits einige Trends beobachten, die Teil der neuen Exilidentität der Republikaner wurden und zu der vielfältigen Mythenbildung in der Geschichte

---

[11] Negrín (1939: 346 f.).
[12] Siehe dazu z. B. Matesanz (2000); Abdón Mateos (2005).
[13] Interview von Marisol Alonso mit Pedro Armillas in Mexiko Stadt, 30.-31.8.1978, DEH-INAH, DAE-MCE, PHO/10/003, 196.
[14] Vgl. Cate-Arries (2000: 217).
[15] Said (2000: 184).

*Exil, Demokratie und Gewalt*

des spanischen Exils beitrugen. So ist bereits aus einigen Beiträgen eine frühe Tendenz zur Mythenbildung zu lesen: beispielsweise hinsichtlich des künftigen Exillandes Mexiko,[16] der Idee der *Reconquista* Spaniens aus den Händen Francos, der vermeintlichen Einheit des Exils,[17] einer Abgrenzung zu dem alten spanischen Exil und damit gleichzeitig hinsichtlich der Konstruktion des eigenen Exils als ein intellektueller, idealistischer und besonderer Zufluchtsort,[18] sowie in Bezug auf eine Idealisierung der Rolle des Präsidenten Cárdenas, dessen großzügige Politik gegenüber den Republikanern – wenn man sie im Vergleich mit der respektiven Handhabe gegenüber den verfolgten deutschen Juden sieht – wohl wenig von humanitären Bewegungen getragen war.[19]

Diese Identifikationsmomente durch gemeinsame Erinnerungen setzten sich auch in Mexiko in der wachsenden Exilgemeinschaft der Republikaner fort und trugen derart trotz der weiterhin stark bestehenden Auseinandersetzungen bezüglich der alten politischen Differenzen in der Republik und im Bürgerkrieg sowie der regionalen Unterschiede zu der Stärkung einer gemeinsamen Identität bei. Diese bestehenden Streitigkeiten vermittelten dabei nicht nur ein Gefühl der Beständigkeit,[20] sondern markierten gleichzeitig, dass der Bürgerkrieg noch nicht vorbei war und die Ansprüche auf das verlorene Spanien nicht aufgegeben waren. So waren selbst die Erinnerung sowie das Leben dieser Konflikte der Vergangenheit für die Bildung der Identität der Exilanten unerlässlich. Erinnert wurde daneben die Repression, der Verrat durch Nachbarn, Freunde, Familie, Feinde, die Fronterlebnisse, die Bomben, die Exekutionen, die Lager:

> Aún gravita sobre mi espíritu la obsesión de las enconadas persecuciones políticas y religiosas de que he sido víctima (con más de seis años de reclusión), y me cuesta trabajo creer en la realidad de este ambiente de libertad.[21]

Wie stark diese Erinnerungen sein konnten, wird am Beispiel von *El Muerto* deutlich. Claudio Fournier, Spitzname *El Muerto,* war am ersten Tag des Bürger-

---

[16] Vgl. Cate-Arries (2000/2: 223–242).
[17] Vgl. Temelli (2011: 169–179).
[18] Siehe z. B. Jarnés (2006: 24, 122, 270).
[19] Vgl. Gleizer (2011: 301–308).
[20] Zu den Konflikten über die Gründe, die zum Scheitern des Bürgerkriegs geführt haben, siehe de Hoyos Puente (2012).
[21] Samuel Alvarez Gonzalez, Mexiko Stadt, 25.10.1946, an das Unitarian Service Comittee, Boston, Harvard University, Andover-Harvard Theological Library/bMS 16004/16 (1) Mexico, 71 f.

kriegs nach einer schweren Verwundung als vermeintlich tot auf der *Plaza de Cataluña* zurückgelassen worden, erholte sich allerdings wie durch ein Wunder. Noch Jahre später im Exil in Mexiko entzündete sich und schwoll sein vernarbtes Gesicht jeweils drei Tage vor und nach dem 18. Juli, dem Jahrestag des Putsches, an.[22] Seine Narben waren ein Ausdruck der Sprache der Erinnerung, die so stark war, dass sie körperliche Zeichen hinterließ.

Diese traumatischen Erinnerungen wurden in den einzelnen Familien gelebt, in den Häusern, oft in den gleichen Stadtteilen und Straßenzügen, in denen die Republikaner lebten, in den Cafés im Zentrum von Mexiko Stadt und in den verschiedenen Clubs der alten spanischen Emigration, die zu einem kleinen Teil ihre Tore für die politischen Flüchtlinge öffnete. Dies gilt vor allem für die Clubs der Katalanen, Basken und Valencianer, bei ihnen siegte offenbar ihre gemeinsame regionale Herkunft über die politischen Bedenken,[23] trotzdem gründeten die meisten Interessengruppen überwiegend ihren eigenen Club oder Treffpunkte anderer Art:

> Los sábados mi padre trabajaba de diez de la mañana a 12 del día, y las 12 del día se iba a un café que se llamaba „Tupinamba", [...] que estaban todos los refugiados arreglando el regreso a España, la caída de Franco, yo iba con mi padre, yo oía hablar de eso, tendría 8 años, 9, [...] yo oía hablar de todo eso; no lo entendía pero lo escuchaba, y aunque no lo entiendas se te queda. Da ahí nos íbamos a otro café con otros amigos, [...] y de ahí a una cervecería.[24]

Vor allem im Rahmen gemeinsamer Treffen in den Cafés wurde das kollektive Trauma der Katastrophe des verlorenen Bürgerkriegs und der Erfahrungen in den Camps in Frankreich gemeinsam verarbeitet. Es bestätigt sich aufgrund der Beschreibungen dieser Treffen, dass sich die Erinnerungen an Gewalterfahrungen wenig spezifisch und eher übertrieben generalisierend auf einer abstrakten Ebene bewegten, die das Konzept als Besiegter aber Überlebender stark betonten, wie es auch Dominick LaCapra, der viel über Trauma und Erinnerung

---

[22] Vgl. Artís-Gener (1975: 28).
[23] Zu den Öffnungen durch die regionalen Clubs siehe: Pla Brugat (1999); Artís Mercadet (1979: 315). Der überwiegende Teil der spanischen alten Emigration sympathisierte tatsächlich eher mit den Franquisten, vgl. Pérez Vejo (2001: 58); Matesanz (2008: 349).
[24] Auf diese Art wurden nicht nur in der ersten Generation erinnert, sondern bereits Erinnerung und Kultur sowie Identität auf die nächste Generation übertragen, Pérez Guerrero (2008: 178).

*Exil, Demokratie und Gewalt*

forscht, herausgearbeitet hat.[25] Gleichzeitig konnten die Erinnerungen nicht verdrängt werden, sie waren schmerzhaft, führten zu Albträumen und kompulsiven, sich wiederholenden Verhaltensmustern. Überwiegend äußerten sie sich aber in Melancholie, einem Trauerprozess, in dem das Objekt des Verlusts, Spanien, schmerzhaft abwesend war und zu einer undefinierten Bekümmernis führte. Zugleich fühlten die Flüchtlinge ein Bedürfnis danach, Zeugnis abzulegen, nicht nur vor sich selbst, sondern auch vor der größeren Gemeinschaft der Republikaner sowie zunehmend vor der Weltöffentlichkeit, gegenüber der sie sich als die Stimme des echten, freien Spaniens etablieren wollten, die für das Spanien sprechen sollte, das nach ihrer Auffassung von Franco besetzt worden war. Es war von grundlegender Bedeutung für die neue Exilidentität der Republikaner, ein legitimes Narrativ zu finden, das gleichzeitig kohärent und überzeugend war.

## Gender und Erinnerung

Insoweit wurde überwiegend beschrieben, wie männliche Flüchtlinge die Gewalt erinnert haben. Es fragt sich, ob Frauen anders erinnert haben. Bisherige Literatur, die sich mit Frauen im Exil befasst, hat festgestellt, dass die Erinnerungen von Frauen sich seltener mit den Kriegsgeschehnissen selbst befassen, sondern eher mit den Jahren vor dem Krieg – die sie häufig als die glücklichsten ihres Lebens beschreiben –, der Flucht, dem Gefängnis, den Konzentrationslagern oder dem Exil, aber in allen Fällen stehen die Familien, Eltern, v. a. die Väter, die Kinder und Ehemänner im Mittelpunkt der Erinnerungen.[26] Das hat verschiedene Gründe:

Die Zweite Republik und der Spanische Bürgerkrieg zählen zu den außergewöhnlichsten Zeiten der spanischen Geschichte für Frauen. Zuvor galten Frauen, die eine sechsjährige Schulausbildung genossen hatten, bereits als gebildet. In der Zweiten Republik dagegen gab es ein Bemühen darum, die Notwendigkeit von Bildung für Frauen zu betonen und ein Verständnis dahingehend zu entwickeln, dass gleiche Rechte für Frauen die Grundlage einer Demokratie bildeten. Gerade die kommunistischen und sozialistischen Organisationen hatten sich der Bildung von Frauen gewidmet. Viele, die an entsprechenden Kursen,

---

[25] Vgl. LaCapra (1998: 23), ders. (1994: 18).
[26] Vgl. Mangini (1995); Domínguez Prats (2009; 1994); Rodrigo (1999); Matínez (2007); Tuñón (2012).

sowohl in der Republik als auch im Bürgerkrieg teilgenommen hatten, haben dort ihre erste wirkliche Erziehung genossen. Diese Freiheit setzte sich im Bürgerkrieg fort, als sie die Republik und ihre neuen Rechte verteidigt haben,[27] wie es Julio Álvarez del Vayo, Außenminister der Republik, beschrieben hat:

> But it was not merely in her capacity for emotion and sacrifice that the Spanish woman raised to the full height of her powers. For the first time in the history of Spain she undertook work of the greatest responsibility both in the government and the civil service, thus giving the lie to those who had so long and so stupidly considered her as inferior to man in dealing with problems affecting the general well-being of the country.[28]

Diese Frauen erlitten einen doppelten Verlust nach dem Krieg, den Verlust der kurzlebigen Demokratie, in die viele ihre Hoffnung auf Gleichberechtigung gesetzt hatte, sowie die Zerstörung eines weiteren wirtschaftlichen, sozialen und politischen Vorankommens in der neuen Exilsituation.[29] Eine Lehrerin, die bereits in Spanien studiert hatte und als Direktorin an einer Schule, und auch in Mexiko im Exil in mehreren der Exilschulen tätig gewesen war, schrieb zum Beispiel:

> [...] una de mis mayores frustraciones fue sentir siempre que en España tenía muchas posibilidades de trabajar y de trabajar muy bien, y de haber continuado la República hubiera podido realizar una buena labor educativa. Y en México ... pues he hecho lo que he podido.[30]

Gleichzeitig waren die wenigsten Frauen in die direkten Kriegsereignisse verwickelt gewesen, so dass ihre Erinnerungen sich eher mit ihrer Rolle als arbeitende Frau oder ihrer unterstützenden Rolle im Bürgerkrieg befassen. Im Gegensatz dazu beschreiben die meisten ausführlicher als die Männer die Flucht und die Zeit in den Konzentrationslagern. Ihre anders gelagerten Erinnerungen mögen eine Verdrängung sein oder das Bemühen darum, mehr die Konsequenzen des Kriegs aufzuzeigen als den Krieg selbst. Sie sprechen als Individuen, die ihre Freiheit, Demokratie und ihr Land verloren haben, gleichzeitig aber als Mütter,

---

[27] Vgl. Mangini (1995: 85); Nash Rojas (2006).
[28] Álvarez del Vayo (1971: 184 f.).
[29] Viele Ausbildungen wurden in Mexiko nicht anerkannt und einige Frauen, die in Spanien bereits in akademischen Berufen tätig gewesen waren, kehrten in Mexiko gar nicht in ihre Berufe zurück, vgl. Suárez Plata (2006: 213).
[30] Tuñón Pablos (2012: 77).

Ehefrauen und Töchter sowie als Teil eines kollektiven Bewusstseins. Sie nutzen häufiger als Männer den Plural in ihren Erinnerungen, und scheinen bereits damit den Anspruch zu erheben, nicht nur für sich selbst und ihre Familie zu sprechen, sondern für alle Flüchtlinge. Dies ist auch als ein Zeichen dafür zu werten, wie sehr die Erinnerungen sich bereits von der schlichten individuellen in eine kollektive Erinnerung verfestigt hatten:

> Se pisa tierra mexicana. Venimos con la ilusión de empezar una vida deshecha por los horrores de la guerra. Somos todos pobres. Traemos solamente el recuerdo de las cosas que quisimos formar y que se perdieron en la guerra o en el éxodo. Nos queda el alma, elevada y purificada por las angustias del exilio, el afán de recobrar lo perdido, para nosotros y para aquellos que gimen bajo el manto fatal de la tragedia.[31]

Obwohl darüber bisher weniger Quellen zu finden sind, ist zu vermuten, dass die Frauen sich über die Treffen in den Clubs hinaus ebenfalls informell alleine trafen, um gemeinsam Zeit zu verbringen und über ihre seelischen Nöte zu sprechen, wie die Männer es in den Cafés taten. Obwohl viele Frauen sich besser mit den neuen Lebensbedingungen abfanden als ihre Ehemänner, fühlten sich sich zahlreiche unter ihnen dort nie richtig wohl, obwohl ihr Leben und ihre Familien in Mexiko waren. Genau wie das Leben der Männer, war ihres von einer unstillbaren Sehnsucht nach Spanien geprägt:

> La verdad es que nunca me sentí adaptada en México, esa es la pura verdad. Yo me sentí en México como en una estación de ferrocarril esperando el tren. Cuando viajaba por México, que viajé un poco, todo lo que pude, siempre tenía la impresión de estar como en una película, es decir viendo las cosas desde fuera, como una espectadora. Yo no logré adaptarme, no lo logré. Sentí siempre, siempre, siempre, la nostalgia de España, añoraba el paisaje, la tierra, la tierra de España, yo decía siempre que me volvería a cualquier rincón de España, al que fuera, donde fuera, me iría.[32]

## Die Erinnerung an die Demokratie der Zweiten Republik als zweites Identitätsbildungsmerkmal

Die positive Erinnerung an die gemeinsamen Ideale und die Kultur der Zweiten Republik, die Ehre und die Absicht, Spanien aus den Händen Francos zurück zu

---
[31] Mistral (1940: 191).
[32] Tuñón (2012: 74).

erobern sowie die feste Überzeugung, dass das wahre Spanien ins Exil gegangen sei, bildeten die andere Seite der sich entwickelnden Identität der Flüchtlinge.

> The True Spain, the one we represent, successors of Lord Dn. Quijote, speaks today through my mouth, to tell you that we will never forget all you have done for us, when destiny obliged us to cross the road of bitterness. For those who were the first to go to the front of the defense of the liberties of the world, there was no discouragement nor did the fatigue bore us, although we had to go through a hard and long journey. On the contrary, with calm heart and firm will, we want to have a new opportunity to ask for a post in the first row if the occasion comes. It will be then, as yesterday, our greatest honor.[33]

Die Überzeugung, die in diesem Zitat deutlich wird, dass die Republikaner als Repräsentanten des wahren Spaniens ins Exil gegangen wären, verband sich mit der Idee des weitergehenden Kampfes gegen den Faschismus, den die Republikaner in ihrem Verständnis als erste Nation für alle anderen vom Faschismus gebeutelten Nationen geführt hätten. Das Buch *La guerra empezó en España* von Julio Álvarez de Vayo, aus dem Jahr 1940, markiert den editorischen Anfang dieses Teilaspekts der Exilidentität.[34]

Wie die traumatischen Erinnerungen an die Gewalt des Bürgerkriegs und der Konzentrationslager wurden diese positiv besetzten Erinnerungen in den Familien, in den erweiterten Freundes- und Bekanntenkreisen sowie in den verschiedenen informellen und formellen Institutionen des republikanischen Exils gepflegt und an die nächsten Generationen übermittelt.

> Yo creo que todo esto influyó para que mi vida en México fuera muy familiar. Nos reuníamos algunas veces con amigos, refugiados siempre para ir al Orfeó Catalá o a algún otro sitio, a pasar un rato o a jugar las cartas. Vivía para mis alumnos, para mi familia y para algún amigo refugiado.[35]

Aus den gemeinsamen Runden in den Cafés ging die Gründung neuer politischer, sozialer und regionaler Wiegen des spanischen Exils hervor. Im Café *La Parroquia* wurden die Fundamente des *Centro Montañés Sotileza* gegründet und aus einer anderen *tertulia* der Gruppe *Amigos de Las Españas* ging die Grün-

---

[33] Salvador Etcheverria Branas (Jurist), Mary Oppenheimer, Unitarian Service Committee, Lisbon, Harvard University, Andover-Harvard Theological Library/bMS 16004/16 (1) Mexico, 115.
[34] Vgl. Álvarez del Vayo (1940).
[35] Tuñón (2012: 73).

*Exil, Demokratie und Gewalt*

dung des *Ateneo Español* hervor. Diese verschiedenen Gründungen spiegelten die unterschiedlichen Mikroidentitäten des spanischen Exils klar wider und dienten der Rückversicherung der eigenen Identität vor dem Hintergrund der teils auch feindlichen Begrüßung durch die mexikanische Gesellschaft:

> La creación de esos 'guetos' [...] corresponde a la necesidad de seguridad y de preservación de la propria identidad, pero también provoca una ruptura con el medio, acentuando por contragolpe la crisis de identidad que vive el refugiado político.[36]

So uneinheitlich diese Einrichtungen ihrer regionalen, ideologischen und politischen Ausrichtung im Einzelnen nach waren, so sehr wurden dort auch die übergreifende gemeinsame Kultur und Erinnerung gepflegt und diese letztlich trotz aller starken Auseinandersetzungen, die es aufgrund der verschiedenen Ideologien bereits in der Zweiten Republik und im Bürgerkrieg gegeben hatte, erstaunlich einheitlich übertragen.

Die beschriebenen positiven und negativen Identifikationsmomente fungierten als signifikante Quelle der kollektiven Identität und als Schlüsseltext innerhalb der erzählten Geschichte der Gruppe. Ihr gemeinsames Leiden, das gemeinsame Opfer und Trauma auf der einen Seite, die gemeinsamen in der Zweiten Republik entwickelten Werte und Ideale auf der anderen Seite wurden in starke und dauerhafte Erinnerungen gewandelt, die zu einer Basis, einer generativen Matrix für kulturelle Codes und Werte der entstehenden Nation im Exil wurden. Wie wichtig die Erinnerungen für die Identitätsbildung waren, haben einzelne Exilanten klar erkannt:

> Una de las características del exiliado es, sin duda, el sentir que su identidad se ha perdido, razón por la cual sus recuerdos se le vuelven doblemente importantes. Puesto que ya ha perdido el contexto en el que antes se había desarrollado, la necesidad de recordar rebasa los límites de una simple nostalgia para convertirse en la columna vertebral de su identidad.[37]

Diese Konzentration auf die eigenen Wurzeln führte bei gleichzeitiger erfolgreicher Integration in den mexikanischen Arbeitsmarkt zu einer starken Abgrenzung von dem neuen Umfeld. Der Ausschluss der Republikaner aus der mexikanischen Politik und die vermeintlich feindliche Haltung der alten spanischen

---

[36] Grupo Colat y Baraudy, zit. nach Mateo Gambarte (1990: 43).
[37] Ulacia Altolaguirre/Mendez (1990: 15).

Kolonie[38] trugen zu dem Prozess bei, dass wenig sozialer Austausch stattfand und sich die spanische Exilgemeinde nur auf sich konzentrierte.

Bis zum Ende des Zweiten Weltkriegs war die Situation von der Ungewissheit des Ausgangs, aber der Hoffnung auf Rückkehr geprägt. Nach 1945 richteten sich die Bemühungen der Flüchtlinge und der mexikanischen Regierung darauf, die Unterstützung der internationalen Gemeinschaft zu erhalten. Die ersten Memoiren und Veröffentlichungen aller Art erschienen, um die Weltöffentlichkeit auf die Situation der Exilanten und, im Kontrast zu Franco, auf ihre Legitimität aufmerksam zu machen. Damit wurden auch erstmals die Vision der Republikaner als Besiegte des Bürgerkriegs, gleichzeitig aber als die moralischen Gewinner sowie die 'echten' und 'intellektuellen' Spanier im Erbe Don Quijotes verschriftlicht.[39] Diese Memoiren bilden den Grundstein für eine Geschichtsschreibung, die sich diese Version ohne zu zögern zu Eigen gemacht hat und auch den zaghaften Übergang vom kommunikativen zum kulturellen Gedächtnis beinhaltet, wie Jan Assmann es nennt,[40] das zumindest in der ersten Generation noch parallel nebeneinander bestand. Doch es wurde schnell deutlich, dass die Hoffnung der Republikaner auf Hilfe der UN und der internationalen Gesellschaft ein zweites Mal enttäuscht wurde. Spätestens nachdem das franquistische Spanien 1955 in die UN aufgenommen worden war, wurden sich die Exilanten bewusst, dass eine baldige Rückkehr nach Spanien ausgeschlossen war.

## Die zweite Etappe des Exils und der Identitätsbildung

Mit dieser Enttäuschung begann eine zweite Etappe des Exils, in der die Flüchtlinge gegenüber sich selbst Rechenschaft ablegen mussten, dass Mexiko nun zwangsweise doch ihre Heimat werden musste. Damit änderte sich auch ein großer Teil des Zwecks, der bisher der spanisch-republikanischen Gemeinschaft zugrunde gelegen hatte. Sie ließen sich nun als eine wohl Spanisch sprechende,

---

[38] Es scheint sich bei dieser Abgrenzung gegenüber der alten spanischen Emigration um einen weiteren Abgrenzungsmythos der Republikaner zu handeln, um die Besonderheit ihrer 'intellektuellen' Situation zu betonen, obwohl es auf der anderen Seite wahr ist, dass die alte Kolonie, bis auf einige regionale Einrichtungen, die Republikaner nicht mit offenen Armen aufgenommen hat. Siehe zu diesem Thema Pérez Vejo (2001: 23–93). Innerhalb des Archivo de la Palabra der INAH gibt es eine Anzahl von Interviews, die von durchaus unterschiedlicher Aufnahme berichten.
[39] Siehe dazu auch García de Cortázar (2003: 337 f.).
[40] Vgl. Assmann/Czaplicka (1995: 128 f.).

*Exil, Demokratie und Gewalt*

aber letztlich doch fremde Gruppe in Mexiko nieder. In den kommenden Jahren gewannen die ca. 30 Prozent der in Spanien an Universitäten ausgebildeten Intellektuellen einen großen Einfluss vor allem auf die mexikanische Kultur, die sie als Ärzte, Wissenschaftler, Journalisten, Lehrer, Professoren, Juristen und Editoren entscheidend zu beeinflussen begannen. Trotz des Erfolgs, den die meisten in den 1950er und 1960er Jahren erlebten, entwickelte sich auch ein Gefühl der zunehmenden Frustration und Desillusion. Nicht nur unfähig, sondern auch nicht willens, ihre spanischen Wurzeln und Werte beiseite zu legen, gleichzeitig aber fern ihrer Heimat, haben wenige Spanier der ersten Generation es geschafft, der Spanien-Nostalgie zu entkommen und sich in das Leben Mexikos zu integrieren. Sie fühlten sich zunehmend isoliert:

> El tiempo corre en contra de la emigración, pues si el aislamiento endurece a la España franquista, diluye y debilita a la España peregrina. Las emigraciones políticas se desinteresan progresivamente a medida que pasa el tiempo y crece su aislamiento dentro del mundo en que se instalan y en relación con el país de origen.[41]

Während in den 1940er Jahren sowohl die negativen als auch positiven Erinnerungen dazu dienten, durch eine kollektive Erinnerung eine eigene Identität zu bilden, nahmen die Aktivitäten in den gemeinsam gegründeten Institutionen in den 1950er und 1960er Jahren ab. Die Erinnerungen wurden jedoch auch in diesen Jahren mit Nachdruck bewahrt, wobei trotz einer vorsichtigen Öffnung gegenüber der mexikanischen Gesellschaft eine wirkliche Mischung nicht stattfand. Die Republikaner blieben weiterhin unter sich und pflegten, basierend auf ihren Erinnerungen, ihre Identität als das 'echte' und 'intellektuelle' Spanien. Noch die überwiegend in den 1980er Jahren von dem *Instituto Nacional de Antropología* durchgeführten Interviews mit republikanischen Exilanten berufen sich oft auf ihre exzeptionell empfundene Identität:

> Todavía hoy me siento orgullosa de ser exiliada y yo creo que le hemos dado mucho a México porque hay que reconocerlo, vinimos la flor y nata de España, los españoles que vinimos era lo mejor que había en España [...].[42]

> Para mí ser refugiada es un timbre de gloria, de orgullo, porque nos diferenicaba bastante de la vieja emigración, gente que [...] vinieron por emigración econóno-

---

[41] Araquistain (1962: 151).
[42] Tuñón (2012: 57).

mica y la nuestra fue una emigración ideológica, de ideales, representábamos una generación y un ideal que se acabó con nosotros, teníamos la verdad, teníamos la justicia, teníamos todo y a pesar de eso fuimos derrotados y el único país que nos abrió las puertas fue México.[43]

Die Republikaner gewannen eine starke Präsenz und Position in der mexikanischen Gesellschaft, in der sie ihre Vision des Exils des 'echten' und 'intellektuellen' Spaniens verankern konnten. Mexiko, das durch den Einfluss der Spanier in vielen Gebieten wie Erziehung, Publikationswesen, Wissenschaft und Journalismus einen enormen Wandel erlebte, war nur allzu bereit, die Version des erfolgreichen spanisch-republikanischen Exils, das Cárdenas gegen den überwiegenden Willen der Bevölkerung durchgesetzt hatte, nachträglich zu feiern und zu einem der größten außenpolitischen Erfolge Mexikos zu stilisieren.[44] Die Republikaner der ersten Generation, die das Trauma des Bürgerkrieges und der Niederlage direkt erlitten haben,

> hatten die Gelegenheit, die Schaffung ihres nationalen Gedächtnisses auch in der Öffentlichkeit durchzusetzen, weil ihre Version mit den sozialen und politischen Gegebenheiten und Inklinationen anderer wichtiger sozialer Gruppen wie politischen Eliten und Parteien Mexikos übereinstimmte, und auch Spanien und deren Geschichtswissenschaft in einer verspäteten Wahrnehmung des republikanischen Exils sich keine andere Deutung als Anschluss an den bestehenden Mythos leisten konnte und derart zu der äußerst erfolgreichen Schaffung dieser kollektiven Erinnerung beitrug.[45]

Diese Konstruktion des elitären Exils sowie die Mystifizierung Mexikos, die in den Konzentrationslagern begonnen hatte und auf den Schiffen fortgesetzt worden war, fand 1942 durch die Prägung des Exils als *transtierro*, also als eines vermeintlich einfachen Wechsels von der Geburtsheimat in die Wahlheimat, durch den Philosophen José Gaos ihren Ausdruck.[46] Dieser Begriff hat nicht nur in der Literatur über das Exil sowie in der Konstruktion der Exilidentität der Republikaner als *transterrados* statt *desterrados*, großen Widerhall gefunden, sondern wird auch in der Exilforschung großflächig als Synonym für die Exi-

---

[43] Ebd.: 107.
[44] Vgl. Powell (1981: 145–178).
[45] Kansteiner (2002: 186 f.).
[46] Siehe dazu bspw. Salmerón (1994: 59–71); Abellán (2011).

lanten genutzt.⁴⁷ Diese Nutzung in der Wissenschaft ist bereits (aber nicht nur) vor dem Hintergrund, dass der Begriff, zumal im ersten Jahrzehnt des Exils, nur die Wirklichkeit einer sehr kleinen Minderheit der Flüchtlinge widerspiegelt, durchaus kritisch zu werten und deutet an, wie sehr sich auch die Geschichtsschreibung zu einer Mythologisierung des intellektuellen Exils hat hinreißen lassen.

## Erinnerung, Kulturtransfer und Identitätsbildung in der zweiten und dritten Generation

Die eigenen psychologischen und emotionalen Dilemmata ungelöst, übertrugen die meisten der Exilanten diese Gefühle auf ihre Kinder, die wiederum in zwei verschiedenen Kulturen aufwuchsen, mit diesen verwurzelt sind und eine hybride Identität entwickelten, die sie abermals ihren Kindern vermittelten.

Abgesehen von dieser Vermittlung, die in der Familie und im familiären Umfeld stattfand, und der Weitergabe liberaler und linker Werte sowie den Idealen Freiheit, Wahrheit, Ehrlichkeit diente,⁴⁸ halfen eine Reihe von Schulen bei dieser willentlichen Wahrung und dem Transfer der Kultur und Identität. Gerade weil die Republikaner davon ausgingen, dass ihr Aufenthalt in Mexiko zeitlich begrenzt war, gründeten sie ihre eigene Schulen, um ihren Kindern die spanische Kultur nahezubringen, in denen republikanische Lehrer eine fast ausschließlich republikanische Schülerschar unterrichteten. In dem im August 1939 gegründeten *Instituto Luis Vivés*, dem *Instituto Hispano-Mexicano*, der *Academia Hispano Mexicana* und dem später gegründeten *Colegio Madrid* in Mexiko Stadt sowie einer Reihe anderer *Colegios* in den Provinzen wurden Räume errichtet,

> [...] um die Kinder in einer Weise zu erziehen, in der sie nicht ihre spanische Identität verloren, in der sie sich unter ähnlichen Menschen bewegten und damit die Schule in ihnen einen grundlegenden Republikanismus legen konnte, den diese Männer und Frauen bis zur letzten Konsequenz verteidigt haben.⁴⁹

---

⁴⁷ Siehe dazu auch de Hoyos Puente (2008).
⁴⁸ Z. B. „Cuando hablo con mis hijos, les digo los mismo ... que su abuelo sí nos dejó de verdad ... de libertad ... de ser honestos ... sobre todo ser ... ¡amar la libertad!" Zit. nach Suárez Plata (2006: 138, 145).
⁴⁹ Zit. nach Monedero López (1996: 6); vgl. auch Cruz Orozco (2004). Zum Institut Luis Vives siehe: Instituto Luis Vives (1940); Morán/Perujo (1989); unveröffentliches Manuskript von Tuñón Pablos; zum Colegio Madrid siehe Pastor (1991).

En un aula se podía encontrar a toda España y ellos, los maestros, nos lo recordaban diariamente al transmitirnos sus experiencias pasadas, y no con amarguara por la derrota militar ante el fascismo, por lo contrario, con optimismo, con la conciencia de que eran lo mejor de España, la parte pensante, la que a pesar de todo habría que permanecer, la más humana.[50]

Die Schulen sollten eine Kontinuität der in der Zweiten Republik entwickelten Erziehungskonzepte garantieren und führten dazu, dass die Kinder in einer ausschließlich künstlichen spanischen Welt aufwuchsen, in der ein möglicher Austausch mit mexikanischen Gleichaltrigen auf ein Minimum beschränkt war. Trotz allen Bemühens, sie in einem puren republikanischen Umfeld zu erziehen, wuchs die zweite Generation, die zum Teil in Spanien geboren worden war und oft noch einige Jahre dort gelebt hatte, in Mexiko auf, genoss ihre Erziehung in mexikanischen Universitäten und war zwangsläufig besser integriert. Trotz häufig zu lesender Klagen der ersten Generation, dass ihre Kinder sich als Mexikaner fühlten,[51] ist auch die zweite Generation stark durch die republikanische Identität geprägt. Teils definiert sie sich auch selbst noch ausdrücklich 'als im Exil lebend' wie ein Ingenieur, der nach dem Zweiten Weltkrieg als 10-Jähriger gemeinsam mit seiner Mutter nach Mexiko kam, um dort seinen Vater kennenzulernen:

No es sino hasta mediados de marzo de 1946, en que embarcados en el "Marqués de Comillas", en que nos trasladamos a México, una vez alejados de las costas españolas, que mi madre me explica, sumida en el llanto, que yo era hijo de un "rojo". Ya en México, el 30 de Marzo de 1946, día de nuestra llegada aquí, cansado del viaje y adormilado, que escuché por primera vez un disco en donde la voz de mi padre me daba la bienvenida a México. Esta grabación que escuché repetidas veces después por mi propio gusto y conocimiento y de la que aún conservo su transcripción me hizo comprender la realidad de mis padres y la mía, empezando desde entonces a sentirme un exiliado, condición que aún siento.[52]

Aber selbst für diejenigen, die sich als Kinder von Flüchtlingen empfanden und trotzdem eine Distanz zu der starken Exilidentität der Eltern entwickelten, ist es doch immer noch deutlich, dass sie sich „en hablar, en el vestir, en las costumbres, en la intelectualidad"[53] von ihrer Umwelt unterscheiden. Gerade die Art zu

[50] Zit. nach Perujo Álvarez (2002: 135 f.).
[51] Vgl. Tuñón (2012: 135).
[52] Zeugnis von Enrique López de Haro, Mexiko Stadt, 10.11.2011.
[53] Zit. nach Suárez Plata (2006: 158).

## Exil, Demokratie und Gewalt

sprechen, das heißt der Unwillen, die spanischen Akzente abzulegen, war ein deutlicher Indikator für die geringe Bereitschaft, sich an die neue Umgebung anzupassen. Und gerade hier wird deutlich, wie wenig das auch in der zweiten Generation der Fall war. Die spanischen Wurzeln sowie die Reaktionen der Mexikaner auf die Spanier spielten eine zu große Rolle, um dem ständigen Identitätskonflikt entgegenzuwirken:

> Es un poco complicado porque de repente [...] ahora ya no tanto, ya tengo como más establecida la identidad, pero cuando era chica, sí era complicado porque dentro de mi familia [...] se hablaba un idioma diferente. Salía y hablábamos castellano y entraba a ver a mi familia y hablaba catalán. Y la educación, de alguna manera, era diferente de las costumbres que hay en México [...] entonces, sí te llegabas a conflictuar con eso [...] porque eras un poco más liberal, veías las cosas de manera diferente [...] pero a la vez eras mexicana [...] y de repente te decían: 'Pero no tienes cara de mexicana' [...] 'pero tu nombre es raro' [...], como que te creaba conflictos de identidad.[54]

Obwohl die zweite Generation noch stärker im Berufsleben integriert war, ist auch bei ihr zu beobachten, dass sie fast ausschließlich untereinander heiraten, ihr enger Freundeskreis republikanisch ist, sie die spanische Zeitung lesen, spanische Nachrichten schauen, Spanisch essen, ihre Kinder wiederum auf die spanisch-republikanischen Schulen schicken und auch weiterhin miteinander erinnern. Die Erinnerungen der zweiten Generation scheinen sich allerdings, soweit das bisher zu beurteilen ist, bei gleichzeitiger Aufrechterhaltung der kollektiven Erinnerung an das erfolgreiche intellektuelle Exil wieder stärker individualisiert zu haben. Statt wie die erste Generation, die den Bürgerkrieg, die Flucht, oft die Konzentrationslager in Frankreich oder in Deutschland selbst erlebt haben, das Leiden neben der individuellen Erinnerung auch in die Gesamterfahrung des Exils einzuordnen, erinnern sie überwiegend an die Erfahrungen und Leiden der eigenen Familie. Gleichzeitig sind die Erinnerungen selektiver und die Details diffuser.

Aber es ist offensichtlich, dass sich auch die zweite Generation als eine kulturell unterschiedliche Gruppe zu den Mexikanern sowie der alten spanischen Kolonie in Mexiko empfindet.[55] Bei der Beerdigung einer Republikanerin der zweiten Generation wurde die Grabesrede von ihrem Ehemann mit den Wor-

---

[54] Ebd.: 157.
[55] Vgl. Artís Mercadet (1979: 295–298).

ten: „Francesca, Tochter spanisch-republikanischer Flüchtlinge"[56] eröffnet, noch in der zweiten Generation ist diese Identität offenbar so entscheidend für die Familie, dass sie vor ihrem Dasein als Ehefrau, Mutter, Freundin oder Berufstätige als Merkmal für die Familie der Verstorbenen erwähnt wird.

In der dritten Generation sind die Geschichte des Bürgerkriegs und der Familie vage, Namen vermischen sich, Parteien können nicht zugeordnet werden, die historischen Hintergründe der eigenen Familiengeschichte fehlen. Alle Befragten der dritten Generation weisen entschieden darauf hin, dass sie Mexikaner sind, alle besitzen einen mexikanischen Pass und lehnen teils den Besitz des spanischen, der ihnen rechtlich nun möglich ist, kategorisch ab, um ihre Zugehörigkeit zu Mexiko zu betonen. Doch die zumindest in Mexiko Stadt erhaltene Erziehung in den Exilschulen sowie die zu Hause weiterhin vermittelten Werte und Ideale der Großeltern, so vage sie nun sein mögen, führen auch in dieser Generation dazu, dass der Großteil des Freundeskreises weiterhin aus Republikanern der dritten Generation besteht, geheiratet wird in der Regel zumindest innerhalb der spanisch-mexikanischen Gesellschaft, aber auf jeden Fall ist der Partner immer gleicher ethnischer Abstammung. Obwohl zweifellos eine andere Integration in die mexikanische Gesellschaft stattgefunden hat als in den beiden Generationen vorher, bestehen auch in dieser Generation große Identitätsprobleme, die teils weiterhin auch von außen an sie herangetragen werden. Aber auch hier bleiben der Stolz auf die Herkunft als republikanischer Flüchtling sowie ein starker Kontrast aus Abneigung und Liebe gegenüber Spanien bestehen. Selbst die dritte Generation ehrt ihre Großeltern nicht nur an deren Geburts- und Todestagen sowie am *Día de los Muertos*, sondern auch immer noch am Gründungstag der Zweiten Republik, dem 14. April.

## Schlussbetrachtung

Die Geschichte des spanisch-republikanischen Exils in Mexiko ist nicht nur ein Paradebeispiel für die Schaffung eines erfolgreichen kollektiven Gedächtnisses, sondern auch ein Beispiel dafür, dass Krisen der Identität und Krisen der Erinnerung eng miteinander zusammenhängen, was in der bisherigen Erinnerungsforschung bisher ein Forschungsdefizit geblieben ist.[57] Es ist ersichtlich, dass die

---

[56] Name wurde von der Autorin geändert. Grabrede von N.N. bei einer Beerdigung, 18.3.2012.
[57] Vgl. Kansteiner (2002: 184); Megill (1998: 40).

*Exil, Demokratie und Gewalt*

Flüchtlinge in einem Moment des totalen Traumas ihre kulturellen Traditionen und Erinnerungen sowohl positiver (an die Demokratie der Zweiten Republik sowie an ihre Heimat Spanien) als auch negativer Art (Gewalt, Niederlage, Konzentrationslager) nutzten, um sich eine neue Identität als Repräsentanten der vermeintlich 'echten' spanischen Nation im Exil zu schaffen. Obwohl die individuellen Erinnerungen äußerst vielfältig sind und in dieser Hinsicht auch die bestehenden Konflikte in dem Exilkollektiv betonen, hat sich doch über diese konfliktiven Erinnerungen hinaus ein Schlüsselnarrativ gebildet, dem die meisten der Republikaner huldig(t)en und an dessen Konstruktion sie teilnahmen bzw. -nehmen.

Der Schritt vom kommunikativen zum kulturellen Gedächtnis fand statt, als die Republikaner ihre Gabe als 'Erinnerungsmacher' vor den Vereinten Nationen in den 1940er Jahren zu nutzen begannen, um auf ihre politische Situation aufmerksam zu machen und gleichzeitig eine Gegenversion zu der franquistischen Geschichte des Bürgerkrieges zu schreiben, die, wie Harvard Professor Juan Marichal, selbst spanisch-republikanischer Emigrant sagte, selbstverständlich nicht ohne Spanien im Exil geschrieben werden kann.[58] Ihre bald erstaunlich einflussreiche Position in Mexiko sowie das Eigeninteresse Mexikos, das erfolgreiche Exil der Republikaner für die Schaffung eines Mythos zu nutzen, führte zu der Konstruktion einer von den Republikanern und Mexiko geteilten äußerst erfolgreichen Mystifizierung dieses Exils, dem sich die Geschichtsschreibung ohne zu zögern anschloss und derart wissenschaftlich unterbaut verklärte. Als Spanien nach Jahren des scheinbaren Vergessens mit dem zögerlichen Wechsel in die Demokratie verspätet begann, das Exil der Republikaner ebenfalls wahrzunehmen, schloss sich auch die dortige Geschichtsschreibung dem in Mexiko geschaffenen Mythos an und schuf dort ein quasi verspätetes kollektives Gedächtnis. Historiker haben eine große Rolle in der Kreation dieses kollektiven Narratives des republikanischen Intellektuellenexils in Mexiko gespielt, ohne sich dessen offenbar bewusst zu sein. In der Geschichtsschreibung des spanisch-republikanischen Exils ist es deshalb an der Zeit, neben die Rekonstruktion der Geschichte die Rekonstruktion der Erfahrung und Wirkung von Geschichte treten zu lassen. Vor dem Hintergrund, dass diese Art der Rezeptionsgeschichte selbst wiederum eine neue historische Bedeutung gewinnen kann, sollten wir bereit sein, diese Fragerichtung als konstitutiv in das histo-

---

[58] Marichal (1993: 11).

rische Fragen in Bezug auf das republikanische Exil in Mexiko aufzunehmen. Mnemosyne war schließlich nicht nur die Göttin der Erinnerung, sondern auch die Mutter der Geschichte.

## Bibliographie

ABELLÁN, José Luis (2011). *El exilio como constante y como categoría*. Madrid: Biblioteca Nueva.
ABELLÁN, José Luis (1998). *El exilio filosófico en América. Los transterrados de 1939*. Mexiko-Stadt: Fondo De Cultura Enconomica.
AGUILAR FERNÁNDEZ, Paloma (1996). *Memoria y olvido de la Guerra Civil española*. Madrid: Alianza Editorial.
ALTED VIGIL, Alicia (2006). „La memoria de la República y de la Guerra en el exilio", in: Santos JULIÁ/Paloma AGUILAR FERNÁNDEZ (Hrsg.). *Memoria de la guerra y del franquismo*. Madrid: Taurus, 247–277.
ALVAREZ GONZALEZ, Samuel, Mexiko Stadt, 25.10.1946, an das Unitarian Service Committee, Boston, Harvard University, Andover-Harvard Theological Library/bMS 16004/16 (1) Mexico.
ÁLVAREZ DEL VAYO, Julio ($^2$1971). *Freedom's Battle*. New York: Hill & Wang.
ÁLVAREZ DEL VAYO, Julio (1940). *La guerra empezó en España (lucha por la libertad)*. Mexiko-Stadt: Seneca.
ARAQUISTAIN, Luis (1962). *El pensamiento español contemporáneo*. Buenos Aires: Losada.
ARTÍS MERCADET, Gloria (1979). „La organización social de los hijos de los refugiados en México, DF", in: Michael KENNY et al. (Hrsg.). *Inmigrantes y refugiados españoles en México (siglo XX)*. Mexiko-Stadt: Centro de Investigaciones Superiores del INAH, 295–333.
ARTÍS-GENER, Avel-lí (1976). *La diaspora republicana*. Barcelona: Euros.
ASSMANN, Jan/CZAPLICKA, John (1995). „Collective Memory and Cultural Identity", *New German Critique*, 5, 125–133.
BERNECKER, Walther/BRINKMANN, Sören (2006). *Kampf der Erinnerungen: der Spanische Bürgerkrieg in Politik und Gesellschaft 1936-2006*. Nettersheim: Verlag Graswurzelrevolution.
CATE-ARRIES, Francie (2004). *Spanish Culture Behind Barbed Wire. Memory and Representation of the French Concentration Camps, 1939–1945*. Lewisburg (Pennsylvania): Bucknell University Press.

*Exil, Demokratie und Gewalt*

CATE-ARRIES, Francie (2000). „Conquering Myths: The Construction of 'Mexico' in the Spanish Republican Imaginary of Exile", *Hispanic Review*, 68, 3, 223-242.
COBO ROMERO, Francisco/ORTEGA LÓPEZ, Teresea María (2005). *Franquismo y posguerra en Andalucía Oriental. Represión, castigo a los vencidos y apoyos sociales al régimes franquista 1936-1950*. Granada: Editorial Universidad de Granada.
CRUZ OROZCO, José Ignacio (2004). *Maestros y colegios en el exilio de 1939*. Valencia: Edicions Alfons El Magnanim.
DOMÍNGUEZ PRATS, Pilar (2009). *De ciudadanas a exiliadas. Un estudio sobre las republicanas españolas en México*. Madrid: Cinca.
DOMÍNGUEZ PRATS, Pilar (1994). *Voces del Exilio. Mujeres españolas en México 1939-1950*. Madrid: Comunidad de Madrid, Dirección General de la Mujer.
ESPINOSA, Francisco (2003). *La columna de la muerte. El avance del ejército franquista de Sevilla a Badajoz*. Barcelona: Crítica.
DE HOYOS PUENTE, Jorge (2011). „La Guerra Civil en los imaginarios del exilio republicano en México 1939-1960", *Amnis*, 2, amnis.revues.org/1499, 1-29 [25.05.2012].
DE HOYOS PUENTE, Jorge (2008). „La construcción del imaginario colectivo del exilio republicano en México: los mitos fundacionales". Vortrag auf dem IX *Congreso de Historia Contemporánea*, Murcia, 2008, 17-19. www.ahistcon.org/docs/murcia/contenido/pdf/05/jorge_de_hoyos_puente_taller05.pdf [23.06.2012].
DE RIVAS, Enrique (1998). „Los durmientes de la cueva: tiempo y espacio del exilio republicano de 1939", in: Manuel AZNAR SOLER (Hrsg.). *El exilio literario español de 1939. Actas del Primer Congreso Internacional*. Bd. 1. Barcelona: Gexel, 85-91.
DI FEBO, Guliana (1998). „Un espacio de la memoria: el paso de la frontera francesa des los exiliados españoles. La despedida del Presidente Azaña", in: Alicia ALTED VIGIL/Manuel AZNAR SOLER (Hrsg.). *Literatura y cultura del exilio español en Francia*. Barcelona: Gexel, 467-484.
GARCÍA DE CORTÁZAR, Fernando (2003). *Los mitos de la historia de España*. Barcelona: Planeta.
GARCÍA GERPE, Manuel (1941). *Alambradas. Mis nueve meses por los campos de concentracíon de Francia*. Buenos Aires: Celta.

GLEIZER, Daniela (2011). *El exilio incómodo. México y los refugiados judíos, 1933-1945*. Mexiko-Stadt: El Colegio de México/Universidad Autónoma Metropolitana Cuajimalpa.

ICARAY, J. (2006 [1939]). „Los españoles en México", in: Fernando SERRANO MIGALLÓN (Hrsg.). *Los barcos de la libertad*. Mexiko-Stadt: El Colegio de México.

JARNÉS, Benjamín (2006 [1939]). „Contra la nostalgia", in: Fernando SERRANO MIGALLÓN (Hrsg.). *Los barcos de la libertad*. Mexiko-Stadt: El Colegio de Mexico, 2 [24].

JULIÁ, Santos (Hrsg.) (1999). *Víctimas de la Guerra Civil*. Madrid: Temas de Hoy.

KANSTEINER, Wulf (2002). „Finding Meaning in Memory. A Methodological Critique of Collective Memory Studies", *History and Theory*, 41/2, 179-197.

LACAPRA, Dominick (1998). *History and Memory after Auschwitz*. Ithaca (New York): Cornell University Press.

LACAPRA, Dominick (1994). *Representing the Holocaust: History, Theory, Trauma*. Ithaca (New York): Cornell University Press.

LIDA, Clara (2009). *Caleidoscopio del exilio: actores, memoria, identidades*. Mexiko-Stadt: El Colegio de México.

MANGINI GONZÁLEZ, Shirley (1995). *Memories of Resistance. Women's Voices from the Spanish Civil War*. Yale (New Haven): University Press.

MARICHAL, Juan (1993). „Prologo", in: Alicia ALTED VIGIL (Hrsg.). *El archivo de la República española en el exilio, 1945-1977*. Madrid: Fundación Universitaria Española, 11-15.

MATEOS, Abdón (2005). *De la guerra civil al exilio. Los republicanos españoles y México. Indalecio Prieto y Lázaro Cárdenas*. Madrid: Biblioteca Nueva/Fundación Indalecio Prieto.

MATEO GAMBARTE, Eduardo (1990). „El Exilio Español de 1939", *Cuadernos Republicanos*, 4, 37-65.

MATESANZ, José Antonio (2000). *Las raíces del exilio. México ante la guerra civil española 1936-1939*. Mexiko-Stadt: El Colegio de México/Universidad Nacional Autónoma de México.

MATÍNEZ, Josebe (2007). *Exiliadas, escritoras, Guerra Civil y memoria*. Barcelona: Montesinos Editores.

MEGILL, Allen (1998). „History, Memory, Identity", *History of the Human Sciences*, 11/3, 37-62.

MISTRAL, Silvia (1940). *Exódo. Diario de una refugiada española*. Mexiko-Stadt: Ediciones Minerva.

*Exil, Demokratie und Gewalt*

MONEDERO LÓPEZ, Enrique (1996). *México. Los colegios del exilio.* Madrid: Fundación Españoles en el Mundo.
MORÁN, Beatriz/PERUJO, Juan Antonio (1989). *El Instituto Luis Vives. Colegio Español de México.* Mexiko-Stadt: Embajada de España en México/Agencia Española de Cooperación Internacional.
NASH ROJAS, Mary (2006). *Las mujeres republicanas en la Guerra Civil.* Madrid: Taurus.
PASTOR, María Alba (1991). *Los recuerdos de nuestra niñez. 50 años del Colegio Madrid.* Mexiko-Stadt: Colegio Madrid.
PÉREZ GUERRERO, Juan Carlos (2008). *La Identidad del Exilio Republicano en México.* Madrid: Fundación Universitaria Española.
PÉREZ VEJO, Tomás (2001). „España en el Imaginario Mexicano el choque del exilio", in: Agustín SÁNCHEZ ANDRÉS/Silvia FIGUEROA ZAMUDIO (Hrsg.). *De Madrid á México. El exilio español y su impacto sobre el pensamiento, la ciencia y el sistema educativo mexicano.* Madrid/Morelia: Comunidad de Madrid u. a., 23–93.
PERUJO ÁLVAREZ, Luis (2002). „Transmisión del espíritu español en el exilio. El ‚Instituto Luis Vives'", in: Roger GONZÁLEZ MARTELL/Juan RODRÍGUEZ (Hrsg.). *Coloquios internacionales II y III La Literatura y la cultura del exilio republicano español de 1939: La Habana, julio de 1998. La Habana, julio de 2000.* Sant Cugat del Vallès (Barcelona): Associació d'Idees, 127–137.
PLA BRUGAT, Dolores (1999). *Els exiliats catalans. Un estudio de la emigración republicana española en México.* Mexiko-Stadt: Instituto Nacional de Antropología e Historia.
POWELL, Thomas G. (1981). *Mexico and the Spanish Civil War.* Albuquerque: University of New Mexico Press.
RENAN, Ernest (1996). „What is a Nation?", in: Geoff ELEY/Ronald Grigor SUNY (Hrsg.). *Becoming National: A Reader.* New York: Oxford University Press, 41–55.
REIG TAPIA, Alberto (2006). *La cruzada de 1936. Mito y memoria.* Madrid: Alianza Editorial.
RICHARDS, Michael (1998). *A time of silence. Civil war and the culture of repression in Franco's Spain. 1936–1945.* Cambridge/New York: Cambridge University Press.
RODRIGO, Antonina (1999). *Mujer y exilio 1939.* Madrid: Flor del Viento Ediciones.

ROWLANDS, Michael (1996). „Memory, Sacrifice and the Nation", *New Formations*, 30, 8–17.
RUIZ, Julius (2005). *Franco's justice. Repression in Madrid after the Spanish Civil War*. Oxford/New York: Clarendon Press/Oxford University Press.
SAID, Edward (2000). „Invention, Memory, Place", *Critical Inquiry*, 26/2, 175–192.
SALMERÓN, Fernando (1994). „El pensamiento de José Gaos. La filosofía política de los transterrados", *Sistema*, 120, 59–71.
SUÁREZ PLATA, Pilar (2006). *Huellas, Memoria y Sensibilidad. Los Hijos de los Exiliados Españoles en Puebla*. Puebla: Instituto de Ciencias Sociales y Humanidades/Benemérita Universidad Autónoma de Puebla.
TEMELLI, Yasmin (2011). „Con destino a México: Travesías de republicanos españoles de la Guerra Civil", in: Giovanni DI STEFANO/Michaela PETERS (Hrsg.). *México como punto de fuga real o imaginario: El exilio europeo en la víspera de la Segunda Guerra Mundial*. München: Meidenbauer, 169–179.
TUÑÓN PABLOS, Enriqueta (2012*). Varias voces, una historia ... Mujeres españolas exiliadas en México*. Mexiko-Stadt: Instituto Nacional de Antropología e Historia.
ULACIA ALTOLAGUIRRE, Paloma/MENDEZ, Concha (1990). *Memorias habladas, memorias armadas*. Madrid: Mondadori.
VEGA SOMBRÍA, Santiago (2005). *De la esperanza a la persecución. La represión franquista en la provinica de Segovia*. Barcelona: Crítica.
VILLEGAS, Jean-Claude (1989). *Plages d'exil. Les camps de refugiés espagnols en France, 1939*. Nanterre/Dijon: Bibliothèque de documentation internationale contemporaine.

s.a. (1974). „Actas de la última sesión parlamentaria de la Segunda República Española", in: Antonio TELLADO VÁZQUEZ/Antonio SÁNCHEZ-BRAVO (Hrsg.). *El peso de la derrota 1939–1944. La tragedia de medio million de españoles en el exilio*. Madrid: Francisco M. Sedeño Edifrans.
INSTITUTO LUIS VIVES (1940). *Instituto Luis Vives*. Mexiko-Stadt.

Dimensiones Biocientíficas de la Violencia /
Biowissenschaftliche Dimensionen von Gewalt

Hildegard Graß / Stefanie Ritz-Timme
(Heinrich-Heine-Universität Düsseldorf)

# Interpersonelle Gewalt im sozialen Nahraum ('Häusliche Gewalt'): Eine gesundheits- und gesellschaftspolitische Herausforderung

'Häusliche Gewalt' beschreibt die Gewalt zwischen Personen im sozialen Nahraum, die Gewalt zwischen Partnern und in Familien. Ihre Inzidenz ist sehr hoch, viele Menschen sind betroffen, in Deutschland jede vierte Frau. 'Häusliche Gewalt' traumatisiert die Betroffenen schwer und hat erhebliche gesundheitliche und psychosoziale Folgen, sie macht krank und arm; daraus ergeben sich auch gesellschaftspolitische und volkswirtschaftliche Implikationen. Das Gesundheitswesen ist einer der wichtigsten Anlaufpunkte für Gewaltopfer. Die Qualität der Versorgung von Gewaltopfern ist in Deutschland wie auch in anderen Staaten (noch) unzureichend. Daraus ergibt sich ein Auftrag an die politisch Verantwortlichen. In der Tat wird das Problem mittlerweile weltweit stark wahrgenommen. Die Ergebnisse zahlreicher wissenschaftlicher Projekte und Expertenrunden belegen, dass viel getan werden kann, um 'häuslicher Gewalt' vorzubeugen und deren Opfer optimal zu versorgen. Um aber nachhaltige und flächendeckende Effekte zu erreichen, müssen dafür nicht unerhebliche Ressourcen zur Verfügung gestellt werden.

La expresión 'violencia doméstica' describe la violencia entre personas en un entorno social cercano: la violencia entre parejas y en la familia. Su incidencia es bastante alta, pues son muchas las personas que se ven afectadas: en Alemania una de cuatro mujeres. La 'violencia doméstica' traumatiza gravemente a los afectados y tiene notables consecuencias en la salud y en lo psicosocial. La 'violencia doméstica' hace enfermar y empobrece: de ella se derivan implicaciones sociopolíticas y socioeconómicas. La sanidad representa, pues, uno de los principales servicios de atención para las víctimas de violencia. La calidad del cuidado de las víctimas de violencia en Alemania, así como en otros estados, es (aún) insuficiente. Esto resulta una misión para los responsables políticos pues, en efecto, el problema forma ahora parte de la actualidad política a nivel mundial. Los resultados de numerosos proyectos científicos y ponencias de expertos corroboran que puede hacerse mucho para prevenir la 'violencia doméstica' y para dar una asistencia médica óptima a sus víctimas. Pero para lograr efectos amplios y duraderos y de forma total, deben ponerse amplios recursos a su disposición.

Es ist wieder passiert, ihr Mann hat sie verprügelt. Er hat wieder getrunken, sie hat es wieder nicht recht gemacht. Dieses Mal ist es schlimmer, da ist eine große Platzwunde am Kopf. Sie muss zum Arzt. Aber sie schämt sich, und sie hat fürchterliche Angst vor ihrem Mann. Und die Kinder, die dürfen keinesfalls etwas erfahren. Sie stellt sich in der unfallchirurgischen Ambulanz eines Universitätsklinikums vor. Dem diensthabenden Arzt sagt sie, dass sie ausgerutscht und die Treppe herunter gefallen sei.

## [Szenario 1]:

Der Arzt sieht sich die Wunde an und näht sie. Die zahlreichen blauen Flecken am übrigen Körper sieht er nicht, sie ist ja bekleidet. Der Arzt sagt ihr, dass die Fäden in 10 Tagen gezogen werden sollen und verabschiedet sich. Sie geht nach Hause, voller Angst. Es wird wieder geschehen ... und vielleicht noch schlimmer ... sie wird heute Abend wieder trinken, um zu vergessen ... obwohl ihr Arbeitgeber schon gedroht hat, sie zu entlassen, wenn sie so oft fehlt oder zu spät kommt ... aber sie kann nicht anders ... es ist kein Ausweg da ... .

## [Szenario 2]:

Der Arzt sieht sich die Wunde an und näht sie. Er fragt, wie genau es denn passiert sei. Sie denkt sich rasch eine Geschichte aus; die Treppe sei glitschig gewesen ... sie sei ausgerutscht und irgendwie auf den Kopf gefallen. Der Arzt sagt, er müsse auch den übrigen Körper untersuchen, das gehöre dazu. Er sieht die zahlreichen blauen Flecken an ihrem Körper. Dann sagt er: „Wissen Sie, viele Menschen werden Opfer von Gewalt und möchten nicht darüber reden. Wir fragen deshalb routinemäßig danach. Könnte es sein, dass Ihnen Gewalt angetan worden ist? Nur wenn wir darüber reden, können wir Ihnen helfen. Alles, was wir besprechen, wird absolut vertraulich behandelt." Sie ist überrascht, unsicher – und es tut so gut, dass ihr jemand Hilfe anbietet. Sie erzählt dem Arzt alles, unter Tränen. Sie sagt ihm auch, dass sie schon einmal daran gedacht hat, die Polizei einzuschalten, aber jetzt könne und wolle sie das nicht. Der Arzt sagt, dass er das respektiert, und dass dennoch Lage und Aussehen der Verletzungen dokumentiert werden müssten – für den Fall, dass sie sich doch noch zu einer Anzeige entschließt. Nur wenn dies geschehe, könne später auch 'gerichtsfest' bewiesen werden, dass sie misshandelt wurde. Sie ist damit einverstanden. Er ruft eine Kollegin an, die speziell für die Dokumentation von Verletzungen ausgebildet ist, eine Rechtsmedizinerin. Diese dokumentiert das Aussehen aller Verletzungen, sie schreibt alles auf und macht zahlreiche Photos. Sie sagt, dass alle Befunde und die Photos sowie eine entsprechende Begutachtung im Institut für Rechtsmedizin abrufbar seien, falls eine Anzeige erstattet würde. Die Ärzte informieren sie über weitere Hilfsangebote und Ansprechpartner. Sie weint immer noch, ist verzweifelt. Die Ärzte bieten ihr ein Gespräch mit einer psychotherapeutisch geschulten Kollegin an. Sie nimmt auch dieses Angebot an ... und sie beschließt auch, das Angebot eines Gespräches in der Frauenberatungsstelle anzunehmen ... endlich sind da Menschen, die Unterstützung bieten, sie wertschätzen ... und zum ersten Mal denkt sie, dass es ja vielleicht doch einen Ausweg gibt ... .

## Interpersonelle Gewalt im sozialen Nahraum ('Häusliche Gewalt'): Definition, Täter und Opfer

In der 'Gewaltforschung' wird in der Regel auf die WHO-Definition von Gewalt Bezug genommen:

> Der absichtliche Gebrauch von angedrohtem oder tatsächlichem körperlichem Zwang oder physischer Macht gegen die eigene oder eine andere Person, gegen eine Gruppe oder Gemeinschaft, der entweder konkret oder mit hoher Wahrscheinlichkeit zu Verletzungen, Tod, psychischem Schaden, Fehlentwicklungen oder Deprivation führt.[1]

'Häusliche Gewalt' beschreibt die Gewalt zwischen Personen im sozialen Nahraum, die Gewalt zwischen Partnern und in Familien. Sie zeichnet sich v. a. durch folgende Besonderheiten aus:

- Ihre Inzidenz ist hoch, viele Menschen sind betroffen,
- sie traumatisiert die Betroffenen schwer und hat erhebliche psychosoziale Folgen,
- sie hat eine geschlechtliche Dimension.

## Frauen und Männer als Opfer und Täter 'häuslicher Gewalt'

Hageman-White (1992) beschreibt Gewalt, indem sie sagt: „Unter Gewalt verstehen wir die Verletzung der körperlichen und seelischen Integrität eines Menschen durch einen anderen."[2] Und sie leitet mit den Worten „[g]eschlechtliche Gewalt meint die Gewalt, die mit der Geschlechtlichkeit des Opfers wie des Täters zusammenhängt"[3] über zu der geschlechtlichen Dimension von Gewalt, wie sie insbesondere in der Diskussion um Gewalt in Partnerschaften und Familien zu beschreiben ist.

Mit der Umsetzung des Gewaltschutzgesetzes in Deutschland 2002 wurde die zuvor schon insbesondere über die Frauenbewegung intensiv diskutierte

---

[1] WHO Weltbericht Gewalt und Gesundheit (2003).
[2] Hagemann-White (1992).
[3] Ebd.

*Hildegard Graß / Stefanie Ritz-Timme*

Gewalt in Partnerschaft und Familie ('häusliche Gewalt', 'Gewalt im sozialen Nahraum') auch im öffentlichen Diskurs vermehrt und besonders auch frauenspezifisch wahrgenommen. Sowohl nationale als auch internationale Studien beschreiben Gewalt in der Partnerschaft oder der Familie als eine Gewalt, welche überwiegend von Männern gegenüber Frauen ausgeübt wird.[4]

Polizeiliche Kriminalitätsstatistiken[5] zeichnen für Deutschland in den Bereichen von Straftaten gegen Leib und Leben (als besonders schwerwiegende Formen von Übergriffen) ebenfalls ein deutlich geschlechterdifferentes Bild von Tätern und Opfern. Es finden sich in der deutschen polizeilichen Kriminalstatistik Frauen weitaus häufiger als Opfer von Gewaltstraftaten denn als Täterinnen. Auch wenn diese Zahlen interessant sind, so erweisen sich die Daten der polizeilichen Kriminalstatistik[6] u. a. als nur beschränkt aussagefähig, weil hier nur polizeilich bekannte, angezeigte Straftaten erfasst werden (das sogenannte 'Hellfeld'). Insbesondere Gewalttaten im sozialen Nahfeld ('häusliche Gewalt') werden aber gerade sehr häufig nicht angezeigt.

Tatsächlich werden Frauen viel häufiger Opfer von Gewalt als die Daten aus der Polizeilichen Kriminalstatistik auch nur erahnen lassen. Dies beschreibt die im Jahr 2004 publizierte *Studie zu Lebenssituation, Sicherheit und Gesundheit von Frauen in Deutschland*, die im Auftrag des Bundesministeriums für Familie, Senioren, Frauen und Jugend durch die Universität Bielefeld durchgeführt wurde. Mittels einer repräsentativen Befragung von über 10.000 Frauen im Alter zwischen 16 und 85 Jahren wurden Angaben zum Erleben von Gewalt der Befragten erhoben und zu den Stichworten 'körperliche Gewalt', 'sexuelle Gewalt' und 'psychische Gewalt' ausgewertet. Zusätzlich wurde nach dem Täter-Opfer-Kontext unter dem Aspekt des Gewalterlebens durch einen aktuellen oder früheren Beziehungspartner bzw. einer Beziehungspartnerin differenziert. Diese erste umfassende Studie für Deutschland (BMFSFJ 2004) bestätigte die Schätzungen aus einer Analyse der Arbeitsgruppe um Hagemann-White[7] und beschreibt im Wesentlichen folgende Erfahrungen der befragten deutschen Frauen:

- 58 % hatten unterschiedliche Formen der sexuellen Belästigung erlebt,
- 42 % benannten psychische Gewalt,

---

[4] Vgl. z. B. BMFSFJ (2004); Schmuel/Schenker (1998); Wetzels et al. (1995).
[5] Siehe unter www.bka.de – Polizeiliche Kriminalstatistik (2010).
[6] Vgl. Schmidtbauer (2002).
[7] Vgl. Hagemann-White et al. (2003).

## Interpersonelle Gewalt im sozialen Nahraum ('Häusliche Gewalt')

- 40 % hatten körperliche oder sexuelle Gewalt oder beides erfahren,
- 37 % machten Angaben zu körperlichen Übergriffen, beginnend mit Schubsen oder Ohrfeigen,
- 13 % beschrieben sich als Opfer strafrechtlich relevanter sexueller Gewalt.

Unter Berücksichtigung einer bestehenden oder früheren Beziehung zwischen Täter und Opfer ergab die Befragung eine Gewaltprävalenz von 25 % für körperliche oder sexuelle Gewalt (oder beides). Wurden die verschiedenen Gewaltformen selektiv unter dem Aspekt der Täter-Opfer-Beziehung betrachtet, so ging in über 50 % der Fälle mit Angaben zu körperlichen Übergriffen die Gewalt vom Partner oder Ex-Partner aus. Im Bereich der sexuellen Gewalt lag die Quote bei etwas unter 50 %.

Die zitierte deutsche 'Frauenstudie' hat erneut belegt, dass häusliche Gewalt gegen Frauen nicht nur einzelne Individuen betrifft, sondern eine Vielzahl von Frauen aus unterschiedlichen Bevölkerungsschichten und damit in der weiblichen Bevölkerung alles andere als ein 'Minderheitenproblem' darstellt. Wie aber ist die Situation bei den Männern? Wie häufig werden sie Opfer (ihrer Partnerinnen)?

Im Vergleich zu der Vielzahl an Untersuchungen hinsichtlich weiblicher Opfer und männlicher Täter existieren bislang nur wenige Studien, welche die Rolle von Männern als Opfer von (häuslicher) Gewalt thematisieren. Dies ist vermutlich der Tatsache geschuldet, dass gemeinhin davon ausgegangen wurde, dass im Bereich der häuslichen Gewalt auf der Opferseite das weibliche Geschlecht eindeutig dominiert. Nach und nach wurden aber immer mehr Daten publiziert, die dafür sprechen, dass bei Gewalt im sozialen Nahraum Männer zumindest ähnlich stark betroffen sind wie Frauen, d. h. Opfer von Gewalt durch ihre Partnerin werden.[8] Dies wurde durch eine Pilotstudie zum Thema 'Gewalt gegen Männer' bestätigt, die parallel zu der o. g. 'Frauenstudie' und ebenfalls im Auftrag des Bundesministeriums für Familie, Senioren, Frauen und Jugend durchgeführt wurde. Eines der Ziele dieser Studie war die Prüfung der Frage, „ob und wie es gelingen kann, Männer zu Erlebnissen zu befragen, welche mit Gefühlen verbunden sind, die im Widerspruch zur vorherrschenden Männerrolle stehen und über die zu sprechen sie möglicherweise nicht gewohnt sind"[9]. Es wurde

---

[8] Vgl. Übersicht bei Archer (2000); George (1994).
[9] Jungnitz und Walter (2004).

festgestellt, dass bestimmte Gewaltformen „so normal im Männerleben"[10] sind, dass sie nicht als Gewalt wahrgenommen und dadurch auch nur begrenzt erinnert werden. Weiter wurden Gewaltformen identifiziert, die so tabuisiert sind und als 'unmännlich' gelten, dass sie den betroffenen Männern entweder nicht erinnerbar sind oder diese aus Scham nicht über sie berichten.[11] Die Forscher konstatierten, dass viele Männer Opfererleben bagatellisieren und verleugnen, sich aus Scham bedeckt halten und fürchten, „durch andere Männer gedemütigt zu werden, wenn sie sich verletzbar zeigen"[12]. Ein weiteres Ziel der 'Männerstudie' war, relevante Gewaltbereiche zu identifizieren und Hinweise auf das jeweilige Ausmaß der Gewalt zu geben. Die in dieser Pilotstudie erhobene Gewaltbelastung von Männern in Lebensgemeinschaften mit einer weiblichen Partnerin war erheblich. Im Hinblick auf den Einsatz körperlicher Gewalt wurde festgestellt, „dass hier jede Form der Gewalt gegen Männer vorkommt bis hin zu systematischen Misshandlungsbeziehungen."[13] 23 % der befragten 190 Männer berichteten über die Erfahrung körperlicher und sexualisierter Gewalt in der Partnerschaft, etwa 5 % auch über Verletzungen in diesem Zusammenhang. Kein einziger der betroffenen Männer hat die Polizei gerufen. Die 'Männerstudie' identifizierte „dringenden Handlungsbedarf"[14]; so kritisierten die Forscher, dass angemessene Unterstützungsangebote für Männer und Jungen „schlichtweg fehlen"[15].

Qualitativ lassen sich diese Annahmen durch praktische Erfahrungen der rechtsmedizinischen Praxis bestätigen. Männer haben große Probleme, sich als Opfer einer Frau zu 'outen'. Die in einer Untersuchung feststellbaren Verletzungen können durchaus schwer sein, allerdings ist es schwierig, 'männerspezifische' Hilfsangebote zu vermitteln. Da aber so wenig betroffene Männer im 'Hellfeld' erscheinen, lässt sich das 'männliche' Problem derzeit weder gesichert quantitativ noch in seiner gesamten Phänomenologie beschreiben.

---

[10] Ebd.
[11] Vgl. ebd.
[12] Ebd.
[13] Ebd.
[14] Ebd.
[15] Ebd.

*Interpersonelle Gewalt im sozialen Nahraum ('Häusliche Gewalt')*

## Kinder und ältere Menschen als Opfer 'häuslicher Gewalt'

Kinder und ältere Menschen sind als besondere Opfergruppen zu sehen, da sie sich häufig in Abhängigkeitsbeziehungen zu den Tätern befinden und sich deshalb oder aufgrund ihres Alters und/oder Gesundheitszustandes nicht mitteilen können; das Dunkelfeld ist hier sehr groß. Aus dem Hellfeld (polizeiliche Kriminalstatistiken) ergeben sich für 2010 11.867 Fälle sexuellen Missbrauchs bei Kindern und 3.788 Kindesmisshandlungen.[16]

In Repräsentativbefragungen ermittelte Prävalenzraten für 'häusliche Gewalt' gegen ältere Menschen liegen zwischen 4% und 9%; daran gekoppelt ist allerdings eine 'Eisbergtheorie', nach der auf einen erfassten Fall fünf weitere kommen, die unentdeckt bleiben.[17] In einer neueren deutschen Untersuchung zur Opferwerdung im Alter[18] gaben 13,4% Frauen und 18,2% Männer im Alter über 60 Jahre an, durch Pflegekräfte oder Betreuungspersonen Gewalt zu erfahren.

## Gewalt macht krank und arm

Gewalt macht krank.[19] Das Erleben von Gewalt hat vielfältige Auswirkungen auf die Gesundheit der Opfer. Opfer von Gewalt leiden nicht nur unter den Folgen akuter körperlicher oder psychischer Traumatisierungen. Sie entwickeln häufig auch chronische, organisch manifestierte oder seelische Erkrankungen, die oft auch zu dauerhafter Erwerbslosigkeit führen, was nicht nur für die betroffene Person mit erheblichen Folgen verbunden ist. Durch die Inanspruchnahme von gesundheitlichen Leistungen auf der einen Seite und durch Ausfall der Arbeitsleistung auf der anderen Seite hat Gewalt erhebliche sozioökonomische Konsequenzen.[20]

Zweifelsohne belegen die referierten Daten, dass in Deutschland mit einer hohen Inzidenz an (weiblichen und männlichen) Opfern 'häuslicher Gewalt' zu rechnen ist und dass Gewalt krank macht. Die Versorgung dieser Menschen stellt das Gesundheitswesen vor Herausforderungen, denen es bislang noch nicht optimal gewachsen ist.

---

[16] Vgl. www.bka.de – Polizeiliche Kriminalstatistik (2010).
[17] Vgl. Sowarka et al. (2002).
[18] Vgl. Görgen et al. (2009).
[19] Vgl. Coker et al. (2002).
[20] Vgl. Hornberg et al. (2008); Brzank (2009).

*Hildegard Graß / Stefanie Ritz-Timme*

## Die Versorgung (weiblicher und männlicher) Gewaltopfer im Gesundheitswesen: Anspruch und Probleme

Das Erleben von Krankheit führt in der Regel dazu, dass Opfer von Gewalt Kontakt zu Versorgungsstrukturen des Gesundheitswesens aufnehmen. Ärzte sind zudem 'neutrale', zur Verschwiegenheit verpflichtete Vertrauenspersonen. Gerade aus diesen Gründen gehen mehr Opfer häuslicher Gewalt zum Arzt als zur Polizei.[21] In der repräsentativen Befragung von Frauen gaben 38–42 % an, über ihre Gewaltsituation mit einem Arzt gesprochen zu haben. Eine polizeiliche Anzeige wurde von 11 % (körperliche Gewalt) und 6 % (sexuelle Gewalt) erstattet. Von Gewalt betroffene Frauen sehen die Akteure des Gesundheitswesens als gute und gewünschte Ansprechpartner in ihrer Notlage.[22]

Das Gesundheitswesen ist in der Verantwortung, für die Versorgung dieser Patienten ein optimales Management vorzuhalten, das folgende ärztliche Aufgaben umfassen muss:

- akutmedizinischen Versorgung,
- Erkennen und Interpretieren der Folgen von Gewalt,
- 'gerichtsfeste' Dokumentation der Gewaltfolgen und Beweissicherung sowie
- sachgerechtes Reagieren.

## Erkennen und Interpretieren der Folgen von Gewalt

Nicht selten stellen sich Gewaltopfer in einer ärztlichen Praxis vor und verschweigen die zugrunde liegende Gewalttat. Gerade bei intrafamiliärer Gewalt ist dies sehr häufig – Hintergrund können u.a. Scham, Hilflosigkeit oder die unbegründete Angst sein, dass sich die Polizei einschaltet und die Familie durch einen Polizeieinsatz 'zerstört' würde. Kinder und ältere Menschen können daher (aufgrund ihres Alters, krankheitsbedingt oder aufgrund ihrer Abhängigkeit von den Tätern) oft nicht berichten, was ihnen angetan wurde.

Vielen Kollegen ist nicht bekannt, dass Gewalterleben oft verschwiegen wird. Auch die richtige Deutung physischer Verletzungen ist häufig schwierig und nur mit einschlägiger Erfahrung oder unter Nutzung von Netzwerken (z. B. rechtsmedizinisches Konsil) möglich. Wird die Einwirkung von Gewalt dann nicht

---

[21] Vgl. Schröttle und Müller (2004).
[22] Vgl. ebd.

erkannt [Szenario 1], bleibt den Gewaltopfern die dringend benötigte Hilfe versagt; im ungünstigsten Fall gehen sie nach dem Arztbesuch in das gewaltbereite Umfeld zurück und werden weiter misshandelt. Dieses Risiko ist sehr konkret und darf nicht unterschätzt werden.

## 'Gerichtsfeste' Dokumentation der Gewaltfolgen und Beweissicherung

Die Praxis zeigt, dass gerade die 'gerichtsfeste' Dokumentation oft nicht oder unzureichend erfolgt.[23] Es müssen hier auch klinisch völlig 'irrelevante', nicht behandlungsbedürftige Verletzungen wie Kratzer oder Rötungen im Detail unter Berücksichtigung der einschlägigen juristischen Fragestellungen (die dem Arzt bekannt sein müssen) beschrieben und möglichst auch photographisch dokumentiert werden. Gilt es doch auf der Grundlage einer solchen Befunddokumentation die Fragen zum Zeitpunkt der Gewalteinwirkung, zur Art und Intensität der Gewalt und unter Umständen auch zur Rekonstruktion des Gewaltgeschehens zu beantworten. Dies gelingt allerdings nur, wenn die Befundbeschreibung die genaue Position am Körper, die Form, Farbe und Art des Befundes exakt wiedergibt.

Auch hier kommt dem Gesundheitswesen eine besondere Verantwortung zu. Ein Opfer, das erleben muss, dass der Täter aus Mangel einer beweiskräftigen Dokumentation, aussagefähiger Spurenuntersuchungen oder aufgrund falscher Interpretation von Verletzungen freigesprochen werden muss, erleidet eine erhebliche sekundäre Traumatisierung.

## Sachgerechtes Reagieren

Wird die erlebte Gewalt verschwiegen, muss das Problem bei entsprechendem Verdacht angesprochen werden. Dies erfordert Einfühlungsvermögen und eine situationsadäquate Gesprächsführung. Nach der akutmedizinischen Versorgung müssen Ärzte gegebenenfalls eine weitere, insbesondere psychotherapeutische/psychosoziale Betreuung bahnen. Dazu sollten sie die Möglichkeiten des jeweils lokalen Hilfsnetzwerkes für Gewaltopfer kennen. Im Falle eines nicht entscheidungsfähigen Opfers (z. B. Kinder, ältere Menschen) muss eine verantwortliche Entscheidung zur Frage der Einschaltung von Behörden oder der Polizei getroffen werden.

---

[23] Vgl. Hagemann-White (2001).

Auch an dieser Stelle hat das Gesundheitswesen eine Schlüsselfunktion. Werden jetzt falsche Entscheidungen getroffen, resultiert eine weitere Gefährdung des Betroffenen. Unterbleibt die Bahnung von Betreuung und Beratung durch qualifizierte Einrichtungen, wird dem Gewaltopfer die Chance vorenthalten, die Geschehnisse aufzuarbeiten und seine Lebenssituation zu verbessern.

## Gewaltopfer werden häufig nicht optimal durch das Gesundheitswesen versorgt

Leider muss festgestellt werden, dass die der akutmedizinischen Versorgung nachgelagerten Aufgaben häufig nicht oder nicht optimal erfüllt werden.[24] Trotz unterschiedlicher Initiativen zu Information, Schulung und Fortbildung der Ärzteschaft hat sich an dieser Situation wenig geändert.

Probleme beim Erkennen von Gewaltfolgen treten sehr häufig dann auf, wenn das Gewaltopfer keine Angaben zum Gewalterleben macht bzw. machen kann. Die Dokumentation der Gewaltfolgen ist häufig unvollständig. Viele Ärzte sind mit der Gesprächsführung (Ansprechen von Gewalt!) überfordert und weder über juristische Fragen noch über das lokale Hilfsnetzwerk für Gewaltopfer ausreichend informiert.

In [Szenario 2] ist die Situation einer optimalen Versorgung beschrieben: Die Folgen von Gewalt werden gesehen und angesprochen, die Patientin wird medizinisch versorgt und erhält eine Beratung zu psychosozialen Hilfen. Leider ist auch in Deutschland trotz zahlreicher auch politischer Aktivitäten eine solche Versorgung nicht flächendeckend und nachhaltig gewährleistet. Situationen wie [Szenario 1] sind immer noch sehr häufig – mit schwerwiegenden Folgen für die Betroffenen. Wesentliche Ursachen für die Mängel in der Versorgung von Gewaltopfern liegen in folgenden Punkten:

- Die Aus- und Weiterbildung von Ärzten ist nicht ausreichend.
- Die für eine optimale Versorgung wichtigen Institutionen wie Praxen/Kliniken, Institute für Rechtsmedizin und Einrichtungen der psychosozialen Versorgung sind nicht optimal vernetzt
- und arbeiten nicht ausreichend gut zusammen.

Diese Situation kann nachhaltig nur durch Optimierung der Aus- und Weiterbildung, der Versorgungsstruktur sowie durch 'Versorgungsforschung' verbessert werden.

---

[24] Vgl. ebd.

*Interpersonelle Gewalt im sozialen Nahraum ('Häusliche Gewalt')*

## Eigene Ansätze zur Verbesserung der Versorgung von Gewaltopfern

*Krankenversorgung: Interdisziplinäre Ambulanz für Gewaltopfer am Universitätsklinikum Düsseldorf*

Das Universitätsklinikum Düsseldorf bietet beste Voraussetzungen für eine optimale Versorgung von Gewaltopfern. Sämtliche der dafür relevanten Disziplinen stehen zur Verfügung. Durch eine interdisziplinär besetzte Arbeitsgruppe wurde ein Konzept zur optimierten Versorgung von Gewaltopfern auf dem Boden einer engen Vernetzung sowohl innerhalb des Universitätsklinikums als auch mit dem externen lokalen Hilfsnetzwerk erarbeitet. Dieses Konzept ist mittlerweile in die Praxis umgesetzt worden. Eine leichte und eindeutige Zugänglichkeit des etablierten Angebotes für Gewaltopfer wird über eine zentrale, 24 Stunden erreichbare Rufnummer ermöglicht. Von hier aus werden die Gewaltopfer qualifiziert zu den zuständigen Disziplinen vermittelt. Durch optimale Vernetzung und Qualifikation der Mitarbeiter wird eine interdisziplinäre, professionelle und effiziente Versorgung gewährleistet, die eine zuverlässige Diagnostik, eine adäquate Therapie einschließlich psychotherapeutischer Betreuung, eine 'gerichtsfeste' Befunddokumentation und Beweissicherung sowie die Weitervermittlung in psychosoziale Hilfen umfasst (wie in [Szenario 2]). Dabei wird besonderer Wert darauf gelegt, dass die Abläufe für die Betroffenen so wenig belastend wie möglich sind. Dieses Gewaltopferambulanz-Konzept wird begleitend erforscht, hier stehen Fragen zur Akzeptanz, Inanspruchnahme, Nachhaltigkeit und Qualität der Betreuung im Fokus. Das Angebot wird sehr gut angenommen, die Inanspruchnahme steigt seit der Implementierung im Jahr 2007 jährlich um ca. 20 %. Ganz offenbar vermag das Angebot aufgrund seiner Niederschwelligkeit Gewaltopfer im Dunkelfeld zu erreichen. Der unmittelbare Kontakt mit den Betroffenen eröffnet die Möglichkeit, etwas über ihre (geschlechtsdifferenten?) Bedürfnisse zu lernen.

## Das Thema 'Häusliche Gewalt' in der rechtsmedizinischen Lehre

Das Institut für Rechtsmedizin im Universitätsklinikum Düsseldorf hat im rechtsmedizinischen Curriculum einen Schwerpunkt 'Klinische Rechtsmedizin' mit verschiedenen Modulen zur Versorgung von Gewaltopfern etabliert.

An konkreten Fällen wird nicht nur das Erkennen von Gewaltfolgen und deren Dokumentation gelehrt, sondern auch das sachgerechte Reagieren unter Berücksichtigung aller Besonderheiten des Einzelfalls. Mit Hilfe externer Referenten aus dem lokalen Netzwerk für Gewaltopfer werden den Studierenden die Einrichtungen des Netzwerkes vorgestellt. In einem sehr gut angenommenen Wahlpflichtfach werden zudem Möglichkeiten der Gesprächsführung über Rollenspiele mit 'Schauspielerpatienten' (Schauspieler, die die Rolle des Gewaltopfers trainiert haben) vermittelt und erprobt. Das Institut bietet zudem ein Tertial 'Klinische Rechtsmedizin' für Studierende im Praktischen Jahr (letztes Studienjahr) an; hier arbeiten die angehenden Ärzte im Team der Ambulanz für Gewaltopfer aktiv mit. Entsprechende Inhalte sind auch Gegenstand von Fortbildungsveranstaltungen, die für approbierte Ärzte angeboten werden.

## Forschung

Trotz zahlreicher Fortbildungsangebote gelingt es bislang bundesweit nicht, genügend Ärzte zu erreichen und für das Thema 'häusliche Gewalt' ausreichend zu sensibilisieren. Vor diesem Hintergrund wurde im Rahmen eines durch das BMFSFJ geförderten Modell-Projektes ('MIGG – Medizinische Intervention gegen Gewalt') die Wirksamkeit eines speziell auf niedergelassene Ärzte zugeschnittenen Fortbildungsprogrammes untersucht.[25] Das Programm wurde nach Befragung der Kollegen nach deren Wünschen zu Inhalten, Struktur und zeitlicher Belastung erarbeitet. Modell-Arztpraxen durchliefen in kleinen Gruppen und in großer Effizienz folgendes Programm: 1. Schulung und Sensibilisierung zu Themenfeldern im Kontext Gewalt, 2. Erarbeitung der ärztlichen Handlungsmöglichkeiten und deren Grenzen, 3. Aufbau einer Vernetzung der Arztpraxen mit den regionalen Hilfestrukturen. Als ein wesentliches Ergebnis der Schulung zeigte sich zum Ende der Modell-Phase eine deutlich höhere Erkennungsrate von Gewaltopfern als zu Beginn (Anstieg der erkannten Fälle von 1–5 Opfer auf 16–102 Opfer pro Quartal). Als wertvollste Hilfen wurden von den Ärzten die Zusammenarbeit im lokalen Netzwerk und die professionelle rechtsmedizinische Begleitung zum 'Lernen am Fall' benannt. Das Projekt hat gezeigt, dass unter Beachtung der Bedürfnisse der Ärzte ein kompaktes Schulungs- und zentriertes Unterstützungsprogramm unter Vernetzung mit den lokalen Hilfeinstitutionen möglich ist und sehr wesentlich zur Verbesserung der Gewaltopferversorgung in der ärztlichen Praxis beiträgt.

---

[25] Vgl. Graß et al. (2012).

## Interpersonelle Gewalt im sozialen Nahraum ('Häusliche Gewalt'): Eine gesundheits- und gesellschaftspolitische Herausforderung!

'Häusliche Gewalt' betrifft (auch in Deutschland) viele Menschen und macht sie krank und arm. Daraus ergibt sich ein Auftrag an die politisch Verantwortlichen. In der Tat wird das Problem mittlerweile politisch wahrgenommen und, durch zahlreiche Aktionspläne, 'runde Tische' sowie durch Förderung einschlägiger Forschungsprojekte adressiert. Die Ergebnisse zahlreicher Forschungsprojekte und Expertenrunden belegen, dass viel getan werden kann, um 'häuslicher Gewalt' vorzubeugen und deren Opfer optimal zu versorgen. Um nachhaltige und flächendeckende Effekte zu erreichen, müssen dafür allerdings nicht unerhebliche Ressourcen zur Verfügung gestellt werden. Dies hat das oben zitierte 'MIGG Projekt' für das Gesundheitswesen eindrucksvoll gezeigt. Wenn es politischer Wille ist, dass Ärzte die Folgen von Gewalt kompetent erkennen und die Opfer von Gewalt optimal versorgen, müssen Ressourcen zur Verfügung gestellt werden für geeignete, 'abholende' Schulungsangebote und auch für die Arztpraxen und Kliniken selbst, welche die medizinisch anspruchsvolle und aufwändige Versorgung von Gewaltopfern bislang noch nicht einmal mit den Krankenkassen abrechnen können.

## Bibliographie

ARCHER, John (2002). „Sex differences in physically aggressive acts", *Agression and Behaviour*, 7, 313–351.

ARCHER, John (2000). „Sex differences in aggression between heterosexual partners: A meta-analytic review", *Psychological Bulletin*, 126, 651–680.

BRZANK, Petra (2009). „(Häusliche) Gewalt gegen Frauen: sozioökonomische Folgen und gesellschaftliche Kosten", *Bundesgesundheitsblatt-Gesundheitsforschung-Gesundheitsschutz*, 52, 330–338.

COKER, Ann L./DAVIS, Keith E./ARIAS, Ileana et al. (2002). „Physical and mental health effects of intimate partner violence for men and women", *American Journal of Preventive Medicine*, 24, 260–268.

FAUSTO-STERLING, Anne (2000). „The five sexes, revisited", *The Sciences*, July-August, 19–23.

GEORGE, Malcolm J. (1994). „Riding the donkey backwards: men as the unacceptable victims of marital violence", *Journal of men's studies*, 3, 137–159.

GÖRGEN, Thomas/HERBST, Sandra/KOTLENGA, Sandra et al. (2009). *Kriminalitäts- und Gewalterfahrungen im Leben älterer Menschen. Zusammenfassung wesentlicher Ergebnisse einer Studie zu Gefährdungen älterer und pflegebedürftiger Menschen*. Im Auftrag des Bundesministeriums für Familie, Senioren, Frauen und Jugend (BMFSFJ).

GRACIA, Enrique/HERRERO, Juan (2006). „Acceptability of domestic violence against women in the European Union: a multilevel analysis", *Journal of epidemiology and community health*, 60, 123–129.

GRACIA, Enrique (2004). „Unreported cases of domestic violence against women: towards an epidemiology of social silence, tolerance, and inhibition", *Journal of epidemiology and community health*, 58, 536–537.

GRASS, Hildegard/MÜTZEL, E./PREUSS, R. (2012). „Medizinische Intervention gegen Gewalt an Frauen II – Die Versorgung kann verbessert werden", *Deutsches Ärzteblatt*, 109/16, 797–799.

GRASS, Hildegard/ROTHSCHILD, Markus A. (2004). „Integration rechtsmedizinischer Kompetenz in die Netzwerk-Strukturen gegen häusliche Gewalt am Beispiel Köln", in: Manfred Oehmichen et al. (Hrsg.). *Research in Legal Medicine/Rechtsmedizinische Forschungsergebnisse*. Lübeck: Verlag Schmidt-Römhild, 289–297.

HAGEMANN-WHITE, Carol/BOHNE, Sabine (2003). *Versorgungsbedarf und Anforderungen an Professionelle im Gesundheitswesen im Problembereich Gewalt gegen Frauen. Expertise für die Enquetekommission „Zukunft einer Frauengerechten Gesundheitsversorgung in NRW"*. www.landtag.nrw.de/portal/WWW/GB_I/I.1/ EK/EKALT/13_EK2/EnqueteberichtSeiten249bis327.pdf [04.05.2006].

HAGEMANN-WHITE, Carol (2001). „European research on the prevalence of violence against women", *Violence against women*, 7, 732–759.

HAGEMANN-WHITE, Carol (1992). *Strategien gegen Gewalt im Geschlechterverhältnis. Bestandsanalyse und Perspektiven*. Pfaffenweiler: Centaurus Verlag.

HELLBERND, Hildegard/WIENERS, Karin (2002). „Gewalt gegen Frauen im häuslichen Bereich. Gesundheitliche Folgen, Versorgungssituation und Versorgungsbedarf", in: *Jahrbuch für kritische Medizin und Gesundheitswissenschaften*, 36. Hamburg: Argument Verlag, 135–148.

HOFFSTETTER, Susan E./BLASKIEWICZ, Robert J./FURMAN, Gail E. et al. (2005). „Medical student identification of domestic violence as measured on an objective, standardized clinical examination", *American Journal of Obstetrics and Gynecology*, 193, 1852–1855.

*Interpersonelle Gewalt im sozialen Nahraum ('Häusliche Gewalt')*

HORNBERG, Claudia/SCHRÖTTLE, Monika/BOHNE, Sabine et al.(2008). *Gesundheitsberichterstattung des Bundes: Gesundheitliche Folgen von Gewalt.* Hrsg. vom Robert Koch Institut Berlin, 42.

JUNGNITZ, Ludger/LENZ, Hans-Joachim/PUCHERT, Ralf (2007). *Gewalt gegen Männer: Personale Gewaltwiderfahrnisse von Männern in Deutschland – Ergebnisse einer Pilotstudie 2004.* Leverkusen: Buderich-Verlag.

KLOSTERHALFEN, Sibylle/ENCK, Paul (2005). „Plazebos in Klinik und Forschung: Experimentelle Befunde und theoretische Konzepte", *Psychother Psycho Med*, 55, 433–441.

KRAHÉ, Barbara/BERGER, Anja (2005). „Sex differences in relationship aggression among young adults in Germany", *Sex Roles: A Journal of Research*, 52, 829–838.

LENZ, Hans-Joachim (2005). „Die verdrängte Seite der Männergesundheit: Gewalt gegen Männer – Ergebnisse der deutschen PILOTSTUDIE", *Blickpunkt Der Mann*, 3, 37–42.

MÜLLER, Ursula/SCHRÖTTLE, Monika (2004). *Lebenssituation, Sicherheit und Gesundheit von Frauen in Deutschland. Eine repräsentative Untersuchung zu Gewalt gegen Frauen in Deutschland.* Hrsg. vom BMFSFJ.

OEHMICHEN, Manfred/KAATSCH, Hans-Jürgen/BOSINSKI, Hartmut (Hrsg.) (2004). *Gewalt gegen Frauen und Kinder Bestandsaufnahme – Diagnose – Prävention.* Lübeck: Schmidt-Römhild Verlag.

SCHMIDTBAUER, Wilhelm (2002). „Polizeiliches Einschreiten bei häuslicher Gewalt", *Kriminalistik*, 7, 457–463.

SCHRÖTTLE, Monika/MÜLLER, Ursula (2004): „Lebenssituation, Sicherheit und Gesundheit von Frauen in Deutschland. Ergebnisse der ersten bundesweiten Prävalenzstudie zu Gewalt gegen Frauen." Kongressbericht Gewalt im Leben von Frauen und Männern – Forschungszugänge, Prävalenz, Folgen, Intervention. Europäischer Kongress, Osnabrück. http://www.bmfsfj.de/RedaktionBMFSFJ/Abteilung4/Pdf-Anlagen/kongressbericht-gewalt-im-leben-von-maennern-und-frauen,property=pdf,bereich=,rwb=true.pdf [09.05.2006].

SCHMUEL, Ester/SCHENKER, Josef-G. (1998). „Violence against women: the physician's role", *European Journal of Obstetrics and Gynecology and Reproductive Biology*, 80, 239–245.

SEIFERT, Donata/ANDERS, Sven/SCHRÖER, Judith et al. (2004). „Modellprojekt zur Implementierung eines medizinischen Kompetenzzentrums für Gewaltopfer in Hamburg", *Rechtsmedizin*, 14, 182–187.

SIMPSON, Joe Leigh/LJUNGQVIST, Arne/FERGUSON-SMITH, Malcolm A. et al. (2000). „Gender verification in the Olympics", *Journal of the American Medical Association*, 284, 1568–1569.
SOWARKA, Doris/SCHWICHTENBERG-HILMERT, Beate/THÜRKOW, Kari (2002). *Gewalt gegen ältere Menschen: Ergebnisse aus Literaturrecherchen.* http://www.dza.de/download/DP_36.pdf [21.05.2014].
THOMAS, J./ZANK, Susanne/SCHACKE, Claudia (2004). „Gewalt gegen demenziell Erkrankte in der Familie: Datenerhebung in einem schwer zugänglichen Forschungsgebiet", *Z Gerontol Geriat*, 37, 349–350.
WETZELS, Peter/GREVE, Werner/MECKLENBURG, Eberhard et al. (1995). *Kriminalität im Leben alter Menschen. Eine altersvergleichende Untersuchung von Opfererfahrungen, persönlichem Sicherheitsgefühl und Kriminalitätsfurcht. Ergebnis der KFN-Opferbefragung 1992.* Stuttgart: Kohlhammer Verlag.
WURMB-SCHWARK, Nicole von/BOSINSKI, Hartmut/RITZ-TIMME, Stefanie (2007). „What do the X and Y chromosomes tell us about sex and gender in forensic case analysis?", *J Forensic Legal Med*, 14, 27–30.

BUNDESMINISTERIUM FÜR FAMILIE, SENIOREN, FRAUEN UND JUGEND (2001). *Bericht zur gesundheitlichen Situation von Frauen in Deutschland. Eine Bestandsaufnahme unter Berücksichtigung der unterschiedlichen Entwicklungen in West- und Ostdeutschland.* Stuttgart: Kohlhammer Verlag.
BUNDESMINISTERIUM FÜR FAMILIE, SENIOREN, FRAUEN UND JUGEND (2004). „Gewalt gegen Männer. Personale Gewaltwiderfahrnisse von Männern in Deutschland – Ergebnisse der Pilotstudie", Schriftenreihe des BMFSFJ, http://www.bmfsfj.de/Kategorien/Publikationen/publikationsliste,suchtext=,suchbis=,suchvon=,suchbereich=gleichstellung,suchsprache=,page=2.html [04.05.2006].
POLIZEILICHE KRIMINALSTATISTIK (2010). www.bka.de/DE/Publikationen/Polizeiliche Kriminalstatistik [24.05.2012].
POLIZEILICHE KRIMINALSTATISTIK (2009). www.bka.de/DE/Publikationen/Polizeiliche Kriminalstatistik [24.05.2012].
POLIZEILICHE KRIMINALSTATISTIK (2004). http://www.bka.de/pks/ [04.05.2006].
WELTBERICHT GEWALT UND GESUNDHEIT (2003). *WHO Berichterstattung.* www.who.int/violence_injury_prevention/violence/world_report/en/summary_ge.pdf [21.05.2014].

Alicia Ortega Aguilar
(Universidad Nacional Autónoma de México)

# El supuesto biológico de la violencia en el México global

La violencia destaca el uso de la conciencia. La intencionalidad en la violencia presupone un estado mental que involucra el uso de la corteza cerebral en sus funciones como el juicio, la toma de decisiones, la imaginación y la razón. El conocimiento actual del cerebro y la manera intercelular de comunicarse a través de los neurotransmisores, han posicionado a la neuroquímica como objetivo primordial de la investigación farmacológica. Las catecolaminas, la serotonina y melatonina, son neurotransmisores que se sintetizan a partir de la ingesta necesaria en el ser humano de fenilalanina y triptófano. Estos activan las rutas neuronales en los estados emocionales y su expresión orgánica, la búsqueda de recompensa y movimientos precisos controlan el estado de ánimo y los ciclos del sueño. La Industria de la neurofarmacología, lícita o ilícita intencionalmente, incide sobre los estados emocionales y de conciencia de individuos y poblaciones.

Im Zusammenhang mit Gewalt stellt sich die Frage nach der Nutzung des Bewusstseins. Die der Gewalt inhärente Vorsätzlichkeit setzt einen geistigen Zustand voraus, der den Gebrauch der Großhirnrinde in ihrer Funktion des Richtens, des Entscheidungsfindens, des Vorstellens und der Vernunft involviert. Der aktuelle Wissensstand über das Gehirn und über die interzelluläre Kommunikation mittels Neurotransmittern, hat die Neurochemie zum Mittelpunkt des pharmakologischen Forschungsinteresses gemacht. Katecholamine, Serotonin und Melatonin sind Neurotransmitter, die sich durch die im menschlichen Körper lebensnotwendige Nahrungsaufnahme von Phenylalanin und Tryptophan synthetisieren. Diese aktivieren die Nervenverbindungen im Gefühlsleben und deren organische Ausdrucksformen; die Suche nach Belohnung und präzise Bewegungen kontrollieren zudem den Gemütszustand und die Schlafzyklen. Die neuropharmakologische Industrie nimmt – auf zulässige oder unzulässige Art und Weise – Einfluss auf die emotionale Verfassung und die Bewusstseinszustände von Individuen und Gesellschaften.

La violencia la define la Organización Mundial de la Salud como

> el uso intencional de la fuerza o el poder físico, de hecho o como amenaza, contra uno mismo, otra persona o un grupo de la comunidad, que cause o tenga muchas probabilidades de causar lesiones, daño psicológico, trastorno del desarrollo o privaciones y muerte.[1]

La violencia es un acto que implica el uso y abuso del poder mediante el empleo de la fuerza en cualquiera de sus formas desde física hasta económica o política

---

[1] Krug et al. (2002: 5).

con la intención de cometer perjuicio. El aspecto importante a destacar en ésta definición es la intencionalidad. Léase este acto como una función consciente del cerebro humano.

## El cerebro

El cerebro es la parte del Sistema Nervioso Central (SNC) producto de la evolución filogenética y ontogenética de un individuo, que controla las actividades de todo el organismo. Tres niveles estructurales del cerebro en los vertebrados marcan de manera simplista pero útil, los estadios evolutivos más importantes en el desarrollo del cerebro de los vertebrados hasta la organización del cerebro humano; el cerebro reptil, que desde el punto de vista estructural consta principalmente del tallo cerebral, el cerebelo y el inicio del Sistema Límbico,[2] estas estructuras están estrechamente coordinadas con la función motora y dan origen a la conducta refleja y al sentido de posición durante el movimiento controlado. Este cerebro primitivo responde al estímulo de manera directa. En los mamíferos, el Sistema Límbico se desarrolla considerablemente y consta de estructuras neuronales en donde se integran circuitos electroquímicos específicos, a partir de la estimulación entrante por los órganos de los sentidos.[3] La respuesta a esta estimulación es la activación organizada de los diferentes órganos formados principalmente por glándulas secretoras y órganos formados por músculo, tales como el corazón, el músculo esquelético (del movimiento) y la motilidad de las vísceras huecas como las arterias o el intestino etc. Todas esas sensaciones del aumento de la función orgánica, darán origen a la percepción de los estados emocionales, de esta manera se prepara el organismo para una acción. En el Sistema Límbico está ubicado el centro de la agresividad (la Amígdala), el control del sueño, del apetito, la memoria de corto plazo y la conducta sexual (el Tálamo). Cada estructura límbica tiene como propósito influir en la actividad del Hipotálamo, estructura del Sistema Límbico situada debajo del Tálamo y que a su vez controla la función de la Hipófisis, la glándula endocrina maestra, ubicada en el centro del cerebro y quien controla la función hormonal de todo el organismo. El término límbico se utiliza para denotar la estructura anatómica que están en el límite entre las estructuras con funciones elementales como las del cerebro reptil y las estructuras con funciones superiores como la Corteza. La

---

[2] Véase Figura 1A.
[3] Véase Figura 1B.

*El supuesto biológico de la violencia en el México global*

Corteza es la región cerebral en donde se integran circuitos que dan como resultado; el pensamiento, el juicio, la decisión, el lenguaje, la planeación.[4] La corteza tiene una importante función inhibitoria sobre la actividad del Sistema Límbico y del cerebro reptil, controlando los estados emocionales y la actividad refleja. La corteza del cerebro humano, es quizá la estructura cerebral más estudiada desde el punto de vista anatómico y funcional. Sin embargo, la complejidad en la decodificación de los estímulos entrantes del ambiente a través de los órganos de los sentidos resulta en conductas sociales poco entendidas, como lo es la violencia, privativa del ser humano. La intencionalidad en la definición de violencia, a diferencia de la agresividad, posiciona a la violencia como una conducta privativa del ser humano.

La complejidad de las funciones cerebrales radica en la capacidad de las conexiones múltiples de aproximadamente 100,000 millones de neuronas, en donde cada neurona podría hacer alrededor de hasta 10,000 conexiones.[5] Estas conexiones son fenómenos electroquímicos, en donde el componente eléctrico es común a todas las rutas de comunicación neuronal,[6] sin embargo el componente químico es específico de las rutas neuronales que se forman. Describiré por ser fundamental para el desarrollo de este ensayo, en forma independiente a cuatro grupos de moléculas que funcionan como neurotransmisores, haciendo énfasis en su origen químico y la manera en como ingresan al organismo. Mencionaré las estructuras cerebrales que dependen de cada uno de éstos neurotransmisores para su comunicación ya que poseen receptores específicos. La función apropiada de cada uno de estas rutas químico-específicas dará como resultado una conducta adaptativa.

## Los neurotransmisores

La comunicación entre neuronas se realiza a través de la sinapsis neuronal. Esta unión no física involucra a neuronas que liberan al neurotransmisor por lo que se conocen como neuronas presinápticas y la neurona que tiene los receptores al neurotransmisor, o sea la que recibe al neurotransmisor y prosigue con la comunicación, se le denomina neurona postsináptica. Los neurotransmisores que analizaremos provienen de los aminoácidos esenciales: fenilalanina y triptófano,

---

[4] Véase Figura 1C.
[5] Véase Alonso-Nanclares et al. (2008).
[6] Véase Hodgkin/Huxley (1952).

es decir son aquellos aminoácidos, que no pueden ser sintetizados por el ser humano y por lo que tienen que ser consumidos en la dieta como integrantes de las proteínas.

## Neurotransmisores derivados de la Fenilalanina

1) Catecolaminas: la dopamina, adrenalina y noradrenalina son moléculas que se sintetizan a partir de la fenilalanina.[7] La Fenilalanina es un aminoácido ligeramente liposoluble y se debe adquirir en una dieta normal a una dosis de 20 mg/kg por día para en el adulto y siete veces más para el recién nacido. Ésta concentración es suficiente para el recambio de este aminoácido en las proteínas, además de ser el precursor de neurotransmisores. En los años 80, la industria edulcorante, utilizó las características químicas de la fenilalanina acompañada de otro aminoácido no esencial, el Aspartato en un compuesto llamado (L-aspartil-L-fenilalanil-metil ester [aspartame]), para estimular a las papilas gustativas receptoras del sabor dulce, utilizando a la Fenilalanina como un substituto del azúcar normal (sacarosa), ésta molécula es 200 veces más dulce que la sacarosa y produce muy pocas calorías. El consumo de este fármaco se ha realizado en forma indiscriminada primero en los Estados Unidos de América (EUA) y posteriormente en el resto del mundo. México consume aspartame en dosis mayores a los 20 mg/kg al día. Al ser un producto de venta libre que no requiere supervisión sanitaria, este producto es consumido en grandes dosis por niños, adultos y mujeres en gestación sin supervisión médica. La síntesis de los neurotransmisores dopamina, adrenalina, noradrenalina y tiramina y del pigmento melanina depende de la disponibilidad de la fenilalanina. Un aumento en los productos del metabolismo para la eliminación de este aminoácido, una deficiente eliminación por vía renal o un aumento en la síntesis de catecolaminas pueden resultar en alteraciones de las vías neuronales dependientes de catecolaminas, de manera específica.

Las vías dopaminérgicas en el Sistema Límbico, son aquellas que están relacionadas con la integración de los estados emocionales y su manifestación orgánica. El aumento en la concentración de dopamina ha sido asociado a una pérdida de la integración de los estados emocionales (demencia precoz o esquizofrenia)[8] y cuando la dopamina falta en los ganglios basales (en la sustancia ne-

---

[7] La ruta de síntesis de la adrenalina está representada en la Figura 2.
[8] Véase Weinberger et al. (1992).

*El supuesto biológico de la violencia en el México global*

gra), hay pérdida del control motor como por ejemplo ocurre en la enfermedad del Parkinson. Por el contrario el aumento en la disponibilidad de dopamina mantendría dominante la actividad de estas rutas neuronales y el sujeto estaría muy susceptible a desencadenar las manifestaciones orgánicas que se presentan durante los estados emocionales como el miedo, el placer, la tristeza y la ira. La corporalidad relacionada con cada una de estas emociones se reproduce entre diferentes especies a través de la excitación de éstas vías. Aunque pudiesen verse como estados orgánicos opuestos la ira y el miedo, el placer y la tristeza, la neurotransmisión se lleva a cabo a través de las mismas moléculas.[9] Sin embargo se requiere de una mayor estimulación para alcanzar los mismos cambios orgánicos críticos en las situaciones de búsqueda de recompensa en comparación con las situaciones de amenaza. Una mayor síntesis de adrenalina o dopamina se requieren en los estados de ira y placer, más que en los estados de miedo y tristeza.

2) Serotonina: Este neurotransmisor es conocido comúnmente como el neurotransmisor de la felicidad, esto se debe a que es el mediador de conexiones en rutas neuronales asociadas con la sensación de placer tales como: la saciedad del apetito, la actividad sexual, el sueño y el aprendizaje. Este neurotransmisor se sintetiza directamente a partir del aminoácido triptófano en dos reacciones enzimáticas secuenciales.[10] A partir de la serotonina se sintetiza la melatonina, importante molécula inductora del sueño. Ambos neurotransmisores requieren necesariamente del consumo en la dieta de triptófano. La disminución en el consumo de triptófano por desnutrición, ya sea por pobreza, por trastornos alimentarios secundarios a problemas psiquiátricos o consumo de drogas psicotrópicas, necesariamente conlleva a una disminución en la producción de serotonina y consecuentemente de melatonina, ambas moléculas son necesarias para el manejo neuronal de los ciclos de sueño/vigilia, control del apetito, aprendizaje, regulación de la temperatura y estados de ánimo, por lo que la disminución en el consumo de triptófano resulta invariablemente en una pérdida paulatina de las funciones mencionadas. El deterioro comienza con estados depresivos de diferentes intensidades que van debilitando progresivamente al individuo, la pérdida del sueño afecta gravemente la calidad de vida y del estado de conciencia.[11] El abandono del cuidado personal y el aumento del deterioro cognitivo

---

[9] Véase Figura 3.
[10] La ruta de síntesis de serotonina está descrita en la Figura 4.
[11] Véase Figura 5.

que acompañan a la depresión y al insomnio, deriva en intentos cuando se está consciente de ejercer violencia contra la propia vida.[12]

El aminoácido no esencial, Glutamato, es sintetizado abundantemente por el ser humano y forma parte importante de las proteínas. Además de ésta función, el glutamato y su derivado el Ácido Gama-Amino-Butírico (GABA) son dos esenciales neurotransmisores en rutas neuronales de la corteza cerebral.

3) Glutamato y GABA: El glutamato es el neurotransmisor excitatorio más importante de la corteza cerebral. El GABA es un derivado que se forma a partir de la descarboxilación del glutamato.[13] El GABA, es el neurotransmisor inhibitorio más importante de la corteza cerebral que inhibe reguladamente la actividad del Sistema Límbico. El glutamato es una molécula que sintetizan los seres humanos a partir de metabolismo de carbohidratos, lípidos y otros aminoácidos. Sin embargo, la adición farmacológica del glutamato por la industria de los alimentos en forma de glutamato de sodio tiene el propósito, primero de estimular los receptores sensoriales en la lengua (receptores Umami), cuya activación provocar el consumo compulsivo de los alimentos.[14] En el Continente Americano principalmente en EUA y México, principal socio comercial de EUA, los niños son quienes principalmente consumen productos de bajo valor nutricional suplementados con glutamato. El glutamato como neurotransmisor estimulante del sistema nervioso tiene un efecto directo sobre las funciones corticales, un aumento indiscriminado en la concentración de glutamato resulta en una sobre estimulación cerebral e hiperactividad motora. Asimismo, la sobre exposición al glutamato puede abatir la síntesis de GABA. Al ser la síntesis de GABA un proceso enzimático se inhibe por la alta concentración del substrato, es decir, de la molécula que le da origen. La disminución en la concentración de GABA deja libre la actividad del Sistema Límbico.

## El origen de la crisis en la comunicación neuronal: el cerebro adicto

La activación del cerebro para ejercer una acción, depende de la fuerza y la frecuencia del estímulo. Los estímulos físicos como la luz, el sonido y la presión, son percibidos por los órganos de los sentidos. Dependiendo de sus caracterís-

---
[12] Véase Lee et al. (2012).
[13] Véase Figura 6.
[14] Véase Figura 7.

ticas pueden producir en el ser humano la activación de rutas neuronales que resulten en sensaciones placenteras o desagradables. Las sensaciones placenteras motivan a la búsqueda cada vez más frecuente de recibir el estímulo que les da origen principalmente rutas neuronales en el Sistema Límbico (las emociones), que a través de sus conexiones con la corteza cerebral, moderan en condiciones normales, la conducta del individuo en sociedad. Los estímulos químicos como el olor, sabor y la estimulación de las terminaciones nerviosas para el dolor tienen el mismo efecto que las estimulaciones físicas. El aumento en el umbral a experimentar sensaciones placenteras, ha llevado al ser humano a buscar mecanismos de estimulación no naturales cada vez más intensos que proporcionen en el mejor de los casos el mismo efecto. El incremento en las concentraciones de adrenalina, dopamina, serotonina y glutamato llevan a la sobre estimulación del SNC. La dependencia incontrolada a la estimulación que genera conductas compulsivas orientadas a conseguir la sensación deseada y que resulta en conductas anti-sociales que interfieran con el desarrollo del individuo, se conoce como adicción. El cerebro es un tejido adicto.

La vía de comunicación inter neuronal depende de los neurotransmisores y la disponibilidad de éstos, como lo mencioné anteriormente depende de la ingesta adecuada de los aminoácidos mencionados, la sobre estimulación en individuos o poblaciones que están limitadas o sobre expuestas al consumo de éstos aminoácidos llegan al trastorno metabólico neuronal desencadenando conductas depresivas, de ansiedad e híper-excitabilidad que derivan en auto violencia y violencia hacia terceros. Estas conductas resultados de un desequilibrio en el estado emocional, en su mayoría están agrupadas en enfermedades psiquiátricas incapacitantes, por lo que la industria química productora de compuestos psicotrópicos ya sea lícita o ilícita encuentra y abre un mercado muy rentable que ha proporcionado un poder económico, político y social sin precedentes.

## La función biológica de los fármacos psicotrópicos
### Lícitos

La comunicación química en la sinapsis en el SNC requiere de la síntesis apropiada de los neurotransmisores, de los mecanismos moleculares que los secretan desde la neurona presináptica y muy importantemente de la funcionalidad de receptores específicos en la neurona postsináptica.[15] Veremos dos de los com-

---
[15] Véase Figura 7.

puestos más utilizados en la clínica psiquiátrica actualmente (drogas psicotrópicas lícitas), que tienen un efecto bloqueador de los receptores presinápticos a la serotonina como es el caso de la fluoxetina (Prozac), éste compuesto impide la recaptura de serotonina por la neurona presináptica. El bloqueo de los receptores a serotonina aumenta el tiempo de exposición de ésta molécula en el espacio sináptico, aumentando el tiempo de exposición de los receptores postsinápticos a serotonina. Aunque éste efecto ha sido parcialmente demostrado en ratas[16] en el ser humano existe la controversia del efecto único sobre éstos receptores, principalmente por la existencia de polimorfismos genéticos existentes para estos receptores, lo que podría explicar la diferencia en eficiencia del efecto de la fluoxetina sobre diferentes grupos étnicos.[17] El consumo indiscriminado de fluoxetina por la población mundial, particularmente en la edad productiva, produce cambios en el estado de ánimo al disminuir el umbral para la percepción de sensaciones placenteras, el empoderamiento de individuos consumidores de fluoxetina puede resultar en conductas sociales violentas.

El Metilfenidato (Ritalin) es una anfetamina que actúa por un lado, imitando el efecto de la adrenalina y dopamina ejerciendo de ésta manera su función excitadora, además tiene efecto sobre las rutas dopaminérgicas y noradrenalinérgicas en el SNC, inhibiendo la recaptura de éstos neurotransmisores por la neurona presináptica y potenciando la salida de neurotransmisores de reserva en la neurona presináptica.[18] Los receptores dopaminérgicos en la región frontal del Sistema Límbico son bloqueados por el metilfenidato disminuyendo la motivación mental y la actividad motora, además de que se agotan más rápidamente las reservas de los neurotransmisores. En estas condiciones el individuo dependiente de metilfenidato experimenta depresión y cansancio más fácilmente. El uso masivo de ésta droga prescrita lícitamente está en aumento, haciéndose popular entre la población infantil. Niños diagnosticados por falta de atención y exceso de movimientos voluntarios son agrupados como un 'Síndrome' ya amparado por la comunidad médica internacional. La consecuencia del arresto mental por mitilfenidato que por años padecen en completa indefensión niños en desarrollo, tendrá que ser evaluada cuando en la edad adulta esos cerebros demuestren que pueden ejercer la autodeterminación.

---

[16] Véase Beasley/Masica/Potvin (1992).
[17] Véase Hong et al. (2006).
[18] Véase Figura 7.

*El supuesto biológico de la violencia en el México global*

Además del mercado de las drogas psicotrópicas de que se usan lícitamente, está el mercado de las drogas psicotrópicas que se producen, distribuyen y usan ilícitamente. Al igual que las drogas anteriores, éstas son producidas y distribuidas por industrias muy lucrativas. Mencionaré el mecanismo de acción de tres drogas de origen orgánico: el cannabis (marihuana), la cocaína, los opioides (heroína) y drogas sintéticas: las anfetaminas.

## *Ilícitos*

Las drogas derivadas del cannabis son las más consumidas en el mundo en todas las edades, siendo más común el consumo entre hombres que en mujeres.

El cerebro humano contiene receptores cannabinoides (CB1 y CB2)[19] que se activan con las drogas derivadas del cannabis. Estas moléculas son estructuralmente similares a los neurotransmisores endógenos específicos para éstos receptores: las anandamidas (N-arachidonoyl-ethanolamine). Los receptores CB1 se encuentran ampliamente distribuidos en el cerebro humano, llegando a tener una concentración diez veces mayor que la concentración de los receptores a dopamina (D2) en la sustancia negra (ganglios basales) estructura cerebral fundamental para la actividad motora. En la corteza cerebral hay aproximadamente la misma cantidad de receptores cannabinoides que receptores para glutamato (principal neurotransmisor). La comunicación de las neuronas a través de los receptores cannabinoides resulta en la disminución de la actividad eléctrica neuronal, por lo que existe una disminución en la actividad neuronal expresándose como una sensación de tranquilidad, ya que tanto las funciones sensoriales como motoras están disminuidas, su capacidad de inhibir receptores nociceptivos (receptores al dolor) provoca un estado generalizado de bienestar orgánico.

La cocaína es una droga muy potente que se une a los receptores presinápticos para la serotonina, noradrenalina y dopamina, esto es potencia el efecto excitatorio de estos neurotransmisores de manera similar a como lo hacen drogas lícitas como la fluoxetina y el metilfenidato (Prozac y Ritalin) juntos. Este efecto sobre el Sistema Límbico resulta en la pérdida del sueño, del apetito, la memoria a corto plazo y la coordinación del movimiento preciso; aumentan la necesidad del contacto sexual y la agresividad, hay confusión en la percepción del estado orgánico por lo que los estados emocionales oscilan entre el placer y la depresión. Al afectar el apetito, la disminución en el consumo de alimentos

---

[19] Véase Mackie (2005).

en general y en particular de los aminoácidos necesarios para restaurar los niveles de neurotransmisores provocan un círculo vicioso en donde la necesidad de incrementar la dosis de cocaína es fundamental para tener algún efecto. El colapso metabólico neuronal en el estado crónico impide la recuperación de las neuronas y sus conexiones, afectando principalmente las funciones corticales. La pérdida en la función óptima de la corteza en su conexión con el Sistema Límbico permite al individuo tener una conducta principalmente Límbica, esto es satisfacer las necesidades orgánicas inmediatas.

Los opioides como la heroína tienen receptores distribuidos en el cerebro humano (OP1, OP2, OP3 y OP4) son activados por opioides endógenos como los endorfinas, encefalinas, endomorfinas etc. Estos neurotransmisores tienen funciones diferentes dependiendo de la vía neuronal que comuniquen. Similares a los receptores cannabinoides, después de la activación inhiben la conducción nerviosa por lo que su uso está asociado con un periodo de euforia seguido de una sensación de calma extrema, producto de la inhibición de las señales sensoriales y motoras a nivel de cerebro. La heroína tiene mayor afinidad a los receptores OP1. Su efecto altamente adictivo y la falta de resistencia de los individuos adictos a esta droga, la vuelven una molécula importante para la manipulación de la voluntad del adicto.

El efecto de las anfetaminas se ha descrito en párrafos anteriores al describir el efecto del metilfenidato. Aunque actualmente las anfetaminas son manejadas en general como sustancias ilícitas, algunas de ellas se usan ampliamente de manera lícita y amparada por la actividad médica.

La descripción anterior nos permite visualizar el efecto de la sobre-estimulación del Sistema Nervioso, tanto con estímulos físicos como químicos para modificar la función cerebral y en consecuencia la conducta individual y colectiva. Esta sobre estimulación en forma crónica invariablemente resulta en una disfunción cerebral, principal síntoma de la enfermedad social llamada violencia. Los intereses económicos y políticos que intervienen en éste estado de salud social ignoran conscientemente el hecho de quien comercia con drogas psicotrópicas financia la violencia.

*El supuesto biológico de la violencia en el México global*

## Evidencia estadística de las operaciones de la industria ilícita de psicofármacos

*Cómo interpretar los estudios estadísticos sobre la producción, consumo y ganancias del comercio de psicofármacos ilícitos a partir del Informe Mundial de la ONU*[20]

Empecemos recordando que dos terceras partes de la población mundial están en desnutrición y se encuentran ubicadas geográficamente en las regiones productoras de la metería prima para la síntesis y purificación de las drogas psicotrópicas ilícitas. La otra tercera parte de la población mundial vive en naciones en donde la desnutrición es nula, no se cultiva la materia prima para síntesis de drogas, pero es la población que las consumen principalmente, además de proporcionar los elementos químicos para su extracción y purificación, los recursos financieros y logísticos para la distribución y mercado de las mismas.

El carácter ilícito, el efecto de las drogas potenciadoras de las sensaciones de placer y de drogas que consiguen abatir la voluntad para no sentir, crean las condiciones adecuadas para el comercio de drogas psicotrópicas ilícitas. En el binomio comerciante-consumidor de drogas psicotrópicas, el consumidor pierde paulatinamente el sentido de autodeterminación (la voluntad), el comerciante sin embargo, genera perjuicio a individuos, poblaciones y naciones de manera intencional. Simultáneamente al daño inmediato a la salud, el comerciante adquiere poder económico y político, dos nuevos elementos que sirven para hacer sinergia a la ganancia de poder, entendiendo al poder, como las facultades que legitiman llevar a cabo acciones determinadas sin considerar un consenso.

El consumo de drogas ilícitas se ha mantenido casi constante en los últimos diez años en todo el mundo a pesar de todos los intentos de combatir con la fuerza ésta industria.[21] El cannabis se produce en muchas regiones del hemisferio sur y es la droga que más se consume en el mundo. La planta de la coca se cultiva en la región Andina, principalmente en Colombia, Bolivia y Perú regiones de manera legendaria formando parte de la cultura de su población. En 1860 la cocaína es purificada por Albert Niemann a partir de la hoja de la coca en la búsqueda de drogas útiles para inhibir el dolor.[22] En los últimos diez años la cocaína se consume casi de manera constante en todo el mundo. Sin embargo,

---

[20] Véase World Drug Report (2011: 13).
[21] Véase Figura 8.
[22] Véase Niemann (1860).

el uso de la cocaína y los opioides es menor que el uso de las drogas sintéticas como las anfetaminas y el éxtasis.[23] La guerra declarada en contra del Narcotráfico en los países productores y países intermediarios en la venta como México, está orquestada principalmente por los países altamente consumidores de drogas ilícitas según el informe de la ONU. Esta guerra abre un nuevo mercado para financiar la violencia: el mercado de las armas.

Los opioides que se producen en el continente asiático, principalmente en Afganistán, disminuyeron su producción importantemente en el año 2001 coincidente con la declaración de guerra de los EUA y países europeos en contra de Afganistán en una operación que dura hasta nuestros días y que está justificada por el acto terrorista ejercido en contra de EUA. Para el año 2002, la producción de opio se recupero al 100 % y para 2007–2008 se duplicó la producción en Afganistán, territorio entonces bajo control de EUA y países europeos.[24]

La guerra declarada contra la población que habita las regiones productoras de cocaína y opio, pretende garantizar la paz en el mundo, sin embargo a pesar de las guerras que *per se* han ocasionado más violencia, la producción y consumo de drogas naturales no ha cambiado. Sin embargo, el mercado de las drogas sintéticas como las anfetaminas que se producen principalmente en EUA y países europeos va en aumento. La síntesis de anfetaminas en laboratorios establecidos en México en los últimos diez años, en promedio es el 0.4 % con respecto al equivalente en EUA. En el año 2009, en el apogeo de la guerra contra el Narcotráfico en México, el número de laboratorios para la síntesis de anfetaminas aumentó diez veces.[25]

*¿Quién siempre gana con el comercio de drogas psicotrópicas y quien siempre pierde? En términos biológicos de supervivencia: ¿Quién es la víctima y quien el depredador?*

En el estudio estadístico presentado por la ONU en el Informe Mundial sobre las Drogas 2011 mostrado en la Figura 11A se observa en la grafica en forma de pastel, la distribución regional del mercado de la cocaína y sus ganancias. Más del 70 % beneficia a EUA y Europa y el 4 % de la ganancia está distribuido a lo largo de América Latina en donde se encuentran los únicos países productores de una materia prima.[26]

---

[23] Véase Figura 9.
[24] Véase Figura 10A.
[25] Véanse Figura 10B y World Drug Report (2011: 14).
[26] Véanse Figura 11A y World Drug Report (2011: 156).

*El supuesto biológico de la violencia en el México global*

México, se ubica en una región geográfica favorecida en recursos naturales, su pirámide poblacional está basada en niños y jóvenes menores de 20 años. Según la UNICEF es uno de los 22 países con mayor desnutrición en el mundo y es único en la lista del continente americano.[27] En México no se cultiva la planta de la coca, no se sintetiza cocaína, es un consumidor menor de cocaína y ha enfrentado en los últimos 20 años una guerra cruel alrededor de la industria del Narcotráfico.

En el continente asiático, en el Informe Mundial sobre las Drogas 2009 se encuentra un efecto similar al de la cocaína. Afganistán es el principal productor de la planta adormidera (*papaver somniferum*), de donde se extrae el opio, substancia usada hace miles de años por la población asiática. El principal consumidor de heroína es Europa Occidental y Central. El precio por gramo de heroína en el mercado al menudeo en 2009 fue en dólares (EUA) de 239 y al mayoreo fue de 72 dólares (EUA). La compra de opio a los productores en Afganistán fue de 0.47 a 0.60 dólares (EUA), esto es, el 2% del precio promedio en el lugar de destino.[28] Afganistán se encuentra en una región favorecida en recursos naturales, principalmente en hidrocarburos, su pirámide poblacional se basa en niños y jóvenes menores de 20 años, presenta de los menores niveles de desarrollo, comparables solamente con las regiones del Sahel africano. Ha sostenido guerras que han devastado a la escasa población adulta. La población potencialmente adicta a la heroína en Afganistán para que se convierta en un problema social en la región es un tema discutible que debe ser analizado en el contexto de la pregunta ¿quién gana y quién pierde? en la guerra contra la Industria del Narcotráfico como generadora de violencia a todos los niveles.

Si la violencia es un acto intencionado a hacer daño aunque no tenga implícito el beneficio al transgresor. Cuando la violencia se ejerce con el propósito de lucro ilegítimo generalmente de manera secreta y privada se le conoce como corrupción.

La violencia como enfermedad social que tiene su origen en la individualidad del cerebro disfuncional tendrá que buscar su solución en la voluntad genuina de comprender su origen.

---

[27] Véase UNICEF (2008: 3–7).
[28] Véanse Figura 11B y World Drug Report (2011: 125).

## Bibliografía

ALONSO-NANCLARES, Lidia et al. (2008). „Gender differences in human cortical synaptic density", *Proceeding of the National Academy of Science*, 38, 14615–14619.

BEASLEY, Charles M./MASICA, Daniel N./POTVIN, Janet H. (1992). „Fluoxetine: a review of receptor and functional effects and their clinical implications", *Psychopharmacology*, 107, 1, 1–10.

HODGKIN, Alan/HUXLEY, Andrew (1952). „Currents carried by sodium and potassium ions through the membrane on the giant axon", *Journal of Physiology*, 116, 449–472.

HONG, Chen-Jee et al. (2006). „Response to fluoxetine and serotonin 1A receptor (C-1019G) polymorphism in Taiwan Chinese major depressive disorder", *Nature Publishing Group. The Pharmacogenomics Journal*, 6, 1, 27–33.

KRUG, Etienne G. et al. (2002). *Violence, a global public health problem. World Report on Violence and Health*. Geneve: World Health Organization.

LEE, Yun-Jung et al. (2012). „Insufficient sleep and suicidality in adolescents", *The Associated Professional Sleep Societies*, LLC. Sleep, tomo 35, 4, 455–460.

MACKIE, Ken (2005). „Distribution of cannabinoid receptors in the central and peripheral nervous system", *Handbook of Experimental Pharmacology*, 168, 299–325.

NIEMANN, Albert (1860). „Ueber eine neue organische Base in den Cocablättern. Physik, Chemie und Praktische Pharmacie", *Archiv der Pharmazie*, 153, 2, 129–155.

WEINBERGER, Daniel et al. (1992). „Evidence of dysfunction of a prefrontal-limbic network in schizophrenia: a magnetic resonance imaging and regional cerebral blood flow study of discordant monozygotic twins", *American Psychiatric Publishing. American Journal of Psychiatry*, 149, 7, 890–897.

## Informes y Reportes

FONDO DE LAS NACIONES UNIDAS PARA LA INFANCIA (UNICEF) (2008). *México. Informe Anual* http://www.unicef.org/spanish/about/execboard/files/08-7Rev.1_Spanish.pdf [27.08.2012].

INFORME MUNDIAL SOBRE LA DROGAS (2009). *Oficina de las Naciones Unidas Contra la Droga y el Delito.* http://www.unodcorg/unodc/en/commissions/CCPCJ/session/18.html [27.08.2012].

WORLD DRUG REPORT (2011). *United Nations Office on Drug and Crime*. Sandeep CHAWLA (ed.). http://www.unodc.org/documents/data-and analysis/ WDR2011/World_Drug_Report_ 2011_ebook.pdf [27.08.2012].

# Figuras

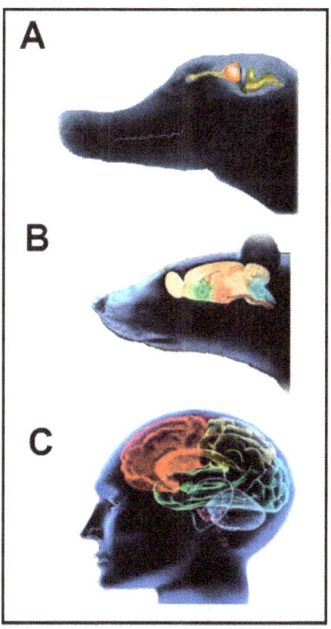

Fig. 1: Evolución del Sistema Nervioso Central. A) Cerebro Reptil: Tallo Cerebral, Cerebelo y Sistema Límbico Primitivo. B) Cerebro de mamíferos pequeños (roedores): Tallo Cerebral, Cerebelo y Sistema Límbico bien desarrollados, principalmente desarrollo del cerebro olfatorio. C) Cerebro Humano: Desarrollo de la Corteza que controla al Sistema Límbico y Cerebro Reptil.

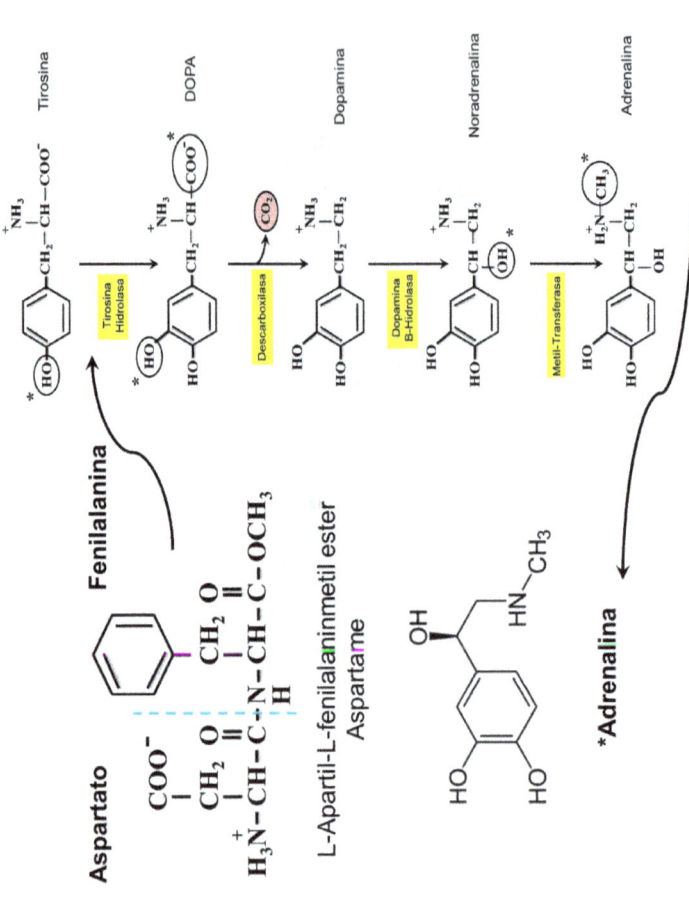

Fig. 2: Ruta metabólica para la síntesis de Catecolaminas a partir de aminoácido esencial Fenilalanina. Dos reacciones enzimáticas secuenciales para la síntesis de Dopamina y cuatro para la síntesis de Adrenalina. Los grupos químicos marcados con círculos es en donde se encuentran las modificaciones de la molécula.

*El supuesto biológico de la violencia en el México global*

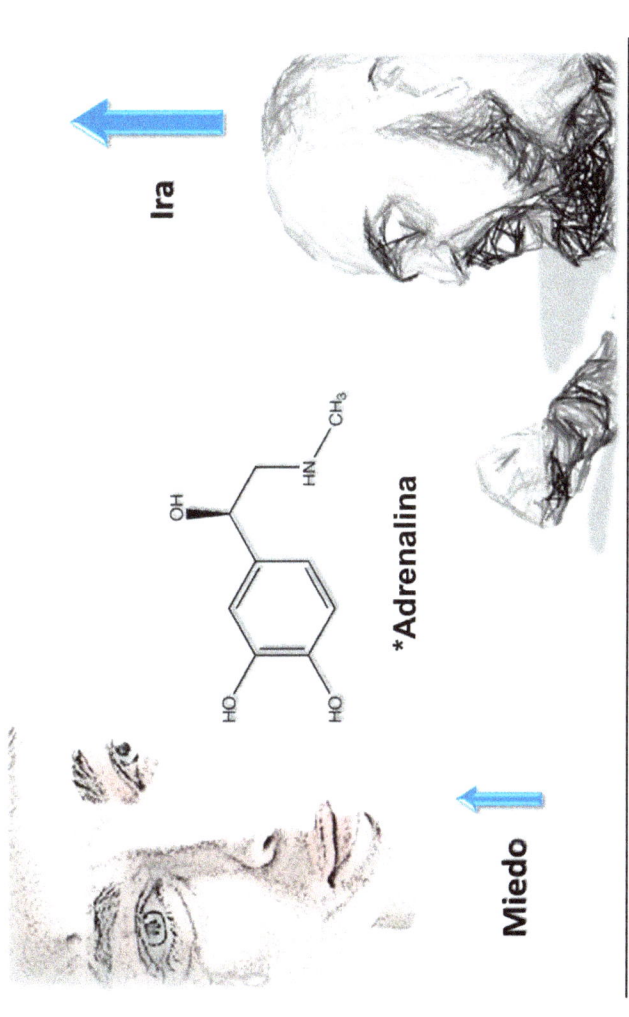

Fig. 3: Los estados emocionales que involucran la percepción de amenaza, tales como el miedo y la tristeza requieren una menor concentración de adrenalina para tener los cambios orgánicos necesarios para la acción en comparación con la ira y el placer en donde se requiere mayor estimulación para alcanzar el umbral orgánico para la acción.

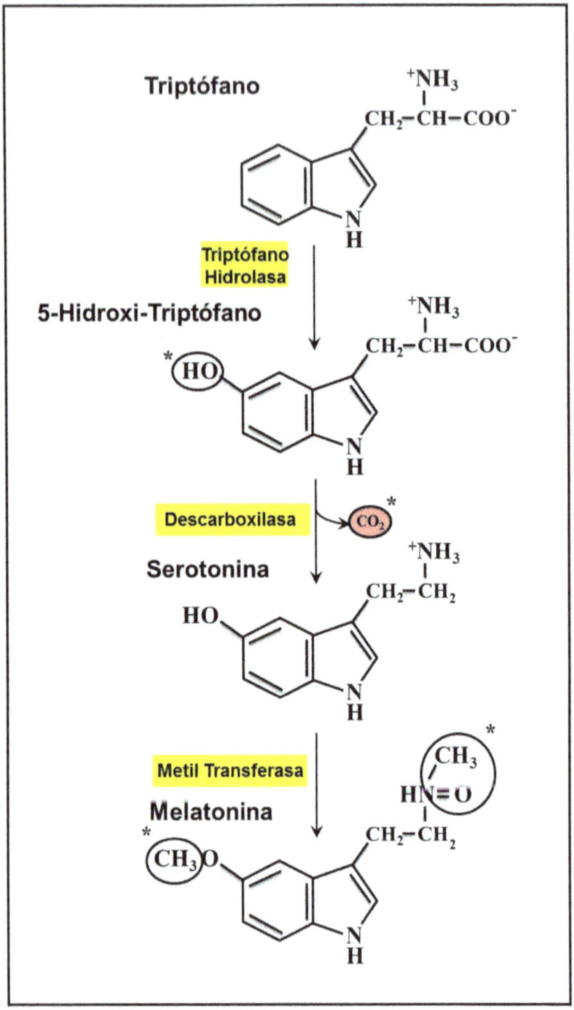

Fig. 4: Ruta metabólica para la síntesis de Serotonina y Melatonina a partir de aminoácido esencial Triptófano. La sola descarboxilación del triptófano que se libera como dióxido de carbono ($CO_2$) produce Serotonina y la metilación enzimática de la Serotonina produce Melatonina. Los grupos químicos marcados con círculos es en donde se encuentran las modificaciones de la molécula.

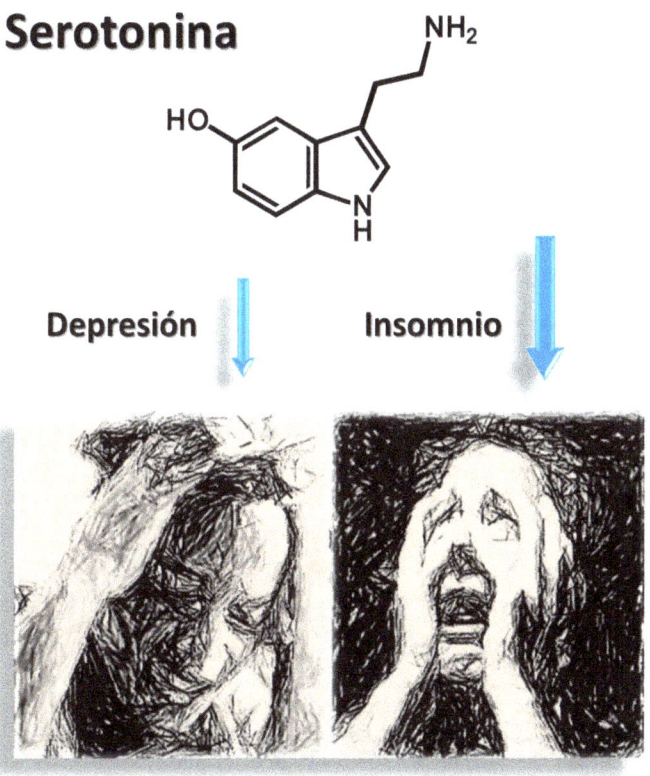

Fig. 5: Efecto de la disminución en la síntesis de Serotonina. Depresión e Insomnio. La esperanza de vida en el ser humano en ausencia de sueño después de siete días es prácticamente nula.

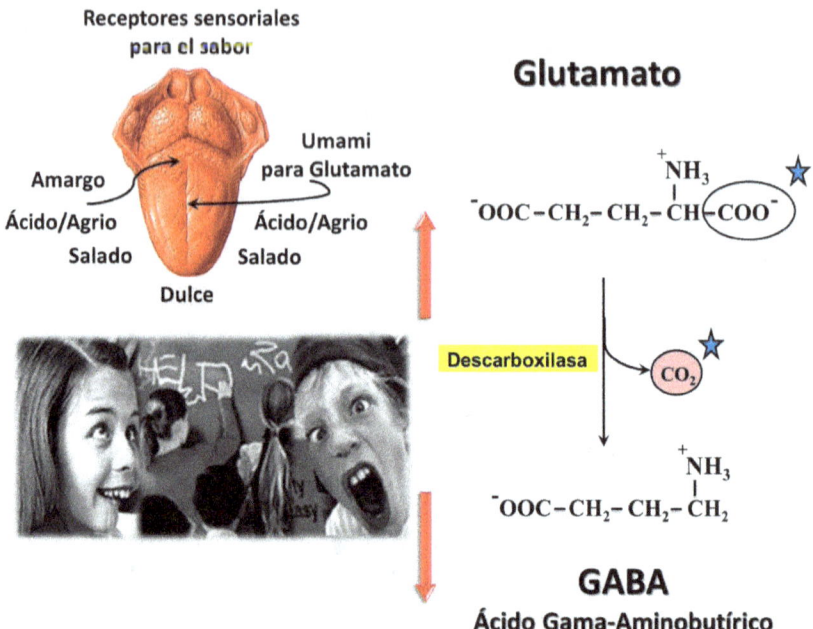

Fig. 6: Ruta metabólica para la síntesis del Ácido-Gama-Amino Butírico (GABA) a partir del aminoácido Glutamato. El Glutamato es sintetizado por el ser humano en todas las células del organismo. En la parte central de la lengua, hay receptores para el Glutamato que activan el instinto a comer. En el cerebro el glutamato tiene la función de neurotransmisor excitatorio. La descarboxilación del Glutamato liberando dióxido de carbono ($CO_2$) produce GABA principal inhibidor de la corteza cerebral.

*El supuesto biológico de la violencia en el México global*

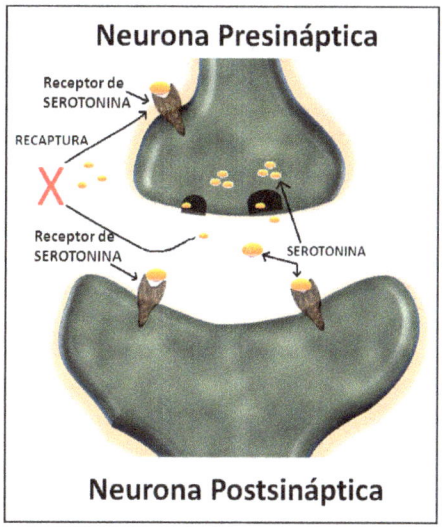

Fig. 7: Representación esquemática de la sinapsis neuronal. La neurona presináptica en la que secreta los neurotransmisores y la Postsináptica los receptores para activarse. La recaptura de neurotransmisores es un proceso importante para optimizar el uso de los neurotransmisores. La inhibición de la recaptura, que esta expresado como una X, es el sitio de acción de las drogas psicotrópicas más usadas.

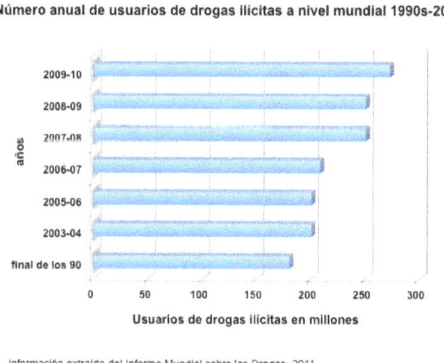

Fig. 8: Gráfica del número y prevalencia anual en los últimos diez años de consumidores de drogas ilícitas en todo el mundo.

287

Fig. 9: Gráfica de prevalencia anual en el período 2009–2010 a nivel mundial de usuarios de drogas ilícitas en la población entre 15 a 64 años de edad.

*El supuesto biológico de la violencia en el México global*

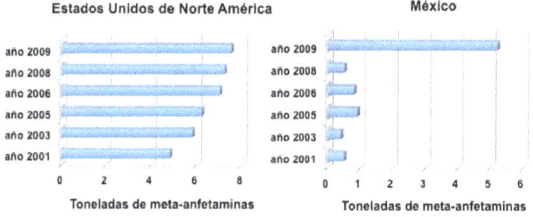

Fig. 10: Tendencia en los últimos diez años de la producción de A) opio principalmente en Afganistán, antes y después del 2001. B) Anfetaminas, principalmente en Estados Unidos de Norteamérica en comparación con México. Las cifras en EUA están entre 6.000 a 9.000 laboratorios y en México a excepción del año 2009 que esta en 200 laboratorios, en los ocho años anteriores esta alrededor de 25 laboratorios.

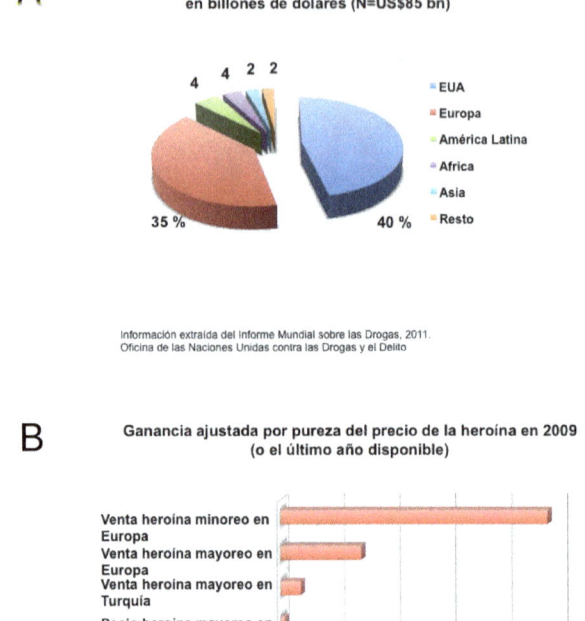

Fig. 11: Distribución regional del valor del mercado de A) Cocaína. EUA y Europa Occidental comparten el 70% de la ganancia del mercado de la cocaína (85 billones de dólares en el año 2009) y América Latina en donde se encuentran los únicos países que cultiva la coca, el 4%. Ganancia del precio de la heroína sintetizada a partir del B) Opio. Afganistán es el mayor productor de la planta Adormidera y del opio, recibiendo el 0.4% del precio de la heroína en venta al menudeo en Europeo. Un gramo de heroína en el mercado europeo tiene el precio de 239 dólares (EUA).

Reflexiones Marginales /
Randbemerkungen

Fernando Leal
(Universidad de Guadalajara)

# Mythologische Betrachtungen eines Unpolitischen

Dieser Aufsatz richtet sich gegen gewisse, nach Meinung des Verfassers ziemlich weit verbreitete, mit den Begriffen 'Politik', 'Demokratie', 'Macht' und 'Gewalt' verbundene Schwarz-Weiß-Bilder, allen voran die Idee, dass Demokratie die Antithese der Gewalt sei, wenn nicht gar das vorzüglichste Mittel, Politik ohne Gewalt zu betreiben. Indem der Verfasser sie als Mythen apostrophiert, will er jene Bilder keineswegs despektierlich behandeln. Mythen hätten vielfache Vorzüge sowohl praktischer als auch kontemplativer (ästhetischer) Natur. Von einem rein positiven, beschreibenden Standpunkt aus betrachtet, entsprächen sie jedoch eher menschlichen Gefühlen als objektiven Tatsachen. Nach einem möglichst werturteilsfreien Entlarvungsversuch besagter Bilder bzw. Mythen, führt der Verfasser den Begriff der 'wirtschaftlichen Gewalt' ein und plädiert dafür, neben den gröberen, überall Schlagzeilen machenden Formen der Gewalt (Stichwort: Drogenhandel), auf die vielfältigen Erscheinungen und hier insbesondere auf den Staat zu achten, der sein Gewaltmonopol meistens stillschweigend dazu benutzt, um breite Sektoren der Bevölkerung zugunsten einiger wenigen Gruppen finanziell aufzuopfern.

Este artículo se dirige contra ciertas representaciones unilaterales ligadas a los términos de 'política', 'democracia', 'poder' y 'violencia', que según el autor están ampliamente extendidas y, sobre todo, contra la idea de que la democracia es la antítesis de la violencia, si no incluso el excelente medio de hacer política sin violencia. El autor, al denominar dichas representaciones como mitos, no pretende en absoluto tratarlas despectivamente. Los mitos tendrían múltiples privilegios tanto prácticos como de naturaleza contemplativa (estética). Sin embargo desde un punto de vista puramente positivo y descriptivo, se corresponden más bien con sentimientos humanos antes que con hechos objetivos. Basándose en un intento por desenmascarar dichas representaciones, o sea mitos, sin entrar a valorarlos, el autor introduce el concepto de 'violencia económica' y aboga por atender no tanto a las formas más graves de violencia (palabra clave: narcotráfico), constantemente presentes en los medios de comunicación, sino más bien y sobre todo a los muy variados fenómenos por los cuales el estado utiliza su monopolio de violencia generalmente de forma tácita, con el fin de sacrificar económicamente amplios sectores de la población en beneficio de unos pocos grupos.

## 1.

Ich darf mit einem Bekenntnis anfangen, das dem geneigten Leser das Urteil, ob und in welchem Maße die folgenden Gedanken und Argumente ernst zu nehmen sind, hoffentlich erleichtern wird. Im Unterschied zu den meisten Lesern, um nicht von den verehrten Kollegen zu sprechen, die zu diesem Band beitragen, interessiere ich mich äußerst wenig für das Politische. Vielleicht liegt das an einer Charakterschwäche, vielleicht eher an einer eigentümlichen

*Fernando Leal*

Beschaffenheit meines Nervensystems, jedenfalls habe ich den Eindruck, dass mein Mangel an Interesse von weiten Teilen der Bevölkerung meines Herkunftslandes, und wohl auch der meisten großen Länder der Welt, geteilt wird. Es ist ja ziemlich schwer, eine lebendige Anteilnahme an der verschwommenen Masse von Erscheinungen, die wir Politik nennen, aufrechtzuerhalten, ist man doch ein so kleiner Teil der sozialen Maschinerie. Da dies ein Band ist, der in Zusammenarbeit mit deutschen Kollegen entstanden und auch für deutsche Leser bestimmt ist, lohnt es sich vielleicht, sich jene Zeilen ins Gedächtnis zu bringen, in denen der junge, noch demokratisch gestimmte Hegel auf die Tatsache pocht, dass die alten Athener jenen unter ihnen, die während einer Staatskrise nicht Partei ergriffen, die Todesstrafe zugewiesen haben.[1] Solche Härte ist gewiss beeindruckend. Doch sollten wir nicht dabei vergessen, dass der entsprechende griechische Begriff (*apragmosýne*) – wie schön er auch sein und wie oft er auch den Predigten für politisches Engagement zugrundeliegen mag – von Bürgern erfunden wurde, deren Gesamtanzahl um einiges kleiner als die der Universität war, an der ich arbeite und unter deren Schirmherrschaft jenes Kolleg stattgefunden hat, aus dem dieser Band hervorgegangen ist.

Wie dem auch sei, jahrelang habe ich den Menschen in meiner Umgebung, die ständig Politisches im Munde führten, als ob sie wüssten, wovon sie redeten, gerne Glauben geschenkt. Freilich traute ich in dieser Hinsicht nicht allen, da politische Meinungen von Mensch zu Mensch bemerkenswert verschieden sind. Man kann wohl nicht alles glauben. Nichtsdestoweniger gibt es immer einige Menschen, die Achtung oder Bewunderung erwecken, egal welche politischen Meinungen sie ausdrücken. Ihnen lernte ich Glauben zu schenken, und allmählich bildeten sich in mir sozusagen Meinungen zweiter Hand. Andere tun dies durch Zeitunglesen.[2] Der Grund sei, so höre ich, dass man gerade durch das Lesen von Zeitungen sich eine eigene politische Meinung bilde. Da ich aber niemals habe Zeitungen lesen können, brauchte ich früher unbedingt Menschen meines Vertrauens, die sich für meine sogenannten Meinungen verbürgten.

---

[1] Vgl. Hegel (1802: 3).
[2] Mit großartigem wiewohl ungewöhnlichem Humor hat Martin Heidegger irgendwo auf ein durch und durch modernes *phainomenon* hingewiesen, indem er die zwei berühmtesten aristotelischen Menschendefinitionen (*zôion lógon échon, zôion politikón*) zusammendrängte, um so den (modernen) Menschen als „das Tier, das Zeitungen liest", zu bestimmen. Leider darf man wohl diesem Magus aus dem Süden *in rebus politicis* nicht gerade trauen.

## Mythologische Betrachtungen eines Unpolitischen

Ich weiß nicht, ob mein Leser die schöne Theorie des Symbolismus kennt, die der französische Forscher Dan Sperber vor vierzig Jahren veröffentlichte.[3] Der Schwerpunkt jener Theorie liegt in einer überraschend einfachen Interpretation der Sätze, an welche Kinder aufgrund der an sie gerichteten und über ihr Verständnis hinausgehenden Reden der Erwachsenen glauben. Einige dieser Sätze betreffen Dinge, die entweder jedes menschliche Verstehen übersteigen (etwa die Gottesidee) oder es stark überfordern (z. B. das Sterben und den Tod) oder schließlich erst in der Zukunft womöglich etwas bedeuten werden (solche etwa, die einen moralischen, geistigen oder sozialen Charakter haben). Da das Kind volles Vertrauen in alle oder fast alle Erwachsenen hat, so wird es alles glauben, was sie ihm eindringlich oder gar feierlich sagen, ja es wird all das Gerede für die nackte Wahrheit halten. Indessen enthalten derartige Sätze ein Übermaß an 'Symbolen' im Sperberschen Sinne. Es handelt sich hier zumeist um unvollständige Zeichen bzw. Zeichen, die sich jedem geradlinigen und ausschöpfenden Verständnis entziehen, die also nur in einer Metasprache interpretiert werden können: „Gott wird dich bestrafen", „deine Oma ist gestorben", „der Geschäftspartner deines Vaters hat ihn betrogen". Das alles wird dem Kind vermittelt und darüber hinaus wird es von ihm geglaubt, behauptet, wiederholt. Und dennoch bleibt dies – um es mit Husserl[4] auszudrücken – sozusagen in einer Art *epoche*. Es bleibt semantisch eingeklammert, als ob das Kind für sich leise hinzufügte, „was auch immer *Gott, sterben, Geschäftspartner* und *betrügen* bedeute". Die berühmte Tarski-Konvention[5] – '*p*' ist wahr genau dann, wenn *p* – ist hier überhaupt nicht anwendbar. Das Kind kann also weder sagen noch denken, dass ein Satz wie „Gott wird dich bestrafen" genau dann wahr ist, wenn Gott das Kind bestrafen wird. Denn das Wort 'Gott' ist ein bloßes Symbol und hat keine Interpretation.

Das genau war auch meine Situation bis vor einigen Jahren. Meine sogenannten politischen Meinungen waren mit Symbolen im Sperberschen Sinne gespickt – Wörter und Wortgruppen wie 'Kapitalismus', 'Armut', 'soziale Gerechtigkeit', 'Demokratie', 'Revolution', 'Diktatur des Proletariats', 'sozialistische Utopie', und dergleichen mehr, fanden sich nicht interpretiert und nicht hinterfragt in meinem Sprachgebrauch. Zwar redete ich nicht viel über diese Dinge;

---

[3] Vgl. Sperber (1974).
[4] Vgl. Husserl (1913: § 32).
[5] Vgl. Tarski (1935: § 1). Die polnische Urfassung ist 1933 erschienen. Die oft mit dem Original verwechselte deutsche Übersetzung stammt von Leopold Blaustein.

*Fernando Leal*

anderen zuzuhören war mir lieber; doch, egal ob Redner oder Zuhörer, verstehen konnte ich jene Worte nicht, die den politischen Diskurs ausmachen.

Ich habe keine Ahnung, ob sich mein Leser in einer ähnlichen Lage befindet, und ob er sich dessen eher bewusst oder unbewusst ist. Ich selber war damals in dieser Lage, und ich war mir auch genau und peinlich darüber bewusst – bis vor etwa zwanzig Jahren der Zufall mein Leben in dieser Hinsicht dadurch veränderte, dass man mir den Auftrag gab, die Grundsätze der Forschung im Rahmen eines neugeschaffenen Programms zu lehren, in dem fortgeschrittene Studenten bzw. erfahrene Forscher als sozialwissenschaftliche *doctores* promovieren konnten. Es ging darum, sich mit Demographen, Anthropologen, Juristen, Historikern, Archäologen, Soziologen, Politologen, Psychologen, Sozialmedizinern, Kommunikationswissenschaftlern, Juristen und Ökonomen auseinanderzusetzen. Es war für mich daher unumgänglich, mich in alle Bereiche der Gesellschaftsforschung einzulesen. Dies war und ist mir noch eine faszinierende Aufgabe, zugleich nützlich und erfreulich, deren nicht-gesuchte Nebenwirkung ebenjene war, dass die Symbole, die zu einem großen Teil meine sogenannten politischen Meinungen ausmachten, allmählich zusammenbrachen bzw. von interpretierbaren Zeichen bis zu dem Punkte ersetzt wurden, dass ich mein früheres, unbeholfenes Selbst heute nur schwer wiedererkennen kann. Eins kann ich mit Sicherheit sagen: die Einladung dazu, einen Beitrag zu diesem Band zu schreiben, hätte ich vor zwanzig, ja noch vor zehn Jahren höflich abgewiesen. Denn ich hätte mich einfach geschämt, Meinungen auszubreiten, die mir eigentlich nicht zugehörten.

Was ich also im Folgenden sagen werde, mag wahr oder falsch, richtig oder abwegig, gültig oder wertlos sein – der Leser wird schon darüber urteilen. Zugunsten meines Beitrags darf ich nur sagen, dass es sich nicht mehr um Glaubenssätze voll nicht zu interpretierender Symbole handelt. Von Politik weiß ich immer noch sehr wenig, und meine politische Erfahrung ist verschwindend gering; was ich jedoch darüber denke, besteht nicht mehr aus Meinungen zweiter Hand. Vielleicht wird der Leser, falls er diesen Aufsatz zu Ende lesen sollte, am Ende zum Schluss kommen, dass ich besser daran täte, meine früheren Meinungen zu behalten, da sie bestimmt richtiger als die jetzigen sind; und auch, dass mein Studium der Sozialwissenschaften ein Narrenauftrag gewesen ist. Jedenfalls möchte ich schon hier sagen, dass ich ganz bestimmt nichts Neues vortragen werde. Im Gegenteil ist das, was ich zu sagen beabsichtige, schon tausendmal gesagt worden. Der Leser wird womöglich mit einem Teil davon

*Mythologische Betrachtungen eines Unpolitischen*

übereinstimmen, so dass er sich über meinen Aufsatz wundern wird. Meine einzige Verteidigung wäre in diesem Fall die, dass ich ein Philosoph bin, und Philosophen haben von deren altem Gründer Sokrates eine merkwürdige Sorge geerbt, nämlich die Sorge darum, sich selbst nicht zu widersprechen. Denn das, was ich sagen werde, steht in markantem Widerspruch zu weitverbreiteten Meinungen. Sollte der Leser also diese Meinungen teilen und dennoch (etwa unter Benutzung eines anderen Hirnteils) mit meinem Beitrag, oder mit Teilen davon, einverstanden sein, so wird er sich in einer Art Selbstwiderspruch finden. Und die eigentümliche Aufgabe des Philosophen ist es gerade, dergleichen ans Licht zu bringen. Hier stehe ich und kann nicht anders.

Eine letzte, aber ganz wichtige, Vorbemerkung. Diese Arbeit hat überhaupt keinen normativen Anspruch. Da wir Menschen jedoch nicht umhin können, überall eine praktische Haltung einzunehmen, und wir deshalb hartnäckig und ungezügelt damit beschäftigt sind, alles zu regeln, zu normieren und zu werten (wir sind ja mindestens zum Teil ein Produkt der Evolution und die Evolution eine Sache des Lebens und Webens und Seins), so wird es, sowohl für mich als auch für den Leser, ungeheuer schwierig sein, diesen wertenden Trieb unter Kontrolle zu bringen. Die Wörter selbst, die ich benutzen muss, sind mit unserer natürlichen praktischen Tendenz kontaminiert, und so werden sie vom Leser unversehens in diesem Sinn gedeutet werden. Auch ich selbst werde mich wahrscheinlich nicht immer ganz dieser Naturkraft entziehen können. Umso wichtiger ist es daher bereits hier schon meine rein positive – beschreibende, theoretische, analytische – Absicht zum Ausdruck zu bringen, das heißt die Absicht, von den Sachen zu sprechen, wie sie sind, und nicht, wie sie sein sollten.

## 2.

Von Mythen will ich hier schreiben, und zwar von Mythen, die um die Begriffe 'Demokratie', 'Gewalt', 'Wirtschaft' ständig herumgesponnen werden. Um Missverständnissen vorzubeugen, möchte ich mich gegen die vulgäre Interpretation im Voraus verwahren, nach der Mythen keinen Wert haben sollten. Im Gegenteil finde ich, dass zumindest manche Mythen, vielleicht gar alle unter gewissen Umständen, einen beträchtlichen sozialen Nutzen haben, ja für soziales Handeln unentbehrlich sind. Der Standpunkt, von dem ich hier zu sprechen versuche, ist (um es zu wiederholen) rein positiv; mir kommt es hier nur darauf an, Sätze aufzustellen, die zumindest annähernd beschreiben, wie die Dinge wirklich liegen. Von Normen, Regeln, Vorschriften, Idealen, Werten und Prinzipien rede ich nicht. Mit anderen Worten, ich versuche nicht, 'soziale Probleme' zu lösen oder zu einer 'sozialen Kritik' beizutragen. Meine Absicht ist rein analytisch. (Die sogenannten politischen Meinungen, die ich früher hegte, waren dagegen alle normativ und vorschreibend. Und so entstand bei mir immer dann eine gewisse Malaise, wenn man mich zu jener Zeit nach meiner Meinung fragte. Den Prediger habe ich nämlich nie richtig spielen können).

Der soziale Nutzen von Mythen ist aber auch nicht ihr einziger Wert. Alle oder fast alle Mythen sind etwa von der ästhetischen Seite her betrachtet großartig. Ich weiß, wovon ich rede, da ich mich für einige Zeit mit dem Mythenschatz der Huichol-Indianern beschäftigt habe, der vor allem für die Anthropologen zurecht wegen dessen eindrucksvollen religiösen Inhalts von großer Bedeutung ist. Im Rahmen eines Forschungsprojekts gehörte ich zu einer kleinen Forschergruppe, welche die alten Weisen aus verschiedenen Huichol-Siedlungen ermittelte und deren Vertrauen gewann, um ihre mündlichen kunstvollen Vorträge teils phonographisch, teils videographisch aufzunehmen, zu verschriftlichen, mithilfe von hierfür ausgebildeten Informanten zu übersetzen und philologisch-sprachwissenschaftlich zu interpretieren. Und obwohl unsere Arbeiten aus Mangel an finanziellen, organisatorischen und menschlichen Ressourcen nicht zum erhofften Schluss kamen, kann ich dem Leser aus eigener Erfahrung versichern, dass es sich dabei um die reichsten und schönsten Sprachprodukte handelt, die die Huichol-Kultur hervorgebracht hat.

Aus alledem geht klar hervor, dass die sinnlose und nur Unwissenheit verratende Idee, die Mythen hätten keinen Wert (ganz gleich ob politischer, ästhetischer, sprachlicher, religiöser, philosophischer, moralischer oder sozialer Art), auf das Energischste zurückzuweisen ist. Und das gilt freilich auch für die Mythen über Demokratie, Gewalt oder Wirtschaft. Diese sind bis zu einem gewissen Punkt höchst nützlich, sie können mitunter sehr schön sein, und auch sonst sind sie in mancher Hinsicht wertvoll. Mythen sind sie aber nichtsdestoweniger. Da ist zum Beispiel wohl das Schönste, das man von der Demokratie gesagt hat, sie sei die Regierung des Volkes durch das Volk für das Volk.[6] Lincolns sublime Formulierung ähnelt der sprachlichen Gewandtheit, wie sie sich in Mythen wiederfindet, aber sie bleibt eben letztendlich nur ein Mythos. Alle Regierung ist allerdings 'des Volkes'. Was wäre sie sonst? Das Volk, wenn sonst

---

[6] Abraham Lincoln, Gettysburger Rede, 19.11.1893 (vielfach nachgedruckt). Natürlich kann man diesen Satz normativ umdeuten – die Demokratie 'sollte' so sein. Aber damit kann ich hier nichts anfangen.

*Mythologische Betrachtungen eines Unpolitischen*

dieses vielgetriebene Wort noch einen Sinn hat, kann geradewegs definiert werden als: 'derjenige Teil einer Gesellschaft oder Gemeinschaft, der regiert wird'. Tatsächlich aber ist Regierung etwas, das einige Gruppen in der Gesellschaft zugunsten einiger (teils derselben, teils anderer) Gruppen ausüben. Ich werde darauf zurückkommen.

Ein zweiter Mythos der Demokratie besagt nun, dass, so wie sich der Wissenschaftsbetrieb unserer schlechtesten Theorien entledigt, so entledigt sich auch der Demokratiebetrieb unserer schlechtesten Herrscher.[7] Dies ist auch nichts anderes als ein schöner Mythos, der zwar der Wirklichkeit etwas näher rückt, als der erste, doch die Sache im Grunde auch verfälscht. Der Leser wird sich erinnern, dass der erste Term der Popper'schen Analogie von beinahe allen Wissenschaftstheoretikern auch für einen Mythos gehalten wird.[8] Argumentieren kann man jedenfalls, dass sich die Wissenschaftler so verhalten sollten, wie Popper sagt, doch eine unbefangene Betrachtung der Tatsachen zeigt, dass sie sich mitnichten so verhalten. Was den anderen Term der Analogie anbelangt, ist es klar, dass die Demokratie einen Wahlmechanismus darstellt, durch welchen wir die gerade amtierenden Herrscher aus ihren Ämtern entlassen können. Eine völlig andere Sache ist es, ob die Entlassenen auch die Schlechtesten sind. Wir dürfen übrigens nicht vergessen, dass jedes Regierungssystem eine oder gar mehrere Methoden besitzt, um (gute oder schlechte) Herrscher wegzujagen oder sogar aus der Welt zu schaffen. Einige dieser Methoden sind gewaltsam, einige nicht oder nur wenig. Was die Demokratie auszeichnet, ist nicht das Maß an Gewalt, das zu diesem Zweck nötig ist, sondern dass der Vorgang durch Wahlen vonstattengeht, wobei der ganze Wahlprozess nach Raum und Zeit mehr oder weniger gewaltsam sein kann. Popper formuliert zwar zuweilen die Lage in dieser vorsichtigeren Weise, aber dann bricht der Vergleich mit der Wissenschaft (so wie diese von Popper gesehen wird) völlig zusammen, und es ist gerade ein solcher Vergleich, der allein diesen Mythos der Demokratie nährt.

Der Mythos bleibt aber nicht in diesem Punkt stehen. Wenn die Wahlen näher kommen, besonders die Wahlen im Hinblick auf den Regierungschef (mag er als Präsident, Ministerpräsident, Premierminister, Kanzler, Partei-Generalse-

---

[7] Vgl. Popper (1947: Kap. 7, § II).
[8] Angefangen mit Ludwik Fleck, Thomas Kuhn und Poppers eigenen Schülern Imre Lakatos und Paul Feyerabend, ist die Popper'sche Idee unter Wissenschaftstheoretikern so gut wie tot. Dass dennoch viele Wissenschaftler hartnäckig daran festhalten, hat m. E. damit zu tun, dass sie die Theorie normativ umdeuten, wie im Folgenden angedeutet. Der Wunsch ist bekanntlich Vater des Gedankens.

kretär bezeichnet werden), verfallen die meisten Menschen immer wieder der Täuschung, diesmal sei es anders, dieser Kandidat werde wirklich die Dinge ändern. Auf diese Weise mischt sich der zweite Mythos der Demokratie mit etwas, das ich gern den Grundmythos der Macht nenne. Der Fall Obama ist das aktuell beste Beispiel. *Yes, we can.* Wir haben es alle gehört; und die meisten von uns sind bei diesen Worten in Verzückung geraten (ein sehr ähnlicher Satz war übrigens bei den ersten demokratischen Wahlen in Mexiko einige Jahre vor Obama benutzt worden – und mit ähnlicher Wirkung). Haben sich die Dinge durch Obama in Amerika geändert? Wohl kaum. Ich will beileibe nicht sagen, dass der jeweils neu gewählte Regierungschef überhaupt nichts erreichen kann. Das tut er, besonders in den ersten Monaten seiner Regierung und nach ziemlich komplizierten und undurchsichtigen Verhandlungen.[9] Was ihm jedoch gelingt, bleibt im Grunde immer auf der Oberfläche, es sei denn, die Sache sei schon vor ihm und unabhängig von ihm in Gang gesetzt worden. Denn die Macht, so wie wir sie gewöhnlich und naiv verstehen, existiert eigentlich nicht. Macht, sage ich, nicht Gewalt. Gewalt existiert wohl, und ich komme bald auf sie zu sprechen.

Macht im eigentlichen Sinn, d. h. die Fähigkeit, andere zu zwingen, ist in der Bevölkerung tatsächlich weit verstreut und verteilt. Ziemlich viele Leute haben Macht, aber sie ist stets partiell und begrenzt; und es ist die Wechselwirkung aller vergleichsweise winzigen Machtanteile, die den *status quo* im Großen und Ganzen aufrechterhält. Vielleicht ist die einzig wirklich wichtige Kraft, die in der politischen Welt existiert, die *vis inertiae*, wenn Trägheit als eine Kraft begriffen werden kann. Und so hat jene Idee, dass wir die Regierenden durch Wahlen austauschen können, viel weniger Gewicht und viel weniger Bedeutung, als wir uns zu meinen angewöhnt haben.

Ein gutes Beispiel dafür ist die Antwort, die Mikhail Gorbatschow, als er sich noch auf dem Gipfel seines Weltruhms befand, einem amerikanischen Reporter

---

[9] In dieser Hinsicht besonders lehrreich sind Dye und Zeigler (2009). Zu sagen, die Ausführungen dieser Autoren gelte nur für amerikanische Verhältnisse, würde eine ungemeine Naivität verraten (übrigens huldigen Dye und Zeigler der gängigen Vorstellung, so etwas wie Macht sei sehr konzentriert, aber das schreibe ich ihrer Herkunft von der alten Linken zu). Für eine komische Darstellung vgl. Jay und Lynn (2010), etwa gleich in der ersten Szene: „That's the deal. That's how Prime Ministers' careers go. They get to be on the front page every day for years, which they love. They travel the long path from euphoric triumph to ignominious failure and then they make way for the next saviour of the nation. It's called democracy."

*Mythologische Betrachtungen eines Unpolitischen*

gegeben hat, der ihn nach der Art und Weise fragte, in der der damalige Generalsekretär der sowjetischen Kommunistischen Partei die Reform der UdSSR leitete. Mit seltener Aufrichtigkeit hat Gorbatschow geantwortet, dass er überhaupt nichts 'leite', ja, dass kein Politiker jemals etwas wirklich 'leite'. Er erklärte, dass Staatsleute eher mit Surfern zu vergleichen seien, die auf mehr oder minder großen Wellen reiten. Sie beobachten das Meer mit großer Sorgfalt, bis sie eine in eine bestimmte Richtung kräftig schlagende große Welle ausmachen, um sie dann zu erklimmen und auf deren Spitze zu reiten. Das spezifische Können des Politikers, so Gorbatschow, bestehe darin, nur nicht von der Welle zu stürzen und eine Miene zu machen, als ob sie die Situation durchgehend beherrschten. Dank einer merkwürdigen, allzumenschlichen Selbsttäuschung stellen sich die Beobachter am Strand das Ganze so vor, als ob der Surfer die Welle kontrolliere. Diese Selbsttäuschung ist, was den Mythos der Macht bestimmt, und als solcher ist er ein wesentlicher Bestandteil der vorhergenannten Mythen der Demokratie.[10]

Ein dritter Mythos besagt, dass der Geist der Demokratie (der Leser möge aber gut auf diese Rede von dem Geist einer Sache achten, denn sie verbirgt gewöhnlich einen metaphysischen Zaubertrick) darin bestehe, eine gewisse Kultur zu schaffen, zu kultivieren und zu vertiefen, in welcher die Mannigfaltigkeit der Meinungen ohne Gewalt gedeiht und sich zur vollen Blüte entfaltet. Dieser dritte Mythos rückt der Wirklichkeit sogar näher als der zweite. Trotzdem müssen wir auf den mythischen Charakter der hier in Anspruch genommenen Gewaltlosigkeit achten, wobei wir unversehens in eine neue Mischung hineingeraten, in der die eigentümlichen Mythen der Gewalt in Mythen der Demokratie übergehen und umgekehrt.

---

[10] Man nehme mal einen reinen Idealisten. Er würde nach Macht streben, um mit deren Hilfe viel Gutes in der Welt zu verrichten. Kurz nachdem er sie erreicht hat, bemerkt er, dass er eigentlich verschwindend wenig oder überhaupt nichts kann. Er hat dann drei Wege vor sich. Entweder gibt er auf, sobald er die eigene Ohnmacht anerkennt. Oder er macht es allen Politikern nach, wiederholt die üblichen Rituale, pocht kräftig und überall auf Tischen, unterstreicht, was man alles schon getan habe, verspricht noch viel mehr zu tun, und versucht dabei sich selbst und seine Anhänger aufs Gründlichste über die Miseren der Macht hinwegzutäuschen. Oder er wird endlich zynisch und widmet sich an die ganz andersgeartete Aufgabe, mindestens die eigenen Taschen zu füllen, da sowieso nichts von dem, was er ursprünglich wollte, jemals gelingen wird. Das somit entworfene Bild ist eine Karikatur, sofern alle Idealisten genug Erfahrungen auf dem Weg zur Macht sammeln müssen, um deren völlig illusorischen Charakter einzusehen. Der Idealist, der angekommen ist, kann deswegen kein reiner Idealist mehr sein.

## 3.

Gehen wir der Reihe nach vor. Erstens kann Gewalt nicht vollends beseitigt werden. Zweitens ist es klar, dass die Mannigfaltigkeit der Meinungen (ganz zu schweigen von den damit verbundenen Handlungen) immer nur bis zu einem Punkt toleriert werden kann; ab dann an wird Gewalt zur Anwendung kommen. Das sind Binsenweisheiten, die ich hier nur deshalb wiederhole, weil wir sie mitunter vergessen. Drittens legt der Mythos des Geistes der Demokratie nahe, dass demokratische Verhältnisse den Reichtum des Denkens begünstigen. Dafür gibt es, soviel ich weiß, keinen Beweis. War das Denken der Athener reicher als das der Spartaner? Doch wohl. War jener größere Reichtum von der Demokratie bewirkt? Niemand weiß das. War das Denken der Amerikaner zwischen 1800 und 1850 reicher als das der Franzosen während derselben Periode? Daran kann man sehr wohl zweifeln, aber was für eine Rolle die Demokratie in diesem Fall spielt, ist zumindest diskutierbar. Es hat bestimmt große Denker und Schriftsteller unter den verschiedenartigsten Despotien und Tyranneien gegeben – und auch unter unterschiedlich beschaffenen demokratischen Regimes. Der Kausalnexus ist in beiden Fällen eine unbekannte Größe.

All diese Einwände sind wohlbekannt. Nehmen wir also etwas anderes in den Blick. Die Mannigfaltigkeit der Meinungen, die mit oder ohne Demokratie immer und überall existiert, enthält selbst schon den Keim der Gewalt. Es kann ja nicht anders sein, wo doch die Leidenschaften und die Interessen der Menschen auseinandergehen und zusammenstoßen. Das Kernchen Wahrheit am dritten Mythos, am Mythos vom Geiste der Demokratie, ist es, dass diese Regierungsform diejenige zu sein scheint, die den jeder Gesellschaft und jeder Gemeinschaft zugrundeliegenden reellen Konflikt am wenigsten verhüllt, verdrängt und verzerrt. Und dies, das Sichtbarmachen des Konfliktes, ist allerdings ein großer Verdienst, in der Tat der spezifische Verdienst der Demokratie. Mit anderen Worten, Demokratie birgt viele Nachteile – bis auf diesen einzigen Vorteil. Im Vergleich mit deren Alternativen ist Demokratie deshalb weniger schlecht, weil jene Alternativen sich gerade dadurch auszeichnen, dass sie den reellen Konflikt unterdrücken und unterschlagen. Und dies hat verheerende Wirkungen.[11] Bei weitem das Beste, was über Demokratie gesagt worden ist, hat Sir Winston Churchill, ein Mann, der, wie wir wohl annehmen dürfen, ganz

---

[11] „The risks of a dictatorship, no matter how seemingly stable, are no different, in the long run, from those of an artificially controlled price", Taleb und Blyth (2011: 35).

*Mythologische Betrachtungen eines Unpolitischen*

gut wusste, wovon er redete, gesagt oder zumindest nachgesagt.[12] Was sind die tatsächlichen Alternativen zu einer Demokratie? Die verschiedenen Formen des Despotismus. Was ist das Grundproblem eines jeden Despotismus? Die Verdrängung des Konflikts. Merke wohl: Ich sage Verdrängung, nicht Abschaffung. Der Konflikt ist eine Tatsache des Lebens. Er kann nicht abgeschafft werden. Und ab und zu erzeugt er Gewalt. Verdrängt man den Konflikt, so verstärkt man nur das Gewaltpotential. Verdrängung wirkt wie ein Kolben innerhalb eines mit Luft oder sonstigem Gas befüllten Gefäßes – schiebt man ihn immer mehr hinein, so werden die Rohrwände auf Dauer letztendlich bersten.

Und somit finden wir uns mitten in den mythischen Bereich der Gewalt hineinversetzt. Hier gilt es zunächst eine Lehre zu erwähnen, die folgendermaßen lautet: Innerhalb der Nationen hat einerseits der Staat ein legitimes Gewaltmonopol, sodass jede andere Gewalt nicht akzeptabel ist; da es uns noch immer nicht gelingt, eine Weltregierung zu errichten, so wird die zwischenstaatliche Gewalt durch das internationale Recht eingeschränkt. Diese Lehre ist fürwahr eine schöne Geschichte, und schön ist es auch, wie die Sache damit aufs Harmonischste geregelt zu sein scheint. Leider ist dies in der Praxis alles andere als gesichert.[13]

Als erstes ist zu sagen, dass Gewalt innerhalb einer Nation jederzeit von zwei Gruppen ausgeübt wird. Die eine Gruppe gehört offiziell zum Staat, die andere aber operiert entweder unter Staatsschutz oder am Staatsrande, d.h. also dank der Ohnmacht des Staates. Dieser letztere Unterschied ist aber eher Schein als Wirklichkeit. Es handelt sich hier eigentlich nicht um Gegensätze, sondern allenfalls um Pole eines Kontinuums, je nachdem, wie offen und wie verbreitet der Staatsschutz ist. Denn gewaltsame Akteure sind immer von mindestens einem winzigen Teil des Staatsapparates abgeschirmt (etwa einem Chef oder gar einem einfachen Mitglied der Gemeindepolizei). Das Entscheidende ist hierbei, dass der übrige Teil des Polizeiapparats zumindest für eine gewisse Zeit nichts gegen einen solchen illegitimen Schutz ausrichten kann. Daraus folgt, dass wir

---

[12] „Many forms of Government have been tried, and will be tried in this world of sin and woe. No one pretends that democracy is perfect or all-wise. Indeed, it has been said that democracy is the worst form of Government except all those other forms that have been tried from time to time [...]", Churchill (1947: 206 f.).

[13] Für eine wissenschaftliche Ausarbeitung des Stoffes siehe Bueno de Mesquita (u. a. 2003). Den besonderen Fall des Zwischenstaatlichen behandelt derselbe Verfasser in einem ausgezeichnetem Lehrbuch (2010).

wohl nur zwischen rechtsmäßiger und staatlich erlaubter Gewalt als gültig unterscheiden dürfen. Da aber letztere mindestens zum Teil von der differentiellen Anwendung des Gesetzes bestimmt ist, so ist im Grunde auch jener Unterschied nur graduell. Alle sind vor dem Gesetz gleich, aber einige sind (um mit Orwell zu sprechen) gleicher als die anderen.[14]

International ist die Sache um Einiges komplizierter. So existiert manchmal ein mehr oder weniger schwaches, durch Kriege mehr oder weniger häufig unterbrochenes Gleichgewicht der beteiligten Staatsmächte. Manchmal sieht man sich hingegen mit der Hegemonie einer sogenannten Supermacht konfrontiert. Diese ist aber immer relativ und bleibt von unterschiedlichen Verhandlungen, Allianzen und Kompromissen mit anderen Staaten abhängig. Und so ist der Begriff der Macht hier zum großen Teil auch mythisch. Für unsere Zwecke ist aber die Feststellung von größerer Bedeutung, dass auch hier Gewalt (ob legal, illegal oder halblegal) primär von Staaten ausgeübt wird. Denn auch hier ist es der Fall, dass, wenn außerstaatliche Akteure über Staatsgrenzen Gewalt ausüben, sie wieder von dem einen oder dem anderen Staat abgeschirmt sind. Obgleich es also gewisse Unterschiede zwischen der intra-nationalen und der inter-nationalen Gewalt gibt, so werden wir dennoch kaum übertreiben, wenn wir sagen, dass alle Gewalt direkt oder indirekt von einem oder mehreren Staaten stammt. Kurz: Jede Gewalt ist Staatsgewalt.

Aus den verschiedenen Arten, in denen Gewalt – direkt oder indirekt – gegen Individuen, Familien, Gruppen, Nachbarschaften, Gemeinden oder Organisationen (heute müsste man wohl hinzufügen: soziale Netzwerke) von den Staaten ausgeübt wird, will ich hier eine besondere herausgreifen und sie etwas näher betrachten. 'Wirtschaftliche Gewalt' soll sie im Folgenden heißen. Bevor ich versuche, diesen Begriff zu erläutern, muss ich auf einen anderen Mythos zurückgreifen. Diesem Mythos zufolge muss 'physische Gewalt' von anderen Formen der Gewalt unterschieden werden, als da sind 'psychologische', 'symbolische', usw.[15] Dies ist ein wohlfeiler rhetorischer Trick. Gewalt ist immer und überall physisch. Da das Wort 'Gewalt' genau aus diesem Grunde widerwärtige Vorstellungen hervorruft, so assoziiert man es gerne mit ebenfalls widerwärtigen aber trotzdem andersgearteten Erscheinungen. Der vorher beschriebene Mythos, nach dem Gewalt etwas Schlechtes ist (eine im Grunde unhaltbare Position),

---

[14] Vgl. Orwell (1945: Kap. X).
[15] Der französische Soziologe Pierre Bourdieu ist beileibe nicht der einzige Autor, der sich hier versündigt hat, aber er ist vielleicht der erfindungsreichste.

*Mythologische Betrachtungen eines Unpolitischen*

erzeugt damit einen anderen – jede wie auch immer adjektivierte Gewalt wird ebenfalls abzulehnen sein. Ich will hier nicht näher auf diesen Mythos eingehen, und ich erwähne ihn nur deshalb, weil die Gewalt, die ich mit dem Adjektiv 'wirtschaftlich' versehe, nicht 'psychologisch' oder 'symbolisch', ist, sondern immer und überall physisch. Das Adjektiv 'wirtschaftlich' bezieht sich also nur auf die Tatsache, dass es sich um eine spezifische Form physischer Gewalt handelt, die im Bereich der Wirtschaft stattfindet. Um es kurz und bündig auszudrücken: Wirtschaftliche Gewalt ist diejenige physische Gewalt, die seitens eines Staates oder mehrerer Staaten gegen das Privateigentum von Individuen und Gruppen bzw. den Freihandel zwischen Individuen und Gruppen ausgeübt wird. Da diese beiden Begriffe – Privateigentum und Freihandel – immer wieder in Frage gestellt worden sind und immer von neuem in Frage gestellt werden, so muss ich als letztes etwas über die Mythen, welche die Wirtschaft betreffen, erzählen.

## 4.

Der erste – zugleich der kühnste und folgenreichste – Mythos besagt, dass Wirtschaft eine leichtverständliche Sache sei. Um Missverständnissen vorzubeugen, sei es mir erlaubt, eine Analogie zu benutzen. Jeder Mensch spricht irgendeine Sprache, und so meint er leicht, er verstehe ganz gut, was Sprachen seien, was die Sprache überhaupt und als solche sei, und wie Sprache funktioniere, ohne dafür etwa Sprachwissenschaft zu studieren und sprachwissenschaftliche Theorien und Tatsachenreihen zu Hilfe zu nehmen. Ich weiß ganz genau, wovon ich rede. Praktisch jeden Tag begegne ich Studenten und Kollegen, die nicht sprachwissenschaftlich ausgebildet sind und an jener merkwürdigen Wahnvorstellung kränkeln. Ganz analog nimmt jeder Mensch ständig am Handel teil, und so meint er auch leicht, er wisse alles Wissenswerte über Warenaustausch und -herstellung, über Umsatz und Steuern, über Geld und Kredit, ohne jemals etwa Wirtschaftswissenschaft und deren Theorien und Tatsachenreihen studiert zu haben. Im Unterschied zum vorigen Falle der Sprache bin ich selbst kein ausgebildeter Ökonom. Trotzdem habe ich mich in Erfüllung meines vorher erwähnten Auftrags als Professor der Methodologie der sozialwissenschaftlichen Forschung ein wenig in verschiedene Bereiche der Ökonomie eingelesen. Meine Augen sind dadurch für die Tatsache geöffnet worden, dass jedermann auf sein gutes Recht pocht, wirtschaftliche Meinungen zu haben, ja auf dieses Recht umso stärker pocht, je weniger er von der Sache versteht. Ein solcher Wahn

*Fernando Leal*

kann wohl nur dank eines Mythos aufrechterhalten werden, nämlich, dass die Probleme der Ökonomik leicht seien. Es wäre wunderschön, wenn so etwas stimmte; aber es stimmt leider nicht. Die gegenwärtige Finanzkrise ist ein gutes Beispiel dafür, wie schwerverständlich die wirtschaftlichen Erscheinungen in Wirklichkeit sind. Mehr noch: Es ist um einiges komplexer und komplizierter, als sich selbst die Wirtschaftsexperten hatten vorstellen können.[16]

Aufgrund des Mythos der Einfachheit und Leichtverständlichkeit der Wirtschaft sind dann zwei andere, einander entgegengesetzte Mythen entstanden. Wir können sie den Mythos der Rechten und den Mythos der Linken nennen, obwohl diese Etiketten an Bedeutung erheblich eingebüßt haben. Die Rechte verkündet nämlich der Welt, dass der freie Markt immer und überall zur besten aller möglichen Welten hinführen soll. Die Linke hingegen beklagt sich, dass ein solcher Markt die schiefste und unseligste Sache sei, aber dafür lasse sich im Staat ein rettender *deus ex machina* jederzeit herbeiholen, der wohlwollend die Dinge richtigstelle und uns alle glücklich mache. Ein bisschen Studium der Ökonomik lehrt jedoch, dass dies nur Märchen sind, um diejenigen günstig zu stimmen und einzuschläfern, die genau so denken wie wir, die die gleichen Dinge lieben und hassen wie wir. Hier handelt es sich bloß um normative Visionen, deren deskriptiver Inhalt nichtig ist – genau wie bei den vorher erwähnten Mythen. Der freie Markt hat nie und nirgends existiert und wird nie und nirgends existieren, und die Regierungen sind nie und nirgends wohlwollend gewesen und werden es auch nie und nirgends sein.[17] Der freie Markt ist ein rein theoretisches Modell; und Wohlwollen ist eine rein individuelle Eigenschaft. Es mag innerhalb der Staatsmaschinerie wohlwollende Individuen geben, doch eine Regierung und ein Staat sind bloß das Produkt der Handlungen von tausenden und abertausenden Individuen, und ihnen kann ein solches Attribut wie 'Wohlwollen' überhaupt nicht zukommen.

Dafür kommen den Staaten ganz andere Attribute zu. Privateigentum können sie enteignen, und das tun sie auch, und zwar ständig; Freihandel können sie verhindern, und das tun sie auch, und zwar ständig. Und immer, wenn sie

---

[16] Falls der Leser irgendwelche Zweifel daran hätte, so braucht er sich nur in die Dutzenden von Büchern ein wenig hineinlesen, die allein in Amerika während der letzten vier Jahre erschienen sind. Manche davon sind gar zu Bestsellern geworden, aber sie widersprechen einander sowohl im Groben als auch im Feinen. Dieser Umstand vermindert meine Bewunderung für die Ökonomik überhaupt nicht. Im Gegenteil.

[17] Siehe dazu Tanzi (2011).

*Mythologische Betrachtungen eines Unpolitischen*

Privateigentum enteignen oder Freihandel verhindern, üben sie wirtschaftliche Gewalt aus. Die Handlungen der Wirtschaftsakteure, wenn sich selbst überlassen, zielen immer darauf ab, Wünsche zu erfüllen und Vermögen anzusammeln. Um dies zu erreichen, brauchen nun Individuen und Gruppen unbedingt Privateigentum und Freihandel. So kann jeder Verstoß gegen diese beiden Institutionen immer nur mit Gewalt vor sich gehen. Bedeutet das etwa, dass solche Gewalt immer ungerechtfertigt, gar unrecht ist? Nein. Es gibt Gründe und Umstände, die Gewalt berechtigen können. Das habe ich ja zuvor nahegelegt. Lieber Leser, vergiss bitte nicht, dass ich nicht normativ spreche. Ich versuche nur, Tatsachen festzustellen.

Die Regierungen üben nun Gewalt am seltensten gegen das Privateigentum der großen Akteure oder gegen den Freihandel zwischen ihnen aus. Es bedarf außerordentlicher Zustände, bevor sie einen solchen Angriff wagen. In jeder Nation (ob demokratisch oder nicht) wird es immer Individuen oder Gruppen geben, die zwar außerhalb der Regierung (mitunter sogar außerhalb der Legalität) operieren, die aber deren Schutz brauchen, um gewisse wirtschaftliche, dem Staat (oder einem Teil davon) unentbehrliche Aktivitäten durchzuführen. Ich meine die großen finanziellen, industriellen, kommerziellen, bürokratischen, gewerkschaftlichen, kirchlichen, parteipolitischen, philanthropischen, massenmedialen und sonstigen dienstleistenden Organisationen und ihre Praktiken. Dergleichen werden im Allgemeinen von diesem oder jenem Teil des Staates mehr oder weniger im Verhältnis zur Größe und zum strategischen Gewicht ihrer Aktivitäten beschützt und abgeschirmt. Der Staat wird sie fast nie angreifen. Diejenigen Individuen oder Gruppen aber, die absolut oder verhältnismäßig klein und peripherisch operieren, die greift der Staat gern und ständig an. Deren Verwundbarkeit wächst auch in umgekehrter Beziehung zur Größe und dem ihnen beigemessenen strategischen Gewicht.

Ganz analog finden wir wirtschaftliche Gewalt im internationalen Bereich vor: Staaten, die größere Ressourcen haben, üben Gewalt gegen Privateigentum und Freihandel im Fall von Nationen aus, die kleiner und verletzlicher sind, und das wiederum im Verhältnis zu deren Größe und strategischem Gewicht. Die Sache sieht auf internationaler Ebene der Form nach anders aus, aber die Substanz ist dabei die gleiche. Die gegenwärtige Weltfinanzkrise bietet zahlreiche Beispiele dafür, und es erübrigt sich, dies näher zu erläutern. Ich will aber diesen Aufsatz damit beenden, dass ich zwei Erscheinungen erwähne, die für das Land, aus dem ich herkomme, enorm wichtig sind: einerseits den Fall der

*Fernando Leal*

Mexikaner, die in die USA auswandern, und andererseits den Fall der kleinen mexikanischen Betriebe.¹⁸ Als erstes muss gesagt werden, dass diese beiden Erscheinungen nicht voneinander getrennt, sondern wahrhaft als zwei Seiten einer Medaille, als Wirkungen derselben Ursache zu betrachten sind. Diesbezüglich möchte ich mich aber auf zwei gewichtige Tatsachen beschränken. Erstens lebt jeder elfte und arbeitet jeder sechste meiner Landsleute in den Vereinigten Staaten (aus historischer Perspektive ist das Verhältnis noch eindrucksvoller). Eine Vertreibung der Eingeborenen eines Landes wird wohl in dieser Größenordnung nicht üblich sein; die Ursache hierfür ist die vom mexikanischen Staat erschaffene und aufrechterhaltene Zerstörung der wirtschaftlichen Chancen der meisten zugunsten der wenigsten. In der Tat haben die kleinen Betriebsleute in den drei Staatsgewalten ihre größten Feinde. Die Gesetzgebung erwürgt sie mit Steuern, Regelungen und Prozeduren; die Regierung verfolgt, bestraft und erpresst sie ununterbrochen; die Justiz lädt sie vor, richtet sie, verurteilt sie, bestraft sie und sperrt sie ein, doch nicht ohne sie vorher Unmengen von Zeit und Geld verschwenden zu lassen.

Diese beiden Phänomene stellen also einen Teufelskreis dar. Der mexikanische Staat übt direkt oder indirekt Gewalt gegen alle Bürger aus, die auf dem Markt konkurrieren möchten, und ganz besonders gegen die ungeheure Masse von jungen Erwachsenen, die den Wunsch hegen, sich durch ehrliche Arbeit ein Vermögen zu erwirtschaften, aber dazu nur über begrenzte Ressourcen verfügen. Ich meine all diese meiner Mitbürger, die Talent, Initiative, Eifer, Fleiß und Anstand besitzen – alles also, was nötig ist, um in der Welt aufzusteigen – und doch den Weg mit Tausenden von Hindernissen versperrt finden, die der Staat zugunsten der reichen Gruppen in der Gesellschaft künstlich vervielfältigt. Es lassen sich drei verschiedene Reaktionen innerhalb der jungen Bevölkerung dieses Landes ausmachen. Die Mehrheit davon gleitet in den informellen Sektor hinab, da die illegalen Schmiergeldzahlungen dort immer noch tragbarer sind als die bedrückenden Regeln der formalen Wirtschaft. Ein beträchtlicher Teil wandert aus. Und einige wenige werden zu Verbrechern, sei es auf eigene Faust oder als Mitglieder der großen und kleinen kriminellen Organisationen. Von dieser Minderheit will ich hier nicht reden, da sowieso Viele davon schreiben.¹⁹ Ich gebe mich damit zufrieden, wenn der Leser einsieht, dass wirtschaftliche Gewalt die Chancen der verletzlichsten Individuen und Gruppen derart verringert, dass

---

[18] Zum ersten Thema vgl. Borjas (2007), zum zweiten vgl. Zaid (2010).
[19] Zu diesem Thema siehe die ausgezeichnete Analyse von Buscaglia (2013).

## Mythologische Betrachtungen eines Unpolitischen

unser Land immer mehr Bürger vertreibt. Diese wirtschaftliche Gewalt ist die hartnäckigste, verbreiteteste, verheerendste und zugleich unsichtbarste aller Gewaltformen, die der Staat gegen die schwächsten Mitglieder unserer Gesellschaft unternimmt.

Zum Schluss möchte ich noch einmal unterstreichen, dass mein Beitrag überhaupt keine normative, vorschreibende oder wertende Absicht hat. Ich habe versucht, die Dinge so zu beschreiben, wie sie sind, sofern ich sie angefangen habe zu begreifen, nachdem ich sie jahrelang vernachlässigt und mich mit Meinungen zweiter Hand zufriedengegeben habe. Die Frage aber, ob und inwiefern dieser oder jener Fall von wirtschaftlicher Gewalt zu verabscheuen, zu verachten, zu verdammen, und überhaupt nicht zu erdulden, oder umgekehrt akzeptabel, ratsam, lobenswert oder gar notwendig sei, darüber möchte ich nichts sagen. Mehr noch: ich glaube nicht, dass man darüber etwas im Allgemeinen sagen darf. In diesem Bereich, wie in so vielen anderen, lebt und wirkt der Teufel im Detail, sodass jeder besondere Fall gemäß seiner besonderen Beschaffenheit beurteilt werden muss. Ich gebe ein Beispiel: Ein starkes Argument für die Einschränkung der Einwanderung in die USA, dass der unkontrollierte Zuwachs von mexikanischen Gastarbeitern die amerikanischen Löhne nach unten drücke.[20] Dieses Argument ist theoretisch unanfechtbar, aber es findet nur Anwendung im Hinblick auf die wenigen amerikanischen Arbeiter, deren Humankapital gleich oder niedriger ist als dasjenige der in Betracht gezogenen Einwanderer. Aber eben das ist die Frage: diesen amerikanischen – vielen oder wenigen – Arbeitern tut man wirtschaftliche Gewalt an. Das kann niemand leugnen. Und das Argument lässt sich genau umkehren: Werden die mexikanischen Gastarbeiter zurückgewiesen, so übt man auf sie gleichermaßen wirtschaftliche Gewalt aus. Das eine kann man ebenso wenig abstreiten wie das andere. Wirtschaftliche Gewalt geht offensichtlich über die konventionellen nationalen Grenzen hinaus und hat an sich mit Demokratie überhaupt nichts zu tun. Denn die Demokratie hat wie gesagt nur den einen Vorteil, dass es in ihr verhältnismäßig weniger, mitunter sehr viel weniger, Unterdrückung der Meinungsverschiedenheiten gibt.

Ich hoffe, der Leser wird mit mir darin übereinstimmen, dass Fragen wie die eben beschriebene nicht leicht zu entscheiden sind. Alle Fragen der wirtschaftlichen Gewalt sind leider mindestens genauso komplex. Und so will ich mich hier

---

[20] Zu diesem und wohl allen bisher angeführten Argumenten siehe Caplan (2012).

damit zufriedengeben, eine Gewaltform zum Ausdruck gebracht zu haben, die relativ wenig Aufmerksamkeit auf sich zieht. Absichtlich habe ich über die mit dem Drogenhandel verbundene Gewalt geschwiegen, auch wenn sie besonders in meinem Lande ein unumgängliches Thema der Gegenwart zu sein scheint.[21] Denn, wenn man die Dinge aus einer distanzierten Perspektive betrachtet, so ist diese Gewalt eine kurzlebige Erscheinung. Da wir Mexikaner täglich damit zu leben und darunter zu leiden haben, wirkt es auf uns anders. Und dennoch gibt es genug Anzeichen dafür, dass der Drogengebrauch früher oder später legalisiert werden wird, sodass diese Plage bald vorüber sein wird (um freilich Platz für die nächste zu machen). Wirtschaftliche Gewalt ist demgegenüber eine beständige, immerwährende Erscheinung. Sie wird wohl nie verschwinden. Und das ist der Grund, warum ich sie anlässlich dieses Bandes zur Diskussion stellen wollte.

## Bibliographie

BORJAS, George J. (Hrsg.) (2007). *Mexican Immigration to the United States*. Chicago/London: The University of Chicago Press.

BUENO DE MESQUITA, Bruce ($^4$2010). *Principles of International Politics*. Washington, D.C.: CQ Press.

BUENO DE MESQUITA, Bruce/SMITH, Alastair/SIVERSON, Randolph M. et al. (2003). *The Logic of Political Survival*. Cambridge/Massachussetts: The MIT Press.

BUSCAGLIA, Edgardo (2013). *Vacíos de poder en México*. Mexiko-Stadt: Debate (Random House Mondadori).

CAPLAN, Bryan (2012). „Why Should We Restrict Immigration", *Cato Journal*, 32 [1], 5–24.

CHURCHILL, Winston (1947). „Witness Testimony before the House of Commons on November 11, 1947", *Hansard*, 5 [444], 203–208.

DYE, Thomas R./ZEIGLER, Harmon ($^{14}$2009). *The Irony of Democracy: An Uncommon Introduction to American Politics*. Boston: Wadsworth.

HEGEL, Georg Wilhelm Friedrich (1802). „Vom Verhältniß des Skeptizismus zur Philosophie, Darstellung seiner verschiedenen Modifikationen, und Vergleichung des neuesten mit dem alten", *Kritisches Journal der Philosophie*, 1 [2], 1–74.

---

[21] Das erklärt sich wohl dadurch, dass Mexiko ein Land der Produktion und Distribution ist, und nicht des Konsums, wie etwa Deutschland.

HUSSERL, Edmund (1913). „Ideen zu einer reinen Phänomenologie und phänomenologischen Philosophie, Erstes Buch: Allgemeine Einführung in die reine Phänomenologie", in: *Jahrbuch für Philosophie und phänomenologische Forschung*, 1 [1], 1–323.

JAY, Antony/LYNN, Jonathan (2010). *Yes, Prime Minister: A Play*. London: Faber & Faber.

ORWELL, George (1945). *Animal Farm*. London: Penguin.

POPPER, Karl (1947). *The Open Society and Its Enemies*. 2 Bde. London: Routledge.

SPERBER, Dan (1974). *Le Symbolisme en général*. Paris: Hermann.

TALEB, Nassim Nicholas/BLYTH, Mark (2011). „The Black Swan of Cairo", *Foreign Affairs*, 90 [3], 33–39.

TANZI, Vito (2011): *Governments and Markets: The Changing Economic Role of the State*. New York: Cambridge University Press.

TARSKI, Alfred (1935): „Der Wahrheitsbegriff in den formalisierten Sprachen", *Studia Philosophica: Commentarii Societatis Philosophicae Polonorum*, 1, 261–405.

ZAID, Gabriel (2010). *Empresarios oprimidos*. Mexiko-Stadt: De Bolsillo (Penguin Random House).

**Autores /**
**Autoren**

Autores / Autoren

*Vittoria Borsò*

Fellow en la Academia Internacional para la Investigación de Técnicas Culturales y Filosofía Mediática de Weimar (2013/2014), miembro del Consejo Universitario así como del *Graduiertenkolleg* 'Materialidad y Producción' de la Universidad Heinrich Heine de Düsseldorf (HHUD). Catedrática de la HHUD (Cátedra de Literaturas Románicas y Estudios Culturales en lenguas española, francesa e italiana; 1998–2013). Miembro del Steering Committee de UC-Mexicanistas. Sus investigaciones se han centrado en: biopolítica, bio-poética y epistemología de la vida; estética de la visualidad y de la escritura, Iberian Postcolonialities, literatura y cultura de México. Publicaciones (selección): *Die Kunst das Leben zu „bewirtschaften". Biós zwischen Politik, Ökonomie und Ästhetik* (2013); *México: migraciones culturales. Topografías Transatlánticas. Acercamiento a las culturas desde el movimiento* (2012); *Benjamin – Agamben. Politics, Messianism und Kabbalah* (2010); numeros ensayos sobre las teorías de la literatura, la cultura y los medios, así como sobre las literaturas europeas (Francia, Italia, España) y de Latinoamérica.

Fellow am Internationalen Kolleg für Kulturtechnikforschung und Medienphilosophie Weimar, Mitglied des Hochschulrats sowie stellvertretende Sprecherin des Graduiertenkollegs 'Materialität und Produktion' an der Heinrich-Heine-Universität Düsseldorf (HHUD). Mitglied des Steering Committee von UC-Mexicanistas. C-4-Professorin für Romanistische Literatur- und Kulturwissenschaft (Spanisch, Französisch & Italienisch) an der HHUD (1998–2013). Forschungsschwerpunkte: Biopolitik, Bio-Poetik und Epistemologie des Lebens in Literatur und visuellen Medien; Ästhetik von Visualität und Schrift, Iberian Postcolonialities, Literatur und Kultur Mexikos. Publikationen (Auswahl): *Die Kunst das Leben zu „bewirtschaften". Biós zwischen Politik, Ökonomie und Ästhetik* (2013); *México: migraciones culturales. Topografías Transatlánticas. Acercamiento a las culturas desde el movimiento* (2012); *Benjamin – Agamben. Politics, Messianism und Kabbalah* (2010); zahlreiche Aufsätze zu Literatur-, Kultur- und Medientheorie sowie zu den Literaturen Europas (Frankreich, Italien, Spanien) und Lateinamerikas.

*Francisco Javier Castillejos Rodríguez*

Maestría en Filosofía Política por la Universidad Autónoma Metropolitana (UAM)-Iztapalapa, Ciudad de México. Doctorado en Filosofía Moral y Política en la misma institución. Entre sus publicaciones destacan: „De la razón práctica a la razón comunicativa (Los fundamentos de la 'immanente Kritik' en su reformulación habermasiana)" (2011), y „La utopía de un *mundo inclusivo*. La perspectiva desde un kantismo contemporáneo" (2011).

Master of Arts in Politischer Philosophie und Promotion im Bereich der Moralphilosophie und der Politischen Philosophie an der Universität Autónoma Metropolitana (UAM)-Iztapalapa in Mexiko Stadt. Zu seinen Publikationen zählen u. a.: „De la razón práctica a la razón comunicativa (Los fundamentos de la 'immanente Kritik' en su reformulación habermasiana)" (2011) und „La utopía de un *mundo inclusivo*. La perspectiva desde un kantismo contemporáneo" (2011).

*Hildegard Graß*

Profesora y médica especialista en medicina forense. Trabajó en los Institutos de Medicina Forense de Colonia (1990–2005) y Düsseldorf (hasta 2012). Su enfoque investigativo se basa en los ámbitos de trabajo de la medicina forense clínica, con el foco en la asistencia de las víctimas de violencia. Ha participado, entre otros logros, en la implementación de un ambulatorio para las víctimas de violencia y ha desarrollado la Med.Doc.Card©. Ha formado parte de proyectos subvencionados de modelos para la intervención médica contra la violencia machista y para la prevención de la violencia en los servicios de asistencia. Desde octubre de 2012 es personal científico en el Instituto de Medicina Forense y a jornada completa directora científica de departamento en la Academia para la Sanidad pública en Düsseldorf.

Privatdozentin und Fachärztin für Rechtsmedizin. Tätig an den Instituten für Rechtsmedizin in Köln (1990–2005) und Düsseldorf (bis 2012). Ihr Schwerpunkt liegt in den Arbeitsfeldern der klinischen Rechtsmedizin, Fokus Gewaltopferversorgung. Sie hat u. a. an der Implementierung einer Ambulanz für Gewaltopfer mitgewirkt und die Med.Doc.Card© entwickelt. Geförderte Modellprojekte zur medizinischen Intervention gegen Gewalt an Frauen und zur Prävention von Gewalt in der Pflege. Seit Oktober 2012 ist sie freie wissenschaftliche Mitarbeiterin am Institut für Rechtsmedizin und hauptamtlich wissenschaftliche Abteilungsleiterin an der Akademie für öffentliches Gesundheitswesen in Düsseldorf.

*Autores / Autoren*

*Ursula Hennigfeld*

Catedrática de Estudios Culturales y Romanística en la Universidad de Osnabrück. Sus trabajos se focalizan en: ciencias de la literatura, la cultura y los medios de hablas francesa y española, como la lírica petrarquesca, la poesía de ruinas, la literatura de los campos de concentración y exterminio, y el tratamiento literario del terror en los siglos XX y XXI, entre otros. Publicaciones (selección): *Der ruinierte Körper. Petrarkistische Sonette in transkultureller Perspektive* (2008), *Nicht nur Paris. Metropolitane und urbane Räume in der französischsprachigen Literatur der Gegenwart* (ed., 2012), *Abschied von 9/11? Distanznahmen zur Katastrophe* (junto con S. Packard, 2013), *Goya im Dialog der Medien, Kulturen und Disziplinen* (2013). Su actual proyecto de investigación lleva por título *Terror und Roman – 9/11-Diskurse in Frankreich und Spanien*.

Professorin für Romanische Kulturwissenschaft an der Universität Osnabrück. Forschungsschwerpunkte: französisch- und spanischsprachige Literatur-, Kultur- und Medienwissenschaft, u. a. petrarkistische Lyrik, Ruinenpoesie, KZ-Literatur, literarische Verarbeitung von Terror im 20. und 21. Jahrhundert. Publikationen u.a.: *Der ruinierte Körper. Petrarkistische Sonette in transkultureller Perspektive* (2008), *Nicht nur Paris. Metropolitane und urbane Räume in der französischsprachigen Literatur der Gegenwart* (Hg., 2012), *Abschied von 9/11? Distanznahmen zur Katastrophe* (Hg., zus. mit S. Packard, 2013), *Goya im Dialog der Medien, Kulturen und Disziplinen* (2013). Ihr aktuelles Forschungsprojekt trägt den Titel *Terror und Roman – 9/11-Diskurse in Frankreich und Spanien*.

*Fernando Leal*

Desde 1983 es profesor e investigador en la Universidad de Guadalajara (México) y desde 1990 catedrático en dicha institución. Sus investigaciones abarcan desde la filosofía y la teoría del lenguaje, la ética y la axiología, pasando por la historia, la filosofía y la metodología de las ciencias sociales, hasta los trastornos del habla en niños. Ha publicado más de cien ensayos en revistas y libros científicos. Algunas de sus últimas publicaciones son: *Diálogo sobre el bien* (2007), *Ensayos sobre la relación entre la filosofía y las ciencias* (2008), *Lecciones elementales de lingüística para profesionales de la educación especial* (2009); y como editor: *Cómo se hacen las ciencias sociales* (2008), *Introducción a la teoría de la argumentación* (2010).

Lehrt und forscht seit 1983 an der Universität Guadalajara (Mexiko), Professur seit 1990. Forschungsschwerpunkte: Sprachphilosophie und Sprachtheorie, Ethik und allgemeine Wertlehre, Geschichte, Philosophie und Methodologie der Sozialwissenschaften, Kindersprachstörungen. Er veröffentlichte über hundert Aufsätze in wissenschaftlichen Zeitschriften und Büchern. Zu seinen neuesten Publikationen zählen: *Diálogo sobre el bien* (2007), *Ensayos sobre la relación entre la filosofía y las ciencias* (2008), *Lecciones elementales de lingüística para profesionales de la educación especial* (2009); als Herausgeber: *Cómo se hacen las ciencias sociales* (2008), *Introducción a la teoría de la argumentación* (2010).

*Gustavo Leyva*

Profesor e investigador del Departamento de Filosofía de la UAM-Iztapalapa. Es miembro del Sistema Nacional de Investigadores. Estudios de Doctorado en Filosofía en la Eberhard-Karls-Universität de Tübingen (Alemania) con una beca del DAAD. Estancia posdoctoral en la Ruprecht-Karls-Universität de Heidelberg mediante una beca de la Fundación Alexander von Humboldt (2001/02). Entre sus publicaciones destacan *Intersubjetividad y Gusto* (2002) así como sus ediciones de *Política, identidad y narración* (2003), *La Teoría Crítica y las tareas actuales de la crítica* (2005) y *Cosmopolitismo. Democracia en la era de la globalización* (2009, junto con Dulce María Granja).

Professor am Institut für Philosophie der UAM-Iztapalapa und Mitglied des *Sistema Nacional de Investigadores*. Promotion im Fachbereich Philosophie an der Eberhard-Karls-Universität Tübingen (gefördert durch den DAAD). Im Rahmen eines Humboldtstipendiums war er Postdoc an der Ruprecht-Karls-Universität Heidelberg (2001/02). Zu seinen Publikationen zählen: *Intersubjetividad y Gusto* (2002) sowie auch folgende Ausgaben: *Política, identidad y narración* (2003), *La Teoría Crítica y las tareas actuales de la crítica* (2005) und *Cosmopolitismo. Democracia en la era de la globalización* (2009, gemeinsam mit Dulce María Granja).

*Miriam M. S. Madureira*

Profesora e investigadora a tiempo completo del Departamento de Humanidades de la UAM-Cuajimalpa. Doctora en Filosofía por la Goethe-Universität de Fráncfort del Meno con una beca de la Fundación Heinrich Böll. Autora de los libros *Leben und Zeitkritik in Hegels frühen Schriften* (2005) y *Kommunikative*

*Autores / Autoren*

*Gleichheit* (2014), además de diversos artículos de investigación sobre Hegel y sobre la filosofía política. Es miembro del Sistema Nacional de Investigadores.

Professorin an der Philosophischen Fakultät der UAM-Cuajimalpa. Promotion im Fachbereich Philosophie an der Goethe-Universität in Frankfurt am Main (Stipendium der Heinrich-Böll-Stiftung). Autorin der Bücher *Leben und Zeitkritik in Hegels frühen Schriften* (2005) und *Kommunikative Gleichheit* (2014) sowie diverser wissenschaftlicher Artikel zu Hegel und zur Politischen Philosophie. Mitglied des *Sistema Nacional de Investigadores*.

*Alejandro Nava Tovar*

Doctor en Filosofía Política por la UAM-Iztapalapa. Ha realizado una estancia de investigación en la Universidad Christian Albrechts de Kiel, bajo la dirección de Robert Alexy. Sus temas de interés en el ámbito de la filosofía jurídica están centrados en la teoría, sociología y filosofía del derecho, mientras que los temas centrales de sus trabajos en el ámbito de la filosofía moral son la metaética, la ética normativa y la ética aplicada.

Promotion im Bereich der Politischen Philosophie an der UAM-Iztapalapa. Forschungsaufenthalt am Lehrstuhl für Öffentliches Recht und Rechtsphilosophie (Prof. Robert Alexy) an der Christian-Albrechts-Universität zu Kiel. Seine Forschungsinteressen im Bereich der Juristischen Philosophie beinhalten die Themen Rechtstheorie, Rechtssoziologie und Rechtsphilosophie. Innerhalb der Moralphilosophie liegen seine Schwerpunkte auf der Metaethik, der normativen und der angewandten Ethik.

*Alicia Ortega Aguilar*

Profesora y Jefa del Laboratorio de Investigación en Músculo en la Facultad de Medicina de la UNAM y miembro de la Academia Mexicana de Ciencias. Obtuvo el Grado de Médico Cirujano en la UNAM y el Doctorado en Ciencias Biomédicas en la Universidad de Waterloo (Canadá). Realizó estancias posdoctorales en la Universidad de Maryland, en el Instituto de Investigación Biomédica de Boston y en el Instituto Tecnológico de Massachusetts (EUA), entre otros. Fue profesora visitante en el Instituto Max Planck de Bioquímica en Alemania, siendo becada por la Fundación Alexander von Humboldt.

*Autores / Autoren*

Professorin und Leiterin des Labors für Muskelforschung der Medizinischen Fakultät der UNAM und Mitglied der Mexikanischen Wissenschaftsakademie. Nach einem Studium der Medizin an der UNAM promovierte sie im Bereich der Biomedizin an der University of Waterloo (Kanada). Als Postdoktorandin war sie u. a. an der University of Maryland, dem Biomedizinischen Forschungsinstitut in Boston und dem Technischen Institut in Massachusetts. Gefördert durch die Alexander von Humboldt-Stiftung erhielt sie eine Gastprofessur am Max Planck-Institut für Biochemie.

*Carlos Pereda*

Actualmente es Investigador Titular C, Investigador Nacional del SNI Nivel III. Maestría y Doctorado en Filosofía y Lingüística en la Universidad de Constanza. Desde 1978 ha sido profesor o investigador a tiempo completo en México, primero en la UAM-Iztapalapa y después en la UNAM donde se integró a la planta de investigadores del Instituto de Investigaciones Filosóficas en 1989. Fue becario de la Fundación Alexander von Humboldt en la Universidad de Constanza durante el período 1986–1988. Entre sus obras destacan: *Vértigos argurmentales* (1994), *Razón e incertidumbre* (1994), *Sueños de vagabundos. Un ensayo sobre filosofía, moral y literatura* (1998) y *Sobre la confianza* (2009).

Carlos Pereda forscht und lehrt an der UNAM. Master-Studium sowie Promotion im Fachbereich Philosophie und in der Linguistik an der Universität Konstanz. Seit 1978 ist er Professor in Mexiko, zunächst an der UAM-Iztapalapa und später an der UNAM. An letztgenannter trat er 1989 der Forschungsabteilung des Philosophischen Instituts bei. 1986–1988 war er Stipendiat der Humboldt-Stiftung an der Universität Konstanz. Zu seinen Werken zählen: *Vértigos argurmentales* (1994), *Razón e incertidumbre* (1994), *Sueños de vagabundos. Un ensayo sobre filosofía, moral y literatura* (1998) und *Sobre la confianza* (2009).

*Luis Alberto Razo García*

Actualmente se desempeña como juez de distrito del Poder Judicial de la Federación. Es licenciado en Derecho e hizo su Maestría y Doctorado en Derecho Penal por la División de Estudios de Posgrado de la UNAM. Posgrado en Derecho en la especialidad de Derecho Procesal y Derecho Penal, Universidad de Salamanca (España) y estancia posdoctoral en la Universidad de Bonn. Fue becario de la Fundación Alexander von Humboldt. Ha impartido clases, cursos, semi-

*Autores / Autoren*

narios y diplomados principalmente en materia penal en instituciones como la UNAM, INACIPE, Instituto de la Judicatura Federal, CIDE, entre otras. Entre sus publicaciones se encuentra: *La decisión judicial en* materia penal (2008).

Luis Alberto Razo García ist als Richter auf Bundesebene tätig. Studium der Rechtswissenschaften und Promotion im Bereich des Strafrechts an der UNAM. Forschungsaufenthalte im Bereich des Verfahrens- und des Strafrechts an der Universität Salamanca und im Rahmen eines Postdoc-Aufenthalts an der Universität Bonn. Er war Stipendiat der Alexander von Humboldt-Stiftung und leitete diverse Kurse und Seminare mit dem Schwerpunkt Strafrecht an verschiedenen Instituten. Zu seinen Publikationen zählt u. a.: *La decisión judicial en materia penal* (2008).

*Stefanie Ritz-Timme*

Profesora Titular de la Cátedra de Medicina Forense en la HHUD (desde 2004) y Directora del Instituto de Medicina Forense de la Clínica Universitaria de Düsseldorf. Sus investigaciones tratan la gerontología molecular y el cálculo de la edad, así como la violencia en el entorno social inmediato y la calidad de la asistencia médica a las víctimas de violencia.

Inhaberin des Lehrstuhls für Rechtsmedizin an der HHUD (seit 2004) und Direktorin des Instituts für Rechtsmedizin im Universitätsklinikum Düsseldorf. Ihre Forschungsschwerpunkte sind die molekulare Alternsforschung und die Lebensaltersschätzung sowie die Gewalt im sozialen Nahraum und die Qualität der medizinischen Versorgung von Gewaltopfern.

*Marion Röwekamp*

Es Doctora en Historia y jurista. Tras varias estancias en los EUA (2000/2001 Universidad de Columbia; 2007 *Five Women College Studies and Research Center*, South Hadley/MA; 2009/2010 *John F. Kennedy Fellow* en el *Center for European Studies*, Harvard), trabaja actualmente en su habilitación *Exile, Memory and (Trans) National Identity. Spanish-Republicans in Mexico* como Fellow Feodor Lynen de la Fundación Alexander von Humboldt en el Colegio de México y en el Instituto de Investigaciones Históricas de la UNAM en México D. F., así como en el Instituto de Estudios Latinoamericanos de la Universidad Libre de Berlín. En 2005 se publica su libro *Juristinnen. Lexikon zu Leben* y en 2011

*Die ersten deutschen Juristinnen: Eine Geschichte ihrer Professionalisierung und Emanzipation 1900–1945.*

Promovierte Historikerin und Volljuristin. Nach mehreren Aufenthalten in den USA (2000/2001 Columbia Universität; 2007 *Five Women College Studies and Research Center*, South Hadley/MA; 2009/2010 *John F. Kennedy Fellow* am *Center for European Studies*, Harvard), arbeitet sie gegenwärtig als Feodor Lynen Fellow der Alexander von Humboldt Stiftung am *Colegio de México* und am *Instituto de Investigaciones Históricas* der UNAM in Mexiko-Stadt sowie am Lateinamerika Institut der FU Berlin an ihrer Habilitation *Exile, Memory and (Trans) National Identity. Spanish-Republicans in Mexico*. 2005 erschien ihr Buch *Juristinnen. Lexikon zu Leben und Werk* und 2011 *Die ersten deutschen Juristinnen: Eine Geschichte ihrer Professionalisierung und Emanzipation 1900–1945.*

*Yasmin Temelli*

Colaboradora docente y científica en el Instituto de Romanística de la HHUD en el ámbito de la ciencia literaria en español, francés e italiano. Estudió romanística, ciencias políticas y ciencias de los medios en Düsseldorf y en la Università degli Studi di Firenze. Su tesis doctoral *Schreiben statt Schweigen – Weibliche Stimmen im Porfiriat. Eine Analyse sechs mexikanischer Frauenzeitschriften (1883–1910)* obtuvo el premio drupa 2009 y el premio ADLAF 2010. Es cofundadora y editora de la publicación en línea *iMex. México Interdisciplinario/ Interdisciplinary Mexico* (www.imex-revista.com) y coeditora del tomo *México: Migraciones culturales – topografías transatlánticas. Estudios sobre los itinerarios de las culturas* (2012). Ha publicado artículos en el ámbito investigativo de la violencia, sobre biopolítica y novelas policíacas.

Wissenschaftliche Mitarbeiterin am Institut für Romanistik der HHUD im Bereich der spanischen, französischen und italienischen Literaturwissenschaft. Sie studierte Romanistik, Politikwissenschaft und Medienwissenschaft in Düsseldorf und an der Università degli Studi di Firenze. Ihre Dissertation *Schreiben statt Schweigen – Weibliche Stimmen im Porfiriat. Eine Analyse sechs mexikanischer Frauenzeitschriften (1883–1910)* erhielt den drupa Preis 2009 und den ADLAF Preis 2010. Mitbegründerin und Herausgeberin der Online-Publikation *iMex. México Interdisciplinario/Interdisciplinary Mexico* (www.imex-revista.com) und Mithrsg. des Bandes *México: Migraciones culturales – topografías transatlánticas. Estudios sobre los itinerarios de las culturas* (2012). Sie hat Artikel im Bereich der Gewaltforschung, Biopolitik und zum Kriminalroman veröffentlicht.

*Autores / Autoren*

*Javier Torres Nafarrate*

Desde 1988 trabaja en la Universidad Iberoamericana (México). Hizo su doctorado en la Goethe-Universität de Fráncfort del Meno (1978-1982). Su especialización ha sido la de traducir y comentar la obra del sociólogo alemán Niklas Luhmann. Por este trabajo ha sido nombrado miembro del Sistema Nacional de Investigadores (SNI) nivel III, y se ha hecho merecedor de varios apoyos internacionales por parte de fundaciones alemanas como Heinrich Hertz y DAAD. Recientemente ha obtenido el *fellowship* del Centro de Investigación interdisciplinaria (ZiF) de la Universidad de Bielefeld.

Seit 1988 ist er an der Universidad Iberoamericana (Mexiko) tätig. Promotionsstudium an der Goethe-Universität in Frankfurt am Main (1978-1982). Sein Forschungsschwerpunkt liegt in der Übersetzung und Kritik des Werks von Niklas Luhmann, er ist Mitglied des *Sistema Nacional de Investigadores*. Aufgrund seiner wissenschaftlichen Leistungen wurde er bei diversen internationalen Forschungsvorhaben von deutschen Stiftungen unterstützt (z. B. Heinrich Hertz, DAAD). Fellow des Zentrums für interdisziplinäre Forschung (ZiF) der Universität Bielefeld.

*Christoph Wulf*

Catedrático en antropología y educación, miembro del Centro Interdisciplinario para la Antropología Histórica, del Área de Investigación Especial 'Kulturen des Performativen', del *Cluster* 'Languages of Emotion' y del *Graduiertenkolleg* 'InterArts Studies' de la Universidad Libre de Berlín. Sus libros han sido traducidos a quince idiomas. Recibió el título *honoris causa* de la Universidad de Bucarest por sus investigaciones antropológicas. Es Vicepresidente de la Comisión Nacional Alemana de Cooperación con la UNESCO. Ha sido profesor invitado en Stanford, París, Viena, Estocolmo, Amsterdam, Londres, Tokio, Nueva Delhi, Pekín, San Petersburgo, entre otros lugares. Sus trabajos se centran en la antropología histórico-cultural, la antropología pedagógica, la educación estética e intercultural, la investigación performativa y ritual dentro de las ciencias de la educación, las investigaciones sobre la emoción, la mímesis y la imaginación.

Professor für Anthropologie und Erziehung, Mitglied des Interdisziplinären Zentrums für Historische Anthropologie, des Sonderforschungsbereichs 'Kulturen des Performativen', des Clusters 'Languages of Emotion' und des Graduiertenkollegs 'InterArts Studies' an der Freien Universität Berlin. Seine Bücher wurden in fünfzehn Sprachen übersetzt. Für seine anthropologischen Forschungen wurde ihm von der Universität Bukarest der Titel eines Professors *honoris causa* verliehen. Er ist Vizepräsident der Deutschen UNESCO-Kommission. Gastprofessuren und Forschungsaufenthalte u. a. in: Stanford, Paris, Wien, Stockholm, Amsterdam, London, Tokyo, Neu Delhi, Beijing, Sankt Petersburg. Arbeitsschwerpunkte: historisch-kulturelle Anthropologie, Pädagogische Anthropologie, ästhetische und interkulturelle Erziehung, Performativitäts- und Ritualforschung in der Erziehungswissenschaft, Emotionsforschung, Mimesis- und Imaginationsforschung.

www.ingramcontent.com/pod-product-compliance
Lightning Source LLC
Chambersburg PA
CBHW070300240426
43661CB00057B/2599